读客®文化

罗马帝国的诞生

ROME'S REVOLUTION:

DEATH OF THE REPUBLIC AND BIRTH OF THE EMPIRE

[英] 理查德·奥尔斯顿　著
占鹏飞　译

海南出版社
·海口·

图字：30-2022-061号
审图号：琼S（2022）195号

图书在版编目（CIP）数据

罗马帝国的诞生 /（英）理查德·奥尔斯顿（Richard Alston）著；占鹏飞译. -- 海口：海南出版社，2023.1

书名原文：ROME'S REVOLUTION:DEATH OF THE REPUBLIC AND BIRTH OF THE EMPIRE

ISBN 978-7-5730-0875-6

Ⅰ.①罗… Ⅱ.①理… ②占… Ⅲ.①罗马帝国－历史 Ⅳ.①K126

中国版本图书馆CIP数据核字(2022)第229452号

罗马帝国的诞生
LUOMA DIGUO DE DANSHENG

作　　者　［英］理查德·奥尔斯顿
译　　者　占鹏飞
责任编辑　宋佳明
执行编辑　徐雁晖
特约编辑　刘笑月　沈骏
封面设计　张王珏
印刷装订　河北中科印刷科技发展有限公司
策　　划　读客文化
版　　权　读客文化
出版发行　海南出版社
地　　址　海口市金盘开发区建设三横路2号
邮　　编　570216
编辑电话　0898-66822026
网　　址　http://www.hncbs.cn
开　　本　880毫米×1230毫米 1/32
印　　张　16.75
字　　数　310千
版　　次　2023年1月第1版
印　　次　2023年1月第1次印刷
书　　号　ISBN 978-7-5730-0875-6
定　　价　89.90元

如有印刷、装订质量问题，请致电010-87681002（免费更换，邮寄到付）

图1

这座雕像描绘的是独裁者尤里乌斯·恺撒的形象，他头上的桂冠象征着胜利。

图2

印着尤尼乌斯·布鲁图斯头像的硬币。上面还印有两把匕首和一顶象征着自由的帽子。按照罗马传统，奴隶在获得自由的时候会得到这样的帽子。这两个图案合起来的寓意是，3月月中节的暗杀行动让罗马重获了自由。

图3

铸有屋大维和安东尼头像的第纳尔（denarius）银币展现了他们在公元前1世纪30年代的团结。

图4

希腊王后风格的克莱奥帕特拉头部雕像。

图 5

这枚货币印着安东尼和克莱奥帕特拉的头像，将他们描绘成共掌权力的伴侣。值得注意的是，他们在货币上的形象特别相似。

图6

屋大维在公元前 28 年发行的金币，以纪念他恢复了罗马人民的法律和权利。

图 7：战神广场上的奥古斯都陵墓

这座陵墓后来成了皇室公墓，公元前 23 年，马尔凯卢斯的骨灰在经过一场盛大的仪式以后被放入其中。

图 8：马尔凯卢斯剧院

公元前 23 年，奥古斯都下令把当时尚未完工的这座新剧院命名为马尔凯卢斯剧院，用以纪念他早亡的外甥。

图 9：脱离苦海的意大利娅女神

这幅浮雕作品出自和平圣坛，其中描绘的应该是意大利娅女神，她的周围满是生育的象征。这幅作品的寓意是，在奥古斯都治下的和平年代里，意大利已经再次繁荣起来。

图10：提比略

在阿格里帕死后，提比略取代了他的位置，成为国家的第二号人物，以及奥古斯都之女尤莉亚的丈夫。

图 11

复仇者马尔斯神庙是罗马城中央奥古斯都广场的核心建筑。屋大维曾经起誓要建造这座神庙，因为马尔斯帮助他战胜了行刺恺撒之人。该庙宇成了奥古斯都的皇权象征。

目　录

前　言

公元前44年3月15日，一群罗马元老刺死了尤里乌斯·恺撒。他们相信此举能够把罗马从独裁暴君的手中解放出来，恢复共和国的旧貌。但是，他们反而迎来了罗马帝国的时代，让古老的共和国制度就此结束。这是罗马历史上承前启后的关键时期，有许多人因此失去了性命，本书会带领读者们审视这段时间内发生的划时代的革命。

让共和国转为帝国的是一场充满了血腥味的革命：罗马人自相残杀，血亲之间争斗不已，敌人的头颅被割下来放在罗马城中心示众。在这场革命中，政治权力的黑暗之处暴露无遗。面对这种恐怖的暴力事件，两千年来的无数历史学家和政治思想家都不禁陷入了沉思。

罗马是个与众不同的国家，在许多人心里，罗马意味着文明、辉煌、伟大。多年以来，罗马一直都为西方文明的发展提供了参考的范例，罗马共和国的政治制度长期受到人们的大力推崇。古典时代的雅典内部矛盾不断，还有一些人煽动民众，胡作非为；相比之下，至少在共和国走上末路之前，罗马看起来成功地避免了这种弊端。由此，罗马共和国在不下四百年的时间里保持着稳定的政局，并且从意大利的蕞尔小邦逐步扩张为疆域辽阔的地中海大国。同时，像西塞罗和加图（Cato）这样的演说家与政治思想家得以在国家的重要会议上畅所欲言。今天，自由和公民权是西方国家政治生活的核心，而两千多年以前的罗马人早已走在这条道路上。历史上有许多人都曾为了心中的罗马共和国而奋斗不休：17 世纪的英格兰人起身反抗国王的统治；18 世纪的美国人战胜了远居海外、古老而强大的英国，取得了独立和自由；法兰西人更是掀起了一场波及整个欧洲的大革命。

但是，无论世人心中的罗马共和国有着多么理想的面貌，我们都得面对历史上共和国的终结。这场血淋淋的革命足以说明罗马共和国只是金玉其外，败絮其中。在对外取得政治和军事胜利的同时，罗马的社会风气和内政局面每况愈下。几百年的努力奋斗让罗马人拥有了宝贵的自由、安全和财富，然而，他们终究还是打响了血流成河的内战，让这一切都灰飞烟灭。

本书会再次回顾这场生灵涂炭的罗马革命，并且试着对其做出分析。此次事件无疑是世界历史上的重要节点。16 世纪以来，许多政治家、理论家都致力于解释罗马共和国为何以失败告终。因此，这场革命值得我们仔细地考察一番。不过，我最看重的是让大家重新意识到这个历史进程中的暴力成分。

如果按照传统，我们会说共和国的灭亡与帝国的诞生是未曾流血的和平事件。看起来，这只是一次政体改革。帝国与共和国一样，都是贵族们理性地统治国家的黄金时代，中间的过渡时期最多只不过是短暂的动荡而已。但是，这种看法歪曲了历史真相，将其粉饰为文明。我要在本书中讲述的故事紧紧地围绕着政治的基本要素——权力、金钱、暴力展开。

生活于现代西方社会的人们往往着眼于政坛人物的政治主张以及他们之间细小的差别，很容易就忽视了政治权力的破坏力，也难以看到政治权力日复一日地满足国民基本需求的一面，许多人都说现代西方国家的政治事务琐碎无趣。然而，倘若某个国家的作为远远未能满足大多数国民的需要，那么政治想必就不是一个枯燥的话题。

这是特定条件下具体视角的问题，对于罗马革命过程中残酷的斗争，不同的读者也会有不同的看法。有些读者也许身处巴黎、华盛顿、伦敦或是纽约，坐在家中或是图书馆里舒适的座位上，衣食无忧，不知饥饿与寒冷的滋味。这些读者可能会对罗马人的暴力行径感到大惑不解，感叹人类灵魂当中黑暗的一面居然会将这样一个了不起的共和国撕成碎片，让国家陷入混乱。看到新生的帝国政权势不可当地一步一步积攒起巨大的权威，读者或许会为自由的共和国时代感到惋惜。也许，读者会庆幸自己出生于当代，离这种可怕的故事很远。在某些读者看来，这本书里的故事大概和其他的历史一样，早已与现代世界无关，只是毫无现实意义的往事。但对于世界上其他的许多地区的读者而言，这本书或许可以帮助他们仔细地探究这样的两个现象：在特定的条件下，平时十分理性的普通人愿意拿起武器杀死比邻而居的同胞；政府几乎完全理所当然地用手里的资源收买人心，以保住自己的政治地位。

元老在罗马共和国的地位极其优越，他们负责司法、祭祀、领军作战、为国家做出重大的决策。然而，在公元前44年，他们几乎根本不知道既有的罗马世界即将分崩离析，一个全新的政权将会上台掌控这个世界。某些悲观之人或许预见了共和国的终结，但几乎没有人曾经设想过这个世界将会迎来怎样的新秩序。最后，旧的制度化为齑粉，新的秩序得以建立。面对全副武装、虎视眈眈的罗马军团士兵，元老们终于明白了自己现在的处境。

我要讲述的这个故事出自一个充满暴力的社会，罗马的基础并不是所有人的民主协商以及共同的价值观，支撑起罗马社会秩序的是武力。毕竟，罗马社会是一个奴隶制社会。在我们故事开始的时候，罗马已经用武力征服了意大利和地中海沿岸的许多土地，这样的一个社会当然是充满暴力的。在我看来，暴力并非人与人之间相处的一般模式。我不认为我们天然地倾向于互相残杀，人类的心灵没有那么黑暗。不过，确实有许多社会充满了暴力或者具有爆发武力冲突的潜在可能性。世界上很多地方的政治秩序都是以大欺小的产物，其核心就是让弱势者温驯地替他人服务，维持这种秩序的是人与人之间的依附关系以及武力威胁。

写出这样一本书的最初原因是想要改变人们对于罗马从共和国转变为帝国这段历史的看法。关于罗马革命这个话题，我已经从事了许多年的教学工作。但是，我并不喜欢我的学生们读的那些书，也因此担心他们所写的论文出现问题。传统的说法实在是太过完美：这段历史当中全都是“协议”“共识”“恢复”“和平”，还有最糟糕的“文明”。罗马人对于这场革命的叙述明明就和这种美好的图景完全不沾边：当时的罗马人震惊无比，他们留下的史料让后人也为之屏息。换言之，现代人的看法与古代史料中的记录有了出入，这当然是让历史学家忧心忡忡的状况。于是，我开始思索究竟应该如何看待这场变革中的暴力要素并且写出怎样的文字，思考罗马为何充斥着暴力。我们和罗马人之间当然存在着许多文化差异，但我无法将罗马人的这种暴力也视作偶然现象。随着对于罗马时代暴力行为的思考，我又开始把注意力转向现代的暴力。在20世纪后几十年，可怕的种族灭绝事件频频爆发。在和平的国家的居民看来，这种现代的暴力或许只是源于历史和文化上的巨大差异。然而，我们只要稍稍仔细地察看事情的原委就会有些惊异地发现，在这个问题上，不同国家的居民之间其实没有多大的区别。

许多常见的当代政治术语都来自古典时代："民主"、"公民权"和"自由"（至少在某些意义上与古代相同）。于是，某些人有时候会认为古典时代的国家与现代的西方国家很像，都已将自己压迫人的一面隐藏了起来。毕竟，历史学家在想象其他社会的状况之时，难免会取材于自己的亲身经历（同时也会考虑文化差异）。但是，倘若我们转变视角呢？罗马不再是自由、民主的国家，不再是西方政治思想鼓吹的范例。这个国家有着压迫人的一面，它的政权主要建立在暴力的基础之上，其绝大多数居民都极其贫穷，并且处于严重的依附关系当中。如果我们采用这个思路，那么罗马的政治和社会状况都需要再次审视一番。我们要背离多年以来的主流观点，将视线从西塞罗、公民权以及罗马的政治文化转移到营房里的士兵和城市或者乡村里的贫民上。归根结底，他们才是在内战中奋斗至死的绝大多数人。他们究竟为何而战？在他们心里，罗马的价值观是怎样的？罗马公民权有着怎样的意义？这些下层的民众为国效力能够换得什么回报？在身处罗马上层的政治精英们眼里，他们真的有价值吗？

为了回答这些问题，我们必须追根溯源，探究他们看重的事物、他们与罗马政治的关系，最重要的是，理解他们在罗马的土地上日复一日生存下去的方式。对于我们的绝大多数祖先而言，国家、政治哲学、自由的本质都不重要，他们最关心的是养活自己的一家老小。许多时候我们不会明说，但食物才是历史的真正主角。

权力与食物的关系有助于我们理解罗马社会内部的矛盾，由此，我们就能够明白为什么备受古典史家和政治思想家推崇的罗马共和国之死无法令多少人感到惋惜。伟大的思想、深刻的讨论、大人物身上的精彩故事并不是政治的全部内容，这些东西其实都是次要的。我们固然无法忽视人与人之间的思想交流，但人类的生存首先需要物质条件的支撑：食物、燃料、衣物以及安身之所。

今天的许多人都可以在闲暇时间安然品评历史往事。罗马的光辉之处很容易就会蒙蔽我们的视线，让我们忘记古代罗马人生活的基本需求。其实，这种物质需求放之四海而皆准，现代社会也不例外。发达的西方国家只是世界的一小部分，这些国家的政治或许真的只是小事。然而，对于其他地方的几十亿较为贫穷的人民而言，政治仍然至关重要。本书将要探讨的就是与权力密切相关的食物、金钱以及暴力。

本书的内容肇端于恺撒之死（第二章），止于第二任罗马皇帝提比略（Tiberius）登基。由此，我们得以仔细地考察这个历史过程，明白奥古斯都为什么能够终结延续了五百年的共和国，并且代之以君主制的帝国。第一章包括了与罗马政治相关的一些话题和一些具体的理论。我还会在这一部分介绍本书采用的研究方法，同时解释为什么我们说奥古斯都时代有着非常奇特的本质。此外，读者应当已经察觉，我在本书中较为宽泛地使用了“革命”这个十分激烈的词语来形容奥古斯都时代，第一章也会对此进行详细的说明。

从第二章开始，我会带领读者穿梭在那个时代的一系列重大历史事件当中。我们既能看到恺撒遇刺（以及相关的历史背景），也能看到罗马社会迎来一个独特的政治秩序。年轻的屋大维和他的盟友们战胜了旧秩序的权威，建立起一套全新的帝国制度。这个新制度拥有强大的力量，而且绝不容许任何反对的声音。即便是在屋大维将名字改成奥古斯都以后，这个新政权的框架也仍然未变。奥古斯都用武力镇压自己的敌人，用钱财收买人心，帝国的大量财富都被用于支撑中央的新政权。公元 14 年，奥古斯都去世，第二位罗马皇帝即位。到了这个时候，共和国已经永远地化为人们心中若有若无的回忆。

让写书的想法最终落到实处耗费了不少的时间与精力，我成功取得了艺术与人文理事会（Arts and Humanities Research Council，UK）的资助，从而得以抽空完成此书。为此，我要向他们致谢。我还要感谢罗宾·沃特菲尔德（Robin Waterfield）和牛津大学出版社的斯蒂芬·弗兰卡（Stefan Vranka），他们不厌其烦地为我提供了无数可贵的参考意见，让这本书的面貌大为改观。牛津大学出版社雇用的那位匿名的审稿人也悉心帮助我修正了很多不妥乃至错谬之处，我要向他表达谢意。除此以外，我还要感谢多米尼克·拉斯伯恩（Dominic Rathbone）、亨里克·莫里特森（Henrik Mouritsen）还有马修·福克斯（Matthew Fox）。他们都曾与我探讨过本书的内容，许多时候是偶然提及。不过，我最想要感谢的还是我的家人山姆、乔希（Josh）、瓦西利斯（Vasilis）、斯特凡诺斯（Stefanos），他们为我提供了无穷的动力。

谨以此书献给一直以来支持着我的埃菲（Efi）。

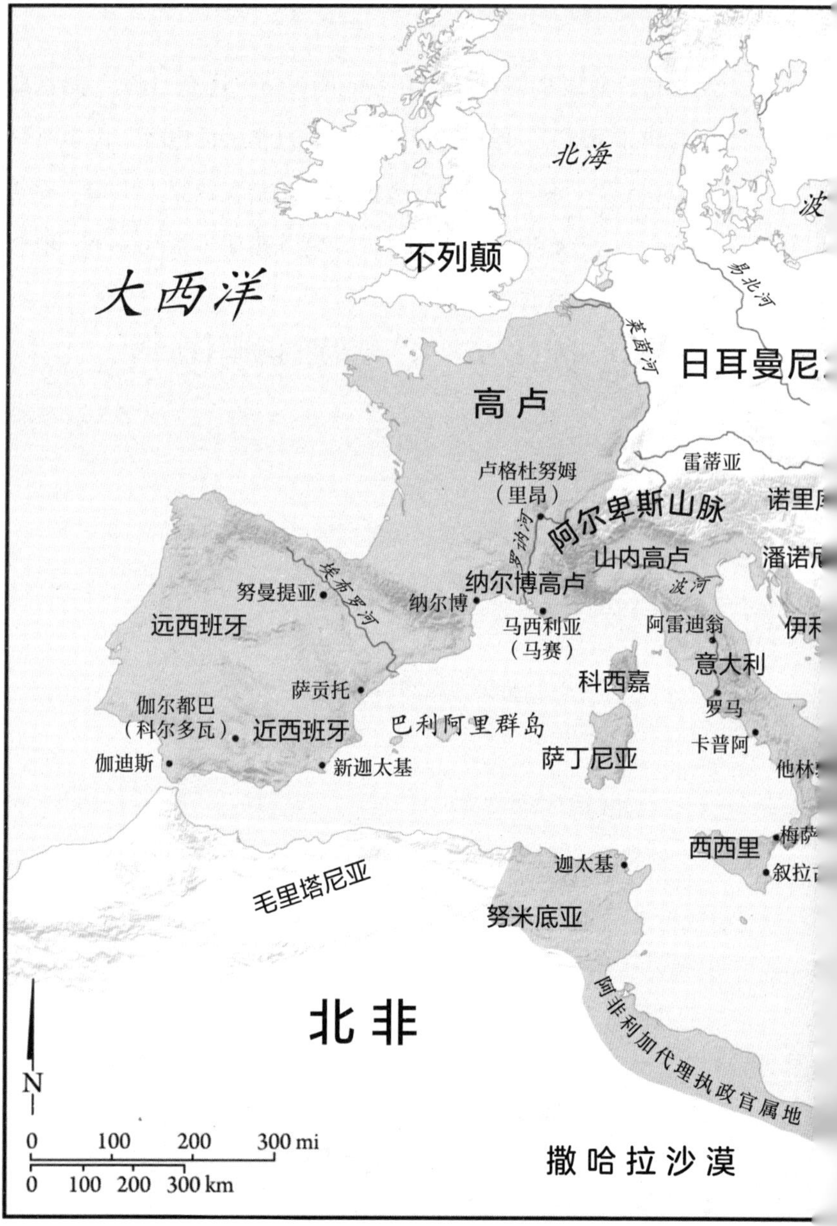
北海
波
不列颠
易北河
大西洋
莱茵河
日耳曼尼
高卢
雷蒂亚
卢格杜努姆
（里昂）
诺里
阿尔卑斯山脉
罗讷河
山内高卢
潘诺
埃布罗河
纳尔博高卢
波河
努曼提亚
纳尔博
马西利亚
（马赛）
阿雷迪翁
伊利
远西班牙
意大利
科西嘉
萨贡托
罗马
伽尔都巴
（科尔多瓦）
近西班牙
巴利阿里群岛
卡普阿
伽迪斯
新迦太基
萨丁尼亚
他林
梅萨
西西里
迦太基
叙拉
毛里塔尼亚
努米底亚
北非
阿非利加代理执政官属地
N
0 100 200 300 mi
0 100 200 300 km
撒哈拉沙漠

地图 1：罗马帝国

顿河
伏尔加河
第聂伯河
博斯普鲁斯王国
里海
高加索山脉
达契亚
多瑙河
黑海
格鲁吉亚
默西亚
亚美尼亚
色雷斯
比提尼亚与本都
拜占庭
加拉太
卡帕多西亚
底格里斯河
帕加马
安纳托利亚
亚细亚
塔尔苏斯
帕提亚
雅典
以弗所
奇里乞亚
安条克
吕基亚
幼发拉底河
泰西封
叙利亚
罗德岛
塞琉西亚
塞浦路斯
大马士革
克里特岛
犹地亚
耶路撒冷
亚历山大
佩特拉
西奈半岛
阿拉伯沙漠
埃及
尼罗河

地图 2：罗马时代的意大利

第一章
历史学家的难题：奥古斯都时代的怪象

距第一位罗马皇帝奥古斯都之死已经过去两千多年了，但这么多年以来，奥古斯都和尤里乌斯·恺撒一直都是最令学者们津津乐道的古代政治人物。每逢追忆历史之时，我们的思绪都难免会萦绕在他们身上，因为他们在一个重大的历史转变进程中扮演了尤为重要的角色，并且由此深刻地改变了世界，后世的人们甚至还将一种政治思想命名为“恺撒主义”（Caesarism）。这是一种有所改革的专制主义思想，其拥护者认为伟大的人物能够按照自己的意志来让整个社会都焕然一新，从而改变人类的历史。从这个角度来看，我们可以说恺撒在政治史上得风气之先，拿破仑只能算是走在恺撒走过的道路上。往后即便是到了 20 世纪，我们也还能看到许多狂妄自大、杀戮无数的独裁者在东施效颦。

但是，恺撒其实一直都有缺憾。他确实征服了高卢，令其成为后来罗马帝国的一部分；他也在内战中取得了胜利；他所建立的政权或许最终能够转型为君主制政权；他自己写出的战记[1]让我们看到了一位天资卓越的伟大将领。然而，很少有史料能够证明他显著地改变了罗马的政治和社会状况。晚期罗马共和国的政局充满了激烈的争斗，或许恺撒有意让这种局面彻底稳定下来，但他却在掌握大权之后没过多久就遇刺身亡。因此，历史学家们为了寻找恺撒的改革方案而煞费苦心。最终真正引领罗马实现变革的是恺撒的继承人屋大维，人们后来称其为奥古斯都。

也许，奥古斯都确实是更值得人们仰慕的历史英雄。在他的统治下，罗马共和国完成了政治变革，重获新生。然而，我并未发现有多少史料能够说明奥古斯都真的理解这些政治变革的本质。他和政坛上的许多人物一样，只是勉强应付过去而已，其决策都是根据非常具体的特定政治环境而做出的。当然，奥古斯都是一位很有能力的政治家，我们这些后人永远也不可能像他一样熟悉当时罗马政治的运行状况。他创建了一个稳定的帝国政权，取得了莫大的成功。在临终之际，躺在床上的奥古斯都说自己已经出色地完成了使命。这个评价是很贴切的，他无疑建立了辉煌的功业，罗马的文学、艺术和建筑也都

[1] 指《高卢战记》（*Commentarii de Bello Gallico*）。——编者注

在奥古斯都时代迎来了繁荣的景象。但是，我们对这个时代的赞扬并不能掩盖奥古斯都政权的另一面。

革命时代的罗马有着不少的怪象。公元前 509 年，罗马王政时代[1]结束，自那以后诞生的罗马共和国取得了惊人的成功。大约从公元前 350 年开始，在接下来的三百年间，罗马人先征服了意大利，继而占据了地中海沿岸的广大区域。然而，到了公元前 1 世纪末，政局动荡的罗马人居然抛弃了共和国，转而采用了帝国制度。这着实是一件怪事，因为无论在当时还是后世都很少有理论家认为帝国制度是合理的优秀制度。

公元前 44 年 3 月，尤里乌斯·恺撒遇刺身亡，这个事件直接导致罗马开始进行重大的革命。虽然恺撒被共和国尊为最伟大的领导人之一，但行刺者都认为自己是为了共和国才将其杀死的。在这些人看来，他们刺杀共和国的民选高官恺撒是为了保护罗马所有民选官员的权利和地位。他们将恺撒视作暴君，而暴君会肆意杀人、践踏罗马公民的权利。因此，谋杀恺撒是为了预防恺撒将来滥杀无辜。为了捍卫罗马的法律，这些行刺者直接自命为法律的化身。尽管恺撒向来以仁慈著称，在不久以前的内战结束后，他宽恕了自己的对手，而且他

[1] 指罗马在公元前753年到公元前509年的历史时期，从罗穆路斯（Romulus）在公元前753年建国开始，到公元前509年卢基乌斯·塔奎尼乌斯·苏培布斯（Lucius Tarquinius Superbus）被驱逐出罗马为止，共经历7位国王。——编者注

一直都坚定地捍卫着罗马公民走上法庭的权利。然而，行刺者依然将恺撒给杀死了。

我们还可以继续深究这个问题。这些所谓的“共和国解放者”的领导人是马尔库斯·尤尼乌斯·布鲁图斯（Marcus Junius Brutus），他曾经是恺撒的朋友。通常认为，布鲁图斯的母亲塞尔维利亚（Servilia）是恺撒的情人。或许，布鲁图斯当年初次结识恺撒的地方就是塞尔维利亚的房间。考虑到当时的政治状况，布鲁图斯完全有可能会选择把自己政治生涯的希望全都寄托在恺撒的身上。然而，布鲁图斯却有意效仿传说中在公元前509年终结罗马王政时代的祖先[1]。换言之，当时的绝大多数人都会追随政界高层的大人物，但布鲁图斯却选择了让传说故事再现人间。

这非常值得我们玩味，当代的哪个政治人物会像这样用传说故事来指导自己的行为呢？不过，这些人刺杀恺撒并不只是为了向历史致敬，他们希望这次谋杀能够让共和国像历史上一样焕发生机。看起来，布鲁图斯认为罗马的政治和社会状况在过去的460年间根本没有发生什么重大的变化，他觉得自己的行为能够让罗马共和国建立之初的历史重演一遍（虽然当年的

[1] 指卢奇乌斯·尤尼乌斯·布鲁图斯（Lucius Junius Brutus）。他在公元前509年领导罗马人们推翻了卢基乌斯·塔奎尼乌斯·苏培布斯的统治，后被推举为罗马共和国第一任执政官，是罗马共和国的主要缔造者。——编者注

那位布鲁图斯只是驱逐了暴君[1]，并没有将其杀死）。行刺恺撒者都接受过良好的教育，也有不少的政治经验，但他们都很相信自己能够通过谋杀来恢复罗马共和国的旧貌。

在这些行刺者看来，恺撒和他的大敌庞培之间的内战只是暂时压制了共和国的存在罢了。这场内战爆发于公元前 49 年，虽然双方已经在公元前 48 年 8 月的法萨卢斯（Pharsalus）之战当中决出了胜负，但战火一直延续到公元前 45 年才结束。然而，恺撒并没有在公元前 44 年变回一个普通人，他仍然把持着莫大的权威。暗杀正是因此而起，行刺者想要由此让罗马的政局回到内战以前的状态。他们有可能期待着罗马人民在事后热情地感谢他们为共和国而战，也许还幻想着自己能够像当年的布鲁图斯一样以共和国英雄的身份永垂不朽，自己的雕像也能光荣地立在广场上。

确实，他们的名字在史册里面永垂不朽。但除此以外，这些行刺者想象中的感谢和雕像全都落空了，他们没能正确地认识到自己的行为究竟会产生怎样的政治后果。对于这些人的那一小部分支持者而言，他们当然是解放者。但其他的绝大多数人都认为他们是国贼，是危险的杀人犯，并且愤而将其逐出罗马。战争随之而来，但他们落败了，这导致罗马人彻底投向了

[1] 一般认为卢基乌斯·塔奎尼乌斯·苏培布斯是一位暴君，他也被称为“傲慢的塔奎尼乌斯”（Tarquinius Superbus / Tarquin the Proud）。——编者注

君主制的怀抱。总而言之，这群人为了恢复共和国时代的政治秩序链而走险，结果却直接催生出罗马帝国，这堪称咄咄怪事。

新建立起来的君主制度同样异乎寻常。公元前27年1月，奥古斯都的君主制政权颁布了一系列法令，用以巩固自己的政治地位。在这样标志性的时刻，开辟了新时代的首位罗马皇帝却宣布自己已经恢复了共和国的旧貌。而且，就算是死后，奥古斯都也不打算抛弃这个观点。他下令在自己的陵墓入口处竖立起巨大的青铜柱，上面记录了他一生取得的成就，在此他也依然坚称自己是共和国的功臣。然而这个陵墓是罗马城里最气派的建筑之一，且多年以来都是家族公墓。可以说，这个墓穴本身就是他们一个家族统治罗马的明显象征。在我们今天看来，这种统治显然是有悖于共和国制度的，当时的许多罗马人大概也有同感。

罗马的这场革命一直打着共和国以及罗马传统的旗号：奥古斯都的政权自称致力于恢复旧时代的思想、自由和做法，他们以共和国的历史来支撑自己的存在。奥古斯都的社会改革旨在复古而非创新，他曾经大事庆祝新时代的到来。但是，按照政权官方的说法，这其实不是真正的新时代，而是恢复了旧时代面貌的新时代。然而，现在我们几乎所有人都认为奥古斯都时代的罗马已经有了彻底的变革，绝对是一个真正的新时代。奥古斯都的说法也骗不了同时代的罗马人，许多人都能看出奥古斯都的政权不是守旧的政权，并且对此加以讽刺。后来的历史学家们也曾探讨过这场革命的本质，他们全都认为这无疑是完全改变了罗马历史的事件。

确定“奥古斯都革命”这个说法并非易事：这次的革命者没有枪毙沙皇，也没有把国王送上断头台；他们也没宣布自己扫除了压迫民众的封建主义或者资本主义；罗马人没有在某个“伟大的思想”指导下完成彻底的政治变革。然而，我坚信罗马经历了一场革命，因为控制全国的中央政权已经有了重大的变化。尽管没有某个“伟大的思想”在鼓舞着人们行动，但是原来的政治精英们已经受到了重创，掌握权力的是一个全新的政权。公元 14 年，许多罗马政坛高层人物的祖先曾经在六十年前也手握重权。然而，此时将他们维系在一起的政治体系已经与公元前 50 年有了天壤之别。这场大变革来之不易，旧的制度异常顽固，罗马人经历了内战、官方支持的暴力事件、城市里的叛乱、旧时代精英的彻底失败。在旷日持久的斗争以后，罗马的上层精英们终于明白，罗马社会已经有了重大的变化。现在，他们必须学会在帝国中生活下去，掌握新时代罗马政治的规则与模式。这场革命的核心是政治文化的转变。

政治化的文化

罗马社会尊重传统，罗马元老也是如此。历史与传统让罗马的等级制度备受尊崇，过往的历史让罗马的上层精英们肩负重担。

在共和国延续的最后一百年里，罗马人遭遇了无数次危机，但共和国总是能够攻克难关。从公元前 133 年到公元前 31 年，罗马内部爆发了至少十一次大型暴力事件（不含叛乱在内），其中有几次甚至升级为内战。共和国的韧性由何而来呢？是政治制度，还是罗马人对政治传统的尊敬呢？最重要的因素大概在于整个罗马社会的结构与其政治结构之间的密切联系。罗马人的政治生活与社会生活基本是一体的，关于古典时代希腊和罗马的政治，我们都需要特别留意这一点，并且为其准备专门的术语。

罗马有着“政治化的文化”，罗马人的政治地位基本等同于社会地位。我们今天的社会可以细分为许多领域，它们彼此之间关联不大，每个领域都有各自的权威人士（例如，媒体界、商界、民间团体、政界、宗教界）。然而，这种分类方式对于罗马人而言几乎毫无意义。

罗马社会里的元老是很好的例子，他们是罗马人当中最富有的群体，也是罗马人在文化领域内的佼佼者，为我们留下了大量的文学、艺术和建筑作品。不仅如此，他们还在神明面前代表罗马人民，在法庭上为其他公民审理案件，在战争中指挥军队，同时也掌握着罗马的政治权力。罗马的传统和多年以来的屡次胜利更是为元老的权威地位套上了神圣的光环。要让元老们失去权力，想必就得用一场翻天覆地的革命来彻底摧毁罗马社会的等级次序。罗马的传统会被丢到一边，罗马社会的每一个角落都会因此陷入混乱。既然罗马社会与其政治秩序密不可分，那么每一个罗马人都首先学会了如何在共和国制度下生存。他们习惯于运用自己的政治权利，参与罗马公民的文化生活，并且尊重罗马社会生活当中的等级次序。没有了共和国制度，罗马似乎就不是罗马了。对于罗马来说，颠覆其政治秩序就意味着让罗马人丢掉既有的社会秩序和传统，罗马势必会陷入无法无天的乱局。在罗马人看来，这只会成为一场毁灭罗马的灾难。[1]

罗马人政治化的文化让罗马的上层精英们在治理国家方面达成了共识，政治领域的等级次序被延伸到了社会和经济领域。在罗马共和国晚期的政治精英们看来，这种文化优越无比，似乎可以“统合一切”，罗马社会里当然有许多人互相竞争，但没有人公然从根本上反对既有的这种状况。

不过，除了上层精英以外，罗马社会还有其他的群体。罗马城是意大利的中心，其人口超过了一百万，而意大利的总人口更是不少于五百万。这些很少在史料中留下声音的“普罗大众”是否有着不同于上层精英的政治观点呢？想来，他们大概确实会有不同的视角、利益和看法。就算没有确切的史料记载，我们恐怕也不能认为罗马社会下层较为贫穷的民众会与上层的罗马人有着相同的观念。[2]

罗马革命的本质

“革命”这个说法很容易引起争议。在 20 世纪的一场又一场政治论战中，许多人以各种各样的方式运用了这个词语，使其具有了非常复杂的含义。在古典时代，革命的含义只是以暴力手段完成的政体更换。亚里士多德、波里比阿（Polybius）、西塞罗、马基雅维利等人一脉相承的古典政治理论认为政体有三种基本的形式：君主制、贵族制、民主制。每一种形式都有各自的美德，但它们都会腐化：君主制堕落以后会出现暴君，贵族会沦为寡头，民主制也会变成暴民政治。如果公民认为既有政体已经腐败之极，那么革命的时刻就来临了。堕落的政府会被推翻，人们会重新建立起一个具有美德的政府。

然而，从 19 世纪开始，“革命”有了不同的含义。一场革命不仅要改变政府的形态，还意味着不同的“阶级”掌握了政权。有时候，这种革命被视作进步的象征，代表着更加美好、更加先进的历史阶段。自那以来，革命的定义众说纷纭，世界各地的革命与反革命运动更是让无数人洒下了热血。

革命通常是非常激烈的。很多时候，革命的主要目的在于摧毁既有秩序或者消除其中某些看起来不合理的部分，建立新秩序有时候不是革命者关心的重点。思想家和革命领袖或许主要是在某种思想的指导下行动的，他们大概向往着新的政体。对于他们来说，意识形态领域内的斗争可能已经让旧政权逐步丧失了继续统治国家的正当性。但是，总体说来，光靠意识形态很难组织起真正的大规模暴动，意识形态领域内的大规模革命往往发生在暴动以后。

无论如何，倘若主流意识形态出现了大问题，那么革命之火就很容易蔓延开来。[3]一般情况下，革命只是一些缺乏组织、比较混乱的暴力事件，其参加者的主要目的往往只是反抗既有的秩序。只有过了一阵子甚至是很长的一段时间以后，新的秩序以及对应的社会意识形态才能牢牢地扎下根。很多时候，这套新秩序还会从历史中汲取养分。公元前43年，后三头同盟进军罗马，掌握了大权。罗马社会有了天翻地覆的大变化，罗马的传统已经被抛弃。从公元前43年到公元前32年（即后三头同盟时期），尤其是在这个阶段的早期，罗马社会处于彻底的混乱之中，但罗马并没有就此毁灭。最后，在旧时代的遗迹上诞生了新的政治秩序。

现代的历史学家往往不太赞同罗马革命这个说法。在共和国存活的最后一个世纪里，罗马人遇到了各种各样的内乱：民选官员在暴动中丧命；共和国以武力镇压叛乱；集会上出现暴力事件；著名的政治人物遇刺；大规模的内战爆发。我们无论如何都看不出共和国的政治制度在健康地运行。然而，在这个混乱的时代，我们发现罗马人根本没有打算做出改革或者以别的什么手段根治这种乱象。

罗马人完全没有进行革命的计划。现代的历史学家总结了晚期罗马共和国内乱的潜在因素（下层民众的贫困境况、意大利农业经济的变化、小贵族在政治体系中的地位、贫富差距的扩大、军队的报酬问题、土地分配问题），但罗马人自己却几乎没有讨论过这些根本问题，[4]更没有考虑过要展开相应的改革。

面对政治困境，罗马人的想法非常保守。他们觉得自己遇到的问题是罗马的社会等级制度受到了威胁，出现问题的原因是道德败坏，解决问题的途径是想办法让罗马人重新拥抱古老的道德与政治观念。他们并不想用全新的社会、经济态势来调整社会关系，也无意建立一套新的政治制度。其实，据史料记载，晚期共和国的罗马人在讨论社会问题的时候基本都不认为复兴传统道德观念真的有助于解决问题。其主要原因是他们深知罗马的疆域已经远超当年。在此基础上，罗马的社会、道德关系早已发生了巨变，罗马的政治也受到了严重的影响。换言之，只要罗马人不丢掉这些年来积攒起来的大量财富和广阔的领地，罗马的社会、道德关系就无法回到过去。[5]

总之，罗马人的意识形态并没有发生革命。不仅如此，即便是在奥古斯都革命以后的公元 14 年，罗马帝国也仍然与共和国时代藕断丝连，甚至让人觉得罗马社会的秩序仿佛并没有发生剧变。在公元 14 年，罗马帝国当中最有权势的是掌握土地的贵族，他们的父亲或者祖父曾经也是共和国的贵族。[6]这场“革命”没有改变罗马的社会结构：在三头同盟期间，元老们可以照常集会，立法工作能够正常进行，官员的选举大体如常，罗马政府也仍然在运转。对于某些人而言，“革命”流于表面，只不过是弥补了共和国政治制度的漏洞而已。[7]一般说来，稳重的历史学家们接下来就会去大事称赞奥古斯都时代的社会秩序。在这个新政权的领导下，混乱的政局已经消失，国家的行政变得井井有条。[8]现代的研究者认为罗马的强权政治由此转变为文化政治，激烈的暴动让位于稳健的变革。[9]既然没有史料表明罗马人进行过全面的意识形态讨论、彻底的社会改革或者政治机关的改动，那么共和国末期的暴力事件看起来只是罗马人的失误而已，社会危机、彻底的改革、革命运动似乎都不存在。[10]

但是，这种说法难以解释某些独特的现象。在公元前 40 年掌权的人已经不是四年前的那一批，而且他们与统治罗马几百年的元老们大不相同。他们用以获取权力的政治基础是不一样的，通过革命上台的新政府无情地镇压了反对派。他们杀死了许多敌人，并且极力提拔自己的追随者，尤其是他们在军队里的部下。这与之前的共和国形成了鲜明的反差。在公元前 43 年，屋大维派去与元老们谈判的高级军官受到了侮辱。在元老们看来，他们不仅有资格这么做，更是有必要通过羞辱比自己低下的人来维护自己的权力以及政治尊严。然而，三年以后，这些曾经被羞辱的军人已经成了意大利的主人。罗马依然有元老，但是在公元前 40 年以及接下来的几百年内，元老不再是罗马的统治者。

为了准确地分析这个时代，我们必须抛弃现代的传统思路，并且为罗马时代的政治找到新的范式，阶级、制度、宪法、政治结构都得让位于权力关系网络的概念。

革命关系网络

理论界是在最近的几十年里才逐渐认可了“关系网”这个概念在当代的政治意义。我们早已习惯于运用从19世纪流传下来的阶级和民族的概念。但是，我们现在处于互联网时代，世界各国的金融系统都密切地联系在一起。在这样的时代，民族国家已经显得有些渺小，我们又有必要开始注意商界一直都很在意的“关系网络”这个概念。

我们可以把罗马社会看成是多重关系网络的复合体。在共和国时代，关系网是罗马社会等级次序的“黏合剂”。不过，当时的关系网很多而且很小，只是罗马上层精英之间的“友谊”关系，这些关系网并不涉及多少资源。[11] 有一个事物有可能破坏共和国的统治秩序——军队。在有必要的时候，一位民选官员会奉命召集军队准备作战。这位官员通常是执政官（consul，主持元老院会议的高级官员）或者具有执政官地位的人。征召军队的任务一般会由级别较低一些的民选官员具体执行，他们会按照指定的人数组建军团。接下来，军团会前去地方省份执行任务，有时候需要耗费很长的时间。在此期间，这些军团有可能会习惯于听从统帅的命令，甚至开始效忠于统帅本人。得胜归来的军队往往会在拿到金钱报酬以后退役，而土地报酬是比较少见的。

胜仗很可能给领兵的将军带来政治上的好处，毕竟那些与他一起作战的士兵能够安然返回罗马，并且变得更加富有，某些取得土地、外出殖民的士兵还能让将军与士兵之间的军事关系网络变得稳固起来。但即便如此，军队关系网也不曾转变为强大的政治集团，晚期共和国的所有伟大的将军都没有豢养起“私军”来帮他们维持武力威胁以及提供选票。看起来，战场上的胜利最多只能用来维持一个好名声。如果有选举，民众往往更愿意信任有战功的人。如果罗马政局动荡，遇到了危机，需要动用武力，那么曾经追随将军出战的士兵以及其他的民众或许也更愿意在其麾下效力。

但是到了共和国即将终结的时候，军队关系网的影响力变得越来越大。尤里乌斯·恺撒的关系网至少包含了五万名旧部。此外还应计算在内的起码有这些军人的家眷和密友，为恺撒的军队提供食物、衣物、装备、营房的商人，恺撒提拔的军官，在战争中获利的奴隶贩子。晚期共和国的庞大军队可以说是养活了一整个配套产业，让许多人从中获利。共和国的征服战争让巨量的财富流入一张囊括了无数人的关系网络。[12] 我们可以估计罗马城中大约有两成的人口都直接受益于恺撒的军事行动。而且，这种关系网络是有可能代代相承的。这样一来，就会有一股势力几乎独自掌控了无比庞大的各种资源（经济、社会、政治），没有对手能够与之抗衡，它有可能进而夺取罗马的中央政权。不过，尽管这种类型的军队关系网确实有着统治罗马的潜力，但是在后三头同盟时代到来之前，没有关系网能够长期地保持自己的稳定。它们固然可以在短期取得不低的政治地位，但却始终没有机会更进一步，成长为新的政府。倘若没有资源不断地流入其中，这种关系网会自然地消解，因为如果不能获取资源，很少有人愿意将其维持下去。关系网基本上与意识形态无关，它们的根基不是“伟大的思想”。

然而，恺撒之死改变了这一切。简而言之，在恺撒遇刺以后，屋大维、安东尼、李必达（Lepidus）带着他们的军团夺取了罗马的国家大权。长时间的冲突和大量流入的资源让这张军队关系网变得稳定起来，其领导者屋大维与安东尼掌握了十多年的军政大权。在他们二人之间的内战结束以后，屋大维进一步巩固了自己的政治关系网，并且在内部做出了一定的等级划分。公元前 27 年以后，得名奥古斯都的屋大维又取得了重要的资产——著名的帝国行省，奥古斯都让他的关系网络永远地控制了罗马。换言之，三头同盟以及后来的奥古斯都实现的政治成就是将革命暴动促成的关系网络变成了罗马政治生活里长期存在的一个组成部分。这一套代代相传的关系网不仅包括军人，到了最后，罗马社会里许多截然不同的成员都被囊括在内。这种兼收并蓄的能力恰恰是这套关系网络取得成功的基础，其关注的核心问题是让谁控制着什么资源。在它面前，传统罗马政治关心的意识形态、法律乃至宪法都不重要。

伟大的罗马史家塔西佗（Tacitus）曾经描述过这个关系网络：

奥古斯都以赏赐拉拢军人，以粮食收买民心。他

> 对所有人都许以闲适的美好生活。其势力逐步壮大。他顺利无阻地将元老院、民选官乃至法律的角色都揽于己身，因为他的大敌都已经倒在了战场上或者成了公敌。剩下的贵族们更愿意当他的奴隶，他们拿到了各种荣誉和财富，在新的秩序里沉溺于安逸的日子……国内看起来风平浪静。民选官的头衔没有改变。年轻人都出生于阿克提翁（Actium）海战[1]以后，即便是许多年长的人也出生于内战期间。到底还有多少人亲眼见识过共和国的本来面目呢？[13]

虽然古老的机关仍然存在，民选官的名称也保留了原样，但是共和国的时代其实已经结束了，留下来的只不过是表象。政坛上风平浪静是因为反对派基本已经被消灭了，再做反抗只是自寻死路、徒劳无功。在武力、荣誉、金钱的联合作用下，元老们再无二心。共和国成了历史，奥古斯都的霸权才是现实。属于单个家族的国家取代了共和国，军人、平民、元老都被收买为这个新国家的一分子，奥古斯都的私人关系网络掌握着真正的权力。[14]

在三头同盟时代，罗马城本身也有了变化。在帕拉提翁山（Palatine Hill）上，人们开始用大理石建造一座新的阿波罗神

[1] 这是安东尼和屋大维之间的决定性战役，也是罗马内战中最后的一次大型战役。此战以屋大维胜利、安东尼失败而告终，罗马共和国也随之落幕。详见本书第十二章。——编者注

庙。尤里乌斯·恺撒被奉为新的神明，其庙宇即将坐落在罗马的广场上。不远处，一座大剧院已经开工，它将被冠以屋大维的外甥马尔凯卢斯（Marcellus）的名字。在稍远一些的战神广场（Campus Martius）上，阿格里帕（Agrippa）正在主持建造万神殿（Pantheon），其中还有屋大维的雕像。此外，年轻的屋大维业已命人在河畔建造自己的陵墓，其规模远胜于之前的所有墓穴。总之，随着新政权的上台，罗马城有了新的面貌。

在内战发生的一百年以后，罗马诗人卢坎（Lucan）在追忆恺撒与庞培之间异常激烈的战斗时，写下了这样的文字：

> 世界的支柱就此崩塌，末日到来，我们回到了原初的混沌之中。群星将会带着烈焰落入五湖四海，掀起汹涌的惊涛骇浪。日夜也将颠倒，整个宇宙都不再和谐。在这分崩离析的世界里，一切法律都将被颠覆。[15]

旧秩序、旧规则都被扫除得干干净净，罗马政局的面貌焕然一新。虽然卢坎认为这种变革发生于恺撒的时代，但这场革命最终还是要到后三头同盟时期才得以实现。正如卢坎所说，旧时代的星辰从天而降，坠入海洋；全新的星座取而代之，排列在天空之中。对于奥古斯都的革命而言，这岂非最好的比喻？

第二章
独裁者之死

公元前 44 年 3 月 15 日，也就是月中节（ides of March，古罗马的节庆日）这一天的早晨，罗马的元老们披上郑重的白底紫边托加袍（toga），按照习俗向诸神献上鬯酒（或许也是为了求神灵赐下启示）。接着，他们与家人道别，然后召集各自的扈从，准备离开自家气派的宅邸。绝大多数的元老大概都步行于喧嚣的街道上；还有一些元老坐着轿子，让奴隶们抬着自己，因为他们年老体衰，或者身体不适，或者执意要在民众面前炫耀自己的财富。

这些元老的目的地是罗马城中心西北方的庞培剧院。渐渐地，某些元老在路上相遇。他们互相寒暄，客套了一番，然后开始闲谈，讨论今天的议题和某些有趣的流言蜚语。罗马城总共有一百多万居民，但是元老只有六百多人。罗马人的社会地位、政治权力、传统、权威、政治经验全都凝聚在这些精英的身上。终于，他们抵达了约定的地点，准备汇聚一堂，进行元老院会议。

这次会议本身四平八稳，并没有什么奇特的地方。元老们通常都在规定的日子里会面。不过，如果有特殊的急事，他们也会临时召开会议。而从共和国已经延绵四百五十年之久的历史来看，这一次会议显得有些不同寻常。尤里乌斯·恺撒很可能以独裁官的身份与会监督，这个官职享有罗马宪法赋予的独特地位，从理论上说只可能出现于危及罗马存亡的紧急状态下。

然而，到公元前 44 年 3 月为止，这次的紧急状态已经持续了将近五年。回首共和国历史早期，当初的传奇人物辛辛纳图斯[1]（Cincinnatus）只不过担任了十五天的独裁官而已。而且，尽管恺撒已经当了这么久的独裁官，但是罗马的紧急状态似乎并不会马上结束，恺撒本人看起来完全无意放弃手中的大权。如果考虑到这个背景，那么这次的元老院会议其实是一个非同寻常的机会，因为恺撒即将在 3 月 19 日奔赴东方的战场实现他的新蓝图。[16] 也就是说，3 月的月中节以后，他在短期内不会再参加公共会议。倘若要尽快除掉恺撒，这就是最后的良机。

此次会议召开于庞培剧院。这是一座巨大的石质建筑，其

---

[1] 公元前458年，罗马军队被围困，罗马城受到威胁。已经隐退的辛辛纳图斯临危受命，被任命为独裁官，率领罗马军队迅速击退敌军。危机解除后，他就辞去了独裁官的职务。——编者注

建造者是恺撒的大敌庞培·玛格努斯（Pompeius Magnus），也可称作“伟大的庞培”。这个地点本身就象征着几十年来罗马共和国政坛动荡不安的局面。元老院会议并非一定要在元老院进行，只要负责的官员通知大家具体的地点即可，场所不是关键。不过，此时的罗马元老大概确实不能在元老院（Curia）开会，因为八年前的民变[1]已经将其摧毁，而重建工作尚未完成。可以说，正是这次将元老院付之一炬的暴力事件让恺撒最终得以走上独裁的道路。

公元前53年和公元前52年，内部的动乱搅得罗马四分五裂。公元前52年1月，颇得民心的普布利乌斯·克洛狄乌斯（Publius Clodius）遇害。愤怒的民众将此归咎于元老院，他们的看法确实有一定的道理。率众杀死克洛狄乌斯的是一个叫作米洛（Milo）的人，他是马尔库斯·图利乌斯·西塞罗（Marcus Tullius Cicero）的亲信。而西塞罗又是元老院里的重要人物，并且与克洛狄乌斯之间有着很深的嫌隙。公元前63年，有一伙人密谋夺权［所谓的“喀提林（Catilina）阴谋”］。事后，西塞罗下令在未经审判的情况下把这些人全部处死。不久，克洛狄乌斯力主推行了一条针锋相对的新法律，导致西塞罗被流放在外。为了庆祝，克洛狄乌斯还烧毁了西塞罗的房子，代之

[1] 指下文提到的克洛狄乌斯之死引起的民变。公元前52年，克洛狄乌斯在与米洛的冲突中死亡，此事件引发民众攻击并烧毁了元老院。也可参见第四章“庞培的时代”一节。——编者注

以一座自由圣坛。除了西塞罗以外，其他的一些人也受到了牵连，比如西塞罗的弟弟和米洛。后来，形势有了变化，西塞罗得以返回罗马。他们二人之间的矛盾再次来到了台面上，但这一阶段最严重的暴力事件其实发生于克洛狄乌斯和米洛之间。最后，这一连串的激烈斗争终于抵达了高潮。克洛狄乌斯丢了性命，米洛遭到流放。[17]

接下来的事件中心是西塞罗。我们今天仍然可以看到西塞罗写的许多演说词、信件、哲学著作，他无疑是最为人所熟知的罗马作家，我们对晚期罗马共和国的认知在很大程度上都构建于西塞罗的言辞与观点之上。然而，西塞罗其实是一个很有争议的人物。他凭着出众的文采取得了不小的成功，但也因此遇到了许多的麻烦。罗马人大都热衷于在公众面前表现自我，博取赞誉，西塞罗就是一个典型。然而，他时不时就会为言所困。某些时候，政治人物非常需要公众忘掉自己无奈说出的不妥之词。但是，如果这些话语或者当时的场合给人留下了深刻的印象，民众或许就不会那么容易地将其忘却了。所以，西塞罗时常在政坛上陷入孤立的境地。

更为致命的是，西塞罗的行事方式让人难免觉得他特别极端，尤其是考虑到他曾经践踏过罗马公民的基本权利。比如，喀提林阴谋事件让西塞罗给人留下了一个敢于无情地杀死政敌的印象。西塞罗的确擅长说服民众。然而，事后回想起来，人们有时候会觉得西塞罗的提议其实有些过于极端、暴力，让人产生悔意。在喀提林阴谋事件当中，西塞罗未经司法流程就下令处决了所有密谋叛乱者。这让他的政治生涯蒙上了挥之不去的阴影，因为罗马公民最珍视的就是免受官员暴力伤害的权利，西塞罗的行径堪称冒天下之大不韪。因此，许多人都将其视作潜在的独夫，认为他会毫不犹豫地以武力侵害其对手的公民自由权。克洛狄乌斯之死只不过是证明了西塞罗确实会以暴力对待人民的领袖。无论西塞罗究竟是否与这起暴力事件有关，他的名声都已经毁了。

暴动其实是罗马政治生活的常客，不过这场与克洛狄乌斯、西塞罗、米洛相关的暴动特别严重。参加暴动者至少有一部分是平民，他们占领了罗马的广场、大街小巷乃至元老们集会议事之所。元老院的大火表明元老们未能迅速控制住局面，也足以说明这次暴动的规模之大。于是，元老们决定向战功赫赫的庞培求援。接到消息以后，庞培开始召集部队。此前，他已经率军征服了东方的许多土地，让罗马人的势力遍布今天的土耳其、叙利亚、黎巴嫩、以色列、巴勒斯坦。追随他东征的沙场老兵在战后拿到了土地，分散在罗马附近的意大利各个地区。现在，庞培需要军队，这些老兵就离开了自己的农田，再次前来为他们的将军效力。

暴动群众完全无法抵挡军队的威力，罗马城很快就重归元老院的掌控之中。由此，庞培破格成为唯一的执政官，打破了每年两位执政官的成例。多年以来，庞培一直都是罗马政坛上举足轻重的大人物。此刻，他更是与某些泥古的元老也达成了一致。为了携手恢复罗马的秩序，他们愿意让庞培掌握大权。

米洛被驱逐出城以后，罗马的民众随之平静下来。接着，庞培及其盟友不得不开始考虑尤里乌斯·恺撒的问题。恺撒此时尚在高卢，但早在奔赴北方之前，他就已经是罗马政界的重要角色。公元前 63 年，对于参加喀提林阴谋的叛乱者，恺撒冒险站出来反对在不经审判的情况下将其全部处死。纵然是在这种敏感的危险时刻，他也仍然勇于公开反对元老院的主流意见，捍卫罗马的法律以及罗马公民的权利。他的举动引发了不小的争议。不过，罗马城中确实有不少民众不满于元老的傲慢之举，恺撒在公元前 63 年的仗义执言无疑让他赢得了这些人的拥戴。

恺撒的擢升之路势不可当。公元前 59 年，他当选为执政官，并且趁此机会组建了前三头同盟。另外两人分别是名声在外的将军庞培（他或许早在公元前 60 年就已经与恺撒达成了协议）以及据说是罗马城首富的克拉苏（Crassus）。这一年，恺撒代表三头同盟执行了一系列的举措。例如，他推行了殖民计划，让庞培麾下的老兵们拿到了土地。恺撒的这些措施是他通过发挥个人魅力或者施加武力威胁来实现的，其程序有时候并不符合宪法和法律的严格要求，另一位执政官也常常表示反对。因此，恺撒在元老院里树立了不少的敌人。到了执政官任期结束以后，恺撒奉命赴任高卢总督。

接下来，恺撒在高卢待了十年。离开罗马城的时候，他是一个有争议的人物，其地位显然是不如庞培的。然而，他无疑是罗马政坛上一颗冉冉升起的新星。恺撒在担任执政官期间的作为招致许多人的敌意，但他在高卢的军事生涯给他带来了巨大的财富、威望和权力，其政治影响力因高卢而突飞猛进。罗马城里的某些元老也开始支持恺撒。归根结底，恺撒的权力来源于军功、从高卢人手中夺来的大量财富以及麾下士兵的耿耿忠心。高卢人一度是危及罗马人生存的大敌，所以，恺撒在高卢建立的功勋让他不逊色于罗马历史上任何一位伟大的将军。[1] 到了公元前 49 年，已经没有人不认为恺撒（图 1 中的雕像将其刻画为凯旋的将军）是有资格与庞培一较高下的政治人物。

公元前 52 年的暴动 [2] 以后，许多敌视恺撒的人都成了庞培的盟友。这些人早就想要消灭恺撒，但是庞培之前与恺撒结盟，这让他们无从下手。然而，随着形势的变化，罗马政坛上的这两位罕见的人杰终于走到了互相竞争的道路上。现在，这些人有了攻击恺撒的机会。

现任民选官员是不受起诉的，但恺撒的总督任期即将告终。一旦恺撒卸下高卢总督之职返回罗马，进攻的时机就成熟了。起诉的具体罪名基本上不重要，有米洛的事例在前，恺撒

[1] 恺撒在高卢展开了8次军事远征，从而使高卢被纳入了罗马版图。——编者注

[2] 即克洛狄乌斯之死引起的民变。——编者注

担心的是自己也会在全副武装的士兵看守下接受审判，最后的裁决结果全由庞培的政治考虑而定。[18]恺撒不会把希望寄托在敌人的仁慈之心上，他不愿让庞培来决定自己的命运，他想要直接从总督转为执政官。这样一来，他就不可能受到起诉了，而且在执政官任期结束以后还有机会再次担任地方总督。然而，庞培和少数位高权重的元老并不同意。双方开始谈判，但终究未能达成协议，元老院里的多数人要求反对者做出让步。产生矛盾的主要原因还是在于他们想要为难恺撒。这种直接转任另一官职的行为本身并没有什么意识形态上的问题——程序上当然有一些小麻烦，但是只要操作者愿意，这种细节问题是可以规避的，肯定有办法让大家都接受这种安排。罗马人民拥戴恺撒，人民的代表保民官（tribune）也是恺撒的人。

然而，双方最后没能讨论出一个让彼此都满意的折中方案。在现代人眼里，两边的理由看起来都不是很充分。恺撒要维护自己的尊严（dignitas），某些元老想要保护罗马宪法中还没有先例的领域。为此，罗马世界竟然就走到了内战的悬崖边缘。[19]

公元前 49 年，恺撒或许有些无奈地率领他的军团来到了高卢与意大利的界河旁边[1]。据说，此时的恺撒虽然已经带兵

[1] 指位于今天的意大利中部的卢比孔河（Rubicon），因为意大利北部在当时是所谓的山内高卢。——译者注

驻扎在河畔，但是仍然忧心忡忡。他的面前摆着一个攸关罗马命运的重大抉择：他是否真的要把自己的国家拖入内战的泥潭呢？这种道德困境想来确实会让他踌躇不前。就在这个时候，一个体形魁梧、器宇不凡的身姿出现了——他大概是前来指引恺撒的神明。当地的牧羊人纷纷聚集过来，士兵们也前来一睹他的风采。此时，这位神明从士兵手中取走一只号角，然后跑到了河对岸。随后，恺撒的士兵们也跟着渡过了河，他们就这样跨过了边界线。罗马人素来相信神明会通过各种形式的征兆来给他们以启迪，带领他们前往正确的方向。据说，恺撒说："骰子已经掷出。"游戏开始了，神明将决定最终的胜负。恺撒渡过了卢比孔河。[20][1]

五年以后，恺撒成了罗马的主人。为了追击庞培的部下，恺撒的军团曾经深入西班牙，也曾横渡亚得里亚海。在法萨卢斯之战当中，恺撒击败了庞培，令其逃往埃及。年轻的埃及国王托勒密十三世（Ptolemy XIII）杀死了庞培。但是，恺撒最后仍然选择了帮助托勒密的姐姐克莱奥帕特拉（Cleopatra）废黜托勒密十三世。途中，恺撒与托勒密展开了激烈的交锋，他一度被声势浩大

[1] 按照罗马当时的法律，将军不得率士兵渡过卢比孔河。面对罗马内部的形势，恺撒选择了渡过卢比孔河，进军罗马，由此展开了与庞培的内战。一般认为，恺撒渡过卢比孔河是罗马历史上的转折点。内战之后，罗马共和制衰亡，元首制得以确立。——编者注

的敌军围困于亚历山大（Alexandria）[1]。然而，托勒密终究战败身亡，恺撒则安然在绮年玉貌的克莱奥帕特拉女王的臂弯里治愈战争的创伤。最后一股有威胁的反对派势力也被消灭于北非的乌提卡（Utica）。这一仗以后，反恺撒派领袖加图为了坚持自己的道德操守而选择了自杀，为共和国殉葬。

有不少反恺撒派人士从败仗中幸存下来，不过，这些人已经不足为患。恺撒完全可以大方地饶恕他们，向所有民众展现出自己仁慈的一面，他主动邀请这些敌人回到罗马城。

此刻，就算纵观罗马的整个历史恐怕都无人能够与恺撒相匹敌：他成功征服了罗马的老对手高卢人，把罗马人民的势力拓展到阿尔卑斯山以北的广大疆域上；他甚至跨过了海洋，侵入传说中的不列颠岛，虽然他并没有在此逗留多久；他在亚历山大展开的战斗令罗马人牢牢地控制了埃及；他还在内战中取得了大胜，扫除了所有试图与其对抗的军事、政治势力。

在亚历山大的战斗结束以后，埃及并没有直接成为罗马的一个省份，但是埃及的女王克莱奥帕特拉非常依赖于恺撒的力量。后来的历史也证明克莱奥帕特拉确实坚定地忠于恺撒，即便是在恺撒死后也依然如故。无论他们二人之间到底有几分真

[1] 即亚历山大港战役。庞培被杀之后，恺撒宣布埃及由托勒密十三世与克莱奥帕特拉共治，这引起了托勒密的不满，战争也随之爆发。在亚历山大港战役中，托勒密兵败身亡，之后克莱奥帕特拉则成为埃及女王。——编者注

情实感，这段亲密的关系对双方来说都是裨益良多。克莱奥帕特拉让恺撒亲身感受到了埃及人的浪漫风情，她的尊贵身份也有助于提升恺撒的威望；而对于克莱奥帕特拉而言，恺撒背后的罗马势力让她得以巩固在埃及的统治。之前的埃及君王只不过是勉强在罗马人的威胁下保持独立而已；现在，克莱奥帕特拉将托勒密王朝的命运紧紧地与罗马人绑在了一起，双方之间的关系相当稳固。公元前 44 年，克莱奥帕特拉本人就居住在台伯河西侧的一座富丽堂皇的别墅里。恺撒还在罗马城中修建了一座新的广场，并且在广场上兴造了维纳斯母神殿（Temple of Venus Genetrix）。这座神庙里维纳斯的雕像是按照克莱奥帕特拉的模样制作的。或许，恺撒就是刻意要让罗马人同时膜拜女神维纳斯和自己的情人及唯一子嗣的母亲——克莱奥帕特拉。

恺撒甚至还有可能建立更加伟大的功业。公元前 53 年，罗马人在东方遭遇了惨败。[1] 后来，遇刺之前的恺撒正打算为罗马一雪前耻。公元前 1 世纪 60 年代中期，庞培曾经在东方征服了许多土地。但是倘若恺撒的计划最终得以实现，那么他不仅能够替前人复仇，还能让庞培取得的成就黯然失色。当年亚历山大大帝改变了地中海东岸世界的历史，摧毁了原先的帝国，又

[1] 指罗马败于帕提亚帝国（中国史书也称安息帝国），罗马执政官被杀，军队军旗被夺。——编者注

创建了新生的王朝，恺撒想要效仿的就是这样一个伟大的英雄。

当然，罗马国内还是有某些人想要与恺撒作对。毕竟，恺撒打赢了一场大规模的内战，成功建立了独裁统治，他势必因此树立不少的敌人。就连他对敌人的宽恕其实也是在彰显自己的霸权，引来他人的敌视。那些被恺撒原谅的人无疑应当在公众面前表现得十分感激，但是他们的心中不太可能真的充满谢意。没有恺撒的仁慈之举，他们或许会落得凄惨的下场。然而，获得宽恕的代价就是必须对恺撒感恩戴德。这反倒让他们反反复复地回想起自己的失败，让他们觉得自己低人一等。

在这一时期，恺撒本人的地位显然有违共和国的常态，但又很稳固，这或许也让某些人倍感不满。在罗马共和国的框架下，恺撒享有至高无上的权威。他的法律地位是独裁官，从理论上说，这个官职原本只是共和国为了解决某些紧急的政治或军事问题才设立的。而恺撒担任的是终身独裁官（dictator perpetuus），这是罗马历史上从未有过的官职。看起来，罗马还是一个共和国，罗马人民依然在选举官员。然而，这些官员都是恺撒预先指定的，全国各地军政要员的任命权都掌握在恺撒手里，他还让自己的许多拥护者成了元老。恺撒的这种权力和地位根本不符合罗马的传统，而传统是罗马人的文化与政治生活当中一股强大的力量。

恺撒的创举很可能引得许多罗马人愤恨不已，这大概就是那一出政治表演的原因所在。牧神节（Lupercalia）是罗马人的狂欢节。按照传统，贵族男性会在节日期间不着片缕或者只穿很少的衣服。接着，他们会在城市里到处奔跑，寻找年轻的女子。罗马人认为，这种节庆仪式会让被找到的女性多子多福。公元前44年，就在牧神节的庆祝活动迎来高潮之时，恺撒的亲信部下马克·安东尼向恺撒献上了一顶王冠。[21] 罗马人民对此表示反对，恺撒也拒绝了。除了恺撒的地位与权力，某些人或许还会埋怨恺撒不尊重元老院。有一次，元老们想要颁布一些巩固恺撒威信的法令。此时，恺撒正坐在维纳斯母神殿里处理事务。面对前来征求意见的元老，恺撒并没有站起来向他们致以问候，元老们因此觉得自己受到了侮辱。[22] 此外，尽管恺撒看起来无意称王，但是有传言声称只有国王才能征服东方。

对于罗马人来说，国王其实并非什么稀奇的事物。罗马人自己的王政时代一直持续到了公元前509年。那时，傲慢的塔奎尼乌斯国王被推翻，罗马人夺回了自由。除了自己的国王以外，罗马人也深知希腊和蛮族都是有国王的。然而，罗马人现在的政治文化不接受国王的存在。他们深信，掌握着最高权力的专制君主会变成肆意妄为的暴君，让罗马人民来之不易的各项权利付诸东流。

前车可鉴，为了保护自己的权利，罗马人民不愿意做君王的臣子。不过，这并不意味着他们一定会反对恺撒执掌大权。更何况，历史已经证明，罗马人民最终接受了让某个人单独享有近似于君主的权威。

作为后来者，我们当然知道恺撒死于刺杀，但我们不应由此认定很多罗马人都是在一边按捺自己的愤懑之情，一边等待起义反抗独裁者的机会。在传统观点的影响下，一些人心里的罗马人民有着相当崇高的形象。似乎有许多罗马人都坚决反对君主制，愿意不惜一切地捍卫共和国的理想。然而，实际情况很可能没这么简单。某些元老确实有着为共和国殉葬的决心，但大多数的元老和平民恐怕都没有这么在乎政体的问题。他们想要的基本上只是富足、安全的生活，而恺撒确实让许多人过上了好日子。可以想见，应该有不少人其实并不介意恺撒长期统治罗马，个别人或许已经准备好迎接新的王政时代了。反正东方人早就大多生活在国王的统治下，他们几乎都认为这是天经地义，罗马或许也不妨顺势转变成王国。

总之，恺撒之死让今天的人们产生了无数猜想。但是当时的种种迹象表明，在公元前 44 年 3 月，恺撒本人很可能是踌躇满志、信心十足的，没有什么政治势力逼迫他放弃权力和头衔，反倒是有人劝进，希望他进一步巩固自己的权位。元老们固然有一些牢骚，但是单纯的牢骚不值一哂，无论是在选举中还是其他的场合都没有出现什么值得注意的反对势力。恺撒本人的表现也是明证。他向来不在意同僚们对他有着怎样的看法，总是勇于追求自己认定的目标，五十五岁的恺撒不太可能突然开始在这种事情上患得患失。不过，假如他真的想要爱惜羽毛，那么他就不应该再提高自己的实际地位。然而，此时的恺撒依旧雄心勃勃地提出了攻打帕提亚人的远大计划。他对自己的权力和地位有着充足的信心，绝不是想要用军功来巩固自己在国内的政治地位。

不过，或许恺撒确实听说过某些人在暗中图谋不轨。最终行刺恺撒的不是什么独来独往的杀手，而是至少有六十名元老参与其中。[23] 现代人可能会觉得这种阴谋都是小团伙的秘密行动，但是，恺撒之死其实更像是一场政治运动的结果。行刺者并不是少数的几个叛乱分子，而是一大群彼此之间过从甚密的罗马贵族。他们平时有着正常的社交生活：在罗马城内的住宅或者城外的庄园里互相做客；参加晚宴、生日聚会、家族特殊聚会、文学聚会；结伴参加节庆活动——简而言之，就是结交新朋友，并且巩固自己与老朋友之间的关系。这种私交行为是罗马人生活当中非常重要的一部分，同时也给他们提供了密谋谈判的绝佳场合。

元老院会议和广场集会这种公共场合是用于辩论的，权力斗争的真正战场其实是半私人的场所。有心人很容易在这种环境下拉帮结派，策划出巨大的政治阴谋。或许，当时的某一天，有一群元老聚在一起抱怨恺撒的种种行径。就在此时，某个人大概真的动了杀心，对大家说："必须有人站出来。"不过，这种场合的谈话可能也很容易走漏风声，让恺撒得知消息。毕竟，罗马政界人物之间常见的闲言碎语就是谁和谁见了面、谁去了谁的家里、哪位元老在晚宴上喝醉以后不小心说了什么话。

然而，有趣的是，这种闲谈恰恰掩盖了真正的大阴谋，因为所有人都不停地在私底下盘算着各种各样的事情。相关的信息过于庞杂，要找出真正值得注意的阴谋无异于大海捞针。后来，罗马的诸位皇帝还以亲身经历证明，倘若有人真的想要从传闻当中查出关键的密谋，那么他很快就会发现这种行为本身就会催生出大量的流言蜚语，反而让人越发难以厘清头绪。所以，罗马政界高层的大人物必须学会无视这些其实没有价值的信息。

但是，在某个特定的时刻，一定有人向他人建言过恺撒必须死。罗马的政坛毕竟充满了血腥味。然而看起来，密谋刺杀政敌并不是常见的做法。在公元前 44 年 3 月以前，罗马人铲除政敌的方式一般是组织暴动或者率众前去袭击对方乃至悍然发起内战。更何况，恺撒绝非常人。无论从什么角度来看，他都无疑是罗马的英雄：他赢得了许多场战争；他的政治地位无人能及；他还是最高祭司（Pontifex Maximus），这大概是当时罗马最重要的宗教职位。此外，在罗马上层精英当中有很多人都是恺撒的朋友（恺撒向来热爱交友），罗马的平民也特别爱戴恺撒。这一切都足以说明恺撒是罗马历史上罕见的优秀人物。

而且，所有罗马公民都是受到法律保护的，民选官员尤其如此。攻击官员基本等同于挑衅罗马的权威，未经法定程序而杀死罗马公民就是在蔑视罗马的法律和宪法。不仅如此，对恺撒动手还会被视作可耻的叛徒，因为许多行刺者都曾经被恺撒当作朋友或者被恺撒赦免了罪行。换言之，他们或多或少都受过恺撒的恩惠，罗马人民恐怕并不会支持这种叛徒掌权。

既然杀死恺撒以后很有可能受到罗马人民的围攻，那么行刺者就需要事先拉拢很多亲密可靠的朋友，组建起非常强大的势力。不然的话，一旦罗马人民发现恺撒遇刺，行刺者就无法控制住罗马城。而且，就算他们真的成功掌握了罗马城，他们的统治地位也仍然摇摇欲坠。总而言之，刺杀恺撒必定要冒着异常巨大的风险。

但是，罗马和希腊一样有着英雄人物诛杀暴君的历史传统，其中最著名的那个例子就与450年前共和国的诞生息息相关。这个罗马人代代相传的故事与暴君塔奎尼乌斯的儿子有关。据说，他故意在一位罗马贵族科拉提努斯（Collatinus）外出的时候来到了他的家中。虽然男主人不在家，但是罗马的贵族女性也是需要承担一些公共责任的。更何况，他们不能把王子这样位高权重的人物拒之门外。于是，科拉提努斯的妻子卢克雷蒂娅（Lucretia）接待了小塔奎尼乌斯。

卢克雷蒂娅的举止端庄得体。到了这天晚上，在为小塔奎尼乌斯安排好下榻之处以后，卢克雷蒂娅回到卧室准备歇息。黑暗之中，小塔奎尼乌斯悄悄潜入卢克雷蒂娅的房间，持刀强奸了她。等到小塔奎尼乌斯终于离开了科拉提努斯家，卢克雷蒂娅立刻向她的丈夫和父亲呼救。很快，他们就带着各自的朋友赶到了。其中有一人就是卢奇乌斯·尤尼乌斯·布鲁图斯。在控诉完小塔奎尼乌斯的罪行以后，卢克雷蒂娅掏出藏在身上的匕首，自杀明志。随后，布鲁图斯取出了这柄匕首，立誓要为卢克雷蒂娅复仇。他召集起一支大军，向塔奎尼乌斯父子发起了攻击。暴君的统治就此被推翻，卢奇乌斯·尤尼乌斯·布鲁图斯成为公元前509年共和国成立之初的第一届执政官之一。[24]

到了公元前44年，另一位尤尼乌斯·布鲁图斯决定接过祖先的光荣衣钵，这个名字本身就足以让人把公元前44年的刺杀与公元前509年的起义联系在一起。然而，之前的那位布鲁图斯开启了绵延将近500年的共和国时代，令无数罗马人肃然起敬，可是后来的这位布鲁图斯却亲手迎来了共和国的末日——恺撒之死成了500多年帝国时代的前奏。

我们今天看到的史料大多告诉我们恺撒遇刺之前已经有许多凶兆出现：他的妻子梦见了恺撒倒在血泊里；在那天出门以前，恺撒本人也曾经从神灵那里问来了噩兆；[25]某个名为斯普林纳（Spurinna）的祭司提醒过恺撒要当心3月的月中节（3月15日）。[26]据说，恺撒真的感到了畏惧，一度想要取消这次元老院会议。不过，我们需要注意，史料显示，罗马历史上的重大事件发生之前几乎都有很多的征兆，而且罗马历史上的征兆从来都是应验的。由此可见，征兆的本质就是“马后炮”。

无论如何，恺撒终究没有取消元老院会议，我们也没有证据可以证明恺撒知道有人想要加害于他。就在遇刺的前一天晚上，恺撒在自己的家里款待了一名主谋。暗杀发生的当天早上，还有一个主谋是和恺撒结伴前往元老院的。另外还有一人想必知道刺杀的计划，但是，恺撒仍然照常和他一起聊着天进入了会场。

随后，恺撒来到了自己的座位上。在会议正式开始以前，各位元老纷纷互相致以问候。一般说来，权势较大的人旁边会围着一群想要求他帮忙或者只是想要预先打点好关系的人。就在这种有些杂乱的环境里，罗马的元老们竭尽所能地为自己广交朋友、求得好处。此时，一位名叫秦贝尔（Cimber）的元老来到恺撒身边，他恳请恺撒准许他被流放的兄弟回到罗马。恺撒不同意，事情一时无法解决。但是秦贝尔不愿就此离去，他紧紧抓住了恺撒身上宽大的托加袍。对此，恺撒表示严正抗议："你这是滥用暴力！"就在这个时候，一直站在恺撒身后的卡斯卡（Casca）动手了。不过，他并没有刺中。恺撒站了起来，一把将秦贝尔推开，并且抓住了卡斯卡的胳膊。忽然，又有人刺了过来，击中恺撒的面庞。接着，其他人也纷纷过来围攻。恺撒一直在奋力抵抗，但是敌手实在太多。终于，布鲁图斯现身了。据说，在看到布鲁图斯以后，恺撒用希腊语说出了这样的遗言："连你也要杀我吗，孩子？"（*kai su teknon*）然后，他默然用托加袍蒙住了自己的脸。

恺撒最后身受二十三处创伤而死。他倒在庞培雕像的底座旁边，其鲜血洒满了周围的地面。庞培和恺撒在互相残杀之前曾经是朋友，恺撒的临终景象乍一看让人以为元老们是在替庞培复仇，死在庞培雕像附近的恺撒就像是人们献给庞培的祭品。然而，行刺者拥护的并非庞培。在离开会场的时候，尤尼乌斯·布鲁图斯高举手中的匕首，喊出了西塞罗的名字。

恺撒的遗言是对布鲁图斯说的。布鲁图斯的母亲是恺撒的情人，不过，恺撒并不是布鲁图斯的生父。鉴于罗马贵族有时候会在家里说希腊语，恺撒用希腊语说出的这句著名遗言足以证明他和布鲁图斯之间有着非常亲密的私人关系。他们曾经生活在一起，彼此之间与其说是朋友不如说是家人。然而，布鲁图斯还是选择了刺杀恺撒，统治罗马的独裁者恺撒就这样死于自己情人的儿子之手。

后果

人们的想法深受时代的影响。在行动之前，人们通常会预估未来的结果，但是如何行动往往基于过去的经验。对于往事的理解还决定了人们会形成怎样的是非观。然而，作为后人，历史学家是在知道事件结果以及后续历史的情况下考察历史事件的。因此，他们的看法不像古人一样单单立足于事件发生之前的历史。具体而言，以这种后人的眼光来看，暗杀恺撒的行动很像是一个莫大的错误，因为恺撒死后罗马陷入了内战，君主制的罗马帝国很快就诞生了。在后续的几百年里，罗马都是一个君主国，而尤里乌斯·恺撒恰恰是一个近似于君主的政治人物。并且，恺撒的名字还成了罗马皇帝的头衔。由此看来，罗马共和国在最后一百年里遭遇的混乱就仿佛是对君主制的呼唤，似乎恺撒确实代表着历史前进的必然方向。

但是，行刺恺撒的元老们并没有这种远见。那一天，他们成功地让恺撒倒在了血泊里，此时的他们难以正确地预料到接下来会发生什么事情。在他们看来，恺撒之死很可能意味着罗马历史上一个特别艰难的时代已经过去，罗马共和国的政局大概可以恢复常态。从行刺者及其盟友的表现来看，他们不仅相信共和国依然能够恢复旧貌，而且认为这才是历史的必然。无论接下来到底会发生什么，无论罗马的政局会产生怎样的变化，无论恺撒的拥护者会作何反应，无论平民和军队会怎样看待自己，这些谋杀恺撒的元老都自信地认为共和国才是罗马的唯一前途。

最终，历史事实有力地证明了这个观点大谬不然，他们甚至都未能认识到自己已经大祸临头。不过，他们的信心其实不是没有道理的。如果刺杀以后发生的事件能够按照他们设想的轨迹进行，那么也许共和国的旧貌真的能够恢复，他们也真的会成为大家敬仰的英雄。

接下来，本书要分析他们失败的原因。就在恺撒遇刺的同一年，内战在意大利北部的城镇穆提纳（Mutina）[1] 打响了，这场战争最终成为埋葬罗马社会旧秩序的一场革命。十七年以后，恺撒年纪轻轻的甥外孙被元老院尊为奥古斯都。到了这个时候，几乎所有罗马人都意识到罗马已经变天了，以奥古斯都

[1] 即今天的摩德纳（Modena）。——译者注

为首的一个庞大的私人关系网掌握了无与伦比的权力。这个关系网触及罗马社会的方方面面，包括定居于意大利各地的老兵、罗马的平民以及其他的许多人。奥古斯都有意地把各种资源用于赢得人心，很多人直接受益于此，成为这个关系网中的一分子。由此，奥古斯都成功地控制了罗马政局乃至整个社会，并且进一步凭着这种权力成为皇帝，让罗马走上了君主制的道路。在那以后，曾经统治罗马的元老们风光不再，元老的身份退居二线。他们当然还可以享有权力，但是这个权力现在源于他们在这个私人关系网当中的地位。所有的罗马人现在都必须以皇帝为尊。

然而，几乎没有历史文献表明革命前夜的罗马人曾经预见到后来的这种政治变迁。当然，共和国最后一个世纪里骚乱不断的景象确实让很多罗马人忧心忡忡，或许一些人真的担心过罗马会灭亡，但是所有人都浑然不知罗马即将迎来一套新的权力系统。共和国末期固然有着大量的暴力冲突，但也有一次又一次的拨乱反正。共和国总是能够凭着无比的韧性渡过难关，重焕生机。正是这种拨乱反正的历史让那些元老敢于刺杀恺撒。

公元前 44 年 3 月，行刺者在喜悦中迅速离开了庞培剧院。他们欢庆自己取得了胜利，殊不知他们的举动恰恰让延续了四百多年的罗马共和国就此走上末路。

第三章
共和国的危机

公元前100年[1]，尤里乌斯·恺撒出生于一个长期活跃在罗马政界的贵族家庭。当时的贵族通常都会给自己找到一个源远流长的家族谱系，尤里乌斯家族也不例外。据他们所说，尤里乌斯家族的起源早在罗马建立（通常认为是公元前753年）之前，可以一直追溯到《荷马史诗》的传说时代。有人认为他们的名字或许源于尤卢斯（Iulus），而尤卢斯这个名字又和特洛伊的别名伊里翁（Ilium）很像。凭着这种在词源学上发明创造的才能，尤里乌斯家族很容易就把自己和传说中的埃涅阿斯（Aeneas）联系到了一起。而埃涅阿斯是维纳斯的儿子，因此爱神维纳斯成了尤里乌斯家族的祖先。

[1] 或公元前102年。——编者注

恺撒的贵族血统或许确实很独特，但是他们家族从共和国中期开始就已经没有那么辉煌了。恺撒的父亲曾经当选裁判官（praetor，仅次于执政官的高级官职），后来又去担任了亚细亚总督，最终死于公元前 85 年。恺撒的叔叔塞克斯图斯 · 尤里乌斯 · 恺撒是公元前 91 年的执政官，后来在同盟者战争（Bellum Sociale）[1] 的早期阶段去世。这场战争在公元前 90 年的时候爆发于罗马人和意大利人盟友（socii）之间。多年以来，这些盟友都在罗马军队中效力。或许他们占了罗马兵力的一半以上，但是并未能在罗马扩张的过程中平等地分享到利益，他们的政治地位也仍然是低于罗马人的。

对于年轻的尤里乌斯 · 恺撒来说，他早年的政治地位主要得益于家族中的女性，而非他的父亲或者叔叔。[27] 恺撒的姑母尤莉亚（Julia）的丈夫是伟大的马略（Marius）将军。虽然马略的出身不如尤里乌斯家族那么高贵，但是他曾经连续担任多年的执政官，并且在对外战争中取得了罕见的大胜。这一桩婚事让双方结成了同盟，恺撒的叔叔由此在仕途中获得成功。然而，公元前 88 年，罗马政坛陷入了混乱。执政官苏拉（Sulla）与保民官苏尔皮齐乌斯（Sulpicius）发生了纠纷，双方的矛盾很快升级为当街斗殴。接着，苏尔皮齐乌斯向马略求援，同时

[1] 在通过和平方式争取罗马公民权失败后，意大利同盟者为争取罗马公民权、反对罗马统治者而发起了战争。这场战争历时三年多，以罗马胜利而告终，但意大利同盟者也取得了罗马公民权。——编者注

企图把东方的一场重要战事的指挥权从苏拉那边转移到马略手里。于是，苏拉策划了一起政变，成功地把马略及其支持者都逐出了罗马。此举开启了一场旷日持久的内战。意大利的战火在公元前 81 年就结束了，但是地方省份的战斗断断续续地持续到了公元前 72 年。最终，苏拉取得了胜利。也就是说，尤里乌斯家族下错了注。所以，年轻的尤里乌斯・恺撒自从成年起就知道自己对于许多有权有势的人物来说其实是一个碍眼的家伙。

像恺撒这样出生于晚期共和国的罗马人都不得不面临严重的政治动乱——这个充满暴力的血腥时代肇端于公元前 133 年保民官提比略・塞姆普罗尼乌斯・格拉古（Tiberius Sempronius Gracchus）遇害身亡。历史也许不会重演，但是过往的经验毕竟为人们的行动提供了参考的范例。恺撒在公元前 49 年决定渡过卢比孔河之前肯定根据自己对于罗马政治的理解而预判了对手可能做出的反应，恺撒的对手也依照自己的认识而采取了行动，双方都估计了自己的行为会导致怎样的结果。不过，共和国在这一百年里的遭遇并不只是影响了立于顶端的政治人物，军人和平民也是需要做出政治决定的。一而再再而三的内乱让罗马社会的秩序变得越来越脆弱，因为每一次的暴力事件都让人们更加倾向于以暴制暴。

这一系列暴力事件的开头就是保民官提比略・格拉古遇害。几百年前，保民官这个职位在人民的呼声中出现了，他们是人民的代表。随着王政时代的结束，治国理政的大权被交到了高级民选官员的手里——执政官与裁判官。依照罗马的法律，这些高官有权惩处罗马公民，他们甚至可以省略正常的司法程序。这种权力势必会引发人们的抗议。毕竟，在罗马人眼中，政治自由就是让自己免于武力侵犯的自由。因此，罗马人一度设立了十位保民官，让他们来捍卫法律的尊严，保护罗马人民的权利。这些保民官有权召开平民会议，并由此出台法律。对于其他官员的行为，保民官拥有否决权（英语中的否决“veto”就是来源于拉丁语的借词，其本义是“我反对”）。而且，在任职期间，保民官本人是神圣不可侵犯的。所以，如果情况实在紧急，保民官还可以用肉身去保护公民免受官员的侵害。因此，用武力攻击身为保民官的提比略·格拉古堪称蔑视罗马政治传统的暴行，严重违反了元老和其他罗马人民之间由来已久的政治约定。然而，对于恺撒以及和他同时代的其他罗马人而言，这种骇人听闻的暴力事件乃至后来的内战恰恰构成了他们耳濡目染的政治史。

保民官和元老院之争：格拉古兄弟之死

公元前2世纪，罗马人在西班牙打了许多年的仗。格拉古兄弟面对的危机就是在这种背景下产生的。公元前136年，罗马军队挺进了伊比利亚半岛的山区，与努曼提亚人展开了作战。这个部落的势力中心是一个坐落在山上的城镇努曼提亚［Numantia，今天的加赖（Garray），位于巴利亚多利德

（Valladolid）和萨拉戈萨（Zaragoza）之间］。努曼提亚人在战斗中击败了罗马军队，然后将其困在一个山坡上。此时，这支罗马军队无力突围，也无望等到援军。接下来，他们有可能会遭遇一次史上罕见的大败，承受惨重的伤亡。就在这个紧要的关头，随军任职的提比略·塞姆普罗尼乌斯·格拉古站了出来。按照罗马人的传统，提比略的父亲也叫作提比略·塞姆普罗尼乌斯·格拉古，而这位提比略·格拉古是备受尊敬的将军，以其老派的操守与德行而著称。他曾经在西班牙征战，赢得了处事公正的美誉。于是，年轻的这位提比略·格拉古凭着父亲的名声与敌人开启了谈判。在努曼提亚人的要求下，罗马士兵交出了武器装备，屈辱地向敌人表示投降，但是格拉古至少保住了大家的性命，并且签订了和约。[28]

然而，当和谈的情况传回罗马之时，元老们深感不满，拒绝了这份和约。在他们看来，无论是否能够成功，这些士兵都应该再次尝试突围。签订和约的提比略因此受到了鄙夷。

于是，罗马人开始征集一支新的部队。除了某些几乎处于赤贫状态（proletarii）或者已经随军作战多次（大概十六次）的居民以外，所有成年的罗马男性都有参军的义务。从理论上来说，征召兵员的过程相当于告诉所有罗马男性，履行公民义务的时刻到来了。然而，我们不能假定，罗马男性都会积极地在指定时间出现在指定地点。国家主动征兵的效率高于公民自发参军，也能确保招到足够的数量。不过，如果民间多有抗议，那么想必国家不能顺利地征到兵员，但是罗马人大规模征兵的行为一直都不曾激起明显的反对声，许多士兵在入伍以前大概都是拥有少量农田的自耕农，他们通常很贫困。而军人既可以拿到薪水，还可以从敌人手里夺取战利品。所以，很多人都愿意参军。[29]

然而，如果遭遇了战败，不少人都会死在战场上。活下来的人也很有可能失去某些装备，而这些装备大都是他们自己带来的个人财产。罗马军人为钱财而战，要让人愿意在军中效力，就得让他们相信自己比较有可能取胜并且活下来。之前在提比略的带领下侥幸生还的士兵们基本都或多或少地遭受了经济损失，他们大概也不愿意看到自己的救命恩人提比略·格拉古受到政界高层的排挤。因此，当元老们下令为西班牙的战事征集新军的时候，许多人表示了反对。后来，深受大家信赖的老将西庇阿·埃米利阿努斯（Scipio Aemilianus）受命负责此次战役，这才让士兵们的反抗情绪得以平息。[30]

但是这次的政治危机并没有就此结束，西班牙的战争暴露出罗马社会与政治的根本问题。公元前133年，提比略·格拉古当选为保民官。他决定采取一系列改革，其核心是《土地法》（*Lex Agraria*），他想要通过这项法律把公有土地（ager publicus）分配给罗马公民。

分地其实是罗马政治的一项传统。传说中，罗慕路斯（Romulus）与雷慕斯（Remus）在建立罗马的时候就曾经把土地分给公民。拥有土地与公民权是密切相关的两件事，参军的义务（属于公民）和拥有土地的权利相对应。换言之，没有土地的人是没有资格参军的。[31] 公元前 509 年，共和国在建立之初也曾经分过地。[32] 在征服意大利的时代，罗马通常会在击败敌人以后没收对方的一部分土地，将其分配给罗马公民。[33] 公元前 393—前 177 年，罗马人建立了不下于四十处殖民地。虽然我们无法做出非常精确的估算，但是很可能有至少十六万名罗马男性被派往这些殖民地。[34]

参军或许不一定就意味着获得土地，因为军人并不一定会被派去殖民。但是，罗马人确实频繁地把大量的小块土地分配出去，罗马人参军的比例也很高。由此看来，参军和分地之间显然是有关联的，这就构成了影响罗马政治的一组权利与义务关系。罗马公民有义务参军，同时也有权利获得土地作为回报。为了实现这种权利，罗马必须不停地向外扩张。然而，从公元前 2 世纪中叶开始，元老院不再分配土地了。公元前 194—前 177 年，罗马人设立了十九个殖民地。但是自那以后的六年时间里，罗马都未曾建立新的殖民地，而且六年以后也不过是在维莱亚（Veleia）设置了仅仅一个殖民地而已。此后，罗马或许曾经派人去西班牙或者意大利北部定居，比如某些罗马老兵。但是，公元前 194—前 177 年的那种殖民盛况并未再现。[35] 殖民活动的减少让罗马贫民难以再通过入伍参加对外战争来获得土地，削弱了罗马政治中非常关键的那一组权利与义务关系。提比略·格拉古力主推行《土地法》就是想要恢复罗马的古老传统，让罗马公民和士兵再次得到他们应得的报酬。[36]

然而，这项法律引发了激烈的争论。首先，意大利的征服战争已经是至少一百年以前的事情了，所以意大利的公有土地并不多。[37] 其次，这些所谓的公有土地其实并不是无人耕作或者说无人占用的。因此，各地的意大利聚落以及某些有权有势、设法掌握了公有土地的罗马富人都愤怒地站出来反对格拉古的计划。[38]

在元老们看来，这些公有土地理应是属于自己的财产。于是，他们让十位保民官之一的马尔库斯·奥克塔维乌斯（Marcus Octavius）动用了否决权，企图阻挠提比略出台《土地法》。提比略及其盟友一度尝试说服这位保民官收回成命，但是他拒绝了。不过，提比略仍然有别的办法。保民官的职责是保护平民的利益，而奥克塔维乌斯的行为有违这一宗旨，提比略以此为由要求平民会议表决是否要罢免奥克塔维乌斯的保民官职位。

组成平民会议的是三十五个部落。所有部落都要依次走过木桥，登记表决票。这个过程相当烦冗，但只要有足够的票数形成了有效决议就可以提前结束。在投票的时候，每一个部落都选择了罢免奥克塔维乌斯。等到第十七个部落也走过了木桥的时候，格拉古暂停了投票流程，再次试图说服奥克塔维乌斯改变主意。然而，他还是拒绝了。于是，又一个部落投出了表决票，奥克塔维乌斯被罢免了。格拉古的《土地法》

得以顺利通过。[39]

但是元老们并没有就此放弃。罗马官员的任期通常是一年，这是对其权力的一种限制。提比略深知有不少元老想要破坏他的《土地法》，所以他决定竞选第二年的保民官，追求连任。对此，许多人深感忧惧，特别是考虑到提比略正打算对阿塔卢斯（Attalus）送给罗马人的王国下手，因为这种做法在元老们看来是在侵犯他们多年以来把持对外政策的权力。

于是，选举会议上爆发了暴力事件。第一天，选举被推迟了。等到第二天，提比略及其支持者先控制了作为会场的神庙区。现场的景象有些混乱，所有人都担心矛盾双方会动武。关于接下来究竟发生了什么事情，我们所掌握的史料并没有给出确切无疑的描述，这也算是此类事件的一个特色了。提比略·格拉古的表弟西庇阿·纳西卡（Scipio Nasica）时任最高祭司（罗马祭司之首），同时也是反格拉古派的领袖。他调集了大量人手，然后直闯会场。其中一些人或许自备了武器，剩下的有一些人就地把会场附近的木椅给拆了，还有一部分人也许从提比略·格拉古的贴身护卫身上夺走了武器。接着，西庇阿等人开始攻击格拉古派，格拉古被迫带人退到了卡皮托里翁（Capitolium）山上。然而，卡皮托里翁的陡坡也不足以保住格拉古派，他们被打得一败涂地。据说，有“三百多”人在斗殴中死去（虽然双方都没有使用剑刃）。格拉古本人先是被击倒在地，然后被活活打死。[40]

无论是从政治还是宗教的角度来看，杀死保民官都是一桩严重的罪行。因此，尽管双方爆发了这种大规模冲突，并且我们的两份主要史料当中也有一份认为反格拉古派有意为之，但是提比略之死仍有一丝可能是意外。[41] 设立保民官本就是为了提防权贵飞扬跋扈，捍卫公民的人身安全。在之前的三百年里，就是这种政治约定较为有效地缓和了上层富贵群体与下层民众之间的矛盾。蓄意杀害罗马公民基本等同于直接攻击罗马政治秩序的一大支柱。也许，在得知提比略·格拉古遇害的消息以后，元老们会感到有一丝懊悔，甚至可能会震惊不已，毕竟提比略和他们一样都是贵族。然而，实际上，他们似乎都沉浸在胜利的喜悦当中，没有人觉得有必要与对方和解。在官员的命令下，一些格拉古派人士未经正常的法律流程就被流放了。不过，最为人所熟知的盖约·格拉古（Gaius Gracchus，提比略的弟弟）、出身名门的阿皮乌斯·克劳迪乌斯（Appius Claudius，其家族或许是罗马城中最显赫的家族）以及福尔维乌斯·弗拉库斯（Fulvius Flaccus）都没有被流放出去。这或许是因为他们的权势太大、人脉太广，元老们不愿轻举妄动，但这三个人的影响力无疑都受到了限制。总之，元老院恢复了罗马的旧秩序，重新掌握了政局。然而，他们为此而悍然杀害了许多罗马公民乃至一位保民官，这种不尊重其他公民的蛮横做法最终造成了可怕的恶果。

提比略·格拉古本人之死并不意味着他的《土地法》就此

流产。提比略的岳父是著名的元老阿皮乌斯·克劳迪乌斯，他和提比略的弟弟盖约·塞姆普罗尼乌斯·格拉古都早已受命负责分配土地。不过，《土地法》的实行仍然困难重重，重新分配土地的事项陷入了僵局。

提比略·格拉古想要解决的政治问题并没有自行消失。公元前124年，盖约·格拉古当选为公元前123年的保民官，然后继续投身于他的哥哥提比略未竟的事业。盖约重启了罗马的殖民计划。不过，他上任以后的第一个举动是剑指政坛，向人们展示他的政治权威。既然当年杀害提比略的那些人丝毫没有手下留情，那么盖约也不打算对他们留什么情面。他出台新法，流放了未经审判而杀死罗马公民的人。此外，他还开始实行一项新颖的长期扶贫政策：罗马士兵的服装得到了免费供应；尤为关键的是，他主持通过了一个关于罗马城粮食供应的法案。[42]

盖约提出的供粮计划开了罗马历史上定价供应粮食的先河，引得自那以后的几乎所有保守的政治家和历史学家都极力地对其加以抨击。[43]在工业革命到来以前，向城市地区供应粮食是非常复杂、困难的事情，更何况罗马是一座少有的大城市。罗马的粮价急剧上涨会给绝大多数居民带来特别严重的恶果，其受益者几乎只有掌握着大量土地的元老。然而，这种事情当年很可能经常出现。[44]盖约的供粮计划实施以后，罗马居民至少能够以某个稳定的价格获得一定量的粮食供应，从而在一定程度上解决粮价飞涨造成的民生问题。

盖约还提议再度开始对外殖民，[45]其主旨在于让人民拥有赖以为生的土地。显然，这才是盖约的核心政策。公元前 123 年，他提议在意大利南部建立两个大型殖民地：一个是塔兰托（Taranto）附近的奈普图尼亚（Neptunia）；另一个是密涅维亚（Minervia），也就是今天的斯奎拉切（Squillace）。同时，他主张在迦太基设立一个叫作尤诺尼亚（Junonia）的殖民地。[46]我们几乎没有掌握关于这两个意大利殖民地的信息，不过尤诺尼亚似乎是按照六千人规模筹划的大型殖民地。[47]所以，这三个殖民地的总规模或许达到了两万人，这个数字有可能占了罗马男性人口的百分之五。

盖约后来又成功当选为公元前 122 年的保民官，然而他碰到了一个意外的问题：元老院看起来正在大力支持另一位保民官李维乌斯·德鲁苏斯（Livius Drusus）。此人提出的计划甚至比盖约更激进，他想要设立多达十二个三千人规模的殖民地，[48]这个计划会涉及至少百分之九的罗马男性。如果罗马人同时实施了德鲁苏斯和盖约的殖民计划（德鲁苏斯的计划或许已经把盖约的计划包括在内），那就意味着百分之十五左右的罗马男性可以从中获益。

此时摆在盖约面前的政治难题还不仅仅是和德鲁苏斯之间的竞争问题，尤诺尼亚的殖民地看来也遇到了一些麻烦。这个殖民地的规划是前所未有的，因为它坐落于阿非利加（Africa），定居在尤诺尼亚的殖民者会远离罗马以及他们的家人。不仅如此，这个殖民地还跟迦太基有关。在这个时期，罗马与迦太基之间的那三场旷日持久的大战依然让罗马人记忆犹新。[1] 一时之间，流言四起。有人认为在迦太基的土地上建立的任何聚落都会危害罗马；还有传言称一群野狼（罗马的象征）撕碎了这座新城市的界标，表明神灵也反对罗马人在此定居。[49] 无论是否真的有这么一群肆意毁坏公物的野狼，反对设立尤诺尼亚殖民地的声音是毋庸置疑的。

公元前 122 年的一位执政官是卢奇乌斯·欧皮密乌斯（Lucius Opimius），他是盖约·格拉古的私敌。当选执政官以后，欧皮密乌斯宣布要废除有关建立尤诺尼亚殖民地的法律。此时的盖约正在阿非利加监督殖民地的建设工作，有可能同时也在猎杀当地那些与他作对的野狼。得知欧皮密乌斯打算取消尤诺尼亚殖民地的消息之后，格拉古很快就回到罗马，与新上任的这位执政官展开了争论。

接下来发生的事情有两个版本。按照其中一个版本的说法，正当盖约在会议开始之前整理思绪的时候，一个叫作安提卢

[1] 即三次布匿战争，因罗马当时称迦太基为“布匿”（Punici），故名。第一次布匿战争发生于公元前264—前241，第二次布匿战争发生于公元前218—前201年，第三次布匿战争发生于公元前149—前146年，总共持续100余年。三次战争均以迦太基失败而告终，结果是迦太基被灭，罗马在其地设立了阿非利加行省。——编者注

斯（Antyllus）的人靠了过来。他似乎想要伸手抓住盖约，但是盖约走开了。此时，盖约身边的一名卫兵出手杀死了安提卢斯。[50] 在另一个版本的故事里，意见不同的各派人士在卡皮托里翁山上发生了冲突。与欧皮密乌斯交好的安提卢斯侮辱了福尔维乌斯（他是格拉古兄弟多年以来的盟友）的拥护者。混乱之中，有人用在蜡版上刻字的那种尖锐的笔把安提卢斯给刺死了。[51]

对于盖约而言，安提卢斯之死无疑是一个噩耗。就算这确实是无心之失，旁人也会因此怀疑盖约真的想要当独夫。安提卢斯的尸体被摆在了广场上示众。欧皮密乌斯极力呼吁元老们发起还击，他命令骑士们（罗马社会秩序当中仅次于元老的阶层）每人至少带着两名拿着武器的扈从在第二天早晨集合。与此同时，盖约和弗拉库斯都从卡皮托里翁山上撤回了各自的家中。他们大概是想召集人手，并且商量对策。这天夜里，罗马城中心的广场上聚集起一群守夜的民众。

第二天早晨，欧皮密乌斯在卡皮托里翁山上召集起一支队伍，盖约和弗拉库斯则来到了阿文提努姆山（Aventine Hill）。现在的这座山丘是罗马城中一个僻静的去处，上面有许多历史悠久的教堂、修道院以及豪宅，某些外国大使也居住于此。但在古典时代，这里很可能是手工业者聚居的地方。也就是说，这里的居民大概都是盖约的忠实拥护者。而且，这座山丘比较陡峭，尤其有利于防范从卡皮托里翁山过来的敌人。

欧皮密乌斯要求弗拉库斯和盖约来元老院认罪受刑。他们当然拒绝了，然后派弗拉库斯的儿子作为使者前去谈判。欧皮密乌斯接见了弗拉库斯的儿子，但他完全不愿意妥协。他再次要求弗拉库斯和盖约本人到广场上自首。然而，格拉古派几乎不可能相信对手会好心地让自己在所有人面前解释清楚安提卢斯之死的原委，投降基本就意味着死亡。弗拉库斯派他的儿子继续去和元老们谈判。但欧皮密乌斯深知自己处于优势，他逮捕了弗拉库斯的儿子，然后下令开始进攻。

这场战斗毫无悬念，早有防备的欧皮密乌斯甚至安排了一些克里特弓箭手。而格拉古派很可能并没有想到事情会发展到这个地步，他们或许猜到了对手会动用武力，但是他们只准备了一般情况下暴动里使用的棍棒，根本没有配备盔甲。于是，漫天箭雨决定了战斗的胜负，格拉古派四散而逃。弗拉库斯在浴场里被人抓住以后当场击杀；盖约本人则试图渡过台伯河逃跑，却遭到了埋伏。虽然我们不太确定他接下来到底是自杀，还是命令手下的奴隶杀死自己，抑或是被欧皮密乌斯的人杀死，但是无论如何，盖约终究是死于这一次的暴力事件。

欧皮密乌斯曾经许诺，带回盖约的首级者可以得到与其头颅等重的黄金。后来在称重的时候，人们发现盖约的头出奇地重。原来，他的大脑被人挖掉，换成了铅。[52]但是欧皮密乌斯还是谨遵诺言，支付了等重的黄金。

对于守旧的罗马元老而言，格拉古兄弟的死亡当然是一场胜利，但他们为此付出了不小的代价。从此以后，人们明确地知道元老们不惜用武力来消灭与其作对的罗马公民，并且会宣称这是为了捍卫共和国。而在元老们心里，共和国就应该是完全由他们来支配的。然而，元老并不是共和国的全部。军人、罗马城内的平民、乡村的贫民都是罗马政治的一分子，这个国家同样属于他们。格拉古兄弟看到了这一点，想要造福于较为贫穷的这些公民。他们由此获得了许多人的支持，积攒起强大的政治力量，甚至让元老们将其视作威胁罗马传统政治秩序的敌人。分配土地的法律实现了罗马公民应有的权利，但是不久以后，主张分地的两位保民官就都被杀死了，公民的权利再次遭到了践踏。不仅如此，武力击杀保民官的这种行为更是直接侵犯了罗马公民不受暴力伤害的基本权利。

不过，格拉古兄弟毕竟失败了。他们没能组织起一股强大到足以与其敌人相抗衡的政治力量，格拉古兄弟的势力也在他们本人身死之后烟消云散。这种失败本身就可以说明元老们的势力仍然是罗马政局的执牛耳者。我们或许可以说格拉古兄弟的例子证明了保民官这个职位有着非同寻常的潜力，能够引领重大的政治变革，但他们二人的相继失败也足以说明保民官的局限性。在解决掉格拉古兄弟以后，保守的元老们看起来更有权势了。他们击败了政敌，充分展现了自己的权威。

对于恺撒等人来说，格拉古兄弟留下的教训就是元老们会毫不留情地弹压那些反对或者威胁到他们的人。平民则由此得知守旧的元老们基本没兴趣来管平民的苦难生活，也毫不在乎他们应得的权利。他们不可能轻易地拿到赖以为生的土地，甚至都不能保证自己的人身安全。而且，在接下来的一百年里，罗马人还会反反复复地在一次又一次的暴力事件当中体会到这些教训。

将军崛起

罗马的保守势力成功镇压了格拉古派，再次掌握了政局。然而，困扰着罗马社会的问题依旧存在。暴力依然是常见的政治手段，罗马政局变得异常脆弱。例如，公元前 100 年，为了打压保民官萨图尔尼努斯（Saturninus），元老们求得马略将军的帮助，将罗马公民武装起来与之对抗。

不过，虽然时不时就会发生异常激烈的政治斗争，但是长期存在的政治团体（政党）并没有出现。也就是说，社会问题固然引发了政局动荡，却未能孕育出团结一致的政治团体。罗马政治的核心依然是个人和等级，而非意识形态。或许正是因为个人因素过于重要，罗马的政治精英们往往四分五裂。

一些古人看起来已经意识到了问题的本质。大约在公元前 41 年的时候，罗马史家萨卢斯提乌斯（Sallust）把罗马政局的动荡溯源于公元前 2 世纪的最后十年，后来打响内战的马略和苏拉这两位将军都是在那个时期崭露头角的。他们首先都投身于对抗阿非利加努米底亚（Numidia）国王朱古达（Jugurtha）的战事。这场艰难的战争耗时颇久，其战场在今天的阿尔及利亚。[1]在回首朱古达战争之时，萨卢斯提乌斯写下了这样的话语：

> 我将描绘这场罗马人民与努米底亚国王朱古达之间的战争。这是一场宏大、激烈、曲折的战争。但我尤其看重的是，从这场战争开始，傲慢的贵族受到了挑战。自那以后的斗争让人间乃至神界的一切都陷入了混乱。人们完全失去了理智。政治分歧竟然催生出蹂躏意大利全境的战争。[53]

萨卢斯提乌斯还痛斥了共和国最后一百年里发生的种种政治事件，深深的失望让他不得不主动退出政界，转而致力于撰写史书。

> 在这种动荡的时代，所有的公职都让我感到厌恶不已，因为官职不再归属于有德之人，恶人反倒更能占据权位。这种官员既得不到人身安全，也不会受人

[1] 公元前113年，朱古达在努米底亚的王位争夺战中击败了由罗马人支持的对手。由于朱古达在其后的战争中涉及杀害罗马人，使得罗马与其的矛盾变得不可调和。公元前111年，罗马元老院向朱古达宣战。但由于当时的罗马军队腐败、士气涣散，罗马屡战屡败。公元前107年，马略当选执政官，着手进行军事改革。公元前106年，马略与部将苏拉进军阿非利加。公元前105年，马略击败朱古达，朱古达被俘后死于罗马狱中。——编者注

敬重。其权力或许足以匡扶正义，但其来源归根结底是暴力。一切改革都难免走向屠杀、流放乃至恐怖的战争，所有的挣扎、努力都是徒劳，反倒会在人们心中播撒无尽的恨意。人的自由和荣耀感是与生俱来的，只有罕见的疯子或是痴迷于作恶之人才会心甘情愿地让权力仅仅服务于少数人。[54]

原先统治国家的民选官员备受人们的尊敬，能够做出一番伟大的事业。然而，后来掌握实权的只是“少数人”。真正的共和国就这样消失了。这场革命以后，能够得到回报的是恶而非善。公职失去了权力和尊严，在暴力的胁迫下，原本自由的人们屈从于少数的统治者。

萨卢斯提乌斯认为暴力事件的根源在于贵族（nobilitas）的“傲慢”（superbia）以及人们对这种傲慢的挑战。在罗马人眼里，傲慢是一个重要的政治概念。傲慢之人会在其他公民面前表现得高人一等，仿佛其他公民既不是自由民，也不是与其平等的参政者。傲慢是暴君的共性，它并不仅仅是讨人厌的个人品性，更意味着严重的政治问题。

“贵族”这个说法非常宽泛，萨卢斯提乌斯具体指的是罗马顶层的那些贵族。从公元前 3 世纪中叶开始，一些特定的家族长期把持着高级官员的职位。这些家族凭着政治权威积攒起巨量的财富，并且帮助家族子弟也走上顺利的仕途。其他的家族并不是不能跻身于元老院，他们可以得到一些不那么重要的官职，但想要当上执政官就没有那么简单了。总之，虽然这些顶层的大贵族并没有垄断罗马的政治权力，但是他们的影响力非常大，远远超过了其他人。就算不能直接继承政治权力，他们也完全可以像世袭贵族一样傲慢。多年以来执掌大权的历史更是让这些贵族认为自己的统治地位就等于共和国的延续，马略、恺撒还有后来的屋大维所对抗的就是这种观念。

萨卢斯提乌斯选择了叙述罗马人和朱古达之间的战争。这场战争的起因是继承权纠纷，罗马人是被卷入其中的。朱古达战争引发人们关注的一个原因是一些参战的罗马将领未能取得理想的战果，并且这场战争还暴露出罗马政界的腐败。在相当长的一段时间里，朱古达都可以通过贿赂他人来为所欲为，比如说谋杀意大利商人。[55]最终，失望的罗马选民们决定把指挥作战的权力交给"新人"盖乌斯·马略。

马略来自阿尔皮努姆（Arpinum）。这个小镇位于罗马的南面，西塞罗的出生地也是这里。虽然马略的家族可能比较富裕并且在当地有着不小的影响力，但是阿尔皮努姆是沃尔斯奇人（Volscian）的城镇，当地居民一直到公元前188年才成为罗马公民，[56]从来没有阿尔皮努姆人担任过罗马的高官要职。马略在刚成年的时候就自愿参加了罗马军队，他在西庇阿·埃米利阿努斯的指挥下征战于努曼提亚，并且有着优秀的表现。除了西庇阿以外，他还和凯奇利乌斯·梅提卢斯（Caecilius Metellus）

家族有关系。在他们的大力支持下，马略开始踏入政坛。担任保民官期间，马略和元老们发生了争执，但也制止了免费供应粮食的提议。[57] 接下来，他尝试竞选更高一档的建筑官，然而未获成功。不过，他并不气馁，后来又去竞选了仅次于执政官的裁判官。这一回，他的票数刚好足够。[58]

当选裁判官并非易事，很少有“新人”能够获选担任这样的高级职位。不过，既然马略只是勉强当选，那么他的仕途很有可能已经走到了极限。接下来，马略先是被任命为西班牙总督，然后返回了罗马，随后加入军队，前去进攻努米底亚。

在阿非利加待了一年以后，马略又回到了罗马竞选执政官。这一次，他在选战中大获成功。马略是一名军人，他曾经英勇地率领士兵们征战沙场，赢得了许多人的爱戴。大概在马略的有意引导之下，罗马士兵们纷纷开始认为只有马略才能带领罗马在这场战争中走向胜利，许多罗马选民都受到了他们的影响。[59] 后来，经由保民官提议，罗马人民任命马略为统管努米底亚战事的将军。

接下来，马略的表现确实不负众望。随着罗马方面造成的压力越来越大，朱古达的盟友决定倒戈。他们协助马略的部下科涅利乌斯·苏拉抓住了朱古达，战争结束了。

马略真的给罗马带来了胜利。回到罗马以后，他领着部下在城中行进，享受着无比光荣的凯旋仪式，罗马人民对他赞不绝口。作为罗马人的战果，朱古达和他的两个儿子以及大量来自努米底亚的金银财宝都跟在游行的队伍里。之后，被俘虏的努米底亚国王和王子先被囚禁在罗马城中心的监狱里，然后遭到了处决。[60]

然而，就在罗马人庆祝阿非利加战争的胜利之时，一场更加可怕的危机浮现于罗马的北方——辛布里人（Cimbri）和条顿人（Teutones）这两个日耳曼部落都来到了高卢。为此，罗马人召集了大批的军队，将指挥权交给执政官格奈乌斯·曼利乌斯（Gnaeus Manlius）以及前任执政官昆图斯·塞尔维里乌斯·凯皮奥（Quintus Sevilius Caepio）。公元前105年10月，分为两支的罗马军队在阿劳西奥［Arausio，即今天法国南部的奥朗日（Orange）］遇到了日耳曼人，然后被打得溃不成军，付出了十二万人死亡的沉重代价（包括身为罗马人的军团士兵、盟友的士兵以及随军行动的商贩和杂役）。[61]

马略又一次成为人心所向。他再度当选为执政官，并且顶着不小的压力成功连任了好几年，因为有些人担心他把持大权过久。公元前102年，在普罗旺斯地区艾克斯（Aix-en-Provence），马略率军给日耳曼人造成了重创。第二年，在米兰附近的维尔凯莱（Vercellae），他又取得了一场大胜。战争结束以后，欢欣鼓舞的罗马人民第六次选马略为执政官。

不过，尽管马略的履历确实辉煌得引人非议，但既然没有危机要处理，那么马略当然就没有那么特殊了。归根结底，马略能够掌握权力是因为人们极其不满于腐败而无能的贵族。单从这个角度来看的话，他算是元老们的敌人。然而，他从来不曾试图通过创立新制度来把自己手中的大权化为罗马政治的常态，他无意对抗元老治国的传统。因此，公元前 100 年，在保民官引发的争端当中，马略选择了与保守的元老们站在一起维护元老院的权威。

在马略担任执政官期间，他展开了一项重要的军事改革。阿劳西奥的失败让罗马人亟须补充大量的兵员。为此，马略废除了参军的财产要求。现在，无论多么贫穷，所有罗马自由民都有了参军报国的资格。历史学家们有时候会认为此次改革深刻地改变了国家与军队的相互关系，因为罗马军队的主体从此变成了没有什么财产的贫民，而这些人几乎完全不认同罗马的传统政治价值观念。于是，罗马军队蜕变为只认钱财的雇佣军。然而，事实并非如此。

废除参军的财产要求很可能满足了许多民众的需要。罗马社会底层的贫民终于可以加入罗马军团，某些几乎走投无路的穷人由此得以维持生计。但是，马略并非第一个降低参军门槛的人。公元前 2 世纪，在马略改革之前，罗马人已经至少降低了两次财产要求，把门槛从早先的五千赛斯提尔提乌斯（sesterce）降到了一千六，乃至三百七十五。拥有五千赛的财产大概意味着此人可以养活自己，而一千六已经非常少。等到下降至三百七十五以后，我们只能说理论上还存在着财产要求，马略仅仅是把最后的这一点点限制给取消了。更何况，财产要求的降低并不意味着只有底层的穷人才会去参军。军队的人员来源和政治态度都不太可能骤然发生巨变。[62]此外，虽然军队在公元前 100 年的时候出手干预了政治，但是这并不意味着罗马的传统被打破了。马略动用军队攻击萨图尔尼努斯的行为其实是捍卫既有政治秩序的守旧之举。

整体而言，马略的一生足以表明军事将领有潜力跻身于大多数元老之上。一位才华卓著、魅力超凡的将军很容易赢得人民的信赖与支持，这是传统贵族难以企及的优势。相反，他们的腐败、无能、傲慢只能招来人们的厌恶之情。只要危机来临，罗马人民就有可能会抛弃这些贵族，转而寻找一位新的领导者。不过，在这一时期，贵族们依然把持着国家大权。对于他们来说，马略只是一个无伤大雅的例外，同时也是服务于他们的工具。他将罗马人团结在一起，带领大家战胜了危机，出色地完成了他的使命。所以，他得到了丰厚的回报。但是，在那以后，他就要理所当然地从职位上退下来，泯然众人，与其他元老平等地坐在一起。

公元前 99 年 1 月 1 日，马略的第六次执政官任期结束。此时，人们还不知道罗马即将迎来巨大的灾难。

第一次内战：马略对苏拉

公元前 90 年，在经历了一场政治骚乱以后，罗马人的意大利盟友叛变了，同盟者战争揭开了序幕。可以想见，罗马人又一次希望马略站出来平定乱局。然而，马略现在年事已高，他的谨慎之举让胜利的荣光落到了旁人身上。其中最引人注目的是科涅利乌斯·苏拉，也就是曾经在马略麾下效力、抓住朱古达的那一位。凭着在同盟者战争期间建立的功勋，苏拉和另一位将军昆图斯·庞培当选为公元前88年的执政官。为了取得同盟者战争的胜利，罗马让大多数意大利人都拥有了罗马公民权。从此以后，他们也能参与投票了。不过，罗马公民受到的政治保护或许是更为关键的权利。

身为执政官，苏拉得到了远征东方的机会。就在前一年，地中海东岸地区的本都（Pontus）国王密特里达提（Mithridates）进犯罗马领地，他大概是想趁着罗马人忙于同盟者战争的时候浑水摸鱼。东征密特里达提的战斗很可能会被传为佳话，在希腊和亚洲展开的作战或许还能给全军带来不少的财富。想来，苏拉应该能够轻易地召集起足够的士兵。

然而，在苏拉动身之前，保民官苏尔皮齐乌斯给两位执政官带来了麻烦，双方展开争论的中心点是通过同盟者战争取得了投票权的意大利人。传统贵族想要尽可能地削弱意大利人的影响力，而苏拉本人在同盟者战争中的表现是以残忍闻名的，他应该也很想打压意大利人在罗马政局当中的地位。反观保民官苏尔皮齐乌斯，他的想法与传统贵族恰恰相反，矛盾双方很快就大打出手。随后，执政官们以宗教传统为由暂且搁置了这个问题。于是苏尔皮齐乌斯带着大批人手走上了街头，马略也加入了苏尔皮齐乌斯这边。街头的暴力导致一些人不幸死亡，暴动民众在罗马城里到处追寻苏拉的下落。[63]苏尔皮齐乌斯还进一步提议取消苏拉的指挥权，换马略出征东方。马略本人对此表示接受。

然而，苏拉其实正躲在马略的家里，虽然他后来说自己只是去找马略商量事情。在马略的协助下，苏拉逃出了罗马，前去坎帕尼亚（Campania）寻求军队的支持。尽管马略出手相助，但苏拉仍然愤怒不已。他指责苏尔皮齐乌斯犯下了暴行，怒斥马略对他加以羞辱。军官们选择了离开，但士兵们愿意追随苏拉进军罗马。此举的公开理由是恢复罗马的秩序、捍卫执政官的权利。然而，其主要目的归根结底还是争夺东征密特里达提的军权。[64]

这场政变史无前例，马略等人完全没有想到苏拉竟然会调动军队进攻罗马。马略和苏尔皮齐乌斯尽可能地集结了人手，顽强地与苏拉对抗，但双方武力悬殊。不出所料，苏拉率领的军团取得了胜利。[65]马略不得不开始四处逃亡。为了藏身，他一度被迫躲在一堆落叶之下。最终，他乘船来到了阿非利加。曾经六度当选执政官的马略现在必须静候良机。[66]

重新掌权的苏拉出台法律拿回了进攻密特里达提的军权，但意大利的局面仍然不太稳定。另一位执政官昆图斯·庞培支持苏拉进军罗马，然而却被士兵们给杀死了。无论如何，苏拉最终离开了罗马，率军东征密特里达提。[67]

苏拉留下了卢奇乌斯·秦纳（Cinna）和奥克塔维乌斯这两位执政官，但政局还未稳定下来，被苏拉流放之人还有不少政治伙伴活跃在罗马政坛上。而且，许多人对苏拉进军罗马的举动深感震惊。因此，在苏拉离开以后，秦纳与奥克塔维乌斯决裂，和马略走到了一起。马略带着不到一千人的部队（没有迹象显示他有旧部“私军”）回来了，他开始充分运用自己手头的所有人脉。苏尔皮齐乌斯曾经奋力为意大利人争取权利。同盟者战争以后，意大利东南部的萨谟奈人依然心有不甘。于是，马略和这些人联合了起来。他攻占了奥斯蒂亚（Ostia），切断了罗马城的粮食供给线。然后，这位七十岁的老将率军向罗马进发。[68]

奥克塔维乌斯有心抵抗，但大多数的罗马人并不站在他这一边。而且，罗马本身是一座巨大的城市，不便于防范强大的敌人。更何况，马略已经控制了罗马的粮食供给线。在这种情况下，据守罗马并不明智。因此，奥克塔维乌斯开启了城门，邀请马略和秦纳返回罗马。看起来，奥克塔维乌斯深信自己这样的高级官员是不会受到伤害的。马略和秦纳的营地设置在罗马城西的亚尼库鲁姆山（Janiculum）上，身着华服的执政官奥克塔维乌斯带着侍从来到了亚尼库鲁姆山附近。他坐着自己的车椅（执政官的官椅），等候马略和秦纳前来。然而，最后过来的只是取他首级的骑兵。随后，他的头颅被摆放在罗马城中心的演讲台上供人观瞻。[69]

入城以后，马略和秦纳开始复仇。在悬赏的诱惑下，罗马士兵们争先恐后地为他们捉拿政敌。罗马的贵族遭到了清洗，[70]秦纳和马略都被选为下一年的执政官。这是秦纳第二次、马略第七次当选。然而，马略大限将至。公元前86年，这位老将军去世了。

等到了公元前84年，苏拉已经准备好返回罗马。他无情地碾碎了东方战场上的敌人，把密特里达提的势力重新压回了原先的范围。这场战争让苏拉麾下的士兵得到了许多的财富，比如洗劫雅典所得的战利品。因此，苏拉牢牢地掌握了他们的忠心。马略派领导集团准备在希腊阻击苏拉，但是他们麾下部队的士气不像对手那么高昂，甚至还有一部分人临阵倒戈。秦纳本人就在整顿军纪的时候引得士兵们叛变，将其杀死。于是，在这一年，苏拉成功登陆了意大利。他的对手固然人多势众、严阵以待，但是支持苏拉的元老也不在少数。日后大放异彩的格奈乌斯·庞培就是其中的一员。此时，苏拉本人麾下的军队大约有四万人。[71]另一边，马略派的执政官们大概调动了足足十万人。

绝大多数的罗马人都不愿意看到这样的一场内战出现，但是双方的分歧终究无法在谈判桌上和平地解决，暴力斗争和暗杀的历史更是说明了失败者几乎一定会被杀死。不过，士兵们未必愿意跟着作战。例如，有一次和谈失败以后，马略派一支部队全员倒向了苏拉。[72]这场战争没有通过一次决战迅速地分出胜负，双方的多支部队在意大利中部分散地展开了对决。第一次较大规模的战斗发生于坎帕尼亚，苏拉取得了本次的胜利，迫使另一边的执政官带领部队撤退，据说马略派损失了六千人。[73] 但是这场战斗发生于这一年比较晚的时候，内战主要还是展开于接下来的两年内。[74]

到了战争末期，双方在罗马城的山门（Colline Gate of Rome）附近打响了最后的一战。这天下午，两边的军队相遇。苏拉军队的左翼被击溃，匆匆逃往罗马城中，许多人都在逃跑的路上被杀死。但是苏拉的右翼取得了胜利。之后，交战双方一直从傍晚打到了夜里。等到午夜来临，苏拉派成功地突袭了对方的营地。马略派将领或是被俘或是被杀，剩下的官兵选择了投降。然而，苏拉并没有饶过他们，八千名俘虏全部遭到了处决。加上战死者，这天晚上一共有五万八千人失去了性命。[75]

苏拉宣布某些人是应当被处死的。这种绕开司法程序的新型杀人途径被称作“宣布公敌”（proscription），杀死公敌者可以凭其首级领取相应的赏金。至少有四十位元老和一千六百名稍低一级的骑士被列为公敌，曾经效忠于马略派的意大利聚落也受到了惩罚（虽然苏拉一度被宣布为国家的敌人）。苏拉从它们手里夺走了一定量的土地和资金，将其重新分配给自己的部下。此时，逃离意大利的某些马略派人士依然想要负隅顽抗。其中最成功的是塞多留（Sertorius），他后来在西班牙建立了一股独立的势力。不过，无论如何，苏拉无疑已经取得了胜利。

对于这场内战，史料中给出的伤亡数字是八万九千人。但是，这场战争的规模让人更愿意相信有不下于十五万的意大利人战死沙场。除此以外，我们还难以估计到底有多少平民在攻城战中遇害，有多少土地难以避免地被战火毁灭。[76]

这就是恺撒初涉政界的时代。作为政治人物，恺撒属于高层的贵族，拥有广泛的人脉，但此时的他年纪尚轻，甚至还在一场内战中站错了队。他的姑母是马略的妻子，他本人则迎娶了秦纳的女儿科涅莉亚（Cornelia）。既然苏拉才是最终的胜者，那么恺撒就有必要与他的妻子和其他家人决裂。然而，他拒绝了。于是，苏拉派自然就给恺撒的首级也标上了价。换言之，早在恺撒担任官职之前，掌控罗马的高层人物就已经想要杀死恺撒了。

第四章 恺撒与庞培

公元前 82 年末，苏拉在罗马城中庆祝自己取得了内战的胜利。从九年前的同盟者战争开始，意大利半岛的居民陷入了自相残杀的境地，时人想必希望苏拉的胜利能够开启意大利的和平时代。在过去的五十年间，罗马社会频频发生暴力事件。任何罗马人都不难察觉，罗马已经遇到了严峻的问题，一再出现的暴力事件很难被当作偶然现象。因此，苏拉不仅想要杀死对手，还想改革罗马政治，根除这些乱象。

苏拉的办法是恢复旧秩序。他认为罗马政治中的民主成分就是症结所在，保民官不应该拥有不受元老院限制的权力，平民会议不应该掌握独立于元老院的立法权，元老们难以控制的大人物（比如马略和苏拉本人）也不应该出现。

于是，苏拉的改革限制了保民官的权力，尤其是立法权。他对元老的具体担任要求做出了更加详细的规定，各地总督必须向元老院负责。无形之中，苏拉把过去几十年内暴力冲突的责任归结于平民大众以及那些寻求民众支持的政治人物，元老院仿佛就是为罗马贮藏公共责任、军事经验、智慧和政治权力的宝库。苏拉改革计划的核心目标是设计出强大的贵族制政府。罗马有着走向民主制的可能性，但这种潜力早已被罗马社会的政治实践给限制住了。苏拉的改革更将为其套上又一重枷锁。[77]

苏拉改革的局限性反映了罗马人对社会、政治的基本看法。作为现代人，我们往往会很自然地认为政治动荡的出现是因为有社会问题导致了某些群体心存不满。然而，罗马人一般都认为政治动荡要归因于道德败坏。也就是说，他们觉得政治问题的实质是社会风气和社会等级的问题。

现代的历史学家们试图查明究竟是哪些社会、政治群体在破坏罗马政治的旧秩序，却没有得出什么令人信服的结论。[78]就连罗马军队也不是一个团结一致的政治群体，许多士兵都来自相对贫穷的农村地区。军队本身也算是一个基本的政治结构，同时还给士兵们提供了集体认同感，塑造了他们的纪律性，并且让他们有了相同的利害关系。但即便如此，军队也向来不是铁板一块。比如，在内战中，不同的政治派系显然分别得到了一部分军人的支持，有不少士兵都愿意坚定地为上层人物作战。而且，这些军人或多或少有一定的政治素养，不会无条件地听从上层领导的指挥，他们完全有可能以最强硬的手段表达出自己的独特观点。如果有必要的话，他们甚至会哗变。

罗马人没有根据政治或者经济利益而建立相应的组织，但这并不是因为他们缺乏政治、社会方面的想象力。这是罗马的政治文化所导致的结果，罗马人的处事方式就是这样。现代的西方人习惯于见到各种正式或非正式的政治或者社会组织，它们就是所谓的“公民社会”。但是罗马人从来不组建这种机构，他们办事情靠的是私交网络。[79]

这种私人关系网有助于巩固人们的社会地位。权贵自然拥有同为权贵的朋友，其他人则竭力地攀附权贵。人与人之间的亲疏远近以及相互的评价高低构成了另一套无比复杂的等级体系。[80]与此同时，这种社交网络也是利益分配的渠道。有权势者会通过这条渠道把自己掌握的资源分配给地位相近或者地位更低一些的朋友，以求巩固自己的势力。广交好友的上层人物总是能够求得其他权贵的帮助，完成自己力所不及的事情。年轻者需要年长者的引荐和支持，从而获得理想的职务。而受人提携者当然有投桃报李的义务，应当反过来提携其恩人的子孙或是朋友。

罗马的上层精英通常会广泛地结交精英阶层的朋友，但他们的视线并不局限于此，就算是大富大贵也不可能真的完全脱离社会中下层。穷人往往都想要知道哪里有工作机会、怎样能接触到富人手里的资源，他们迫切地需要别人的援助。而富人有必要扩展自己的社交网络，让人为自己办事或者提供信息

（在没有大众传媒的年代，信息比现在更加宝贵）。这种利益交换的模式通行于罗马社会的每一个阶层。骑士是罗马社会中仅次于元老的精英人群，其中至少有某些人本就长期与国家机关打交道。但即便如此，对于骑士来说，高级官员的支持也仍然是相当有分量的筹码。地方上的商人乐于结交中央的高层人物，因为可以受到不少的恩惠。相应地，中央的高层人士无疑也能通过这些商人获取地方上的信息、人脉或者金钱。

举例而言，如果某人想要担任某个军职，他必须证明自己具备了相应的品性与经验，而这种东西只能通过旁人之口来证明。所以，他首先得拥有一些能够帮助自己的朋友。今天，在某些比较贫穷的地方，人脉关系依然是尤为重要的一个因素。那些地方的人们会注意自己认识哪些人，其中又有哪些人可能会为自己提供怎样的渠道或者资源。罗马的情况近似于此，关系网络跨越了不同的阶级。身处其中的罗马人虽然极其明白各自的社会地位，却并不会用阶级的眼光来看待问题。将领和士兵相互依存；农民需要取得地主的许可才能耕作土地，而地主需要农民来提供劳动力；罗马公民需要官员来行使权力，而官员又需要公民为其提供选票。

不过，尽管社会等级较低的人群并没有被排斥在外，但这种关系网终究更有利于罗马的精英们团结在一起。[81] 精英们之间的个人友谊通常会很自然地演变成家族之间的关系，联姻就是一种巩固关系网的常见手段。为了缔结牢固的家族联盟，罗马的社会精英们常常把自己的女儿嫁给自己的同辈人（也有例外）。这种婚姻以家族利益为本，和爱情没有什么关系，其主要目的是结成联盟以及传宗接代。在这种大环境下，罗马人一般认为罗马男性就应该迎娶一位门当户对的女子，未婚的罗马男子往往也会考虑自己的朋友或者同事家里是否有合适的结婚对象。

罗马社会的关系网络既能巩固社会等级秩序，也能推动人们形成一致的社会、政治观点，并且让罗马的社会与政治密切地结合在一起。既然家族是罗马人开展社交活动的重要平台，那么不断延续下去的家族自然就会给一代又一代的成员带来相应的地位。由此，罗马的社会等级秩序得以和罗马人的家族一起长存。而某些家族的历史难免让一部分权贵认为自己理应享有某种独特的地位，政治、经济、社会领域的权力就这样融为一体，精英阶层之外的人很少能够出人头地。像马略和后来的西塞罗那样的所谓“新人”（*homines novi*）其实并不算是真正的异类，他们的家族本就属于贵族，只是阴差阳错地没有出过高官而已。这些数量很少的“新人”或许确实不像其他贵族那样拥有显赫的家族背景，但是其他的政治精英并不介意让他们担任要职。

正是罗马政治精英的这种高度统一的状态让他们在内战中做出了尤为残忍的暴行，因为在罗马人眼里，个人身份、社会地位、国家的价值观念都紧紧地依附于既有秩序和关系网络。

换言之，挑战既有的政治秩序基本等同于直接威胁其政治对手的个人地位。因此，罗马政坛上的重大政治分歧往往会演变成紧张的个人恩怨。

在这种剑拔弩张的政治环境里，动用武力是需要付出高昂的政治代价的，苏拉派和马略派都冷酷地杀死了许多人。然而，一旦大开杀戒，高压政权就很难停下手来，他们很难说清楚自己杀人与否的标准究竟是什么。而罗马的政治精英之间有着千丝万缕的联系，罗马人不能像现代人一样用政党来划分敌我。内战固然迫使他们选择了阵营，但没有人会完全只效忠于某一边。无数的罗马贵族或是死于政治斗争或是遭到了流放，然而，他们当中有不少人其实是苏拉派元老的朋友或者家人。总是有人想要寻求某种程度上的和解，但同时也有人担心被流放者归来以后会威胁到自己现在掌握的权力。无论胜负，所有人都在斗争中受到了伤害，所有人都永远地失去了朋友和家人。在《荷马史诗》的传说当中，海伦在战争结束以后给墨涅拉俄斯（Menelaus）和忒勒玛科斯（Telemachus）喝下了忘川（Lethe）水，让他们得以忘却战争之苦。但罗马人无缘喝上这种神奇的水，无法忘记内乱带来的莫大痛楚。

一般说来，在内战结束以后，胜者会劝说败者接受现实。但是，罗马人刚刚经历的这场内战让太多的人死于非命，败者很难就这样善罢甘休。更何况，胜者还肆无忌惮地欢庆自己所取得的胜利。他们明明给罗马的街道、广场以及意大利的原野都带去了死亡，却声称这场血腥的杀戮恰恰拯救了饱受威胁的罗马社会。内战就这样给罗马造成了难以愈合的伤痕。败者虽然咽下了这口气，但或许只是因为他们暂时不得不如此而已。

恺撒和马略

内战给年轻的尤里乌斯·恺撒带来了不小的麻烦。他出生于公元前 100 年，在内战爆发的时候还很幼小，所以没有直接地牵涉其中。大概在公元前 84 年，恺撒迎娶了卢奇乌斯·秦纳的女儿科涅莉亚，而这位秦纳是马略将军故去以后马略派的一号人物，娶科涅莉亚为妻让恺撒和马略派的联系变得更加紧密。这显然是政治联姻，罗马贵族男性一般不会这么早结婚，很可能是某个人替恺撒定下了这桩婚事。虽然后来的恺撒几乎一直都沐浴在胜利的荣光之中，但这一次，他站在了失败者那一边。不过，尽管苏拉派和马略派的矛盾激烈到孕育出一场残酷的内战，但苏拉派仍然难以把恺撒的婚事怪罪到他本人头上。毕竟，他实在是太年轻了。苏拉试着劝说恺撒和科涅莉亚离婚。识时务者或许会接受苏拉的提议，但恺撒拒绝了。这个决定就必须由恺撒本人来负责了。[82]

假如我们以浪漫的眼光来看待，恺撒也许真的爱上了为他生下第一个孩子的科涅莉亚。然而，恺撒并不是一个忠于妻子的模范丈夫。恺撒的第二任妻子仅仅因为和某个渎神事件沾上了关系就被恺撒给休了，我们都知道恺撒有不少的情人。既然恺撒和科涅莉亚的婚姻是政治联盟的产物，那么他拒绝离婚的决定背后当然也有着政治目的。此时的苏拉派已经凭着武力成功地掌握了罗马政权，我们可以说恺撒公然违逆苏拉的行为展露了他的雄心壮志。接受苏拉的提议、背弃失败的马略派大概能够让恺撒的早年生活过得更加轻松一些，但是这种倒戈的做法会让他失去自己现在的非苏拉派朋友。更何况，就算恺撒真的选择了背叛马略派，苏拉派的许多人恐怕也还会怀疑恺撒的忠诚，恺撒未必能够顺利地融入苏拉派。因此，恺撒选择了继续忠于现在政坛上的边缘派别。

于是，恺撒当然就被苏拉列为需要杀掉的公敌。恺撒的这种叛逆行为让他有了一些恶名，引起了罗马政坛上许多人的关注，违逆苏拉是有很大风险的豪赌。不过，尽管恺撒本人被迫开始流亡，但苏拉派的内层圈子里还有恺撒的朋友。有人请求苏拉赦免恺撒，但这位独裁者起初并不愿意。最后，苏拉身边最亲近的朋友也请求他宽恕恺撒。于是，苏拉大概和恺撒一样仔细地做了一番政治考虑，然后勉强同意了他们的请求。据说，苏拉还曾痛心疾首地说出了这样的话："这位恺撒抵得上无数个马略。"[83]

苏拉赦免恺撒的决定是非常现实的，他本来就不可能铲除所有和马略或秦纳有关系的人。但是，让年轻的恺撒重归政坛确实有着一定的风险，马略派或是同情马略派的遭遇者可能会由此看到希望。他们大概会想，等到恺撒羽翼渐丰，他也许能够打破苏拉留下来的政治局面。公元前 68 年，恺撒在他的姑母尤莉亚的丧礼上致辞，而尤莉亚正是马略的遗孀。[84] 两年以后，时任建筑官的恺撒下令展出了马略的半身像。[85] 显然，苏拉无法阻止人们追忆他的大敌马略。不过，在这个时候，苏拉本人早已离世。

苏拉死后

苏拉在公元前 80 年的执政官任期结束以后就正式放弃了公职。公元前 78 年，苏拉寿终正寝，他的死亡导致罗马政坛遭遇了一场短暂的内乱。就在公元前 78 年，执政官马尔库斯·埃米利乌斯·李必达和另一位执政官昆图斯·卡图卢斯（Quintus Catulus）发生了冲突，[86] 矛盾很快升级为武力斗争。然而，捍卫苏拉的政治遗产的卡图卢斯得到了年轻的格奈乌斯·庞培的支持。而我们所熟知的这位伟大的庞培此时恰好掌握着一支军队，李必达被轻易地击败了。接着，庞培进军西班牙，准备对付那里的强敌。[87]

正当庞培在西班牙作战之时，斯巴达克斯（Spartacus）在公元前 73—前 71 年领导的奴隶起义震动了意大利。虽然时至今日，斯巴达克斯都还是英勇反抗奴隶主暴行的象征，但我们其实并不了解斯巴达克斯以及他所率领的奴隶。李奇尼乌斯·克拉苏（Licinius Crassus）最后终结了这场叛乱。之后，从西班牙得胜归来的庞培消灭了剩下的一部分奴隶叛军。

斯巴达克斯败亡，庞培凯旋，罗马的政局再度稳定下来。公元前70年，庞培和克拉苏当选为执政官。他们都是久经考验、无可挑剔的苏拉派人士，而且还立下了辉煌的战功。[88]此时，罗马的元老们对自己的权势充满了信心。既然马略派引发的危机已经过去，元老们就决定撤除苏拉对保民官施加的过度限制，让人民的代表再次有权为人民发声。被流放的马略派人士也回到了罗马。换言之，在苏拉离职仅仅十年以后，罗马的宪法就恢复了苏拉掌权之前的旧貌。不过，这个时期的罗马元老有着更大的权威、更多的人数，他们的信心也胜于往昔。

在接下来的二十年内，元老们一直按照传统的方式统治着罗马。尽管仍然有不和的声音，但元老们大体上还是秉持着宽容的态度。例如，恺撒追忆马略的行为或许引得某些人提高了警惕，但至少这一时期的恺撒无法威胁到元老们的统治地位，那么元老们也就没有采取什么动作。对于共和国的最后一代人而言，马略和苏拉已经是历史上的往事，跟现在的罗马政治没有多少关联。然而，这最后的一代人同样经历过内战，他们不太可能会忘记罗马社会曾经承受的暴力伤害，其中至少有一些人认为自己有义务消灭所谓的共和国之敌。

内战本身就足以说明罗马政治精英们具有强大的韧性，因为传递着政权影响力的私人关系网并未毁于内战。这一方面是因为罗马社会没有别的运行政治权力的方式；另一方面是因为这种政治模式很灵活，可以因需而变。既然如此，那么罗马的政治精英们依然可以掌握权力。而且，他们还是保持着非常一致的状态，敌视异类，追求高度统一的文化。他们的政治讨论仍然以德为本，充满了老旧的话语。从政者几乎都因循守旧，尊重其他元老的权威。罗马的政治常常回顾祖先们留下的道德传统，而这种道德规范往往鼓励人们随大溜、反对创新、顺从于其他元老的价值观念。元老群体内部的竞争必须符合罗马的主流传统。虽然我们看到的史料经常渲染元老之间的道德、文化差异（所有文化高度统一的小型群体都经常如此），但是罗马政治精英的最大特点其实还是统一性。倘若他们觉得自己的统治地位受到了威胁，那么这些政治精英恐怕都会果断地选择动用武力。毕竟，在过去的几十年里，暴力已经帮助元老们取得了一次又一次的成功。

庞培的时代

在苏拉的时代结束以后，最有权势的罗马人是格奈乌斯·庞培·玛格努斯，也就是伟大的庞培。他在苏拉第二次进军罗马之时成为政坛上的一颗新星。在内战当中，庞培表现出色。及至苏拉取胜，庞培被派往阿非利加镇压负隅顽抗的马略派残党。回到罗马以后，他与卡图卢斯联手击败了李必达，然后又马上率军去西班牙对抗塞多留及其盟友。公元前 71 年，庞培再次返回意大利，刚好有机会处理某些试图逃离意大利的斯巴达克斯起义残部。到了公元前 70 年，庞培已经成为世所公认的杰出将领。所以，他当选为这一年的执政官，为其本就不同寻常的履历又添上了浓墨重彩的一笔。

卸任执政官以后，庞培并没有再次奔赴战场，而是留在了罗马。但是，在公元前67年，罗马面临着危机。有许多海盗特别频繁地活动于地中海，他们可能来自安纳托利亚南部海岸边的奇里乞亚（Cilicia）地区。地中海各岛屿以及沿岸的小聚落都受到了这些海盗的洗劫，他们神出鬼没，游走在地中海的各个区域。地方省份的总督难以将其绳之以法。这些猖獗的海盗甚至还有可能袭击罗马官员。据说，尤里乌斯·恺撒就曾经被海盗劫持过。当然，他们最后都付出了惨痛的代价。[89]为了根除海盗的威胁，罗马人出台了《伽比尼乌斯法》（*Lex Gabinia*），组建了一支有权在地中海各地行动的特别部队，奉命指挥这支部队的就是庞培。他需要在最多三年的时间内清剿这些横行霸道的海盗，为此，他可以调动巨量的资源。对于这条特殊的法律，许多元老其实是持反对意见的，因为原本就最为出众的庞培看起来可以在剿灭海盗的途中积攒起更加可怕的声威。

仅在三个月以后，庞培就宣布自己取得了胜利，奇里乞亚海盗被瓦解了。[90]凭着罗马的军事霸权，庞培从统治叙利亚的安条克（Antiochus）国王[1]那里夺取了一部分土地，建立起新的

[1] 即塞琉古王朝国王安条克十三世（Antiochus XIII）。——编者注

殖民地，把至少一部分的奇里乞亚海盗安置在殖民地里。

此后，胜利的庞培直接朝着另一个更为宏大的军事目标前进。多年以来，本都国王密特里达提给罗马造成了不小的麻烦，苏拉当年就曾经出兵攻打密特里达提。自那以后，罗马将军卢库鲁斯（Lucullus）率军逐步打压了密特里达提的势力。但是，卢库鲁斯后来和部下闹翻了。密特里达提趁机进攻，击败了一支罗马军队。

看起来，这场战争一时之间难以分出胜负。于是，罗马人民想到了庞培。公元前 66 年，《曼尼利乌斯法》（*Lex Manilia*）授权庞培负责指挥东方的战事。[91] 三年后，庞培极大地拓展了罗马人的势力。他击败了密特里达提，攻占了本都，吞并了叙利亚，进入了犹地亚（Judaea），洗劫了耶路撒冷。庞培建立的光辉功业标志着亚历山大的继业者们创建的各个希腊化王国终于走到了穷途末路之时，只有统治着埃及的托勒密王朝还在一边与罗马修好，一边苦苦支撑。

这一时期的罗马政局扑朔迷离。庞培有不少竞争对手和敌人，许多地位显赫的元老不愿看到庞培长期手握重兵，比如卡图卢斯。他们担心庞培立下的伟大功绩会让其他人难以匹敌，损害元老之间相对平等的地位，创造出又一个马略，进而威胁正常的政治运作。公元前 62 年，庞培凯旋。对于庞培在东方做出的安排，元老们充满了质疑。庞培设立了一些省份，比如著名的叙利亚省，他还扶植了一些国王。至少，这些君主除了罗马共和国以外同时也效忠着庞培本人。此时的庞培就好像十年以后的恺撒一样，人们很怀疑这样一位了不起的将军是否能够与共和国的传统并存，他莫大的权威和巨量的财富是否会威胁贵族制的存在呢？

面对充满敌意的元老，庞培决定和尤里乌斯·恺撒联手。在公元前 60 年的执政官选举中，他支持了恺撒。此外，庞培还拉拢了克拉苏。他们三人组成了一个令人生畏的强大联盟。当选为执政官的恺撒批准了庞培在东方的安排，让庞培的老部下得到了土地。恺撒则成了高卢总督。

恺撒的举措是顶着不小的压力强行做出的，苏拉似乎一语成谶。在公元前 60 年之前，恺撒并不算是罗马政坛上的风云人物。他一直都勇于对抗专断的元老，捍卫罗马人的自由，但他从未得到过重要的兵权。而且，恺撒看起来既不会也不能动员平民的力量来对抗元老。到了公元前 60 年，庞培和某些元老之间的不和终于让恺撒抓住了一个罕见的良机。他得到了庞培这样强大的盟友，然后理所当然地替庞培办了事。恺撒的执政官生涯或许算是证明了他确实非同小可，而恺撒的高卢之行更是让他的政治地位有了天翻地覆的变化。

庞培依然是罗马政界举足轻重的大人物，我们在前文看到的那一起街头暴力事件就很好地说明了这一点。镇压完暴动以后，庞培在公元前 52 年当选为前所未有的唯一执政官。这次事件的“背景”可以追溯到公元前 63 年的喀提林阴谋。在那一年，西塞罗是执政官，他在之前的选举中战胜了另一位知名的罗马贵族卢奇乌斯·塞尔吉乌斯·喀提林（Lucius Sergius Catilina）。于是，喀提林在公元前 63 年继续参选下一年的执政官，但西塞罗表示反对，喀提林再次失败了。选举结束以后，西塞罗发现了一个阴谋。据说，喀提林正计划着颠覆元老院、谋杀西塞罗，从而夺取权位。[92] 喀提林只好逃离了罗马，去找集结于伊特鲁里亚（Etruria）的一支军队。喀提林的拥护者也试图在夜里出城，但被西塞罗的人给拦住了。他们的信件暴露了喀提林联系高卢部落阿洛布罗基人（Allobroges）一起造反的企图。既然证据确凿，西塞罗就召开了元老院会议，宣布喀提林阴谋败露。[93]

在之后的又一次会议上，元老们讨论了被逮捕的这些喀提林党羽应当受到怎样的惩罚。[94] 一些元老主张立刻将其处决，因为国家正处于危亡之际，加图就是其中的一名代表。恺撒则强烈反对这种做法，他认为完全可以把这些人囚禁起来，等到平定风波以后再按照正常的法律流程来处理，但他没能说服大家。[95] 许多元老都在赞美西塞罗，而他本人显然还期待着第二年归来的庞培将军也会认可自己的做法。毕竟，西塞罗是庞培的忠实拥护者。[96] 然而，庞培正受到这些元老的排挤，他无意在这种时候主动去和元老们站在一起。西塞罗大概非常惊讶地发现自己陷入了政治困境，他对喀提林阴谋所作的演说词很快就出版了，但他的名声依然不见起色。他还想找一位听话的诗人来歌颂自己的成就，却再次失败。[97] 他只好亲自创作了一首长诗，描写自己在执政官任上的所作所为。不幸的是，这首诗的内容没能完整地流传下来。[98]

察觉到西塞罗的地位不稳以后，他的对手开始进攻了，克洛狄乌斯就是其中的一员。他背后的家族或许是罗马城中最为显赫的名门。[99] 克洛狄乌斯和西塞罗之间的矛盾源于当年的一起渎神事件。据说，克洛狄乌斯现身于只有女性能够参加的善良女神（Bona Dea）节。[100] 因此，他被诉以渎神之罪。倘若罪名成立，他会被判处死刑。尽管西塞罗和克洛狄乌斯原本是朋友，但西塞罗却给出了证据证明克洛狄乌斯确实在犯罪现场。据说，克洛狄乌斯最后花了很多钱收买陪审团才保住了自己的性命。

后来，克洛狄乌斯推行法律流放所有未经审判而杀死罗马公民者（很像格拉古当年出台的法律）。看起来，他这项法律的主要针对目标其实就是西塞罗。克洛狄乌斯还纠集人手控制了会场和城里的其他公共场所，不少贵族都抨击他的这种做法，但保守的元老们并没有做出什么反制措施，庞培和恺撒也都没有站出来为西塞罗说话。西塞罗只得开始流亡。

为了庆祝西塞罗的离去，克洛狄乌斯摧毁了他的房子，在原址上设立起献给自由的圣坛。这个举动有着明显的象征意义。[101] 克洛狄乌斯在保卫罗马人民自古以来的自由，罗马人最看重的权利大概就是免受专横的官员施暴的权利。虽然我们今天看到的史料全都很仇视喀提林及其党羽，但喀提林的阴谋似乎确实有着一定的民意基础，伊特鲁里亚地区的叛乱或许可以被视作证据。虽然即刻处决喀提林党羽的行为发生在所谓的紧急状态下，但普通的罗马公民仍然有可能认为这是暴行。

公元前 57 年下半年，凭着庞培的帮助，西塞罗在懊悔中回到了罗马。就在之前的这一年内，庞培和克洛狄乌斯发生了矛盾。所以，西塞罗的返回大概主要是因为庞培想要西塞罗回来帮助他限制克洛狄乌斯。现在，西塞罗还有了一位叫作阿尼乌斯·米洛的元老朋友可以一同对抗克洛狄乌斯，正是米洛的人阻止了克洛狄乌斯妨碍西塞罗回归罗马。[102]

公元前 53 年，克洛狄乌斯和米洛都在参加竞选。于是，暴力事件再度发生，并且最终导致克洛狄乌斯遇害。西塞罗在《为米洛辩护》(*Pro Milone*，这篇演说词出版了，但西塞罗或许并没有公开演说过）中声称米洛并非有意前去寻衅，只是恰巧和克洛狄乌斯等人一起走在前往罗马的路上。然后，双方开始斗殴。据西塞罗所说，米洛的拥护者在自卫的时候意外杀死了克洛狄乌斯。[103] 消息传到了罗马，克洛狄乌斯的拥护者们群情激奋，怒而进攻元老院。他们大概怀疑许多元老都在暗地里支持米洛的杀人恶行（或许确实如此），元老院被烧毁了。元老们只好任命庞培为公元前 52 年的唯一执政官，让庞培带兵镇压街头的暴动群众。之后，米洛受审并被放逐。也许他是被元老们当作牺牲品给推了出来，而庞培则又一次成了罗马政治秩序的捍卫者。

公元前53年和公元前52年的一系列事件最后促成了庞培和较为保守的那部分元老之间的和解。元老们现在承认庞培是享有独特地位的将领及政治领袖，共和国的安全需要庞培来加以维护。不过，就算到了这个时候，庞培也仍然只是共和国众多伟大将领中的一员。他和西庇阿·阿非利加努斯（Scipio Africanus）、西庇阿·埃米利阿努斯并没有本质上的区别。庞培一直都坚决支持独裁者苏拉的政治遗产，维护着元老院的权威。他或许是最伟大的元老，但他终究还是一位元老。

然而，没过两年，罗马又走到了内战的悬崖边缘。公元前50年下半年，恺撒率军南进。此前，他已经在高卢征战近十年，取得无数战果。现在，凯旋的恺撒在卢比孔河畔安营扎寨。公元前49年1月10日，恺撒渡过卢比孔河，从他统治的省份来到了意大利。罗马即将迎来又一场内战。

恺撒的意外之战

以传统的“伟人”视角来看，尤里乌斯·恺撒堪称伟人中的伟人。19世纪的一些传记作家与历史学家偏爱历史上的明星人物，在他们眼里，恺撒审视了晚期共和国的所有危机，洞察了举步维艰的罗马政权，然后抓住了关键的历史机遇。[104]德国哲学家黑格尔认为恺撒是体现时代精神、推动历史前进的重要历史人物。[105]然而，到了20世纪，追随伟大领袖的美好梦想反而孕育出种族灭绝的骇人噩梦。这些暴虐的独夫将自己的形象塑造为恺撒，而人们眼中的恺撒也被塑造成了暴虐的独夫。[106]

恺撒天资过人，他是出色的作家、优秀的政治家、卓越的演说家，也是才华横溢的将军。和其他的许多罗马人一样，他接受过完备的教育，拥有远大的抱负。但恺撒的志向更胜常人，[107]很少有人真的想要立下匹敌亚历山大大帝的丰功伟绩。幸运的是，也很少有人真的拥有追逐这种梦想的机会，而恺撒恰恰二者兼备。或许，恺撒之无情也胜过旁人。作为一个伟人，恺撒的一生充斥着死亡与毁灭。公元前 49 年的事件导致一场大战爆发，进而动摇了罗马共和国的政治局面，乃至将其终结，深刻地影响了历史的进程。或许，恺撒打响内战的原因是他有了一个伟大的想法，打算给罗马带来一场彻底的改革，但从他本人的作品以及其他有关恺撒的著述来看，我们很难说这种想法到底是什么。

恺撒的确实行了一些改革，这些改革主要是在公元前 46 年以后，因为这个时候他终于有时间来好好地处理一下军务以外的事情了。例如，他改革了历法、元老院，还招募了大量的新元老。也许更能体现他雄心的是市中心新广场的建设，在这里，他建造了一座献给维纳斯的神庙。对于自己的拥护者，恺撒也很大方，他调整并且提升了大概三百年前定下的军队薪酬水平。今天的意大利北部原先是高卢人的土地，恺撒让这个地区的居民也拥有了罗马公民权。他还设法保障了粮食的供应，并且做出了一些改革，令有资格享有粮食供给的公民数量从三十二万下降到了十五万。这个举措或许不太受人欢迎，但恺撒又推出了新的殖民计划，让他的老部下和某些意大利的罗马贫民从中受益。[108] 然而，恺撒的政策终究是相当保守的。在他最终打赢了内战，击败了绝大多数的庞培派势力以后，他并没有提出什么不合传统的计划，而是主张调集大量人力、物力进攻叙利亚以东的帕提亚帝国。

内战之火引燃于公元前 49 年 1 月恺撒渡过卢比孔河之时，随后蔓延至整个地中海世界。标志着内战终结的事件大概是公元前 46 年 4 月加图自戕，或者公元前 45 年 3 月西班牙的蒙达（Munda）之战。我们不禁会想，领导权的争夺究竟为什么会演变成内战呢？恺撒给出的理由乍一看有些荒谬。在公元前 50 年，恺撒和庞培之间的斗争愈演愈烈。此时，恺撒的代言人是保民官。随着事态渐渐明了，这些保民官意识到双方无法达成妥协，于是就逃跑到恺撒那里去。恺撒最初说他率兵进攻就是为了维护这些保民官的权利。然而，假如这些保民官一开始就不站在恺撒的立场上，那么他们的权利也就不会受到威胁了。

在恺撒渡过卢比孔河之前，元老们召开过一次会议。除了二十二名元老以外，所有人都赞成让庞培等人与恺撒和解。换言之，我们可以说绝大多数元老都不希望双方之间的矛盾升级为内战。随着战争的阴影越来越近，公元前 50 年的核心分歧点已经缩小到恺撒的尊严（dignitas）问题。显然，拉丁语的“digintas”可以翻译为英语的“dignity”，表示“尊严”。但这个译法没有抓住拉丁语原文的全部内涵，“地位”或许更为贴切。各种各样的关系网络是罗马社会运行的基础，在这样的社会里，人的地位有着非常重要的社会与政治意义。没有地位的人什么也不是，既无法出手帮助自己的朋友，也无力打击其对手。也就是说，恺撒绝不是单单为了自己的面子而把整个罗马世界都拖入了内战的泥沼。[109]

十年以前，恺撒才刚刚开始征服高卢。他固然和庞培、克拉苏结成了政治同盟，但他显然是较为弱势的一方。等到十年过去，这三个人都有了不小的变化。公元前 53 年，克拉苏在和帕提亚人交战之时死于美索不达米亚北部的卡莱（Carrhae）；庞培进一步增强了自己的政治实力；而恺撒则在战争中得到了财富，并且成了举世闻名的伟大征服者。对于罗马人而言，高卢人几乎是来自传说故事里的奇特敌人，他们的服饰、语言、文化都和罗马人截然不同。[110] 从高卢凯旋的恺撒已经是一位富有而伟大的人物，他期待着自己能够像罗马历史上的其他征服者一样得到万分的尊崇。

然而，在公元前 50 年，恺撒究竟要怎样归来成了一个大问题。元老院里有不少人敌视恺撒，这些人还颇有信心地与庞培联起了手。假如恺撒不以官员之身回到罗马，那么他很可能会遭到起诉。但如果他以执政官的身份返回，他的敌人就完全无从下手了。早在公元前 52 年，米洛和克洛狄乌斯的暴力事件刚刚结束的时候，十位保民官就出台了一项法律，允许恺撒享有不在场参选执政官的特权。倘若恺撒真的能够顺利地在不在场的情况下当选，那么人们就会产生新的疑问，因为恺撒的这种做法会让他在事实上免受法律的约束，而法律恰恰是共和国的基石。元老们向来有权质疑官员的行径、起诉违法的官员，但从另一个角度来看，给予恺撒特权的法律本就是用来制衡元老的。也就是说，让恺撒破例的话会令恺撒超然于共和国制度之外，但如果不让恺撒破例就违背了共和国制度（至少在明面上）的终极原则。

不过，这些法律细则的背后终究是政治。恺撒及其追随者们担心他的对手这次打算给其施以致命的一击——羞辱恺撒，摧毁恺撒的政治及个人影响力。元老院则担心恺撒这样地位极高的个人会不服从元老们的集体决定，不合于苏拉时代以后共和国制度的主导方针。元老们已经勉强给捍卫元老院三十年的庞培破了一次例，但恺撒的敌对势力更强。而且，先上位的庞培现在成了元老们可以倚靠的支柱，因为庞培不会允许其他人享有和他一样的地位。

恺撒要求免受私敌攻击的理由是非常充分的。作为高卢的征服者，恺撒当然希望共和国能够给予他应得的尊重与荣耀。而在恺撒的对手看来，恺撒早就是一个令人生厌的家伙，他在高卢赢得的财富、威望、人心（尤其是大量部下的忠心）只会被用来攻击元老（以及庞培）所掌控的共和国。否认元老或者元老院的权威就等同于挑战共和国（res publica）本身，也就等同于发起革命当独夫。然而，如果恺撒真的按照其对手的要求放弃了官位，那么他很有可能失去自己的政治生命或者真的丧命。毕竟，过去的历史早已反复地证明了元老会不惜一切代价铲除任何挑战其权威之人。

恺撒的地位并不是只与恺撒本人有关的私事。他已经在身处高卢期间建立起一个庞大的私人关系网络。士兵、军官、提供补给的商贩、蒙受过恺撒恩惠之人、在元老院里代表恺撒利益之人全都位于这张关系网内。许多人都为恺撒出过力，他们期盼着恺撒能够继续向其输送政治利益。如果恺撒遭受了羞辱或者失去了他的政治影响力，那么这些人就得不到回报了。所有罗马人都不是孤立的存在，每个人的地位都关乎他人的利益。一人得道，鸡犬升天。反之，覆巢之下，安有完卵。恺撒决定站出来反对元老们践踏保民官的权利就是因为如果他倒下了，还有很多人必定会受到牵连。恺撒等人深知历史上元老们动用武力的先例，他们这次的对手看起来也不会手下留情。归根结底，妨碍着恺撒归来的不是法律规定，而是政治互信。

罗马人走入了僵局。一些元老或许确实想要开战，但他们的准备严重不足。随着战争的逼近，元老们开始匆匆忙忙地召集部队，但直到恺撒渡过卢比孔河的时候，他们的兵力都还很弱小。疏于防备的原因大概是过度自信，也许他们觉得恺撒最后一定还是会妥协的。然而，恺撒凭着他著名的“迅捷”（celeritas）行动打得对方措手不及。不过，就算恺撒已经率军行进在意大利的土地上，他也仍然试图和对手展开谈判。这场危机出其不意。元老们低估了恺撒。

恺撒发动的这场战争是一个意外。恺撒进军只是为了解决某个非常具体的问题：他本人以及他的追随者应该如何在共和国里自处。他们从未威胁过共和国的存在，只不过是在受到元老院内一个派系的排挤和威胁以后为自己的利益发声而已。这场战争仅针对个别人，庞培派人士很快就逃离了意大利，而罗马的其他元老并未受到伤害，恺撒和这些人没有矛盾。在内战中获胜的恺撒与之前的苏拉或者马略都完全不同，他原谅了自己的敌人，希望求得和平。他没有杀人树敌，而是让这些失败者回到了元老院，像以往一样正常地议事，因为这些人都属于元老院，是共和国必不可少的一部分。恺撒无意毁灭共和国。当然，恺撒的独特地位会损害其敌人的利益，让他的朋友获得好处，但这本就是共和国生活的常态。

五年后的公元前 44 年 3 月，恺撒长期统治罗马的地位给他招来了祸害，一些人严重质疑恺撒掌握的莫大权威是否能够与共和国制度并存。在这几年的时间里，共和国政治的运行已经因恺撒的存在而发生了扭曲。不仅如此，恺撒更计划着在东方大动干戈。假如他能够胜利班师，那么他的权势就足以逼迫共和国的所有传统精英都屈服在他的面前（虽然他们可能已经屈服了）。恺撒就是问题所在，解决之道一目了然，恺撒之死想来会让共和国的政局恢复原貌。元老们的顾虑一以贯之：在公元前 49 年，他们因此不愿让恺撒以执政官之身回到罗马；在公元前 44 年，他们同样因此悍然刺杀恺撒。

得手以后，行刺者离开了庞培剧院，高高举起手中染血的匕首，喊出了西塞罗的名字。他们让西塞罗来掌舵并非只因为他是名声在外的资深元老，还因为西塞罗本身就代表着一个传统。刺杀恺撒的行为近似于西塞罗当年清除喀提林党羽，都是为了在非常时刻挽救共和国而采取的血腥手段。西塞罗认为自己的做法延续了自格拉古时代以来的暴力传统。将近一百年以前，提比略·格拉古被人殴打致死；现在，卡西乌斯（Cassius）和布鲁图斯再次继承了元老的传统，谋杀了一位共和国的官员。在行刺者看来，谋杀恺撒只是又一次体现了罗马人不惜以武力保卫罗马秩序的光荣传统。

第五章
穆提纳：共和国的最后一战

公元前 43 年春，尤里乌斯·恺撒死后一年，五支罗马军队集结于意大利北部平原城市穆提纳（今天的摩德纳）附近，迪奇穆斯·布鲁图斯（Decimus Brutus）被困在城中。围攻此城的是马克·安东尼，他指挥着至少四个军团的精兵和一大批应召入伍的新兵。此时的屋大维年纪尚轻。他本是恺撒的甥外孙，在恺撒死后成为恺撒的养子。他和执政官奥卢斯·希尔提乌斯（Aulus Hirtius）组成了联军，在一旁骚扰安东尼，等待解救布鲁图斯的机会。在他们的东南方，另一位执政官维比乌斯·潘萨（Vibius Pansa）正在小心地率军靠近，准备向他们增援。希尔提乌斯、潘萨和屋大维计划在会师以后与安东尼展开决战。公元前 43 年 4 月，他们击败了安东尼。

罗马的元老们大事庆祝了一番。看起来，安东尼战败意味着他们已经顺利地实现了暗杀的战略目标，终于摆脱了尤里乌斯·恺撒的阴影，恢复了自己应有的权威。穆提纳之战似乎标志着恺撒之死引发的政治风波已然结束。自苏拉上台以来，罗马人古老的传统秩序一次又一次地战胜了各种各样的艰难险阻，这一次仿佛也不例外。

但元老们错了，穆提纳之战的胜利并不意味着古老的罗马共和国的命运再度返回正轨，意大利北部平原上的这场战斗未能彻底清除恺撒的遗产。

在接下来的日子里，元老们目睹了胜利骤然化为失败的惨状，穆提纳之战竟然成了风雨飘摇的罗马共和国的最后一战。

恺撒的遗产

尤里乌斯·恺撒以终身独裁官的身份统治了罗马，共和国高级官员以及地方总督的“选举”都由恺撒主导，他已经提前指定了未来几年的人选。前文提及的公元前 43 年的执政官希尔提乌斯和潘萨、战略要地山内高卢（Gallia Cisalpina）的总督迪奇穆斯·布鲁图斯都是由恺撒亲自任命的。然而，迪奇穆斯·布鲁图斯参与了刺杀恺撒的行动。恺撒死后，这两位执政官也都率军去支援他对抗自命为恺撒继承者的安东尼。恺撒对于地方省份的安排最后反倒帮助了那些和恺撒或者所谓恺撒继承者作对之人，其中的一部分人甚至曾经与恺撒本人非常亲密，比如希尔提乌斯。随着恺撒的死亡，他生前建立的政治关系烟消云散。现在，每个人都必须重新站队。

恺撒之死让罗马的局面变得云谲波诡。马克·安东尼仅在名义上控制着罗马，他是恺撒的副官，也是公元前44年的执政官。凭着暗含武力威胁的政治压力，安东尼说服行刺者们撤离了罗马，为自己创造了一个喜忧参半的局面。他肯定知道迪奇穆斯·布鲁图斯会直接前往山内高卢，控制当地的军团。换言之，安东尼放任自己的敌人获得了武装力量。但迪奇穆斯·布鲁图斯和其他行刺者们离开罗马以后，安东尼有了准备的时间。

安东尼的政治资源不多，而密谋刺杀了恺撒的是一股拥有军队的强大势力。安东尼缺乏组织、没有军队，很可能也没有多少资金。他只能勉强与行刺恺撒的元老们保持脆弱的和平状态，暂且拖延时间，在一定程度上维持住罗马的稳定。身为恺撒的亲信，安东尼稍有不慎就会沦为众矢之的。

既然行刺者们已经离开，罗马的局势便得以平静下来。即使是在恺撒遇害以后，罗马的平民也仍然忠于恺撒，对行刺者们充满敌意。但后者的离去让平民无从下手，矛盾的爆发被推迟了。各方势力开始运用自己的手段，展开各种各样的交涉。从3月下旬开始，一直到5月，大家甚至都不是很确定自己需要加入某个“阵营”。似乎各方势力很有可能在恺撒死后达成一致，确立一个稳定的政局。也许，人们会原谅行刺恺撒者，安东尼的政治前途也不会遇到阻碍。恺撒死后的罗马已经没有了牢固的政治同盟，曾经受到恺撒恩惠或者与恺撒亲近之人不必听从安东尼的指挥，罗马精英群体当中几乎无人想要为恺撒报仇或者把行刺者送上法庭。罗马政治变幻莫测。人们选择阵营的原因是很难料定的，安东尼不能简单地断定当初听命于恺撒的人现在也会接受他的领导。许多人很有可能更愿意看到恺撒死去，因为他们终于不必向恺撒效力了。他们也许本就期待着摆脱独裁者的掌控，享受元老的传统地位。

刺杀恺撒的主谋马尔库斯·尤尼乌斯·布鲁图斯和盖乌斯·卡西乌斯仍然留在了罗马城附近。4 月下旬，迪奇穆斯·布鲁图斯抵达了山内高卢。在公元前 4 世纪，意大利北部的这块土地仍被高卢人占领。后来，这里成为恺撒征服高卢乃至集结军力南下意大利的基地，驻扎在这里的军团离罗马最近。在恺撒死后扑朔迷离的政治环境下，山内高卢无疑特别重要。

就在行刺者们静观其变的时候，安东尼正在竭力寻找可用的资金，比如恺撒的个人资产以及罗马的国库。军事资源是更大的问题，他试图联系分散在意大利各殖民地的恺撒旧部。此时还很可疑地恰好有谣言称色雷斯（Thracia）的吉泰人（Getae）正打算入侵罗马，这让安东尼得以在马其顿组建起一支应急部队。[111] 而且，马其顿本就是恺撒集结东征部队的地点。

掌控了马其顿的军团并且确认了吉泰人不会前来入侵以后，安东尼不必亲自奔赴马其顿。他派人替自己去把士兵们带回意大利。到了 10 月，安东尼的军队已经抵达了意大利南部的布伦迪西翁［Brundisium，即今天的布林迪西（Brindisi）］港。

此时，罗马的政局已然变得较为明朗，脆弱的和平即将终结。公元前 44 年 5 月 24 日，恺撒遇刺的两个月后，有传言称安东尼想要推翻恺撒对各个省份的安排，夺取地方的权力，掌握当地的大军，然后彻底铲除异己，首当其冲的当然就是迪奇穆斯·布鲁图斯。6 月初，安东尼开始行动。[112] 他成功地通过平民会议的投票剥夺了迪奇穆斯·布鲁图斯的权力，卡西乌斯和马尔库斯·布鲁图斯都被派去负责处理粮食供给的事务，必须离开意大利。另一位执政官普布利乌斯·科涅利乌斯·多拉贝拉本有可能给安东尼造成很大的麻烦，但他得到了统治叙利亚省五年的权力，享受着这份难得的荣耀。马其顿被正式地移交给安东尼的弟弟盖乌斯·安东尼乌斯（Gaius Antonius），而安东尼本人则取代了迪奇穆斯·布鲁图斯，成为山内高卢的总督。此时，如果单论合法兵权，安东尼和多拉贝拉掌握的军力是非常充足的。

按照传统，安东尼做的这些事情原本都应该由元老来决定。因此，元老们怒不可遏。但这两位执政官顺利地压住了元老的反对意见，元老们无力发动群众来攻击安东尼，而安东尼却可以通过平民会议来实现他的政治目标。或许，他真的很受民众支持；或许，他成功操纵了民意。凭着执政官和平民会议的权威，安东尼让罗马的宪法为己所用，他的对手几乎不能合法地加以阻碍。于是，许多元老都开始拒绝出席元老院会议，以此表示抗议。

安东尼的这一系列举动必定反映了他的政治判断。他认为他的对手并不打算放过他。也许，暗杀恺撒只是他们计划中的第一步而已。安东尼的总督职位让他得以远离罗马，避免受到敌人的起诉，安全地等待政治气候的变化。不仅如此，高卢还有可能成为安东尼的基地，让他复制公元前59年以后恺撒的人生轨迹，最终向罗马发起进攻。他的敌人也许把安东尼看作了第二个恺撒，而安东尼或许也意识到了自己的危险处境。行刺恺撒者恐怕不会介意再诛杀另一个暴君，脆弱的和平就此崩溃。

在3月的月中节，马尔库斯·布鲁图斯高高举起了手中沾满鲜血的匕首，呼喊着西塞罗的名字，但西塞罗本人很可能会感到意外。从保存至今的大量信件与演讲稿来看，没有证据表明西塞罗知道他们打算刺杀恺撒。更何况，西塞罗向来不是一个羞于自矜自伐之人。如果不是真的不知情，他大概不会只字不提。暗杀发生以后，西塞罗一度离开罗马又再次返回，他难以决定自己是否要逃离意大利。不过，西塞罗同时也在积极地与各派势力打交道。他一边尽量地帮助行刺者，一边又在公共场合与安东尼保持着亲密的关系。但这种亲密只是表象，他完全不信任安东尼。

9月1日，安东尼坚决要求所有元老都来参加会议。西塞罗据说有要务缠身，只得在第二天安东尼缺席的时候来到元老院。趁此良机，他发表了著名的十四篇《反腓力辞》（*Philippicae*，全十四篇，出版于公元前44年9月至公元前43年4月末）中的第一篇，向安东尼发起了攻击。他将这些演说比作三百年以前古希腊演说家、政治家狄摩西尼（Demosthenes）对马其顿国王腓力二世的驳斥，所谓的“反腓力辞”就是由此而来。当年，狄摩西尼为了希腊的自由慷慨陈词；现在，西塞罗也宣称他是为罗马的自由而战。

在9月的这篇演说词中，西塞罗尚且表示自己与安东尼是朋友，彼此之间多有友好往来。然而，这次演说无疑是宣战声明。在后续的演说当中，西塞罗的言辞更是变得越发尖锐。[113]他企图把元老们团结起来，带领他们战胜安东尼，彻底颠覆恺撒开创的政治局面，让元老们重新主宰罗马政治。也就是说，暗杀恺撒并没有实现元老们的既定目标，而西塞罗想要完成这项未竟的事业，恢复元老的统治地位。安东尼成功地在元老们反对的情况下重新分配了各地方省份的支配权，这就足以说明行刺恺撒的目标确实尚未达成。现在，妨碍旧秩序复原的罪魁祸首是安东尼。于是，西塞罗打算摧毁安东尼的政治权力，他也许已经决意要再度动用暴力。

过了一阵子，安东尼做出了针锋相对的回应。在罗马人看来，元老和元老之间应当是团结友爱、互相尊重的。因此，罗马政界人物的言辞通常都比较和善。然而，安东尼和西塞罗其实已经正式决裂了。

发表演说以后，西塞罗回到了自己的别墅，以免在罗马的街道上与安东尼等人发生暴力冲突。西塞罗已经公然表示，等到安东尼在年末卸任执政官以后，他对行刺者做出的举措必定会遭到追究，他对地方省份的安排也会以威胁共和国论处，人们不会坐视安东尼独揽大权，西塞罗及其追随者都会勇敢地在罗马城中捍卫自由。

根据6月平民会议表决的结果，迪奇穆斯·布鲁图斯得到了要求他离开山内高卢的命令。可以想见，布鲁图斯不会心甘情愿地交出军权。但是，按照法律，他的总督任期已经结束。他还接到了不得不遵守的执政官命令，拒绝服从就意味着打响内战。他在罗马的朋友们劝他不要放弃高卢，但他宣布自己会遵从法律的要求，带领军队回到意大利。既然如此，他率领的军队就成了“正常”行进中的合法军队。他可以顺利地进入山内高卢的每一座城市，享用当地提供的住宿场所和食物。然而，当布鲁图斯来到穆提纳的时候，他停下了脚步。穆提纳坐落在一片肥沃而广阔的平原之上，城市的西、南、东面都有河流，十分有利于防守。此外，穆提纳也是这片地区当中颇有规模、比较繁荣的一座城市。布鲁图斯下令购买了粮食、宰了牛、腌了肉。现在，布鲁图斯有了防备完善、补给充足的据点，他开始等待敌人的到来。

正当迪奇穆斯·布鲁图斯据守穆提纳之时，马尔库斯·布鲁图斯和卡西乌斯开始在东方召集部队。卡西乌斯试图从多拉贝拉手中夺取叙利亚，马尔库斯·布鲁图斯则着眼于马其顿。此时的安东尼仍然在罗马城中寻找资金，但他发现一位新的恺撒成了自己的心头大患。

尤里乌斯·恺撒在遗嘱中指定他年轻的甥外孙屋大维作为自己的继承人，并且将其收为养子。屋大维立刻开始按照罗马的传统自称为恺撒，当时的史料也是这样称呼他的。不过，现代的文本往往还是称其为屋大维。[114] 抵达罗马以后，他看起来不甘于仅仅成为恺撒的私产继承人（他要求安东尼归还其擅自使用的资金），更想要成为恺撒的政治继承人。他毫不吝啬地用金钱去换取恺撒的政治遗产，并且要求制裁那些行刺其养父之人。这些举动令其和安东尼产生了竞争。在公元前 44 年，有人主张尊奉恺撒为神明。领头的有可能是安东尼，但受益最多的大概是屋大维。既然恺撒是神，那么屋大维就可以自命为神子（divi filius），更有力地团结起那些仍然忠于恺撒之人。屋大维试图取得罗马平民和恺撒旧部的支持，并且向安东尼展露出了敌意。对此，安东尼的回应很友善。[115] 然而，早在公元前 44 年 6 月，屋大维就让西塞罗知道了自己更倾向于和布鲁图斯、卡西乌斯站在一起，表现出要引领恺撒派与行刺者和解的姿态。[116]

到了这一年 10 月，安东尼和屋大维的关系已经变得相当紧张，屋大维甚至已经开始召集恺撒的旧部。他用极其丰厚的待遇表达了自己的诚意，每个士兵或许都得到了多达两千赛的巨款（他们一整年的薪水也不过九百赛而已）。屋大维慷慨解囊的手笔、恺撒继承人的身份、善待恺撒旧友的行径至少让一些恺撒旧部愿意与他为伍。

但是，安东尼已经从马其顿调来了军团。自暗杀事件发生以来，他第一次拥有了较大的军事优势。如果有必要，安东尼可以用这些部队击垮迪奇穆斯·布鲁图斯，然后掌控意大利半岛全境。然而，当安东尼来到布伦迪西翁视察这五个军团的时候，他发现士兵们不太愿意听从他的指挥，因为安东尼给出的奖励只有四百赛。[117] 这反倒惹得安东尼动用了严厉的手段。罗马人对于叛乱士兵的传统惩罚措施是所谓的“十一抽杀”，即随机处决十分之一。安东尼命人逮捕了带头叛乱的军人，然后抽签处死了其中的一部分，虽然他并没有严格地按照传统杀死十分之一那么多。[118] 恢复了秩序以后，安东尼选出一些士兵作为自己的个人卫队，接着命令剩下的部队沿着意大利东海岸线北上至阿里米努姆［Ariminum，即里米尼（Rimini）］，他本人则返回了罗马。从恺撒遇刺开始，直到现在，安东尼终于掌握了军队，有了强大的力量。看起来，安东尼或许可以无视掉让他如芒在背却过于年轻、根本未经世事的屋大维。

此时的罗马城中发生的事件很可能进一步增强了安东尼的信心。在安东尼出城的时候，屋大维从恺撒的殖民地带回了一些老兵。然而，尽管屋大维做了一番颇有煽动性的演说，但他未能说服这些军人跟着他一起行动。[119] 他们来此是为了替恺撒复仇，而不是与安东尼相争的。这些人的根本目标是确保恺撒分配给自己的土地不会被剥夺，而安东尼最有可能保护他们的利益，几乎没有人认为除掉安东尼会有助于扩大恺撒旧部的影响力。更何况，安东尼现在仍然大权在握。于是，屋大维聚集起来的军队很快就土崩瓦解，他似乎已经无望成为恺撒的政治继承人。

但是，安东尼的麻烦其实才刚刚开始。屋大维的出现让恺撒派有了一个另择明主的机会，而被安东尼施以抽杀的军团正好有意报复。马尔斯军团和第四军团都选择了叛变，在北上的途中擅自脱离队伍，朝着罗马进发。他们止步于亚平宁山区的阿尔巴·福肯斯（Alba Fucens），位于罗马城东面一百公里处。安东尼在实行抽杀的时候以为这些军团没有别的政治路径可选，然而现在这些军团正在离安东尼而去。他调动了所有的军力一同出城前去解决叛乱问题，但叛军只以箭矢相迎。于是，安东尼退避至罗马城东北方三十公里处的提布尔（Tibur）。

这场叛变给安东尼造成了重重的一击。我们从中可以看出，军队确实有着自己的政治意愿。而且，在恺撒的时代刚刚结束的这个时期，他们大有机会充分地表明其立场。不过，此时的安东尼实力尚存。在提布尔等待着他的是一些恺撒的旧部，他们想必是安东尼派人去召集来的。有不少元老也出城来会见安东尼，向他致意，表示自己仍然忠诚，愿意为他效力。但另一边，屋大维正在前往阿尔巴，迎接这支刚刚归附于他的军队。

接着，安东尼率军离开了提布尔，准备前去阿里米努姆和其他的军团会合。他现在掌握的军团至少有第二军团、第三十五军团和云雀军团（Alaudae）这三支部队，约一万五千人。非常规手段召集起来的恺撒旧部不下于六千人，此外还有大量的新兵。在公元前 44 年 12 月，安东尼向穆提纳进军，开始围攻这座城市。

迪奇穆斯·布鲁图斯据守穆提纳既有政治原因也有军事考虑。他所率领的部队（大约一万六千到两万人）并不算少，但这些士兵不是安东尼麾下身经百战的精锐。如果正面交手，布鲁图斯几乎必定会被击败。然而，就算考虑到罗马人攻城的精湛技巧，防守据点也仍然是非常有利的作战环境，进攻方势必要付出异常巨大的代价。罗马人攻城的技术恰恰可以被用来守城。而且，迪奇穆斯·布鲁图斯有着充分的时间来好好地布防。不过，虽然躲在城内的布鲁图斯暂时安全了，但他终究还需要援军的帮助。根据他的政治判断，安东尼在元老院里的对手一定会动员起足够规模的军队来解救他。为了赢得战争，布鲁图斯必须让他和安东尼之间抢夺地方省份控制权的斗争迅速地升级为一场大规模的全面内战，他需要让政局偏向于自己。

政治风向转变：西塞罗的号召

执政官是元老院会议的主持者，而安东尼已经勾结了另一位执政官多拉贝拉。因此，在公元前 44 年 12 月之前，元老院并没有什么明显的动静，西塞罗的抗议看起来只是极个别的例外。至于平民会议，民众基本上都支持着安东尼，忠于已经逝世的恺撒。所以，安东尼在这一时期较为牢固地控制着罗马的政治机关，但他未能实现真正的团结。从6月开始，一些执意与安东尼作对的元老经常不参加会议，无声地表达着反对意见。这就是安东尼一度敦促元老们前来与会的原因。然而，在公元前44年将尽之时，多拉贝拉乃至安东尼都离开了罗马城，于是西塞罗等人乘机抓住了政治主导权。12月20日，西塞罗发表了第三篇《反腓力辞》。元老院发表决议声称应当取消安东尼对地方省份的安排，同时要求安东尼停止攻击迪奇穆斯·布鲁图斯，并且指示安东尼前去他自己的省份（马其顿）。但是，根据罗马宪法，元老院最多只能向执政官建言而已（虽然这两位执政官恐怕都不会采纳他们的建议）。而且，尽管元老院可以对平民会议的决定表示反对，却无法取消其实际效力。

公元前43年1月1日，元老院召开了会议，见证两位新的执政官宣誓上任——奥卢斯·希尔提乌斯和维比乌斯·潘萨。他们二人的官职都由尤里乌斯·恺撒亲自指定，他们也是恺撒生前的密友，人们通常认为恺撒对亚历山大战争的描述其实是希尔提乌斯代笔写就的。然而，这两个人都不怎么喜欢安东尼。元老院即将就北方的紧张局面展开讨论，作为执政官，他们二人都是会议的主持者。此外，西塞罗等人也打算好好地利用这次发表意见的机会。

远在穆提纳的安东尼既不能控制元老院，也没有办法为自己辩白。不过，他毕竟有很多朋友可以代劳。关于这次会议，我们今天仍然能够看到详细的记录。据史料记载，这次讨论持续了很久，双方争执不休，时而口出羞辱之词。[120]维护安东尼者以昆图斯·卡里努斯和卢奇乌斯·皮索为首，他们强调了安东尼有着平民会议的支持。而另一边的西塞罗把安东尼描绘成了危害国家的心腹大患。即使安东尼本人没有机会亲自过来辩解，西塞罗也认为应当宣布安东尼为公敌，这不禁让人回想起西塞罗当年处理喀提林阴谋的做法。

罗马的法律有利于安东尼，西塞罗的提议是不合宪法的。12 月末，西塞罗在第四篇《反腓力辞》当中甚至把安东尼和斯巴达克斯相提并论，用以说明罗马应当绕开法律和公民权利，对安东尼采取非常措施。[121]西塞罗的攻击重点在于安东尼处决布伦迪西翁叛乱士兵的行为，他将其渲染为独夫残杀公民的暴行，他明显是把维持军纪的合法行为与非法的暴力行径混为一谈了。假如西塞罗能够让元老和人民相信安东尼在布伦迪西翁的行为确实是攻击罗马人民的暴行，那么他或许也有可能让安东尼被认定为国家公敌。

西塞罗还明确提及要为保护共和国而授权执政官采取特殊手段，这就是所谓的“元老院最后通牒”（*senatus consultum ultimum*）。[122]换言之，他在明确地要求元老院复制过去的八十年间一次又一次打压人民领袖的暴力手段，他本人在公元前 63 年处决喀提林党羽的行为就是其中的一个例子。西塞罗一方面认为这次的危机尤其严重，另一方面也认为元老们已经有了相当丰富的应对经验。

西塞罗的这种言论显然不太可能赢得多少民众的支持，甚至那些比较讨厌安东尼的元老乃至西塞罗自己的“团体”都不是很认可他的观点。最后，西塞罗等人提出要颁布一条实质上对安东尼宣战的法令，但这项提议在表决流程开始之前就遭到了某位保民官的否决。然而，保民官只能拖延时间罢了。今天的会议固然结束了，但元老们第二天还会再次齐聚一堂。等到那个时候，元老们恐怕还是会颁布对安东尼不利的法令。

值得注意的是，尽管内战看起来就在眼前，但是安东尼的家人以及许多拥护者都还留在罗马城内。他们觉得自己仍然是比较安全的。这天晚上，安东尼的家人穿上了丧服，极力为安东尼拉拢人心。他们的积极活动最终取得了成效，第二天的会议没有按照西塞罗等人的设想进行。或许，元老们终究难以下定决心采取那样极端的措施，因为很多元老都是安东尼的朋友。毕竟，元老院是一个狭小的精英圈子，元老和元老之间无论敌友都是交往多年的熟人。[123] 在出版的第五篇《反腓力辞》当中，西塞罗设想了元老们支持安东尼的原因：“他是我的朋友”“他是我的亲戚”“我还欠着他的钱”。欠钱的这个理由其实是个笑话，因为安东尼花钱之多可谓臭名昭著，他一直都缺钱。无论如何，西塞罗的这种描写很好地反映了罗马精英阶层之间的政治、社会关系。安东尼或是以本人身份或是以恺撒亲信的身份在元老院中长期扮演着相当重要的角色，很多元老都是安东尼的朋友或者愿意向他效忠。更何况，安东尼酷爱交际。虽然他的对手将其贬为酗酒者，但以他为中心的那一张社交关系网络必定是非常庞大的。

我们曾经试图把罗马人的关系网络给梳理清楚，但最后只能不了了之，因为这种网络在理论上可以无限地延伸下去，网络的所谓中心和边缘也只是焦点不同所致。就算我们只截取某个特定的部分，比如安东尼的朋友或者西塞罗的朋友，网络之间的重叠也是难以避免的。虽然某些人在某个阶段互相视若仇雠（例如西塞罗、克洛狄乌斯、安东尼），但他们很可能一度是密友。举例而言，身为安东尼的盟友及其同年执政官的多拉贝拉其实是西塞罗的女婿。每当动用人脉的关键时刻来临，身处关系网内的人们就得做出选择，或是出手相助，或是袖手旁观，或是为了另一个朋友而对这一个朋友倒戈相向。在罗马人的政治—社会生活当中，像西塞罗对安东尼那样宣布与某人为敌会划出一道深刻的裂痕，因为原本将大家包括在内的整个关系网络现在必须分裂开来，安东尼的朋友不可能再与西塞罗为友。

一些人或许认为安东尼的所作所为才是正确的，对西塞罗的激烈言行持怀疑态度。也许，更让他们感到不安的是西塞罗的盟友，比如那张年轻气盛的新面孔——屋大维。西塞罗的第二篇《反腓力辞》虽然只以书面形式宣传了他的观点，但是任何读者都能感受到这些文字中蕴藏着炽热的情感。西塞罗极力为自己做了辩护，并且猛烈地攻击了安东尼。他宣称安东尼有龙阳之好、沉溺于酒色、腐败堕落，即便是在拜访老兵的时候也不忘带上一位女演员，让自己“沉浸在温柔乡中”。[124] 作为现代人，我们或许会怀疑这种针对安东尼的人身攻击是否真的足以引发一场内战，但我们在看到这些辱骂之词的同时也应该注意西塞罗在二十年前曾经也满怀着热情主张省略司法程序，处死喀提林阴谋的参与者，他当时提出的理由是保卫国家。而安东尼恰恰在这一点上和西塞罗有着严重的矛盾，安东尼认为西塞罗以政治顾问的身份向行刺者们提出了类似的观点，从而参与了谋杀恺撒的行动。西塞罗又一次和绕开法律程序的暴力行为联系在了一起，他本人或许还颇为自豪。

罗马公民权的最大意义就在于免受专横暴行的侵害，如果安东尼真的成了公敌，他本人乃至其追随者的公民权都会被抛在一旁。西塞罗鼓吹的就是为了预防安东尼侵害其他公民的安全而侵害安东尼的安全。这至少是一件看起来十分古怪的事情，光凭恺撒死后发生的那一系列事件还不足以让人们普遍接受对安东尼采取这种非常措施。毕竟，安东尼在勉强掌控罗马的时候并未大开杀戒，人们不觉得他是一个需要特别注意的杀人怪物。问题的关键还是在于权力。共和国是否容得下安东尼呢？恺撒和庞培尸骨未寒，如果在这个关头轻举妄动，罗马的政治精英们很有可能给自己招来又一场血淋淋的内战。因此，我们不难理解为什么他们不太愿意宣布安东尼为公敌。相反，在某些人眼里，西塞罗派的极端言论或许才是威胁共和国长治久安的最大祸害。

在这种命运攸关的重大抉择面前，意识形态和政治投机心理或许会影响人们的选择，但罗马元老毕竟已经是罗马政治、社会结构中的赢家，不管是论财富还是论权力都没有人能够望其项背。像他们这样的既得利益者，很可能会首先担心失去既有的利益而不是汲汲于不确定的未来收益，内战势必会迫使人们做出艰难的选择，与亲朋好友刀兵相见。罗马政治精英的关系网络错综复杂，人们很难迅速地判断出彼此在内战中的政治归属。例如，某个人或许对西塞罗更有好感，甚至深深地认同其观点，但他的朋友或者亲人有可能已经决定效忠安东尼。那么，即使他基本赞同西塞罗的说法，也不一定愿意为此而与自己的朋友打得你死我活。

大部分的元老很有可能处在这两个人的中间，没有明显的偏向，难以决定要支持哪一方。罗马人早已熟知内战所带来的灾难：许多人的家人朋友都会被杀死，他们的财产会被剥夺，内战的最终结果更是难以预料。借助于这种疑虑和恐惧，安东尼的支持者们奔走呼号，让第二天的会议偏向了安东尼，[125] 西塞罗鼓吹的强硬措施并未得到大多数人的赞同。不过，元老院还是向安东尼下达了一份最后通牒，屋大维的军权有可能也是在这个时候得到了法律的认可。此时，他正在阿尔巴，和两个军团还有一些其他部队待在一起。最后通牒的起草者是西塞罗，他敦促安东尼撤离高卢，服从元老院的权威。[126]

安东尼做出了回应，声称自己当然会在任何事务上采纳元老院的建议，但他现在必须遵从法律的要求，对抗迪奇穆斯·布鲁图斯。[127]公元前 43 年 1 月，西塞罗发表了第七篇《反腓力辞》。他描绘了执政官们调集部队的景象，并且提到了罗马城中的军工厂。西塞罗丝毫无意与安东尼妥协。一些元老尚未下定决心，他们不确定有开战的必要。其中或许有一部分人依然试图寻求和平，但和平就意味着要保证安东尼的人身安全。西塞罗不愿意接受这一点，他宣称罗马已然身处战争之中，和平是不可能的。他担心犹豫不决的元老有可能干扰执政官们集结兵力，妨碍战争的进行。

2 月 3 日，元老们收到了安东尼的回复。他提出了一个实现和平的妥协方案，代他发言的是他的亲戚卢奇乌斯·恺撒（Lucius Julius Caesar）。安东尼表示自己可以撤离山内高卢，但前提条件是让他统治长发高卢（Gallia Comata，高卢的中北部），在五年的时间内掌握六个军团。同时，他要求元老院认可他在担任执政官期间颁布的法令，包括为恺撒旧部设立殖民地的命令。

西塞罗认为，就算元老院满足了安东尼的要求，战争也依然不可避免，只是稍稍延迟了一阵子而已。他援引了尤里乌斯·恺撒当初担任高卢总督的先例。在地方上统治了十年以后，恺撒反而积累起了更加庞大的资源，进而战胜了曾经不可一世的庞培。西塞罗强烈要求元老们抛弃幻想。终于，元老院拒绝了妥协，决定开战。安东尼麾下的士兵得到了短暂的赦免期，在此期间主动离开就可以免于获罪。元老们的决心也让西塞罗在接下来的演说当中首次充满了信心。

双方的谈判看起来是有可能得出结果的。他们似乎并不是在假惺惺地走流程，只等获得出兵的借口。山内高卢换长发高卢的提议非常实在，因为安东尼对穆提纳的围攻有着不小的风险。此外，虽然意大利有很多恺撒旧部支持着安东尼，但他大概还是认为求得短暂的和平更有利于自己进一步增强兵力、提高威望。而且，就算这五年的和平真的很脆弱，双方也仍然有可能趁此时机通过反复的谈判来解决分歧，让所有人都免受战争之苦。

然而，此时的局势异常紧张。行刺恺撒者以及西塞罗派都不愿意信任安东尼。换言之，安东尼的处境很像是公元前 49 年的恺撒。考虑到罗马政治史上血淋淋的先例，安东尼不太可能不选择恺撒走过的道路。尽管西塞罗看起来未免有些过于好战，但他的判断很可能是正确的，安东尼完全有可能真的只是在拖延时间。

而且，拖延时间无疑有利于安东尼。他派人渗透了穆提纳。据说，迪奇穆斯·布鲁图斯用一个非常简单的方法找出了一些间谍。他把人们聚集到广场上，让军人和平民分别站到两边。安东尼的间谍们没有想明白自己到底算是军人还是平民，于是就被抓了出来。[128]不过，就算这些史上罕见的笨拙间谍被抓住了，城内的消息也还是轻易地传到了城外。冬去春来，城内储存的食物越来越少。如果安东尼能够在元老们下定决心开战之前顺利地拿下穆提纳，这个既成事实会大大地改变元老们的想法，因为掌握了穆提纳的安东尼没有后顾之忧，完全可以集中兵力对付屋大维和两位执政官。

走向战争：调兵

宣布安东尼为公敌以后，元老们紧接着采取了一系列相应的措施，西塞罗派就此取得了政治胜利。现在，西塞罗开始组建一个乍一看有些令人难以置信的联盟。既然战争已经爆发，元老们就宣布罗马进入了紧急状态，要求执政官们调集军队。元老们自己也把托加袍换成了战袍。屋大维被提拔为罗马官员，并且得到了一座属于他的荣誉雕像。[129]元老们还把东方的一些部队交给了马尔库斯·尤尼乌斯·布鲁图斯和卡西乌斯，正式对其先前的非法调兵行为表示了支持，让行刺者们在即将到来的战争中与元老院站在一起。获得合法地位的还有庞培的残党，他们现在的领导者是伟大的庞培的儿子塞克斯图斯·庞培。这个松散的联盟至少在名义上服从于元老院的指挥。此外，元老们也向西部的各位总督下达了命令，要求他们发兵攻打安东尼。其中有位于西班牙、掌握四个军团的著名的马尔库斯·李必达，手握三个军团的阿西尼乌斯·波利奥（Asinius Pollio）和控制着四个军团的穆纳提乌斯·普朗库斯（Munatius Plancus）。

这三个人不一定忠于元老院，尤其是考虑到他们之前都和恺撒走得很近。不过，自恺撒遇害以来，他们一直都不曾采取任何行动，他们手下的军队也未曾表达过自己的政治观点。原先忠于恺撒之人仿佛已经作鸟兽散，元老们下达的命令其实是寓意深远的警告，西部的各位总督现在必须决定自己究竟要站在哪一边。过去的阵营固然不会毫无影响，但这些将领及其部下更加关心的还是那些比较实际的因素。比如，谁获胜才最有利于自己、谁有可能在战后掌权。当然了，如果执政官和屋大维能够在高卢、西班牙的军团登场之前就解决掉安东尼，那么这些总督的选择就不成问题了。兵贵神速，这场战争尤其如此。

西塞罗等人的策略一以贯之，非常明确。他们想要尽快消灭安东尼。到了公元前 43 年 2 月，行刺者们看起来已经渐渐掌控了东方的局面，让西塞罗等人大为放心。布鲁图斯控制了马其顿；安东尼的弟弟盖乌斯沦为俘虏；多拉贝拉的亚细亚、叙利亚远征化作了灾难，他在行刺者的军队夹攻之下无望突围，被迫选择了自杀。除了克莱奥帕特拉的埃及以外，东方的所有土地都落入了行刺者的手里。西边的李必达和普朗库斯看起来也决定了要对元老院效忠，虽然我们并不知道他们的忠心到底经得住怎样的考验。众所周知，波利奥是安东尼的朋友。然而，他无法为安东尼提供实质性援助，因为李必达控制的省份就阻挡在他的面前。公元前 43 年 1 月，西塞罗提议褒奖李必达。这说明李必达的军队原本有可能改变意大利的力量对比关系，但他并没有出手干涉。[130]

看起来，西塞罗深信自己能够凭着元老院的权威让安东尼陷于孤立无援的窘境，让所有的前恺撒派人士都不敢联合起来挑战元老院一方的势力。而且，西塞罗等人似乎还认为年轻的屋大维已经彻底融入了自己这一边。公元前 44 年 12 月，屋大维设法控制了两个精锐军团以后，西塞罗不吝言辞地对其大加赞美。在他看来，屋大维可以领导那些不愿支持安东尼的恺撒派，让他们与西塞罗派实现和解。屋大维的价值不仅在于他手中的精英部队，还在于他的身份。恺撒继承人和元老院站在一起的政治意义是不可估量的，西塞罗等人想必从中看到了巨大的价值。相比之下，安东尼仿佛只是孤家寡人一个。

各地的部队早在元老院赋予其合法性之前就已经集结起来了，但这个授权的过程遵循了罗马宪法的传统。共和国的军队理应服从元老院的领导，由元老来做具体的指挥工作。两位执政官在 2 月正式宣战以前固然做了不少的准备，但只有在宣战以后才迅速地做出了大动作。奥卢斯·希尔提乌斯前去与刚刚获得了大量兵力的屋大维会合，接手了两个军团的指挥权。既然屋大维已经被拔擢为官员，执政官也亲自前来指挥，那么这支部队就正式成了共和国的军队。另一位执政官维比乌斯·潘萨则前往乡间征兵。这两位执政官都直接掌握着兵权，遵从了元老院的意志，延续着共和国的悠久传统。共和国的军队代表着共和国作战。

希尔提乌斯和屋大维率领着军队缓缓地向北行进，他们计划在维比乌斯·潘萨赶上来以后再展开大规模的行动。然而，有消息称迪奇穆斯·布鲁图斯的部队危在旦夕。于是，他们只好加快了脚步。希尔提乌斯和屋大维兵不血刃地占领了穆提纳东南方大约四十二公里处的博诺尼亚［Bononia，今天的博洛尼亚（Bologna）］，却发现这块平原上的河流正在泛滥，限制了他们的行动。察觉到敌人靠近的安东尼派出了骑兵，双方部队展开了多次小规模冲突。屋大维和希尔提乌斯暂时还无法直接进攻安东尼，但他们的到来提振了穆提纳守军的士气。现在，意大利北部已经有了四支部队，而第五支也即将抵达。[131]

与此同时，西塞罗等人正在罗马城中利用自己的权威为战争做准备，他们开始征收新的税款。罗马公民已经有至少一百二十年未曾交过直接税了，国家的财政收入主要来自地方省份。但是，多年的动荡让罗马的国库变得空虚。而且，就在尤里乌斯·恺撒遇刺之前，他很可能为了备战帕提亚而把一大笔资金从意大利转移到了希腊。后来的安东尼也竭尽所能地为战争搜集了一些资金。因此，为了筹集军费，元老院开始对所有元老的财产征收百分之四的税款，并且要求元老们根据自己在罗马城内房产的屋面砖块数缴税。狄奥（Dio）称之为“四奥波勒斯（four-obol）税”，这是每一块砖对应的税额。[132]

后面的这个数字并不是随意定下的，一块屋面砖的四奥波勒斯税款相当于一名罗马军团士兵一天的薪水，古罗马社会的不平等可见一斑。这些税款全都由元老承担，这可能是因为罗马的传统就是由富人在危难之际出资救国。也许，这样可以尽可能地减少国内的政治纠纷。或许，这是为了强制要求元老们以“捐款”的形式对重获新生的元老院表忠心。倾向于支持安东尼的元老们本来可以安坐在罗马城中，默默等待战争的结束。然而，西塞罗等人征收的税款让他们不得不为此而付出代价。据说，有安东尼派嫌疑的元老需要缴纳额外的数目。[133]

罗马的局面尚未稳定。在前一年的12月，许多元老都去了提布尔，在安东尼面前宣誓效忠。但到了此刻，他们反而出资对抗安东尼。有意选择安东尼的元老们想必忐忑不已，因为无论是投奔安东尼还是留在敌方控制的罗马城中都有着不小的风险。不过，最后留在城内的安东尼派元老并没有受到多少伤害，西塞罗等人表现了他们对法律的尊重，这也许是因为罗马人实在不愿意再次目睹几十年前苏拉和马略相争造成的那种血流成河的景象。[134]

此时的西塞罗等人还没有牢牢地把控住罗马城的局势。曾经效忠恺撒、现在支持安东尼的普布利乌斯·文提迪乌斯（Publius Ventidius）逃到了坎帕尼亚，试图聚集起恺撒的旧部。很快，多达两个军团的士兵就来到了他的旗下，文提迪乌斯顿时掌握了罗马城附近最强大的部队（因为屋大维和两位执政官都到了北方）。他作势要进攻罗马，令许多人恐慌不止。其目标大概是西塞罗，但西塞罗成功地逃走了。接着，文提迪乌斯率军北上，跨越了亚平宁山脉，打算与安东尼会师，罗马城并不是这场战争的胜负手。

然而，元老院的军队拦住了文提迪乌斯的去路，迫使他撤退至意大利东部的皮齐努姆（Picenum）。这是文提迪乌斯的故乡，他在这里又召集了一个军团，并且开始为下一阶段的战事做准备。随着他的到来，意大利的北部已经有了六支部队。

穆提纳：共和国的胜利

时至这一年4月，潘萨已经召集了一万六千人到两万人。然后，他动身前去和穆提纳城外的军队会合。4月13日，为了防范安东尼出兵拦截援军，屋大维和希尔提乌斯派出了麾下最精锐的马尔斯军团和屋大维的个人卫队。这些士兵大概一共有一万人，他们将在迪奇穆斯·卡尔弗里努斯（Decimus Carfulenus）的带领下护送援军抵达穆提纳城外的营地。但是，第二天，安东尼的部队早已埋伏在潘萨等人必经的堤道两侧的沼泽地中。卡尔弗里努斯的人察觉了敌方埋伏的踪迹，但就在他们进一步判断形势的时候，安东尼的贴身卫队包了过来。然后，卡尔弗里努斯的部队分成了两部分，分别向沼泽地里的安东尼部队进攻。阿庇安（Appian）为我们描述了接下来发生的这场战斗：

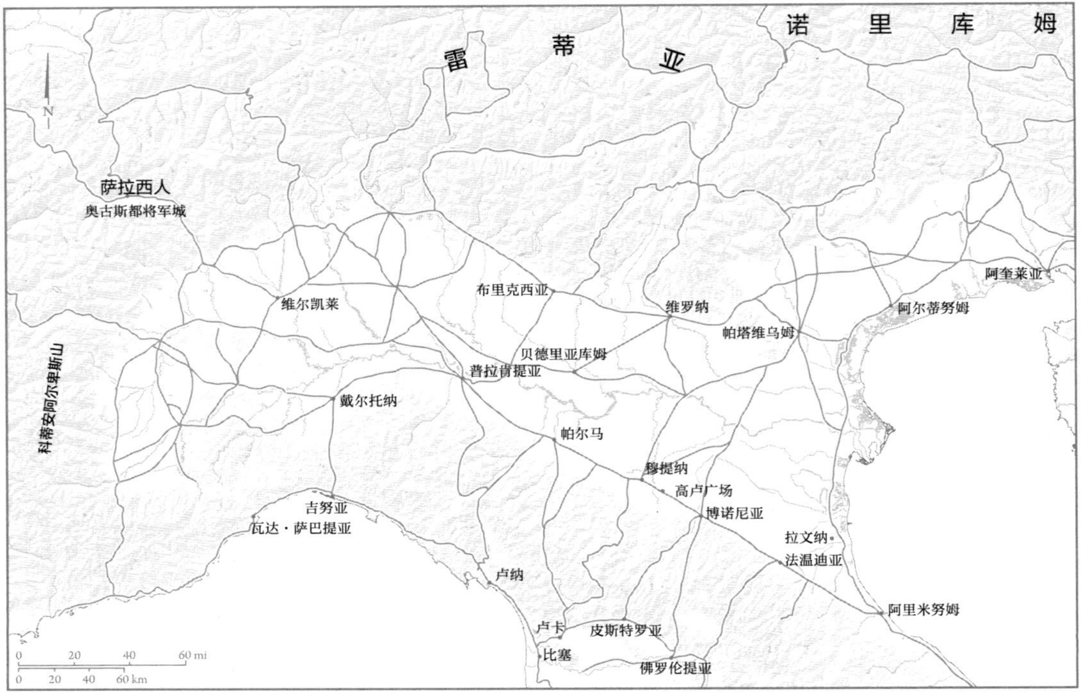
雷　蒂　亚
诺　里　库　姆
萨拉西人
奥古斯都将军城
科蒂安阿尔卑斯山
维尔凯莱
布里克西亚
维罗纳
帕塔维乌姆
阿奎莱亚
阿尔蒂努姆
贝德里亚库姆
普拉肯提亚
戴尔托纳
帕尔马
穆提纳
高卢广场
博诺尼亚
拉文纳
法温迪亚
阿里米努姆
吉努亚
瓦达·萨巴提亚
卢纳
卢卡
皮斯特罗亚
比塞
佛罗伦提亚
0 20 40 60 mi
0 20 40 60 km
N

地图 3：意大利北部

在怒火与私利的驱使下，士兵们奋不顾身地扑向对手，坚信他们不只是为将军，更是为自己而战。身为经验丰富的老兵，他们不会大声吼叫，因为呼喊声是吓不倒这些对手的。无论战况如何，他们都不会在交手时发出任何毫无意义的声音。沼泽与沟渠让双方都无法发起冲锋或者调兵攻击对方的侧翼。同时，无论哪一方的士兵都不能迅速地击退另一方。于是，他们只得纠缠在一起，仿佛在用剑刃摔跤一样。这些士兵的每一次攻击都很精准。但受击者不会痛苦地哀号，只会硬着头皮承受下来，直至死亡，最多只不过是重重地喘息而已。倘若有人倒下，他的同袍会立刻将其抬走，另一位战士会过来填补空缺。这些百战精锐不需要他人的鼓励。他们的经验令其足以成为自己的督战官。疲惫之时，他们会暂且后撤。等到体力恢复，他们又再次开始缠斗。看到这样严明的军纪和安静的战场，新兵们不禁赞叹不已。[135]

老兵部队之间的战斗是井井有条的血腥厮杀。古代的战斗就是这样残酷的肉体对抗竞赛，被敌人吓倒乃至后撤就有可能导致阵线的全面崩溃。因此，可怕的装扮、战吼、冲锋的声音是常见的心理战手段。无论总兵力如何，被吓倒的敌人就会后退，而后退距离溃败只有一步之遥。不过，在穆提纳的这场战斗当中，双方的士兵都深知对手和自己一样谨遵纪律，不会被轻易地吓跑，因为他们都久经战阵。所以，这第一场战斗是士兵之间硬碰硬的较量。双方都没有施展战术的余地，只能让士兵们展开残酷的生死搏斗。

即使潘萨带来了新兵，战斗也未能迅速地分出胜负。终于，潘萨的负伤打破了僵局。他的部下保护着他撤离了战场，回到博诺尼亚。然后，没有了将领坐镇指挥，经验不足的新兵们开始动摇了。先是少数人退缩，然后很快就演变成集体溃逃。老兵们也不得不跟着撤退，只不过他们还能保持秩序，可以尽量地掩护新兵后撤。在此之前，没有直接参战的那些人已经预先造好了营地。于是，被击败的士兵们来到了刚刚筑就的据点。总之，虽然卡尔弗里努斯带来的老兵并未受到严重的损伤，但前来支援的新兵被安东尼的精锐施以重重的一击。接着，得胜的安东尼部队似乎已经满足，无意乘胜追击。[136]

安东尼的士兵们转而朝着穆提纳的方向前进，却在路上遇到了带着一整个军团生力军的希尔提乌斯。虽然刚刚才经历了一场严酷的战斗，但安东尼军队的去路已经被截断了，他们不得不应战。这一次，希尔提乌斯的军团粉碎了安东尼的阵线，将对手逼入了沼泽。夜幕降临以后，安东尼的骑兵部队过来搜寻幸存者，把他们带到了一个叫作高卢广场（Forum Gallorum）的小镇。这个镇子早已做足了防备工作，安东尼的部下可以安然过夜。第二天，他们回到了穆提纳城外的营地里。某个叫作伽尔巴（Galba）的人曾在4月20日给西塞罗写了一封信，声称希尔提乌斯此战缴获了两面军团鹰旗和六十面百人队军旗。如果他所言不虚，安东尼的军队几乎已经被尽数歼灭。但从后续的事件来看，伽尔巴未免有些夸大其词。[137]

自古典时代以来，在大约两千年的岁月里，这附近的地理面貌很可能已经有了巨大的变化。因此，我们很难确定这次交手时双方的各场战斗究竟发生在哪些地方。潘萨先把部队聚集于博诺尼亚，然后试图沿着四十二公里长的埃米利乌斯大道（Via Aemilia）直达穆提纳。如地图3所示，众多细小的河流从西南面的亚平宁山区流往东北方的亚得里亚海，把意大利北部的这块平原分割得支离破碎。博诺尼亚城外几公里处现在有几块湿地，大约就在雷诺河（River Reno）旁边。但这些湿地距离博诺尼亚太近了，当年双方交战的沼泽应当在稍微远一点的地方，那样才会使潘萨的军团需要在途中的营地里休息，而潘萨本人则可以直接撤到博诺尼亚城内。因此，今天的萨莫贾桥［Ponte Samoggia，当年或许被称为“半程点”（Ad Medias）］附近的湿地更有可能是当初的战场，这个地方大约就在博洛尼亚和摩德纳之间的中点上。安东尼的部队在返回营地的路上被拦了下来，然后据说撤到了高卢广场，他们的位置应该是比较接近摩德纳的。虽然我们并不知道这个小镇究竟在哪个地方，但当地人似乎认为今天距离摩德纳十四公里远的艾米利亚自由堡（Castelfranco Emilia）就占据着高卢广场的旧址。

兵力遭受损失以后，安东尼所面临的战术、战略形势也随之发生了变化。他开始避战，穆提纳守军的处境只会不断地恶化，安东尼完全可以安然等到迪奇穆斯·布鲁图斯走投无路。现在，需要出手打破僵局的是希尔提乌斯和屋大维，但他们不能莽撞地冲向安东尼的营地。4 月 21 日，希尔提乌斯和屋大维带兵绕道去攻击了一个可能比较薄弱的据点，以求一举突破安东尼的包围圈或者引他出来，安东尼果然出兵还击。在接下来的战斗当中，安东尼的军队力不能支。这在一定程度上是因为安东尼的兵力不得不分散在城市周边的各个营地里维持包围圈。等到远处的部队集结完毕，早先投入战斗的两个军团已经落败。希尔提乌斯成功拿下了安东尼的一处营地，但他本人却在安东尼的后续部队抵达以后不幸战死。接着，受到巨大压力的希尔提乌斯所部被赶出了营地，但屋大维下令发动了又一次进攻，夺回了希尔提乌斯的遗体，然后再度被迫撤离。

事后，屋大维宣布他们又取得了一次大胜。然而，安东尼依旧维持着包围圈。他的营地也安然无恙。而且，三位过来夹击安东尼的将军一死一伤。安东尼依然拥有主动权，不过他并不打算继续围攻穆提纳、诱使屋大维主动进攻自己的据点，而是决定撤退。

尽管安东尼夺回了自己的营地，击退了敌方的攻势，但他依然身处困境。据史料记载，安东尼在第二次交战以后才决定离开穆提纳，但其实，他有可能早已做出了这个决策。当然，安东尼可以一直等到迪奇穆斯·布鲁图斯被迫投降，但就算占领了穆提纳，他麾下的士兵也未必还能击败屋大维和潘萨的联军，他甚至有可能反而被围困在补给已经耗尽的穆提纳城中。简而言之，穆提纳的军事意义越来越小。纵观全局，此时的文提迪乌斯正处于博诺尼亚南面。穆纳提乌斯·普朗库斯和李必达将从北边抵达，波利奥稍远一些，但也在奔赴意大利的路上，这些人的意图尚不明确。但如果安东尼在他们到来之前就已经遭遇大败，那么他们恐怕不会为他雪中送炭。反之，假如安东尼得以摆脱元老院的军队与他们会合，那么他就有可能争取到他们的支持。毕竟，现在掌控着高卢、西班牙军团的这些统帅曾经与安东尼共事，他们之间几乎必定已经展开了联络。正如之前希尔提乌斯和屋大维要先等待潘萨到来一样，此刻的安东尼也想要先结交更多的盟友，提升自己的胜算。倘若他能与各位总督结成联盟，他就可以拥有一支令人生畏的大军。因此，安东尼放弃了攻城，选择了保持己方部队的机动性。穆提纳之围解除了。

穆提纳的两场战斗的胜者是以传统方式组建起来的元老院军队，执政官负责指挥作战，军队服从元老院的权威。然而，从此以后，再无罗马军队像这样严格地遵循着共和国的宪法和法律框架。当安东尼匆忙地率军北上之时，恐怕没有人会想到罗马共和国竟然已经打完了自己的最后一仗。

第六章

失去的胜利：元老院的失败

安东尼急速行军离开了穆提纳，但元老院一方并未马上派出追兵。战后的局面有些混乱。元老院大张旗鼓地宣布自己赢得了胜利，然而他们付出了不小的代价。许多士兵显然都在艰难的战斗中负伤了，这让元老院的将军们很难迅速地组建起一支合适的追兵队伍。更为关键的是，虽然穆提纳之围业已解除，但迪奇穆斯·布鲁图斯仍然急需补给，运输士兵和装备的驮畜也依然不足。而且，就算人手与后勤的困难都得到了解决，他们还面临着指挥权的问题。

所以，当安东尼北上离开穆提纳的时候，屋大维不仅没有跟进，反而南下朝着博诺尼亚进发。潘萨正在城内养伤，但他的身体状况未见好转。他们二人分别向元老院发送了捷报。5 月 9 日，迪奇穆斯·布鲁图斯在信中提及，他当初想要和潘萨讨论一些事务，因此推迟了追击安东尼的时间。屋大维、潘萨、迪奇穆斯·布鲁图斯需要商量的是希尔提乌斯死后原先归他指挥的那些军团应该听谁号令。潘萨是在场的高级官员，他的权威很重要。屋大维资历较浅，级别较低，但他很可能想提出自己的独立意见。总之，这三位将领需要好好地谋划下一阶段的战事。[138]然而，在迪奇穆斯·布鲁图斯抵达博诺尼亚之前，潘萨死了。

一堆新问题随之冒了出来，元老院恐怕没有准备过这种特殊情况下的预案，两位执政官双双丧命是非常少见的（罗马的将军本就很少战死沙场）。现在，他们必须解决作战任务和军团指挥权的分配问题。屋大维应该能掌握自己带来的部队，但他和迪奇穆斯·布鲁图斯还需要重新分配原属于希尔提乌斯和潘萨的两支规模不小的军队。

屋大维和迪奇穆斯·布鲁图斯之间的关系看起来不太好。毕竟，后者参与了刺杀恺撒的行动。据说，他们二人没有会面，只是通过信件和使者展开了激烈的交锋。迪奇穆斯·布鲁图斯甚至还曾站在河边特意地大声念出了元老院的信件，声称自己拥有统治高卢的权威，而屋大维不得出兵追击安东尼，也不得跨河进入穆提纳。[139]不过，这种说法看起来或许是艺术夸张的结果。至少在 4 月、5 月以及后来的一段时间内，屋大维和迪奇穆斯·布鲁图斯没有公然决裂。而且，他们几乎不可能没有会面。迪奇穆斯·布鲁图斯自己的说法出自前文所提的 5 月

9日的那封信件，他没有多提会面的细节。不过，稍早一些的5月5日的另一封信件证明了他们二人之间发生过摩擦。迪奇穆斯·布鲁图斯抱怨屋大维不服从他的命令。[140] 然而，屋大维确实允许了迪奇穆斯·布鲁图斯带走一些潘萨的部下，后者写给西塞罗的信件也没有表明屋大维对其持有敌意。无论如何，最终受命去追击安东尼的是迪奇穆斯·布鲁图斯。

指挥权固然是一个不小的问题，但最大的困难或许还是布鲁图斯所部的状态。穆提纳的战事让共和国的各支部队都受到了重创。希尔提乌斯、潘萨和屋大维的部下或许稍好一些，但两位执政官带领的部队恰恰是最缺乏作战经验的。而屋大维的军团想必以恺撒旧部为主，他们应该不会愿意让一个刺杀了恺撒的人来指挥自己作战。

布鲁图斯需要让自己的守城部队尽快准备好追赶急速撤离的敌人。为此，他必须补充食物、驮畜，也许还得准备一些装备。刚刚从艰难的围城战中解放出来的士兵或许不能立刻开始强行军。他们的人数较多。这种规模的军队行进需要繁杂的后勤工作来支撑。等到迪奇穆斯·布鲁图斯终于准备就绪的时候，安东尼早已领先了几天的路程。而且，布鲁图斯本人也承认过他的行军速度不是很快。[141]

4月20日，旗开得胜的消息已经传回了罗马，令西塞罗及其支持者们欢呼雀跃。[142] 他对罗马人民宣读了潘萨的战报（看起来可以体现西塞罗此时的显赫地位），但只对元老院念了屋大维的信件。[143]之后，罗马人民还可以享受为期五十天的感谢神恩节庆活动。

卡皮托里翁山是罗马人庆祝胜利的传统场所。为了表达谢意，西塞罗来到这里向神明献上了祭品。国家的紧急状态中止，元老们脱下战袍，换回了代表正常统治时期的普通托加袍，共和国得救了。更为重要的是，这次胜利的过程符合共和国的标准：统筹全局的是元老院；领兵作战的是执政官；军队也是按照共和国的传统召集起来的。此次胜利故而属于保守派，古老的制度再次以古老的方式取得了胜利。

再度充满了信心的元老院出台决议，重申了自己在罗马宪法中的权威地位。元老们权力的一根支柱就是制衡罗马官员、防止个别不听指挥的“强人”出现的能力。因此，元老们颁布了法令，宣告各个官职的任期再次被确定为一年。这意味着官员们很快就会离任，然后面临罗马法律的约束。元老们还重申了各个官职的年龄限制，现在，按照顺序逐步晋升的罗马人最早也得到四十二岁才有资格担任执政官。关于这一点，当时就有一个突破常规的例子——屋大维。公元前43年，十九岁的屋大维拥有了裁判官的地位，并且获许提前十年参选官职。但就算凭着这种特权，屋大维也得再等十二年才能有资格竞选最高级的官职——执政官。[144]

不过，元老院的当务之急还是处理穆提纳城外的各支部队。就在捷报传回罗马以后不到一个礼拜的时间，潘萨死于博诺尼亚、希尔提乌斯死于穆提纳的消息也抵达了。[145] 这两位执政官的部队现在都没了统帅，元老院必须尽快分配好指挥权，并且决定由谁来追击西塞罗眼里所谓的安东尼残部。人选有两个：屋大维享有裁判官的地位，而迪奇穆斯·布鲁图斯的级别相当于执政官；布鲁图斯掌握着山内高卢的军权，拥有直接听命于他的部队，而屋大维的军权从法律上来说应该是从属于两位执政官的。

元老院选择了把军队转交给迪奇穆斯·布鲁图斯，后世有历史学家对此感到讶异。他们觉得这是元老院在刻意冷落、打压屋大维，乃至最终促使屋大维变节。有一份史料甚至声称潘萨在死前留下了秘密遗言，让屋大维知道元老院打算有朝一日将其除掉。[146] 这显然是虚构的，当时的各位当事人看起来并没有对军权分配问题产生很大的疑虑。元老院本就致力于遵从罗马宪法的要求，让罗马官员掌控军队。那么，把指挥权和追击任务交给此时地位更高的迪奇穆斯·布鲁图斯是理所当然的。屋大维似乎也没有试图抗命，迪奇穆斯·布鲁图斯顺利地接收了各个军团（或许早在元老院做出决策之前就已经接管了）。年轻的屋大维手里剩下的只有他当初自己召集的以及选择投奔他的那些部队。[147] 而且，屋大维至少在这几个月以及进一步遭到数次刺激之前看起来都不怎么介意。

领受功劳和荣誉的主要是三位级别最高的指挥官：迪奇穆斯·布鲁图斯、希尔提乌斯和潘萨。按照罗马的军事传统，指挥作战的官员会在出征前执行宗教仪式，确认神明的旨意，从而正式地对接下来的战斗负起责任。相比之下，无论中低级军官的具体地位如何，他们都不太可能拥有主将的荣誉。就穆提纳而言，既然希尔提乌斯和潘萨已死，那么享有胜利荣光的当然非迪奇穆斯·布鲁图斯莫属。后世的历史学家们认为这也是在故意羞辱屋大维，或许是因为元老们不愿意让恺撒的继承人跻身高位。确实，他们的庆功活动看起来相当奢侈，对于迪奇穆斯·布鲁图斯的赞美甚至有些谄媚，而屋大维并没有得到什么特殊的待遇。作为后来人，我们或许会觉得元老院的做法有误。但是，这看起来是符合罗马传统的。

元老院军队的战略处境其实正在恶化，安东尼等人分秒必争。我们一般认为罗马军队有能力一天行进最多三十公里（十八九英里），但无论军队规模如何，长时间以这样快的速度行进会给后勤和士兵们的体力造成巨大的压力。安东尼首先朝着西北方前进，来到了帕尔马（Parma）。他似乎还在行军路上解放了一群正在干苦役的奴隶，并且把他们招进了军队。贼过如梳，兵过如篦。为了补充食物、驮畜、劳力等资源，安东尼的军队给沿途的居民带来了严重的损失。抵达帕尔马以后，安东尼又下令洗劫了这座城市，也许是为了给士兵们提供奖励，恢复他们的士气，同时再一次补充资源，以便继续急行军。[148] 然后，安东尼率军再度踏上旅程。他们先后途经普拉肯提亚［Placentia，今天的皮亚琴察（Piacenza）］、戴尔托纳

［Dertona，托尔托纳（Tortona）］、吉努亚［Genua，热那亚（Genoa）］，然后沿着海岸线来到了瓦达·萨巴提亚［Vada Sabatia，瓦多利古雷（Vado Ligure）］。有一封5月5日的信件提及安东尼已经抵达，[149] 也就是说，他带着士兵们在最多十四天的时间里行进了三百公里（一百八十五英里）之遥（参见地图3）。

此时，文提迪乌斯已然带着三个军团来到了瓦达。他之前的行踪并不明确，我们只知道他一度在皮齐努姆停留过。就算他直接从皮齐努姆出发，朝着瓦达行军，这期间的路程也是特别艰难而漫长的，共有大约六百公里（三百七十英里），会耗费将近一个月的时间。既然文提迪乌斯在5月5日的时候已经身处瓦达，那么他至迟在4月5日就应该已经离开了皮齐努姆。这个时间点甚至都远早于4月14日的第一场穆提纳之战。看起来，文提迪乌斯有可能在4月的时候往北方的穆提纳靠近了一点儿，或许来到了阿里米努姆甚至是更接近博诺尼亚的地方。如果他确实曾经位于博诺尼亚南侧，那么穆提纳的第一场战斗发生以后，他的处境就不容乐观了，因为他和安东尼之间横亘着两支共和国军队，其中有一支还占据了博诺尼亚。在这种情况下，假如安东尼不和他一起朝着博诺尼亚靠拢，我们很难想象文提迪乌斯的部队要怎样与穆提纳城外的安东尼会合。因此，他和安东尼有可能在第一场战斗发生以后就已经共同决定让文提迪乌斯绕开共和国的军队。

即使是从博诺尼亚南侧出发来到瓦达，文提迪乌斯所部的行军路程也依然令人望而生畏。他或许直接跨越了亚平宁山区，从佛罗伦提亚［Florentia，佛罗伦萨（Firenze）］抵达比塞［Pisae，比萨（Pisa）］。之后，他也许沿着海岸线往北行进了四百二十五到四百八十公里（两百六十五到三百英里）。这段路程通常会耗费二十到二十四天。但是以急行军的速度，他们大概可以在十六天以后抵达目的地。因为文提迪乌斯得先接到安东尼的消息然后再下令行军，所以如果安东尼在4月21日或22日，也就是第二场战斗以后才决定离开穆提纳，那么文提迪乌斯出发的时间几乎必定晚于4月23日。然而，他必须在第二场战斗尚未爆发的4月20日之前动身才能在5月5日以前来到瓦达·萨巴提亚。也就是说，安东尼应该在第二次战斗发生之前就已经决意要放弃围攻穆提纳了，他的撤军之举绝非因营地遭到猛攻之后惊惧不已而做出的决策。

第一场穆提纳之战结束以后，安东尼想必已经认为自己不太可能在穆提纳的平原上一战击垮共和国了。这里的地形和兵力对比都不利于他，暂时撤退、重整旗鼓才更为高明。第二次交手无足轻重，就算安东尼确实在战斗中失利了，希尔提乌斯之死也已经为他大大拖延了共和国军队的行动。总体说来，安东尼依然掌握着两支动员完毕的部队，还有可能得到高卢或者西班牙军队的大力支持。他的实力仍然很强大，元老们的庆功宴未免办得太早了一些。

身处罗马的西塞罗认为战争已经结束了。4月27日，他给马尔库斯·尤尼乌斯·布鲁图斯写信通告了希尔提乌斯和潘萨的死讯，但表现得很轻视安东尼。他似乎认为迪奇穆斯·布鲁图斯可以轻易地消灭安东尼的部队。[150]罗马政坛向来充满了竞争，罗马将军一般都不会谦虚地描述自己立下的功绩。照理说，西塞罗应该是熟知这一点的。相比之下，迪奇穆斯·布鲁图斯本人就不像西塞罗那么自信了。在4月29日的一封信件中，他表达了自己对李必达和波利奥的忧虑。他很怀疑李必达的忠心，同时还认为波利奥会竭力与安东尼会合。至于安东尼本人的部队，迪奇穆斯·布鲁图斯看起来并没有那么担心。[151]

迪奇穆斯·布鲁图斯本有可能在安东尼和文提迪乌斯会师之前追赶上去。然而，从4月29日，也就是战后第八天的信件内容来看，他只往穆提纳北方前进了行军一天的路程。也许，他花了太多的时间来收集必要的补给品和驮畜。西塞罗在看到他信件中记录的所在地的时候，或许也会感到有些不安。就在这一天以后，布鲁图斯行军的速度显著地加快了。等到5月5日，他已然抵达了戴尔托纳，位于吉努亚海岸北方大约七十五公里（四十五英里）处。但他距离安东尼还有大约一百一十公里（七十英里），布鲁图斯的军团落后了五天的行程，并且未能阻止安东尼和文提迪乌斯会师。[152]或许西塞罗对此表示了不满，在

5 月 9 日的信件中，迪奇穆斯 · 布鲁图斯为自己做了辩解，用以说明他为何没能把控住局面、追上安东尼。[153] 布鲁图斯抱怨了客观条件，强调自己既没有驮畜也没有骑兵。此时，考虑到安东尼的部队机动性更强，迪奇穆斯 · 布鲁图斯开始担心自己会遭到对方骑兵的埋伏。毕竟，当初穆提纳的第一战就是安东尼发起的伏击。迪奇穆斯 · 布鲁图斯完全无法预料安东尼会在什么时候、什么地点对他发动攻击。他还详细地记叙了安东尼派兵突袭波兰提亚（Pollentia）的事情，他成功地保住了这座城镇，并且将其描绘成又一场值得纪念的大胜，虽然这次行动看起来很可能只是佯攻而已。[154]

5 月 5 日的信件已经足以证明迪奇穆斯 · 布鲁图斯的信心有所减少，[155] 安东尼的军力绝对不容小觑，迪奇穆斯 · 布鲁图斯需要做的远远不止西塞罗眼里的“打扫残敌”。6 月初，波利奥给西塞罗写了一封信（西班牙的情报或许有些落后），为我们概括了当时的战略形势。波利奥声称安东尼麾下拥有四个军团（其中有一个装备较差）和五千骑兵，而文提迪乌斯还指挥着三个军团，其中至少有两个军团都是由老兵组成的。总之，安东尼这一边的兵力非常可观。相比之下，虽然布鲁图斯的表面实力是十个军团，但这些部队的质量很有问题。波利奥直接说出了他的疑虑，认为布鲁图斯手下真正有作战能力的只有四个军团，并且其中还只有一个军团具备比较充足的作战经验。此外还有史料指出，布鲁图斯的部下此时正受到疾病的侵袭，这是从当初的围城战延续下来的恶果。[156]尽管波利奥其实是安东尼的拥趸，他有理由去低估布鲁图斯的实力，但倘若波利奥所言不虚，那么迪奇穆斯·布鲁图斯就应该极力避战，因为一旦交手，他的部队就会惨遭对方的屠杀，令安东尼取得一场奠定大局的胜利。

迪奇穆斯·布鲁图斯正期待着穆纳提乌斯·普朗库斯的援助。此人虽然之前属于恺撒派，却对元老院表现出难得的忠心，他的四个军团会从北边抵达。不过，就算有了普朗库斯的支持，布鲁图斯也不能轻易地获胜。在一封日期不明的信件当中（必定是写于 4 月末的），普朗库斯提到了一次兵变。他麾下的精锐第十军团想要投靠安东尼，但他成功地控制住了局面。[157]由此可见，普朗库斯指挥的士兵不像他那样忠诚于元老院。如果安东尼跨越了阿尔卑斯山，普朗库斯并不能确信自己的四个军团真的能够抵挡安东尼的攻势。他或许可以平安无事地带兵南下，然而，一旦置身于战场，这些士兵的心思就有可能发生变化。显然，普朗库斯不得不考虑第十军团临阵倒戈乃至带动其他部队一起叛变的可能性。

假如安东尼能够顺利地煽动普朗库斯的部下哗变，与李必达和波利奥结成稳固的同盟，他就能得到最多十一个身经百战的强大军团，其总兵力更是会达到足足十八个军团。无论西塞罗怎么想，安东尼的力量绝对非同小可，他完全有可能集结起足以碾压元老院部队的强军。

安东尼重整旗鼓

关于安东尼阵营里发生的事情，我们掌握的信息不是很多。毕竟，他们不会像布鲁图斯那样在信件里跟西塞罗交流情报。迪奇穆斯·布鲁图斯曾经在解释自己行动的一封信件里对西塞罗说自己难以断定安东尼打算在和文提迪乌斯会师以后采取怎样的行动。安东尼或许会继续北上，进入高卢，与李必达会合。但迪奇穆斯·布鲁图斯更担心安东尼等人会掉头南下，来到伊特鲁里亚补充更多的兵力，然后直接进军罗马。[158] 乍一看这样的计划不太可能实现，也许布鲁图斯只是在为自己的犹豫不决找借口而已，但其实不然。据布鲁图斯所说，有消息称文提迪乌斯麾下的军团拒绝离开意大利。不过，他没有解释其原因。从古至今都有许多人认为士兵们的顽劣想法没有参考的价值，但就文迪提乌斯的部下而言，他们此刻应该非常迫切地想要与敌方一战，因为他们当中至少有三分之二都是久经沙场的精锐老兵，而且其中不少人还根本没有参加上个月的战斗。他们也许觉得自己大可以轻而易举地击败迪奇穆斯·布鲁图斯，然后夺取整个意大利。这种想法确实有一定的道理。

安东尼看起来完全可以自由地选择接下来的计划。朝南进攻有助于控制罗马、补充人力，并且可以进一步获得意大利南部的资源，同时迪奇穆斯·布鲁图斯也会因此失去外援。但是安东尼还面临着几个不得不注意的未知因素，其中正在慢慢靠近的李必达最为关键。此刻，恐怕就连李必达自己都不能确定他要在这场内战中扮演怎样的角色。如果李必达决定隔岸观火，那么安东尼和共和国军队之间的力量对比就没有那么悬殊了。此外，安东尼知道普朗库斯会与自己作对。后来，在战争结束以后，他甚至还想为此而报复普朗库斯。另一个有可能改变局面的人物是屋大维。假如他仍然执意要阻挠安东尼，那么南下就不是很明智的选择了，反而会让安东尼不便于争取从北而来的潜在盟友，双方的战略力量对比也许会再度发生逆转。

安东尼派兵北进，朝着迪奇穆斯·布鲁图斯和波兰提亚发起了攻击。这座城镇具有一定的战略意义，因为它控制着通往戴尔托纳以及更远处帕尔马的河谷。但布鲁图斯先到一步，进入了波兰提亚，让安东尼难以迫使布鲁图斯与他交战。这次佯攻看起来气势汹汹，展露了新获盟军以后安东尼的自信心，同时也是对布鲁图斯的警告。我们或许也可以认为安东尼的这次主动求战至少在一定程度上是为了安抚部下，让他们知道己方部队并不是在惊慌失措地逃跑，而是在做战略撤退。

安东尼固然有优势，但他没有必要在这个阶段与对手交战。所以，安东尼离开了意大利，朝着高卢的李必达进发，他大概认为李必达及其部下都会心甘情愿地加入自己这边。

李必达那边没有什么动静。他和几位主要人物保持着联系，比如离他比较近的普朗库斯。大概在5月中旬的时候，普朗库斯向罗马方面汇报了李必达的士兵曾经在会议上提出，既然两位执政官都已死去，那么战争就已经结束，罗马公民不应该再互相残杀。这种说法或许可以表明李必达的军团不愿与安东尼交战，[159] 但李必达仍然没有做出决定。他派出了先头部队去守住阿尔卑斯山的通道，阻碍安东尼进军。然而，他手下的两位高级军官库里奥（Culleo）和西拉努斯（Silanus）都叛变了，让安东尼顺利无阻地跨越了阿尔卑斯山，这不禁让人越发怀疑李必达的军团也许真的会倒向安东尼。[160]

时至5月15日，安东尼已经和他的弟弟卢奇乌斯会合，并且抵达了尤里乌斯广场（Forum Iulii），这里距离他和文提迪乌斯会师的瓦达·萨巴提亚有两百公里（一百二十五英里）之远。据普朗库斯所说，李必达当时位于二十四罗马里（不到四十公里）外的沃柯尼乌斯广场（Forum Voconii）。[161] 此刻，事态仿佛暂停了：李必达和普朗库斯还在商量事情；西塞罗正在敦促迪奇穆斯·布鲁图斯向安东尼发起决战；布鲁图斯则在写回信，强调自己手头没有足够的兵力，或者说部队的经验不足，[162] 他一定很担心安东尼向他进攻，因为他很可能会招架不住，而他如果失败了，西部的各位将军几乎不可能继续对元老院效忠。

李必达向西塞罗写信通报了安东尼到来的消息，并且声称安东尼那边陆续有士兵叛逃到他那里。鉴于安东尼曾经派人渗透过穆提纳城，所谓“叛逃”到李必达军中的士兵或许也有秘密任务在身。更何况，李必达的部下同时也在叛逃到安东尼那边去，[163] 库里奥和西拉努斯的叛变就足以证明李必达军中的官兵很有可能改旗易帜。

李必达还是在以非常慢的速度朝着安东尼靠近。到了5月22日，他终于抵达了尤里乌斯广场西边的阿尔让河（Argens）。[164]李必达所部蜗牛一般的行进速度可以说明他的确一直沉吟不决，不过，他还是在阿尔让河畔写了一封信给西塞罗，保证自己忠于共和国。[165]现在，两支势均力敌的大军开始对峙，看起来，战斗一触即发。

八天以后的5月30日，李必达给罗马元老院与人民写了一封信：

> 元老院的长者们，我恭请诸神与万民明鉴。我对共和国满怀敬意，我最看重的是所有人的安全和自由。我本愿立刻以行动证明，但命运让我无法执行我的计划，我的所有部下都已变节。他们想要维持和平，保护广大罗马公民的生命。我不得不从。[166]

李必达失去了对其军队的掌控，他的士兵们早已做出了决定，打算支持安东尼。李必达的信件最后请求元老们尊重罗马公民的生命，其中的含义很明确：元老院输了；安东尼赢了。元老们现在可以选择在内战中被击败，或者主动承认安东尼的统治地位。

李必达的信件向元老院解释了自己的处境，他宣称自己一直都忠于元老院，却为时势所迫。然而，就算如此，李必达也始终不愿意主动地做出抉择。时至5月30日，无论他的心态究竟是怎样地游移不定，李必达也已难免要被判定为安东尼派。之前，李必达和其他的许多人一样企图置身事外。西塞罗等人一直怀疑李必达的忠心，因此李必达也担心西塞罗主导下的罗马政局会对自己不利。他固然没有那么支持安东尼，但随着形势的发展，其他人终于替他做出了最后的那个决定。

正当李必达以离奇的慢速朝着尤里乌斯广场前进的时候，安东尼率军出动了。他驻扎在李必达所部的附近，然后开始煽动对方士兵倒戈。李必达麾下的第十军团曾经直属于安东尼，现在也忠诚于他。这支部队似乎成了安东尼的代言人，替他去拉拢了李必达的其他部队。[167] 于是，军官们意识到了军团有可能叛变，并且提醒了李必达。但李必达并不打算做出应对，他把士兵划分为三批，让他们去执勤，接着就去睡觉了。

夜里的最后一批警卫打开了营地大门，然后派人去接安东尼过来。面对着安东尼和严阵以待的军队，刚刚从睡梦中醒来的李必达仓促地穿好了衣服。接下来，安东尼做了一通政治表演，要求李必达接受和谈。[168]

即使安东尼不确定自己能够争取到李必达本人的支持，他也有把握赢得李必达军中官兵的拥护。李必达麾下的军官们看起来很有可能在给安东尼通风报信，或许恺撒时代建立的关系网发挥了作用。安东尼的部队实力雄厚，而李必达的士兵们既可以选择与之作战，也可以选择加入其中。总体说来，他们没有什么理由讨厌安东尼，其中某些人甚至倾向于投靠他。所以，临阵倒戈的决定或许真的不难做出。更何况，虽然我们无法得知这些士兵对发生于意大利的事件究竟持怎样的态度，但他们看起来不太可能会愿意与西塞罗等人为伍。选择对抗安东尼就等同于选择支持迪奇穆斯·布鲁图斯和其他行刺恺撒之人。而且，也许在这些士兵看来，安东尼很可能会大方地赏赐自己。总之，他们利己的政治考虑让安东尼受益匪浅。

对于李必达，安东尼本可以将其罢免甚至杀死，但他在政治作秀当中求和，塑造了珍视罗马公民生命的形象。在两位执政官相继死于穆提纳之战以后，李必达的军团士兵们也曾经发表过类似的看法。安东尼求和的姿态或许是为了号召其他的前恺撒派人士与自己联起手来，以避免发生冲突。这位失去了军心、匆忙地在营地中央穿起衣服的李必达将军仍然有他的价值。他保住了自己的性命和地位，因为安东尼想要以他为标志，向所有人表示自己打算为罗马人带来和平。这个做法相当于宣布安东尼不只是为了自己的私利而战，更是代表着法律和秩序。

在一个星期以后，即6月上旬，李必达和安东尼联手的消息必定已经传回了罗马。西塞罗在写给卡西乌斯的信件中称其为捍卫共和国的唯一希望。[169]的确，西塞罗等人现在堪称身陷绝境。因此，元老院传令阿非利加的军团返回意大利，保卫罗马。[170]此外，波利奥在6月6日的时候尚未正式加入安东尼派。他还跟西塞罗通报了安东尼试图调用他手下三个军团中的一个，并且想要收买其他两个军团。但是，所有人都认为波利奥一有机会就会叛变到安东尼那边去，而他后来也确实不出所料。[171]不过，普朗库斯的立场是很坚定的。6月10日，他率军和迪奇穆斯·布鲁图斯会合于库拉洛［Cularo，格勒诺布尔（Grenoble）］。[172]但是，一个月过去了，他们二人依然还在库拉洛，最多只是稍微挪动了一点点位置。7月将尽，普朗库斯给西塞罗写了一封诚恳的信：

> 虽然我深知我们万分需要取得一场大胜，但我还是希望你能准许我们继续执行现在的策略。因为，如果这支部队遭遇了不测，共和国还能依靠谁来抵御那些犯上作乱之人呢？我想，你应该已经知道了我们有着怎样的部队。我的帐下有三个老兵军团和一个新兵军团（或许也堪称新兵中的精锐），（迪奇穆斯·）布鲁图斯麾下有一个老兵军团、一个服役满一年的军团和八个新兵组成的军团。所以，我方士兵的总数固然很可观，但细细看来，其实力仍显孱弱，我们都很明白新兵的实战表现如何。倘若阿非利加的老兵或者恺撒的部队能够赶到，我们就可以毫无顾虑地走上战场，与对方争夺共和国的控制权。据我们所知，恺撒[1]是最近的援军。因

[1] 此处的恺撒指的是屋大维。——编者注

此，我不停地派人请他出手相助，他也每次都说自己已经在马不停蹄地赶来。然而，他其实另有打算。[173]

普朗库斯和布鲁图斯统率着十三个军团，其总人数不下于五万五千。但是，他们很担心这些部队质量不足。安东尼那一方的人数或许近似于此。我们不是很清楚穆提纳之战给他造成了多少损失，也不确定波利奥派出了多少援军，但安东尼几乎所有的士兵都是久经沙场的精锐。远在阿非利加的军团或许可以改变战局，但如果调动部队的命令是在6月中旬发出的，那么至少在8月之前，他们难以回到罗马，遑论投入北意大利战场。因此，屋大维成了影响局势的关键。然而，关于此时的屋大维以及他的部下，我们几乎一无所知。西塞罗的信件里很少有信息能够说明屋大维正在盘算着什么，他仿佛已经被人遗忘了。

屋大维的政变：进军罗马

在我们上一次提到屋大维的时候，他才刚刚打完第二次穆提纳之战，回到了博诺尼亚。布鲁图斯带兵前去追赶安东尼，而屋大维还在城内。此时，他也许有机会追击文提迪乌斯的军团。不过，他并没有动身，或者只是象征性地追了一阵子。迪奇穆斯·布鲁图斯称屋大维既不愿也不能调动其部队：“但无人能指挥恺撒，恺撒也无法指挥其军队：二者都非常恶劣。”[174]看来，士兵们自有其想法，他们正在考虑穆提纳之战以后的出路。

终于，5月中旬，迪奇穆斯·布鲁图斯给西塞罗写了一封和屋大维有关的信件。他抱怨了罗马城中发生的事情。有一个十人委员会被组建起来负责审查安东尼在担任执政官期间的所作所为，给老兵建立殖民地的事情也被包括在内。布鲁图斯的士兵们惶惶不安，这一方面是因为他们认为此时掌握最高权威的是西塞罗，另一方面是因为这些土地是他们退役以后的主要依靠。在信中，迪奇穆斯·布鲁图斯恳求西塞罗满足这些老兵的要求。他或许只是在说自己的部队，但屋大维帐下的老兵无疑也和布鲁图斯军中的老兵一样焦虑不已。

迪奇穆斯·布鲁图斯还询问了一句出自西塞罗之口、和屋大维有关的妙语："laudandum adulescentem, ornandum, tollendum."。我们可以本着善意将其翻译为"我们必须表扬、奖励、提拔这位年轻人"。但"tollendum"既可表示"提拔"，也可表示"除掉"。西塞罗想必觉得屋大维不足为虑，放心地说出了这句话，公然表示想要排挤屋大维。[175]

西塞罗挥洒自如的文采为他赢得了许多盟友，但也让他树立了不少敌人。即使身负追击安东尼的任务，布鲁图斯也很快就得知了西塞罗的这句话。布鲁图斯显然认为西塞罗这次是在愚蠢地卖弄小聪明。我们可以从中看出，人类的政治生活当中有某些现象亘古未变。政治人物的个别特殊言论很容易广为流传，被人们反反复复地嘲弄。名言的力量就在于朗朗上口，纵使原来复杂的语境已然被遗忘，名言本身也会被人们铭记于心。无论是在古罗马的共和国还是在现代美利坚人的共和国，负面的名言往往都会化作他人手中的利器，长期困扰着那些不慎失言的政治人物。在西塞罗写给迪奇穆斯·布鲁图斯的回信里，他本人看起来倒不是很担心自己的这句名言会造成严重的恶果。又或许，他只是已经接受了驷不及舌的现实。[176]

西塞罗的这句话符合他对这位年轻的恺撒的一贯态度。他确实支持屋大维，或许甚至带头提议了要对其加以赞扬和擢升。而屋大维虽然有一些较为激进的计划，但看起来还是会咨询西塞罗的意见，并且表现出需要西塞罗支持的样子（这让西塞罗感觉很放心）。西塞罗仿佛觉得他们能够把这位新的恺撒约束在罗马宪法传统的框架内，他也许认为这个“年轻人”的既有政治力量或者政治经验不足以令其成为一股独立的强大势力。或许，在西塞罗看来，此刻的屋大维面前没有多少选择：既然屋大维已经在公元前 44 年参与了对抗安东尼的行动，那么他就必定只能站在元老院这一边了。然而，更加了解屋大维及其部下的布鲁图斯并不像西塞罗那样有信心。布鲁图斯大概明白，无论屋大维的处境如何，他毕竟有着至少一万五千名精锐老兵的拥戴，轻视这样的人物或许是要付出代价的。

直至公元前 43 年 7 月末，屋大维依然没有让人知道他究竟打算做什么。他也许一直都在征兵。据阿庇安所说，屋大维统领着八个军团和一些其他的部队，有五六万的总人数。[177]他第一个明显的动作是往罗马派出了士兵，让他们作为使者去向元老院索取资金。元老院在一定程度上满足了他们的要求。然而，最终的拨款数额只达到了要求的一半，甚至还没有发到屋大维军中，反而发给了迪奇穆斯·布鲁图斯。[178]之后，大概过了一阵子，第二个同样由百夫长领头的使团来到了元老院。他们先把剑放在了一边，然后进入元老院要求元老们让屋大维取代希尔提乌斯或者潘萨成为执政官。元老们拒绝了，强调屋大维过于年轻。但这些百夫长显然熟读罗马历史，援引了之前的史例，比如，汉尼拔战争时期的西庇阿·阿非利加努斯，受命出征过西班牙的西庇阿·埃米利阿努斯和在公元前 348 年担任执政官、当时年仅二十三岁的马尔库斯·瓦列里乌斯·马克西姆斯·科尔乌斯［Marcus Valerius Maximus Corvus，或者科尔维努斯（Corvinus）］。双方的争论变得越来越激烈。面对这些不敬元老的军人，一位或者多位元老斥责或者动手击打了一位百夫长。据狄奥所说，至少有一位百夫长转身带着剑准备离去。他大声喊道："如果你们不让恺撒担任执政官，这个东西（指剑）会让他当上的。"据说，西塞罗的回答是："如果你们要以这种方式提出诉求，那么他确实会得偿所愿。"（指剑）[179]但即使到了这个时候，西塞罗和其他的元老也仍然不知道接下来到底会发生什么事。

如果我们先假定屋大维是一个玩弄权术的阴谋家，这次的事件似乎就很好解释了，他无非在让士兵们替自己做铺垫。但是，我们不能忽视士兵们自己的意愿。穆提纳之战以后，屋大维的军团看起来并没有停下来歇息。迪奇穆斯·布鲁图斯认为他们不受屋大维的控制。这些老兵有自己的主见，击败了安东尼，但他们的根本政治诉求是什么呢？元老们没有满足他们的要求，布鲁图斯看起来才是穆提纳之战的真正赢家。他的军队不仅摆脱了穆提纳之围，甚至还得到了加强，但这位布鲁图斯也参与了刺杀恺撒的行动。位于罗马的西塞罗等人正在审查安东尼为恺撒旧部设立的殖民地，而屋大维的军团也是直接相关的当事人，他们的经济利益很有可能受到损害。既然我们能发现屋大维的军团有能力让元老们落败，那么这些士兵自己也很有可能已经看清了这一点。他们知道自己现在有着怎样的政治力量，也不吝于运用这种力量来为自己争取利益。当然，在接下来发生的事件里，屋大维并不是被动受益的角色，但他的个人利益归根结底是和士兵们绑在一起，甚至可以说是依赖于这些士兵的。

西塞罗和支持他的那些元老对此时的政治、战略形势显然有着非常独特的判断，他们仍然认为士兵理应遵从元老的命令。在他们看来，那些百夫长根本就没有资格向他们提要求，也没有资格与他们争辩。这种行为本身就是不合于罗马社会、政治秩序的僭越之举。以传统的等级制度来看，低级的军人威胁最高级的元老，甚至于军人拥有自己的政治主张这种事情都可以说是不可思议的。看来，元老们并没有想到这些士兵有可能脱离旧秩序的框架，然后创造出一套新的秩序。元老们对恺撒旧部土地分配问题的审查既是在践行元老的权威，也是在运用意大利地主精英的传统权力满足罗马社会等级制度的价值观念要求。从我们的视角（迪奇穆斯·布鲁图斯或许也有所察觉）来看，元老们的这个政策很有魄力，简直让人以为他们是天真无知才做出了这个决策。但在元老们眼里，这种等级秩序恰恰是他们奋斗的目标。强化这种秩序有助于巩固他们对意大利的控制，也可以增强意大利精英群体内部的凝聚力，从而更好地对抗安东尼等人。

元老们的意识形态已经成了空中楼阁。他们自以为很安全，坚信诸神都在支持他们统治罗马。因此，他们才会无畏地去计较士兵们获得的土地和金钱，才会胆敢驳斥前来与其谈判的百夫长，殊不知自己的命运其实恰恰掌握在这些人手里。由此，我们可以看到罗马革命的规模有多大，罗马元老的政治误解有多严重。

屋大维的士兵和元老们最早也得在7月［罗马人原先称这个月为5月（Mensis Quintilis），后来，为了纪念尤里乌斯·恺撒，7月被改为尤里乌斯月（Mensis Julius）］末才有可能展开第二次争论，但更为准确的时间或许是8月［当时的6月（Mensis Sextilis），后来被改为奥古斯都月（Mensis Augustus）］初。当百夫长们回到营地，向屋大维汇报了谈判的情况以后，屋大维命令士兵们排好队列，进军罗马。

可以想见，元老们难免表现得有些慌乱。他们承诺不仅会给屋大维麾下在穆提纳作战的那两个军团提供报酬，还要给其他的所有部队都发放奖金。他们也表示愿意让屋大维来担任执政官——毕竟，这总比让他率军攻下罗马要好得多。但就在谈判的时候，元老们的态度又变得强硬起来，因为他们之前传唤的两个军团已经从阿非利加返回了罗马。此外，他们还有潘萨留下的一个军团。同时，他们开始软硬兼施地招募尽可能多的人手。凭着这些兵力，元老们认为自己可以一直守到迪奇穆斯・布鲁图斯和普朗库斯回援。西塞罗在听说屋大维进军罗马以后就躲了起来，现在他再度现身，前来领导大家抵御屋大维。

然而，罗马的防御其实只是一个荒唐的笑话，屋大维的军团很快就来到了城郊。罗马是一座杂乱无章地向外铺开的巨大城市，其防守条件远不如相对较小的穆提纳。罗马守军必须分成许多小队，分别据守各个关键点。然而，在屋大维的军队驻扎于罗马城外以后，城内的元老和其他重要人物纷纷改变了主意。双方的军力对比显而易见，一部分人决定出城来迎接罗马的新主人。第二天，屋大维仅仅带着卫兵进入了罗马城，他大概不觉得还有多少人会站出来反对他。元老院的抵抗意志已经崩溃，两个从阿非利加赶来的老兵军团都叛变了，因为他们曾经是尤里乌斯・恺撒的部队。他们的将领选择了自杀，新上任者放弃了防守城墙的任务。

最后，西塞罗亲自前来向他的老朋友致以问候。据说，他发表了一段长篇大论，详细地说明了自己其实一直都在支持着屋大维。西塞罗无意出版这次演讲的内容，我们只能猜想他究竟把历史扭曲成了什么模样。屋大维听完了这位长者的演说，然后冷冷地指出，西塞罗是最晚过来会见他的。[180] 这是政治作秀，以艺术夸张的形式展现了罗马革命。无论西塞罗在欢迎屋大维进入罗马的时候做出了怎样的解释，无论他多么成功地把自己描绘成忠实地拥护屋大维的亲密友人，无论他把自己优秀的口才发挥得多么出神入化，他的政治生涯都走到了终点，而且所有人都能看出这一点。屋大维的军队已然掌控了罗马，此刻的西塞罗再也无法违背他们的意志。在西塞罗的理想中，这座城市应当由传统的元老贵族来统治。他们秉持着传统价值观念，遵循着传统的社会、政治等级制度。但是，这个政治理想已经破灭了。现在，西塞罗不得不在屋大维面前低眉顺眼地为自己辩解。屋大维其实没有必要倾听这位伟大的执政官打算作何解释。按照罗马社会的传统等级秩序，年轻的屋大维理应尊重西塞罗。然而，此刻屋大维对西塞罗的尊重纯粹出于屋大维自己的意愿。所有人都知道他其实不必对西塞罗以礼相待，这位最近才被西塞罗用俏皮话嘲弄过的“年轻人”现在只是在对西塞罗施以恩惠而已。任何目睹了这一幕的元老都必定能够明白，曾经的元老领袖西塞罗已然失势，罗马的大权无疑已经落入了屋大维的手中。他的权力并非源于官职、传统或是罗马社会生活的古老等级制度，而是来自拥护他的军人。

屋大维安排自己当选为史上最年轻的执政官，并且对其敌人示以宽容。这种政策势必会让人们想起屋大维的养父尤里乌斯在他与庞培的内战结束以后同样选择了用仁慈来求和平。这种相似性恐怕只会让元老们再次深刻地体会到一位新的恺撒已经掌控了罗马，元老们还能保全自己的权利、权势乃至性命都只不过是因为这位新的恺撒愿意如此而已。我们不禁会想，这些元老在向新上任的年轻执政官屋大维发出问候的时候，是否会回忆起穆提纳之战刚刚结束之时的景象。那时的他们欣喜若狂，抬着西塞罗去卡皮托里翁山上向诸神表达了谢意，还表决同意开启了感恩节庆日，共和国的最后一战以胜利告终。然而，仅仅在四个月以后，屋大维成了执政官，共和国的战争失败了。

第七章
革命开始

随着屋大维占领罗马，内战的第一阶段结束了。西塞罗努力打造的屋大维与元老院的联盟已经土崩瓦解，屋大维对罗马的进军让西塞罗等元老退到了政治舞台的角落里。但是，除了回天乏术的元老以外，剩下的各方政治势力不一定都没有上台执政的机会。安东尼仍然和李必达一起停留在高卢，与其对峙的是迪奇穆斯·布鲁图斯和普朗库斯。安东尼派控制了西班牙和大部分的高卢土地，屋大维则支配着意大利。

此时，伟大的庞培之子塞克斯图斯·庞培正统治着西西里（Sicily）。[181] 他在其父亲被尤里乌斯·恺撒击败以后幸存了下来，逃到了西班牙，然后召集起军队一边流窜一边作战。他还组建了一支舰队，用以开展海盗活动。为了清除庞培余党，恺撒派出了李必达和波利奥。他们二人不负众望，成功地把塞克斯图斯逐出了西班牙。但是塞克斯图斯乘着舰队转移到了西西里岛，而且西西里岛更适合塞克斯图斯等人活动。现在，他们可以派人去劫掠意大利的海岸，更可以在近处观察罗马政治气候的变化，静候良机。

西西里岛上还有一些由大量奴隶支撑起来的大庄园。据塞克斯图斯的对手所说，他招募了很多奴隶来补充人力。虽然这种说法明显是为了攻击塞克斯图斯的名誉，但缺少人手的他的确不太可能忽视岛上人数众多的奴隶。除此以外，他还在意大利等地招募了一些心存不满的自由民。恺撒死后，为了保住罗马的政权，西塞罗等人显然需要尽力为塞克斯图斯·庞培恢复合法地位和名誉。所以，在穆提纳之战以后的那一小段时间里，塞克斯图斯·庞培喘了一口气。然而不久之后，屋大维上台了。身为尤里乌斯·恺撒的养子，他无意化解这段恩怨。于是，塞克斯图斯只能再一次沦为海盗之王。

在东方，马尔库斯·布鲁图斯和卡西乌斯建立了强大的势力。他们先是拿下了马其顿和叙利亚，然后把势力扩张到了整个小亚细亚。有些令人意外的是，他们遭遇了不少的抵抗。对于一些拒不合作的希腊城邦，他们不得不动用武力。布鲁图斯和卡西乌斯有着强大的海军，除了埃及的克莱奥帕特拉以外，地中海东岸已经没有势力能够挑战他们。克莱奥帕特拉仍然忠于已经亡故的尤里乌斯·恺撒，她随时准备支援安东尼和屋大维。不过，尽管她的海军力量很强，但埃及的地理位置距恺撒派的主要势力范围太远，而布鲁图斯和卡西乌斯已经威胁到了埃及的东部边境。

总而言之，此时的罗马世界至少有六个主要的军事集团：屋大维，安东尼和李必达，马尔库斯·布鲁图斯和卡西乌斯，迪奇穆斯·布鲁图斯和普朗库斯，塞克斯图斯·庞培，埃及的克莱奥帕特拉。无论哪个集团都没有独力压倒其他人、统治罗马的实力。安东尼、李必达、屋大维就是在这一共识的引导下走到了一起，他们需要团结起来才能击败布鲁图斯和卡西乌斯。但是他们三人建立的联盟一共持续了十一年，这足以说明这个联盟还有更为坚实的基础。他们的联合不只是为了消灭那些谋杀恺撒的刺客，还为了确保战后的土地分配能够顺利地进行。分地的主要受益者是军人，联盟的延续让他们得到了不少的利益。

在接下来的十年当中，军人在罗马的政治舞台上扮演了非常重要的角色，这是极其罕见之事。当屋大维带兵来到罗马城外，罗马的政治精英们很快就认清了形势，贵族的统治结束了。在发生内战的这种特殊时期，任何事物都很容易被颠覆。因此，虽然罗马政治、社会等级制度遭到了挑战，但这或许只是政治动荡导致的偶然现象。等到革命结束，传统的力量对比以及传统的社会等级秩序大概都会迅速地恢复。罗马的精英们也许就是这么想的。考虑到罗马共和国最后一百年的历史遭遇，这一次的动乱说不定真的会再次走上老路。然而，恺撒派没有放弃权力。从此，罗马的政治面貌焕然一新。

恺撒的遗产以及革命的开端

屋大维几乎未动干戈就占领了罗马，其影响还需要过一段时间才能完全显露出来。他对元老们的态度很和善，让罗马城得以享受暂时的和平。尽管士兵们帮助屋大维夺取了权力，但人们还不知道屋大维对身处意大利以外的武装势力打算采取怎样的政策。早在屋大维还在为共和国建立汗马功劳之时，元老院就显得相当不愿意褒奖他。时至今日，屋大维恐怕更难相信这些元老会默默地接受他掌权的现实。他必定能够清醒地认识到，无论元老们以多么动听的话语来表达善意，他们当中有许多人其实都想杀死自己。假如时机来临，这些人会毫不犹豫地化身为杀人凶手。毕竟，当初刺死恺撒的就是那些所谓的“朋友”。而且，第一次政治暗杀或许还算是有悖于罗马政治常态，让某些人不愿动手。但一回生，二回熟，有了先例在前，许多人大概更愿意采用这种手段了。

然而，屋大维在这一阶段没有对元老院里的敌人下手。与他作对的元老也没有逃离罗马，他们觉得屋大维不会开始排除异己。这种奇怪的判断让人费解。当年，尤里乌斯·恺撒进军罗马以后，许多反对他的人依然能够安全地生活在意大利。看来，元老们仍然相信屋大维会寻求和解。就算他们曾经对屋大维两面三刀、加以羞辱，就算他们已经对恺撒和其他恺撒派人士悍然动用了极端的暴力，这些元老看起来还是认为自己的人身安全无虞。就连西塞罗也留在了意大利，静静地观察事态发展。

屋大维的第一个举动是奖励手下的士兵。他夺走了元老院为了对抗安东尼而收集起来的资金，将其分发给自己的部下。接着，他设法把两个执政官的职位都控制在自己这边。除了他本人以外，昆图斯·裴迪乌斯也被选为执政官。此人几乎从屋大维在公元前 44 年抵达意大利以来一直都坚定地站在屋大维这边。选举的过程本身是比较平静的，不过，屋大维派了士兵来监督大家把票投给该投的人。单从基本流程来看，这样的选举还算是遵照了罗马共和国的宪法。政治局面已经大大不同，但共和国法律规定的流程延续了下来。至少，这种状态和下一个历史时期有着明显的差异。

当选为执政官以后，屋大维召开了一种特殊的会议——库里亚大会（comitia curiata）。这种会议的起源非常古老，但到了这个时代，众议会基本只具备仪式性作用，其规模也只剩下三十名跟随着执政官的扈从（lictor）。这些扈从带着的武器被称为法西斯（fascis），由捆绑在一起的多根棍棒和一把斧头组成，代表着暴力，象征着执政官拥有处罚或杀死罗马公民的权威。不过，现代人对“法西斯”这个词的认识或许更多地源自 20 世纪 20 年代意大利的法西斯党。在屋大维生活的年代，众议会仍然拥有批准勋贵（patrician，一个古老的贵族阶层）之间的收养关系的权限。于是，在屋大维的授意下，一条新的众议会法（*lex curiata*）出台，正式认可了尤里乌斯·恺撒对屋大维的收养行为。其实，当时的罗马人本就一直都将屋大维称作“恺撒”，因为大家都知道尤里乌斯·恺撒在遗嘱里写了收养关系。或许众议会的召开并没有必要，但是这条法律至少向所有人表明了屋大维忠于恺撒，[182]这就是有意义的。毕竟，正如安东尼所说，屋大维的权威在很大程度上源于“恺撒”这个名字。

在恺撒遇害以后，屋大维起先指责安东尼不为恺撒报仇，反而试图与行刺者和解。[183]这当然是为了拉拢那些仍然忠于恺撒之人。但是，恺撒的旧日部下们显然没有蜂拥而至，聚集在屋大维的麾下群情激奋地要求杀死行刺者。换言之，这种做法收效甚微。接着，屋大维和元老院结成了同盟，一起公开支持行刺者、反对安东尼。我们可以说屋大维和元老院、行刺者之间的关系至少在一定程度上有些紧张。但就当时而言，他们的关系其实没有很大的问题。当然了，行刺者们显然不太信任屋大维（或许算是有先见之明）。然而，没有史料证明他们觉得屋大维已经有了固定的政治立场，他们不觉得屋大维对恺撒的政治遗产的继承会是一个大问题。我们只能猜想屋大维和西塞罗派已经认为二者的和解是可行的。

那么，我们就不禁要审视一下恺撒的遗产的本质。显然，恺撒不是一位革命者，其所作所为都没有展现出要建立新秩序的迹象。行刺者们或许确实认为自己在“恢复”自由，但是恺撒似乎本就想要与其对手重修于好。他固然想要保持自己的政治地位，但他其实无意颠覆共和国的传统［包括自由（libertas）］。由此观之，刺杀恺撒的行动很有问题。我们可以将其视作反对恺撒统治罗马的极端行径。然而，恺撒的政治举措似乎不该引发这种反应，行刺者对罗马政治的认知过于极端。

也就是说，刺杀恺撒的举动并不是反革命行为，因为首先就不存在革命行为。既然如此，在恺撒死后，屋大维也并不是革命者，因为他根本就没有革命遗产可以继承。人们也许认为恺撒的继承人能够与罗马社会的传统权威通力合作，因为他看起来并没有别的路可走。如果屋大维能够与行刺者达成和解，那么他们之间应该就不存在根本性矛盾了，双方唯一的意识形态矛盾就产生于刺杀恺撒。也许，马尔库斯·布鲁图斯、卡西乌斯和屋大维真的能够搁置争议、和平共处。毕竟，迪奇穆斯·布鲁图斯和西塞罗都已经成功地与屋大维展开了合作，虽然一开始还有一些摩擦。

在公元前 44 年末至前 43 年初，安东尼才是麻烦的根源，年轻的恺撒不是问题。屋大维的地位确实有些异乎寻常，但以公元前 43 年的元老们的视角来看，他既算不上威胁，也没有妨碍到元老院行事。只有等到屋大维带着士兵们掉头进军罗马以后，元老们才如梦初醒。

如果理解了元老们心中的成见，我们就能够明白，元老们在公元前 43 年的判断和做法都是非常合乎情理的。他们认为自己是政治舞台上的主角，甚至于只有元老才是重要角色。然而，他们的这种成见和意识形态已经不合实际了。政治的要素是金钱与武力，军队就是武力。元老们的财富或许确实远超罗马社会里的其他任何一个群体，但安东尼和屋大维能够用军队来夺走所有的财富。

罗马的元老们恰恰忽视了军队的作用。这些军人备受鄙夷，他们或许来自罗马社会里最为弱小、贫穷、微不足道的阶层。在元老们眼里，军人的力量不值一哂。就算失去了政治地位，元老们似乎也依然在以传统的方式进行思考，以为自己还有能力管控军队，殊不知他们正在目睹罗马社会发生巨大的变化。屋大维的崛起史无前例，出乎许多人的意料，但这只是恺撒遇刺带来的结果之一。恺撒留下的最大遗产当属元老院和恺撒麾下军团之间的决裂以及这些军团士兵给罗马政治生活带来的深刻影响。如果说革命必定由心怀不满的叛乱者发起，那么罗马革命中的叛乱者就是恺撒的旧部。

重返穆提纳：三头同盟形成

新任执政官屋大维和裴迪乌斯立刻开始了行动，让所有人都清楚地看到屋大维确实已经牢牢地掌握了权力。核准养父子关系相当于公然承认了屋大维的政治、个人影响力要归功于恺撒，同时也是再一次宣布屋大维才是恺撒的真正继承人。此外，裴迪乌斯还推行了一条法律，宣布流放行刺恺撒之人。[184]之前元老们赦免行刺者的法令就此失效。而且，除了直接参与谋杀恺撒的那些元老以外，知情或者稍微有一些关系的人也获罪了。这条法律难免波及一大批人。屋大维的某些对手也牵涉其中，因为他们当初或许早就知道暗杀恺撒的计划。

行刺者全都遭到了指控。这一天，审判开始了，虽然他们本人并不在场。主持审判的是屋大维，陪审团大概包括了不下于五十名出身于较高阶层的罗马人。不出所料，他们都投票认定行刺者有罪。只有一位陪审员站了出来反抗年轻的恺撒，投了无罪票。他叫作西里奇乌斯·科罗纳（Silicius Corona），是一位元老。他勇敢地与现政权作斗争，捍卫着元老们的独立性。[185] 暂时，西里奇乌斯还安然无恙。这些法律措施是屋大维为战争而做的铺垫。不久，他就要与马尔库斯·布鲁图斯和卡西乌斯打响内战。我们需要注意的是，纵使内战即将来临，屋大维也仍然觉得自己有必要寻求法律的支持。

在这一时期，屋大维和安东尼还处于敌对关系当中，后者依然是罗马人的公敌。而且，迪奇穆斯·布鲁图斯和普朗库斯以及他们麾下的强大军队也还驻扎在意大利的北方边境上，谁也说不清接下来的局势会发展成什么样。所以，在屋大维发动了政变的消息抵达库拉洛以后，迪奇穆斯·布鲁图斯并没有马上下令撤退。他或许想要静观其变，看一看这位年轻人究竟打算做什么。但是，既然屋大维已经决定要和马尔库斯·布鲁图斯以及卡西乌斯开战，那么恺撒派人士之间的和解几乎就是必然了，因为无论是屋大维还是安东尼的势力都不可能独自战胜这些行刺者。所以，屋大维和裴迪乌斯说服元老院撤销了之前颁布的针对李必达和安东尼的法令，为双方的和解打好了基础。

由此，屋大维发出了想要开启谈判的信号。[186] 得知法令撤销以后，迪奇穆斯·布鲁图斯和普朗库斯想必都发现了自己的处境变得非常尴尬。此时，波利奥也已经加入了安东尼等人的队伍，他们正朝着普朗库斯和迪奇穆斯·布鲁图斯进发。而南面还有规模更大的一支部队即将到来。既然已经陷入了孤立无援并且无望取胜的绝境，那么普朗库斯当然就开始寻求与对方和解。安东尼一直不满于普朗库斯不顾老交情，坚定地站在西塞罗派那边的做法。不过，普朗库斯毕竟是恺撒的老部下，安东尼身边有很多亲密的朋友也都是普朗库斯的好友。而且，与普朗库斯和解总比和屋大维和解要简单一些。在波利奥的居中调解下，安东尼和普朗库斯重归于好。至于普朗库斯的部下，他们本来就没有誓死效忠于元老院的打算，现在则顺利地加入了安东尼的军队。

然而，迪奇穆斯·布鲁图斯不像普朗库斯那样有恺撒派的朋友替自己牵线搭桥。更何况，他是谋杀恺撒的刺客，几乎不可能得到原谅。既然普朗库斯已经离去，迪奇穆斯·布鲁图斯的唯一生路就是投奔东方的马尔库斯·布鲁图斯。他最直接的路径是跨越阿尔卑斯山，横穿意大利北部，通过阿奎莱亚（Aquileia）那一带进入巴尔干。但是，屋大维已经往北部派出了部队。安东尼更是处于非常靠近的位置，很容易派兵追上他。如果往阿奎莱亚逃跑，迪奇穆斯·布鲁图斯大概不是被屋大维拦下，就是被安东尼追上。因此，他另辟蹊径，想要从北侧绕过阿尔卑斯山。但这条路线的风险很高，来到阿尔卑斯山北侧之后，他还需要渡过莱茵河，然后在罗马国境外前行一大段路程。

他的士兵们当然不愿意跟他走上这条未知的漫漫长路，他们几乎全部叛变了。潘萨曾经指挥过的那些新兵带头离去，准备投奔屋大维，资历更深一些的选择了安东尼。最后，迪奇穆斯·布鲁图斯身边只剩下了高卢骑兵卫队。他遣散了绝大部分卫兵，然后乔装打扮，隐秘行事。

队伍的规模缩小了以后，迪奇穆斯·布鲁图斯的路线也做了一些调整。他决定先潜伏于意大利，然后再设法前去投奔马尔库斯·布鲁图斯。然而，阿尔卑斯山区的真正主人是无数的小部落。它们或许在明面上从属于罗马，但其实基本是独立的势力。当地的一伙劫匪盯上了迪奇穆斯·布鲁图斯一行人，把他们都抓了起来。然后，劫匪们意识到自己抓到了大人物，将其交给了部落的酋长卡米卢斯（Camilus），此人是迪奇穆斯·布鲁图斯的朋友。虽然有些为难，但卡米卢斯很快就认清了形势。他和迪奇穆斯·布鲁图斯固然有一些交情（大概只是为了政治利益而缔结的友谊），但他的部落几乎不可能挡得住安东尼率领的罗马军团，他没必要为自己树立这么强大的敌人。于是，这位酋长派人去向安东尼汇报了情况。安东尼命令他处死了迪奇穆斯·布鲁图斯。意大利北部的最后一点反抗的火星熄灭了。[187]

屋大维率军返回了博诺尼亚，[188]安东尼和李必达也已经在穆提纳安营扎寨。双方就这样回到了之前的战场，回到了同一块平原。尽管安东尼和屋大维之间多有嫌隙，但是，现在他们都需要对方的支持。

这三个人想必在此次会议召开之前就早已明白，他们必须把彼此的资源汇聚在一起才能战胜东方、西西里以及罗马城内的敌人，他们的视野不能局限在彼此之间的分歧和恩怨上。或许，安东尼从决定撤离穆提纳开始就一直在盼望着这一天的到来，期待着恺撒的亲戚故旧能够团结一致。虽然我们很有理由相信这三个人之间仍然有着尖锐的矛盾，但他们也都知道自己必须先搁置这些矛盾。而且，除了他们以外，他们麾下的士兵似乎也十分希望联合起来一起对抗共同的敌人，其中的一部分士兵甚至已经宣布过不愿意自相残杀了。这些老兵想要保护自己分到的土地，得到应有的报酬，并且巩固自己刚刚获得的影响力。他们要求恺撒派联合在一起。

李必达、安东尼和屋大维会见于穆提纳附近拉维努斯河（Lavinus）中的一座小岛上。谈判的最关键内容大概是三人权力的具体运作问题：如何组建联盟、各方势力的活动范围、三方权力的基础、下一步的计划。经过两天的讨论，他们达成了这份必然达成的和解协议。按照约定，屋大维会辞去执政官的职位，然后和其他两人一起担任罗马宪法中从未出现过的全新官职，享有莫大的权威。[189]然后，他们朝着罗马进发了。

三头统治

这三位恺撒派人士已经瓜分了罗马世界：屋大维有权掌控阿非利加、萨丁尼亚（Sardinia）、西西里；李必达分到了西班牙和纳尔博高卢（Gallia Narbonensis，法国南部）；安东尼控制着剩下的高卢土地（既有山内高卢，也有阿尔卑斯山以北的领地）。他们约定让李必达当选为下一年的执政官，率领三个军团掌控意大利。同时，李必达会把其他的军团都交给安东尼和屋大维，让他们两人分别统率着足足二十个军团去和布鲁图斯、卡西乌斯对抗。三头（triumvir），有权派出代表统治地方省份。由此，他们既可以保证自己拥有基于各地省份的大量财富和权力，进而展开政治、军事活动，也可以用这些职位来笼络人心。[190]

他们三人在一次大会上向士兵们宣布了这份协议的要点。士兵们表示赞成，不过同时还要求年轻的屋大维迎娶安东尼的继女克洛狄娅（Clodia）。她是安东尼的妻子富尔维娅（Fulvia）和西塞罗的老对手克洛狄乌斯所生的女儿。我们可以从中看出，罗马贵族的圈子确实不大。

三头未对士兵们宣布的是铲除政敌的内容。就在他们朝着罗马靠近的时候，罗马城内有四个名声显赫的重要人物或是在晚上用餐时被杀，或是横死街头。没有相关的法令、声明，当然也没有经过法律程序。罗马城的居民往往是通过道听途说来获取消息的，上层人物很快就通过紧密的社交关系网获得了情报。据悉，有一群拿着武器的人在夜里找人，但旁人并不知道他们要找的人究竟是谁或者到底有多少。就算是到了后来，遇害者的人数也难以确定。有人说是十二人，有人说是十七人。在一片漆黑的夜幕中发生的骚动难免会让人恐惧，留在城内的执政官裴迪乌斯试图稳定局面。他派人去安抚民心，然后在凌晨的时候违背了三头的意愿，公布了他们要消灭的对象，声称这些人就是导致内战的祸根。不久以后，裴迪乌斯死了。尽管看起来就很可疑，但据说他的死因是在这天夜里操劳过度。于是，公元前 43 年一共有三位执政官死去。[191]

很快，三位恺撒派巨头进入了罗马，每个人都分别带着卫队和一个军团。然后，保民官马尔库斯·提提乌斯（Titius）在他人授意下向人民提出了一项法案。按照罗马人的传统，法案的提出和表决之间要有三次集市日，也就是将近一个月的时间差。然而，这一回，法案公布的当天就开启了投票表决流程。公元前 43 年 11 月 27 日，《提提乌斯法》（*Lex Titia*）正式生效了。新的所谓“triumviri rei publicae constituendae”的官职随之出现，我们大致可以将其翻译为“支撑起共和国的三位官员”。[192]

我们对《提提乌斯法》的条款所知不多。[193] 这项法案为三头的官职规定了五年的任期。看起来，三头拥有无比巨大的权力。至少，他们拥有执政官一般的权威，还可以控制地方省份。或许我们可以根据这三个人接下来的所作所为来重新构想法案的内容，猜测其中有关于任命官员以及剥夺罗马公民权利的条文。但是，这项法律更有可能是非常简短的，就好像是任命独裁官的法令以及元老院最后通牒那样。比如，后者的主要内容就在于让执政官有权采取一切措施来捍卫共和国。后来的《皇权法》（*Leges de Imperio*）里面的授权条款宣布凡是皇帝认为有必要的举措都是合法的，也许《提提乌斯法》也有类似的条款。总之，这个官职的名称或许就是最好的说明——他们三人是共和国的三大支柱。

“共和国”（republic）这个词来自古罗马，现在表示属于全体公民的政体，用以区别于君主专制和其他独裁政体。然而，其拉丁语原型“res publica”其实只是“公务”的意思。与之相对的是“res privata”，也就是和家庭、家人相关的“私务”。罗马人心中“共和国”这个概念的含糊与暧昧反映的是不严格的罗马宪法。维持着罗马运转的传统习俗只有一部分被尊为法律，还有一部分基本依赖于罗马政治精英和普通公民的实践。对于罗马政治来说，这种灵活性既可以被视作长处，也可以被视作短处，其优点是让罗马人的政治制度能够应对不同的形势，因需而变；其缺点则是让某些心怀叵测的政治人物有了较大的操作空间。罗马人既没有明确的正式规则，也没有像独立的司法系统或者最高法院那样的机构来解释不成文的规则应当是怎样的。那么，很多问题就有了争辩的余地，一些政治人物完全可以援引罗马宪法的“精神”来否定既有的惯常做法。

然而，“共和国”概念的宽泛性并不影响罗马人频繁地运用这个词语。“共和国”与其他的重要政治概念是相互联系的，比如，“自由”（libertas）和“虔敬”（pietas，指敬重诸神和先祖）。这两个概念也很难阐释清楚，但仍然具备不小的道德约束力。可以说，正是因为没有成文的宪法，并且依赖于杂糅了习俗、实践、法律的治国方式，罗马才会需要模糊的“共和国”概念。于是，“共和国”有了“处理公务的方式”的含义。虽然他们或许会时不时地发生争论，但是整体而言，罗马人有一套公认的处事方式，即所谓的罗马共和国宪法，或许称之为“罗马共和国的政治文化”更为贴切。“共和国”当然是一个重要的概念，罗马的政治人物往往怀着满腔的热情去反复地宣扬这个词语，更有无数人愿意为共和国战死。

《提提乌斯法》为了“支撑起这套政治制度”而新设立了三头的官职。这个描述难免让人想起公元前 82 年苏拉的独裁官职位，他的头衔大概是“立法及支撑起这套政治制度的独裁者”（dictator legibus faciendis et rei publicae constituendae）或者没有提及立法的“支撑起这套政治制度的独裁者”（dictator rei publicae constituendae）。[194] 苏拉的头衔很可能是新创的，因为之前的独裁官都是为了召开选举或者处理危机（一般是军事问题）才获选的。

三头的全称其实暗示了旧的政治制度已经崩塌，所以三头才要站出来将其支撑起来。[195]不过，这种崩塌与共和国的各个机构无关，它们全都还在正常地运转。此外，三头的官职是经由共和国的法律程序设立起来的。虽然《提提乌斯法》出台的流程有些异常，但这个设立的方式依然足以表明罗马人民享有最高的权威，因为表决同意出台这项法案的是代表着人民意志的机关。后来，三头在掌权期间还与元老院保持着密切的合作关系，至少在某些法案上征求了元老院的意见。[196]

无论如何，传统的政治生活必然已经遭遇了严重的危机，阿庇安为我们保存了三头对此的看法。

> 马尔库斯·李必达、马克·安东尼、屋大维·恺撒受民之托，为共和国拨乱反正。我们在此声明：我们的所作所为都是不得已而为之。罪魁祸首当属那些卑劣的叛徒，他们因恺撒的仁慈才得以在战败之后保全性命，乃至获得官职、荣誉和赠礼。但是，他们竟然恩将仇报，密谋杀死了恺撒，并且对我们加以羞辱，甚至将我们列为公敌。恺撒和我们的亲身经历无疑已经证明了，这种恶人是无法用善行感化的，我们必须先发制人。这绝非不义、残暴或不当之举，请大家再次想一想恺撒和我们都遭受了怎样的暴行。恺撒是独裁官、最高祭司，也是一位征服者。他击败

了罗马人民最为畏惧的民族，并且将其纳入我们的国家。他还史无前例地勇闯赫拉克勒斯之柱（Columnae Herculis）以外的海域，发现了罗马人此前闻所未闻的土地。然而，就在神圣的元老院内，就在诸神的注视下，这些恶人给恺撒造成了二十三处可怕的创伤，残忍地将其杀害。他们原本是恺撒的俘虏，蒙恺撒施恩才保住了生命，其中的一些人甚至还被恺撒指定为一部分财产的继承人。在这桩恶行发生以后，一些人居然无意令其接受应得的惩罚，反而把他们升至高位，让他们用共和国的资金和军队来对抗我们。这些暴徒用武力裹挟了一些普通人，他们甚至还与那些烧杀掳掠、无恶不作的野蛮人为伍……现在，我们还需要跨海去对抗那些刺杀了恺撒的恶人。此行恐怕势必会遭遇艰险，我们所有人都会面临挑战。在我们外出作战之时，一些敌人或许会趁机作乱。但是，我们依然在毫不迟疑地准备出征，因为我们必须尽快铲除这些刺客，因为他们正是这场战争的发动者。[197]

这段话的核心内容很简单：像恺撒这样为罗马立下了无数的功劳、担任着无与伦比的高级官职的大人物竟然遇刺了，这足以证明罗马的政治制度出现了大问题。三头自己的遭遇只不过是再度证实了这一点。刺杀恺撒的那些人曾经在内战中与恺撒作对，然而在战败以后得到了宽恕，重新融入罗马政坛，得到了尊重，甚至还成了恺撒的继承人之一。他们对其恩人及密友恺撒的背叛说明了罗马人无法与这些人和平共处，他们的恶行严重违背了罗马人政治、社会传统当中对于友谊和报恩的要求。换言之，他们是忘恩负义的小人，其所作所为不容于罗马的政治文化。他们的暴力行径已然给无数罗马公民带来了巨大的伤害，接下来这场不得不打的战争也会致使生灵涂炭。这些行刺者背弃了罗马的传统，公然蔑视罗马的政治文化。这种现象又可以反过来说明罗马的政治文化出现了问题。

后来，把持大权多年的屋大维回顾了自己的一生，然后把他做的总结留在了陵墓入口处和全国各地。对于公元前44—前42年发生的事情，他做出了这样的描述：

> 十九岁时，我有志于捍卫共和国的自由。于是，我凭着私人的资源召集起军队，击败了威胁自由的那个派系。为此，元老院对我大加赞誉，让我享有执政官的投票权，并且赋予我军权，让我以代理裁判官的身份跟随执政官盖乌斯·潘萨和奥卢斯·希尔提乌斯行事，“去保护共和国免受伤害”。而且，就在同一年，在两位执政官都死于战争以后，人民选我担任执政官，然后让我成了支撑起共和国的三头之一。我流放了那些杀死我父亲之人，以合法的正当手段令其

得到了应有的惩罚。之后，这些人对共和国发动了战争。因此，我又在战场上击败了他们。[198]

虽然屋大维的这些话是在五十年后说的，而且我们还得考虑他也许为了维护自己的名誉而做了一些修改，但他的总结显然符合罗马政治的传统说法。他对安东尼的攻击被定性为恢复自由之举，他在为共和国而战，罗马宪法中规定的国家机关（元老院与人民）也认可了他的优良德行。为了让政局恢复正常，他挺身而出，致力于反抗个别派系的暴行。他对行刺者采取的行动符合罗马法律，遵从了正当的流程，接下来的战争也是为了保卫共和国。这段话以及前文所提的三头颁布的法令都具有浓郁的保守色彩。尽管晚年的罗马皇帝屋大维声称年轻时的自己是一个在危急存亡之秋勇敢地捍卫共和国的英雄，但当时的这场危机看起来与宪法或者国家机关无关，其根源在于个别人的政治行径。

身为现代人，我们或许会认为宪法的要义在于设计制约与平衡的关系，让行政权力受到限制，确定各方的职责以及相应的问责机制。在现代的西方国家，立法机关监督着行政机关与司法机关。各个机关的工作流程都遭受着审查，保持着适当的透明度。整体而言，立法者和行政者都会公平合理地办事。然而，罗马的情况截然不同。高级罗马官员集司法、行政、军事大权于一身，他们甚至有权采取极刑。从公元前 5 世纪开始，罗马公民争取到了一些在官员面前保护自己的手段，比如向人民申诉的权利（或许是通过保民官实现的，因为他们会为公民说情，甚至有可能以自己的肉身去阻挡官员，保护公民）。自公元前 17 年以来，罗马皇帝成了保护公民免受官员侵犯的角色。[199] 但是，真正约束着官员的是罗马政治的传统习俗。按照传统，罗马官员应该行事得体、从善如流（比如咨询元老院）、尊重所有的罗马公民。

三头主张的是解决政治道德的问题，之前也有恺撒派人士表达过类似的观点。李必达的部下曾经宣称两位执政官之死就代表着战争的结束，大家应该放下武器，以免再有罗马公民失去生命。当李必达危如累卵之时，安东尼没有赶尽杀绝，而是要求他与自己和谈。李必达本人也曾经建议元老院接受安东尼获胜的军事、政治事实，以免再造杀孽。公元前 43 年末，三头同盟向罗马人民提出一份和平倡议，要求重新组建共和国，恢复罗马的"处事方式"，治愈公元前 44 年 3 月以来的累累伤痕。但在罗马人民重获和平与安全之前，在这个过渡的时期，罗马必须先经历纯粹的权力斗争，那些显然有害于和平之人必须铲除。这与宪法和法律无关，问题的关键是政治文化。恺撒之死以及安东尼和屋大维所受的侵犯让罗马人失去了传统的政治文化。那么，剥除了文化的罗马政治现在只剩下了赤裸裸的暴力。

第八章
血洗罗马

三头同盟颁布的法令篇幅很长。他们愤怒地宣告了一场屠杀即将到来：

> 我们不会怒而伤害平民，也不会报复所有曾经反对过我们或者试图与我们作对的人，更不会攻击那些只是富裕或者德高望重之人。当年，有一位独裁者像我们一样在内战期间掌控了这座城市，拥有了莫大的权力。人们因其功绩而称其为菲利克斯（Felix）。但我们不会像他一样大开杀戒。虽然我们三个人的仇敌加起来想必比他一个人的要多，但我们要追究的只有罪大恶极之人。这既是为了我们自己，更是为了大家，因为在我们相争之时，所有人都难免受到损伤。而且，我们的敌人还曾

触怒军队。因此，我们的举措也是为了安抚军心。虽然我们现在有权直接逮捕任何人，但我们还是决定采用宣布公敌的方式。这也是为了保护大家，因为震怒的军人也许会违背命令、伤及无辜。现在，除了特定的那些人以外，其他人都不会受到侵犯。

这是何等幸事！请大家不要以任何形式帮助下列名单中的这些人。凡窝藏、协助、同谋者都会被我们一并列入名单，无论缘由如何。杀死公敌者可以凭其首级领取奖赏：自由民可凭每个头颅获得两万五千阿提卡德拉克马（Attic drachmas）；奴隶可获得自由、一万阿提卡抓以及其主人的公民权。提供情报者可得到同等奖赏。此外，获赏者的名字都不会被登记在册。[200]

在《提提乌斯法》出台的当天晚上，三头同盟就颁布了这条法令，并且附上了一百三十个人的名字。后来，他们又添加了一百五十个。这些人的名字被写在罗马城广场的两块白板上。其中一块专门用于记录元老的名字，另一块记着非元老。这种区分看起来是为了给这场屠杀营造一种郑重、有序的氛围，却未免显得颇为奇怪。死亡面前本该人人平等，然而这两块白板却还是保留了人们的地位差异。当时的罗马人也注意到了这种讽刺的现象。[201]

公元前 81 年，苏拉在内战将尽之时采用了类似的手法——公布名单，凭死亡证据领赏。这些证据，也就是头颅会被展示在广场上。不过，苏拉当初似乎还是记录了提供情报以及杀死公敌者的姓名，将他们记作公共奖励的获得者。而三头同盟则提供了匿名保护，以免这些人遭到受害者亲戚朋友的报复。他们大概希望以此来帮助人们放下心理负担，大胆地动手消灭公敌。

据各家史料所述，接下来罗马城中发生了无数触目惊心的事情。阿庇安的记录最为详细、广博，但狄奥以及瓦列里乌斯·马克西姆斯的《警世言行录》（*Memorable Deeds and Sayings*）也并不逊色。最后的这部作品是难得的逸闻趣事集，其中的故事往往没有历史背景介绍，其排序依据是某些政治或者道德品质（爱国精神、奴隶的忠心等）。罗马人和非罗马人的事例又会被进一步划分开来。瓦列里乌斯收集这些逸事的目的大概是让罗马人以史为鉴，提升大家的道德水平。瓦列里乌斯反反复复地为我们讲述了三头同盟宣布公敌所引发的种种事件。阿庇安声称有许多书籍都记载了宣布公敌的后果，他叙述的只不过是他所掌握的冰山一角而已。[202]宣布公敌导致的恶果让无数世代的人们记忆深刻。

在三头颁布的法令当中，他们把接下来的这场屠杀设想为一次井井有条的定点清理行动。如果他们所言不虚，受到影响的只会是极少数顽固不化、执意要反对恺撒及其继承人的罗马精英。然而，事实并非如此。整座罗马城都被笼罩在恐怖的阴影之下。虽然三头同盟宣布了士兵们不会违背命令、伤及无辜，不会让罗马城陷入混乱，但我们看到的记录和他们所说的大相径庭。[203] 罗马城的社会秩序已经崩溃，杀人的暴行随处可见。按照罗马人的等级制度，一家之主对其家人（familia）拥有莫大的权威。对家奴而言，家主就像是专制君主一样。妇孺的待遇相对好一些。然而，在三头同盟宣布公敌以后，这种权力遭到了颠覆。因为奴隶和妇女有可能去通风报信，他们现在反倒掌握了家中的权力。而且，邻居、债主、身受社会道义约束的“朋友”、寻仇者、不满者、嫉恨者、贪财者、嗜杀者都有可能变成杀人凶手。

古罗马的这种景象让我们不禁想起现代社会的类似事件，长年生活在一起的近邻忽然就成了不共戴天的死敌。在特定的政治局势下，社会矛盾、相互之间的竞争、蕴藏在日常交往当中的不满情绪就以仇杀的形式爆发了出来。社会的正常运行需要人们秉持着一定的互信，但是在内战这样尖锐的冲突发生的时候，这种互信根本没有存在的空间。当整个社会都失去了秩序，到处都充斥着暴力，同流合污反倒是一种有效的自保手段。

公敌的名单还有更改的余地，人们可以提请删除或者添加某些名字。换言之，就算某人一开始不在名单上，他也随时有可能被追加为公敌。谁也不知道会不会有人正在劝说三头把自己的名字也加到名单上去，过往恩怨、地产纠纷、婚姻不和甚至尽早继承家产的欲望都有可能成为诱因。既有的社会关系瞬间崩塌，人们纷纷开始在恐惧中互相怀疑。被宣布为公敌者会立刻失去所有权利。从理论上说，其财产会被充公。但其实，在一片混乱的罗马城中，没有人还有义务、责任或兴趣去保护他人的财产（尤其是公敌名下的）。所以，邻居、熟人乃至察觉到有机可乘的路人都会来分一杯羹。奴隶们大概也会暂时溜走甚至一去不返，因为他们知道在这种时候几乎不可能还会有人过来依法收取逃亡奴隶应缴的罚金。

后三头还把原先的某些亲戚朋友也列入了公敌名单，尤其有力地证明了原本正常的社会关系已然变质：安东尼列了自己的舅舅；李必达列了自己的弟弟；屋大维列了某个贴身卫兵。此外，还有一些与高层关系较近的人物也被列入了公敌名单，比如阿西尼乌斯·波利奥的岳父和穆纳提乌斯·普朗库斯的兄弟。面对这种冷酷无情的做法，想必很少有人还会觉得自己能够通过博取同情来逃过一劫。[204]

阿庇安对各个故事的排序依据是当事人的社会、政治地位高低和亲缘关系的远近（亦即腐化变质之深）。这是帝国时代罗马人（和希腊人）近乎本能的思维方式。首先，他讲述了罗马官员被杀的故事，然后是子弑父、兄弟阋墙、奴隶告发主人、妻子除掉丈夫。不过，除这些骇人听闻的惨状以外，阿庇安还为读者描绘了家人之间互相扶持、团结一致共渡难关的美好画面——某些官员或者曾经的将军被忠诚的老部下施以援手，妻子帮助丈夫藏身并逃脱，父子兄弟齐心协力试图逃亡，奴隶忠心为主甚至献出生命。

当后三头正朝着罗马城前进的时候，保民官萨尔维乌斯（Salvius）正在举办一场晚宴。[205]就在此时，一位百夫长带着部下闯入了萨尔维乌斯的宅邸，喝令大家不得轻举妄动。然后，他过去一把抓住萨尔维乌斯的头发，把他的脑袋按在桌子上。接着，萨尔维乌斯的客人被迫在一旁眼睁睁地看着他们的东道主人头落地。

裁判官阿纳里斯（Annalis）原本正在拉选票，忽然他得知自己已经被宣布为公敌。他的随从一哄而散。他本人则赶紧逃到了城郊，去求助于一位获得了自由身的前奴隶。然而，阿纳里斯的儿子猜到或者得知了他的下落，领着士兵们去找到了阿纳里斯。于是，他的儿子得到了阿纳里斯的财产，却在后来的一次酒后斗殴之时被同一群士兵给杀死了。前裁判官托拉尼乌斯（Thouranius）在被捕时恳求士兵们暂缓行刑，以便让他的儿子去找安东尼为他说情。可士兵们却对他说，他之所以被列为公敌就是因为他的儿子为了尽早继承家产而去找安东尼做了手脚。[206]

那位著名演说家西塞罗的弟弟昆图斯·西塞罗及其儿子都被抓了起来，同时遭到处死。另有一对父子被行刑者一击砍下了两颗头颅，他们相拥的身体同时失去了首级。巴尔布斯（Balbus）和他的儿子成功逃出了罗马城。他让儿子先走一步，但他的儿子最终在海里淹死。接着，巴尔布斯本人主动回到了罗马，去迎接自己的死亡。阿伦提乌斯（Arruntius）之子本不愿抛下父亲独自苟且偷生，但随着杀人者越来越近，他同意了前去海边。然而，他终究还是淹死了。阿伦提乌斯的妻子在为被杀的丈夫举行了丧礼之后，也随着他们二人而去。

有一对兄弟躲藏在灶台里。被他们家的奴隶发现以后，其中一人遇害，另一人逃脱。侥幸逃生的这一人不愿在兄弟死后独活，从一座桥上跳了下去。有一些渔夫救下了他的性命，并且有意帮他逃跑。但士兵们看到了这一幕，过来砍掉了幸存的这一人的脑袋。有一人试图保护他的兄弟，表示愿意替兄弟去死。但是，百夫长告知他，他们两人都是公敌，然后斩下了这对兄弟的头颅。

有个人被他的妻子藏了起来，却被妻子的奴隶知晓了。这个奴隶出卖了他们夫妻二人，然后去广场领取了奖赏。最后，这位妻子绝食而死。还有一个叫塞普提密乌斯（Septimius）的人逃亡至妻子那里，殊不知妻子早已与他人私通。她先表示愿意帮助塞普提密乌斯，然后把他锁了起来。就在军人们过来杀死她的丈夫以后，她立刻在这一天和情夫结了婚。

斯塔提乌斯（Statius）是一位年长的元老。他在发现自己上了公敌名单以后把所有的财产都送给了周围的邻居，然后走回家中，放了一把火，与自己的房子一起化为灰烬。纳索（Naso）有一位身为前奴隶的爱人。然而，他正是被这位爱人给告发了。于是，在受刑之前，纳索先奋力挣脱了抓捕者的束缚，杀死了告密的爱人。曾经在苏拉时代搜捕公敌的拉比恩努斯（Labienus）静静地坐在自家的门口，等待新一代的死亡使者前来取走自己的生命。埃米利乌斯企图为一名受害者分散一位百夫长的注意力，却浑然不知他自己也已被列为公敌。他们二人都被百夫长给杀死了。曾经勇敢地给布鲁图斯投无罪票的那位西里奇乌斯在逃离罗马的途中发现城门有士兵严加看守，于是混入了一群抬棺人当中。然而，士兵们察觉到人数不对，西里奇乌斯被供了出来。鲁弗斯（Rufus）曾经在安东尼的妻子富尔维娅名下的地产附近拥有一片房产。富尔维娅一度想要买下他的房子，但鲁弗斯当时拒绝了。等到安东尼掌权以后，虽然鲁弗斯早已同意了把这个地区的房产交给富尔维娅，但他的名字还是赫然出现在公敌名单之上。后来，安东尼把鲁弗斯的头送到了富尔维娅那里。后者又特意将其摆在了那块起初引发了双方矛盾的地区。[207]

除了这些以死亡告终的事例以外，阿庇安还列举了成功脱逃或是一家人同舟共济的事例。虽然安东尼的舅舅被列为公敌，但他的姐妹，也就是安东尼的母亲公然以死相逼，誓要保护自己的兄弟。里奇努斯（Reginus）扮成了烧炭工，顺利地离开了罗马。他的妻子就坐在他身后的轿子里，有个士兵想要搜查这个轿子，于是里奇努斯出面来说情。这位士兵认出了里奇努斯，但还是放他们夫妇二人离去了，因为他曾经在里奇努斯帐下效力。吉塔（Geta）先为父亲举办了假丧礼，然后一直尽心尽力地帮助父亲藏身。卡珀尼乌斯（Caponius）之妻为了替丈夫求情而把自己的身体献给了安东尼。奥皮乌斯（Oppius）的儿子效仿了传说当中埃涅阿斯逃离特洛伊城火海的事例，侥幸协助其父亲逃出了罗马城。[208]

最为详细的一个故事出自一段被称为“图莉亚颂”（Laudatio Turiae）的碑文。其篇幅不下于一百二十行拉丁文，不过并不完整。其主旨是赞颂一位特别忠诚于丈夫的妻子。[209] 当她的丈夫被列入公敌名单以后，她和她的姐妹以及丈夫的兄弟一起把他藏了起来，然后请求屋大维将其撤出公敌之列。屋大维同意了，但李必达坚决反对。这位一心救夫的妻子出示了屋大维下达的命令，却遭受了殴打。然而，她仍不放弃，最终改变了李必达的心意。

在被宣布为公敌的诸多受害者当中，西塞罗是最为知名的人物。他企图逃离意大利，但天气不佳，未能成行。然后，西塞罗就一直踌躇不决。随着搜捕者的逼近，他乘上了轿子，想要逃往海边。西塞罗为之辩护过的一个叫莱纳斯（Laenas）的人发现了西塞罗的行踪，带着士兵们过来捉拿他。西塞罗的奴隶展开了反抗。莱纳斯知道自己的人手不够，就假装在呼叫援手，吓跑了西塞罗的随从，然后把他从轿子里拖了出来。关于六十三岁高龄的西塞罗的最后下场，不同的文献有不同的说法，而且很有可能在流传的途中几经修改。遭受了三次斩击之后，西塞罗身首异处。他曾经用来撰写《反腓力辞》的右手也被砍了下来，这两部分都被送往罗马，放在广场的演讲台上供人观瞻。此处正是西塞罗生前多次对安东尼发起猛烈抨击的地方。[210]

根据这些残杀公敌的故事，我们可以大致地猜想这场屠杀是怎样展开的。名单大概首先被公布于广场，然后才被传播开来。宣布公敌的消息流通得并不是很快，一些人甚至会在尚不知情的状况下被奉命前来的士兵抓住。这种不知何时就会被军人找上门来即刻处决的情况，想必加深了罗马城居民的恐惧感。当士兵们开始杀气腾腾地满城搜寻目标时，恐怕没有人敢去广场看一看自己是否被列入了名单。除了被派去搜捕公敌的士兵以外，还有一部分军人负责镇守着罗马城的大门和桥梁。看起来，奉命去处死公敌的士兵都能很快地认出目标。这只能归因于罗马人公开展示政治生活的文化：大家都有机会从旁目睹重要的政治人物前去广场、庙宇、法庭以及接下来具体从事公共活动的景象。换言之，被搜捕的公敌至少在一定程度上都是公众人物。相应地，追捕正是因这种知名度而顺利展开的。

我们不清楚究竟有多少人被宣布为公敌，又有多少人侥幸逃脱。名单上的两百八十个人（在后三头进入罗马之前遇害的那十二个或十七个人大概也一样）应该都是罗马政坛上相当有影响力的人物，不然就不会引来后三头的敌视了。不过，其中也有一些人不属于元老之列。想来，在展开的清洗中也有很多其他的受害者：试图帮助公敌逃跑的人，后来被列入名单的人，以及受到公敌的“意外损伤”而死的人。狄奥声称经常有人来抹掉白板上的公敌名字，然后加上新的名字。[211] 阿庇安给出的遇害者总数是三百名元老和两千名骑士。但这毕竟只是估算所得，因为后三头自己显然不会去好好地统计遇害者人数。元老和骑士阶层以下的遇害者人数没有被记录下来。[212] 也许，有很多人都逃去投奔了布鲁图斯或者塞克斯图斯·庞培。无论流亡者、被杀者到底有多少，这一次宣布公敌的行动都必定让罗马的政坛变得空旷了许多。[213]

没有人试图去掩盖杀害公敌的残忍之处。公敌们既没有悄悄地“消失”，也没有像现代的某些囚犯那样被暗中运往专门的处刑地。事实恰恰相反，这场屠杀的恐怖证据被赫然展出于整个罗马城中最为重要的公共场所——广场。而且，这些头颅的数量甚至还在不停地增加，让所有人都能极其直观地感受到此时的罗马政治在以怎样的方式运转着，无比有效地说明了三头同盟享有何等庞大的权势，令所有居民都充分地明白了罗马城正处于军队的严厉管控下。西塞罗的头和手还被特意摆放在演讲台上，构成了无声但血淋淋、异常雄辩的警告。

对于罗马人来说，死亡其实是家常便饭。罗马社会崇尚武力，并且存在着大量的奴隶。观看他人的死亡甚至是罗马人的娱乐项目。但无论如何，展出政敌的首级依然是非常极端的举动，会给自己的政权树立起尤为暴力的形象。前文所提的那些故事或许有些夸大了事实，刻意描绘出一幅三头同盟随心所欲地使用这种权力的画面——他人的生死就在他们的一念之间；睚眦必报，而且是报以死刑；为救丈夫，一位妻子牺牲了自己的清白。与暴力相伴的是恐怖，令人不敢与现政权作对，因为这场清洗已经让所有人都很清楚公然反对现政权者会落得怎样的下场。在屠杀的高潮结束以后，仍然能鼓起勇气上台对罗马人民发言的演说家们想必会发现西塞罗的人头就在自己的旁边。面对这幅景象，他们也许会汲取这位前辈的教训。即使这些令人不寒而栗的遗体残部已被移除，这次缀连不断的人头展也会留存在人们的心中。最为关键的是，每当来到罗马城的公共场所，他们恐怕都会想起这场世所罕见的残酷屠杀。在诸位元老的心里，罗马城广场特为尤甚。

这次的暴行有着较深的寓意。广场是罗马政治乃至国家的标志，这座广场上汇聚了罗马政治文化的种种象征。在现代，每当有电影想要表现出现代政治制度迎来了末日，我们就会看到美国白宫化为废墟，英国议会大厦陷入火海，法国埃菲尔铁塔轰然倒塌。在罗马城广场展示出政敌的头颅也是类似的效果。这种景象代表着国家遭到了革命的颠覆，象征着罗马政治文化（尊重公民、元老以及其他重要人物）的核心场所化作了毁灭的宣言，其震撼力几乎相当于在白宫门口的草坪上摆出一连串被长矛贯穿的人头。

这场暴行有革命的成分。公民权利和政治习俗都被抛到了一边，而且这种紧急的状态并不会转瞬即逝。某些动乱或许为期不长，可以很快地被人们抛诸脑后，但这一次的紧急状态还没有到此结束。李必达一度对元老院发表了讲话，让元老们感觉这次的紧急状态即将终结，罗马会渐渐地恢复常态。然而，据说屋大维明确地表达了不同的意见。他声称，最紧张的时刻或许已经过去，但他仍要保留再度宣布公敌的权力。换言之，残杀公敌的恐怖阴影只是暂时被驱除了，日后完全有可能卷土重来。[214] 三头同盟手中的政治权力几乎没有边界，而屋大维还不想让元老们忘记这一点。

革命的资金基础：金钱与权力

除了极端的暴力以外，相关史料并没有忽视政治权力的另一个层面——金钱。为了确保军队对自己效忠，后三头给士兵们开出了很高的价码。但这种大方的做法并不只是贿赂，更是对资源的大规模重新分配。财富几乎就等于权力。随着传统贵族的财富流失以及新的富裕群体的出现，三头同盟既给自己建立了更为牢固的根基，也大大削弱了对手的实力。

公敌的财产会被充公，但据狄奥所说，公敌的儿（十分之一）女（二十分之一）都能够分得一些补偿，公敌之妻也能得到等于其嫁妆价值的资金。[215] 在罗马共和国，财富是地位的最佳保障。大部分财富以土地的形式存在。体面的罗马人往往都会希望能够把父辈传给自己的财产至少完好无损地传给下一代，让儿女们起码足以保持和自己一样的社会地位。这份世代相传的馈赠在每一代都能得到女方的嫁妆及其他财产的补充。财富和地位的继承性意味着至少在理论上说来，持有土地的罗马富人本身就是积累了无数个世代的财富的领受者，同时还理应把这些财产继续传承无数个世代。我们甚至可以说，每一代的富人其实都是这份财富的租用者。在享受其价值的同时，他们有着保护祖产并且传之后人的责任。

宣布公敌不仅会导致某个家族的领袖人物遇害，而且会给他们家的财产造成致命的一击。我们完全有理由怀疑公敌的遗孀和继承人是否真的能够得到属于他们的那一份资产。毕竟，三头同盟恐怕不太可能愿意厚待受害者的近亲。若是在平时，某个家族如果遭受了巨大的经济损失，他们可以去找亲戚朋友来救助自己。但公敌的范围很广，而且恰恰针对掌握着权力和影响力的罗马精英圈子。就算确实有某些人还保留着较多的财产，并且敢于伸出援手，他们恐怕也很难帮助自己的亲朋好友很快地走出困境，因为即便是名声显赫的大家族，经历残杀公敌这样的灾难之后也几乎不可能在短短几代人的时间里恢复之前的家境。

这场排除异己的政治运动催生出一个严重的经济问题——土地市场的崩盘。地主们准备资金的能力受到了影响，也就是说，三头同盟难以把新获得的大量地产转化为足以应对军事需求的巨额资金。

买家的减少大概是土地价格剧跌的原因之一。此时的三头同盟正好急缺资金，在这种时候购买地产显然会吸引三头同盟的注意力。[216] 还有一些人或许感觉在国家陷入极度混乱之际趁机低价购入地产是一件不道德的事情。此外，有财力买下大量地产的本就是罗马社会当中最富有的那一群人，而这些人有不少都成了公敌，被杀死了。更何况，在许多人被杀、大量财产被充公的这种人心惶惶的动荡时期很难准备好一大笔资金来买地。就算一些人手头恰好有钱可以外借，他们恐怕也不愿意让人知晓。总而言之，现金短缺、买家不足、供过于求，价格的崩盘看起来势不可遏。[217]

三头同盟也许对市场的变化感到有些意外。当年，苏拉通过宣布公敌收集了三亿五千万赛，[218] 后三头收集到的资金据说比他们的目标少了两亿赛。不过，我们并不知道他们的这个目标究竟是多少赛。虽然共和国的最后一代人有许多都在帝国诞生途中获益匪浅，但原来的富人大概不在此列。位居元老的财产标准很可能被迫下降了不少，或许降到了两百万赛到五百万赛之间。三头同盟在宣布公敌之后对资金的迫切需求由此可见一斑。[219] 他们一度试图对女性收税，但未获成功，于是转而对人口普查中拥有四十万赛以上的人口征收了百分之二的财产税。这样一来，第一年的税率翻倍。[220]

公元前 42 年，三头同盟开始征收另一项税款。这一次，他们要求更为富有的一个群体上缴百分之十的财产税。二者相加以后，这一群富人几乎要交出相当于其财产名义价值百分之十五的税款，这个数字或许等同于他们整整两年的收入。同时，土地市场状况不佳，那么富有的罗马人只得以较低的价格大量出手土地。[221]

三头征收起来的资金基本都成了军费。之前，罗马人往往只需要维持不到十万人的军队，其每年消耗的资金或许在九千万赛以上。这几乎肯定是罗马共和国最庞大的一项财政支出了。[222]然而，在公元前43年，就算除去西班牙和高卢的军团，三头同盟也还需要每年为十九万三千人的军队募集一亿七千三百七十万赛的资金。也就是说，三头同盟的中央政权现在需要为了军队而提升一倍多的财政收入。除此以外，屋大维还早就许诺过要给他的部队提供每人两万赛的奖金，[223]安东尼和李必达想必也对自己的部下做过类似的承诺。而他们三人的军队包括了至少四十三个军团，这一笔奖金支出加起来多达三十八亿七千万赛。[224]而且，此时的三头同盟无法动用东方的资源，因为布鲁图斯和卡西乌斯还盘踞在那边；西西里则在塞克斯图斯·庞培的手中；阿非利加的资源大概也无法调用。因此，三头同盟必定无比迫切地需要可用的资金，这或许就是为什么各家史料齐齐指责三头同盟只把富人当作提款机。那么，从征税的角度来看，三头同盟加剧了政治危机。[225]

在三头同盟麾下效力的士兵们得到了巨量的资金。一位普通军团士兵的年薪是九百赛，这个数目的资金应该可以满足他一年的基本需要。所以，两万赛的金额远超一个普通士兵的想象，这是他多年服役都未必能够挣回来的巨额钱财。更何况，这笔奖金比平时的工资更有价值，因为那所谓的九百赛年薪还需要被进一步投入食物、装备以及其他后勤物资上去。倘若大多数的士兵都来自不太富裕的阶层，那么这一笔巨款或许可以彻底改变他们的社会地位。此外，追杀公敌者也拿到了相当可观的奖励。而且，受益者大概以普通的士兵为主。三头宣布的公敌悬赏额是十万赛。根据当时罗马人口普查的阶层划分标准，这个金额刚好是“第一阶层”（prima classis）的底线。所以，至少从理论上来说，任何士兵只要杀死一个公敌就必定能够升入罗马的上流社会（虽然奖金或许经常是发给一群士兵的）。如果遇害的公敌有两千三百人，那么悬赏金的总额就有两亿三千万赛之多。

由此，后三头把罗马社会的富人掌握的巨量资金转移到了士兵们手里。公元前43年和公元前42年转移的资金也许超过了四十亿赛，这笔庞大的财富足以让四千多个一文不名之人直接拥有元老级别的财富。[226]最终得到这些钱的或许主要是三头麾下的士兵，同时还有一些其他人，直接受益者可能达到了二十万人。而且，这些人的家里应该还有妇女、儿童。如果把这些连带的受益人也算上的话，那么三头同盟的暴力举措就使得一共七十万罗马人获得大量的财富，而当时罗马自由民的总数只有四百万出头。[227]尽管后三头的暴力行径给我们留下了不胜枚举的恐怖事例，但他们的确让许多人从中获益。我们很难不将他们的做法认定为大肆收买人心的政治行为。

或许，我们可以认为后三头同盟这次残杀公敌的事件构成了罗马历史上规模最为庞大的财富再分配。既有的精英们也许会十分鄙夷这些暴发户，对他们获取财富的手段感到恐惧，不愿意让他们加入自己的社交圈。但无论如何，金钱最终还是会带来相应的地位。

内战可以塑造出忠实的追随者。血腥的内战和屠杀既能孤立或消灭敌人，也能以特殊的方式让参与杀戮者较为坚定地站在同样的道德、政治立场上。一起协力杀人的共犯之间往往拥有更为密切的关系，并且会忠诚于支持乃至奖励他们杀人的政权，他们得到的金钱和地位还会进一步把他们与这个政权捆绑在一起。后三头就这样借助于暴力培养出一大群手上沾满鲜血、比较富有、权势较大的可靠拥护者，为自己建立了较为坚实的政治根基。接下来，这些通过革命掌握了财富和权力之人显然还会继续发挥自己的作用。

后三头同盟带来了一场波及整个罗马社会的革命：[228] 大量富人被杀；原属于他们的资源被瓜分一空；等级森严、尊重传统的罗马社会由此陷入了前所未有的莫大混乱之中。罗马人固然早已习惯于用暴力解决问题，但后三头残杀公敌的行径依然能够让一百多年以后的史家都心有余悸。而且，即使他们的军团已经动身去和布鲁图斯、卡西乌斯作战，意大利的问题也还远远没有结束。

第九章
三头同盟的胜利

通过宣布公敌，后三头完全掌控了罗马城。这场血淋淋的斗争彻底堵死了和谈的道路，有太多的人死于非命，幸存者都会深深地记住这场噩梦。三头的权力建立在军队的基础上，为了实现对士兵们许下的诺言，三头从权贵手中没收了大量土地。既然已经走到了这一步，屋大维、安东尼、李必达都无法回头了，只能沿着这条政治路线继续前进。

罗马城的动乱对三头的敌人有一定的帮助。阿非利加的一位元老总督昆图斯·科尔尼非奇乌斯被顺利地除掉了，但塞克斯图斯·庞培接收了那些逃离意大利的流亡者，增强了实力。[229]当初，行刺者们起兵对抗安东尼的原因就是怀疑掌握政权的安东尼会对罗马公民施以暴行。现在，三头同盟的所作所为很可能不仅验证了行刺者的判断，还远远超出了所有元老的想象。某些本来犹豫不决或者暗中支持行刺者的人终于得以看清：后三头的政权的的确确带来了革命，威胁着所有人的生命。在三头同盟看来，恺撒之死和穆提纳之战说明了罗马共和国需要重塑。而在其对手眼里，三头同盟的暴行已经颠覆了共和国。

宣布公敌、排除异己是对布鲁图斯和卡西乌斯开战的必要铺垫，后三头同盟希望以此来确保罗马城和意大利的稳定。等到意大利的反对势力得到打压以后，安东尼和屋大维踏上了奔赴东方的征程。

行刺者落败：腓立比

安东尼和屋大维面临着不小的困难。虽然他们的军队规模庞大，但这些部队需要渡过亚得里亚海，进入今天的希腊北部地区作战。在一般情况下，这个距离的部队运输和后续的补给不会给罗马人造成什么大麻烦，但此时的形势非同寻常。

以西西里岛为基地的塞克斯图斯·庞培控制着意大利半岛附近的海路，东方的布鲁图斯和卡西乌斯也掌握着强大的海军。后三头可以寄希望于克莱奥帕特拉，她的埃及海军也很强大，有可能挑战布鲁图斯和卡西乌斯的海上霸权。不过，地中海地区的海战往往胜负难料，天气是很重要的因素，但当时的人们只能通过用肉眼仰望天空来做出预测。如果只有一艘小船，那么躲避恶劣的天气并非难事，可以藏身的港口俯拾皆是。然而，对于一整支海军舰队来说，很少有适合它们避难的港口。尽管克莱奥帕特拉朝着布鲁图斯和卡西乌斯派出了舰队，但她的舰队遇上了风暴。由于舰队受损严重，她不得不下令返航。接着，因为重建舰队需要耗费不少的时间，克莱奥帕特拉短期内无法再参与作战了。[230]

三头同盟的海军实力完全处于下风。他们固然成功地渡过了亚得里亚海，但也只不过是因为侥幸避开了塞克斯图斯·庞培的舰队而已。部队登陆希腊以后，意大利方面就难以为其提供后勤或者援军了。

此时的布鲁图斯和卡西乌斯正忙于处理叙利亚和小亚细亚的战事。由此可见，他们大概不认为自己会这么快就遭到攻击。也许，他们甚至都没想到安东尼和屋大维能够顺利渡过亚得里亚海。看起来，他们原先的计划是巩固对东部领土的控制，然后进一步强化军事力量。不过，既然三头同盟的入侵部队已到，布鲁图斯和卡西乌斯很快就开始从小亚细亚长途行军返回希腊。

他们重新回到了欧洲的土地，然后沿着海岸线从色雷斯赶往马其顿。他们的行军路上有很多山地和沼泽，有些山脉甚至直抵海洋。屋大维和安东尼想要妨碍布鲁图斯和卡西乌斯的行动，于是派出了八个军团的先头部队去扼守交通要道，其统帅是两位深受信赖的高级军官卢奇乌斯·迪奇狄乌斯和盖乌斯·诺尔巴努斯。但是，布鲁图斯和卡西乌斯在当地人的协助下走了特别的路径。而且，他们还有一支海军部队可以用来包抄三头同盟的先头部队。因此，诺尔巴努斯和迪奇狄乌斯撤退了。随后，卡西乌斯和布鲁图斯下山来到了腓立比（Philippi）。这个小镇坐落在一片广阔、肥沃的平原的边缘，附近的主要城镇是今天的兹拉马（Drama）。

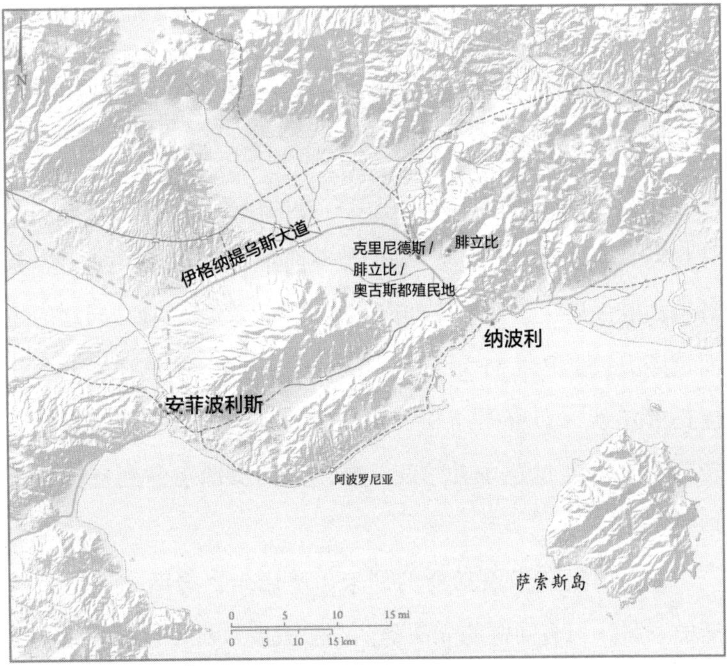

地图 4：腓立比及其周边地区

［图上左边的腓立比（Philippi）是右边的腓立比（Philippoi）的原址，后遭废弃。］

古代的腓立比位于克里尼德斯（Krenides）村的旁边，与其现址相距数英里。“腓立比”这个名字源于亚历山大大帝的父亲腓力二世。马其顿人建造这座城镇的目的有二：一是镇守附近的山间通道；二是开采附近的金矿。我们或许可以借助于当地的大量泉水来确定腓立比的具体位置，因为“克里尼德斯”在希腊语中的含义是“泉”。腓立比很可能有一部分较老的城区建设在山丘上。附近的山区或许还分布着一些较小的聚落，就好像今天的情形一样。布鲁图斯和卡西乌斯的营地都在腓立比的城镇中心以外两英里多一点的位置，二者的营地之间又相隔一英里远。[231] 而且，他们似乎都驻扎于腓立比的西侧，背靠着山脉。周边这块平原的南部是大面积的沼泽地。当地的主要道路大致上从北向南穿过了山脉，直达海边，构成了一条便捷的补给线。布鲁图斯和卡西乌斯的制海权意味着他们可以较为安全地通过这条补给线，把东部的资源运输到自己的营地里。

布鲁图斯和卡西乌斯的到来出乎诺尔巴努斯和迪奇狄乌斯的意料，三头同盟的先头部队几乎就要被对方包抄后路。现在，他们二人向西退到了距离腓立比大约六十公里远的安菲波利斯（Amphipolis）。他们既可以凭此守住敌方西进的主要通道，也可以就地搜集补给。于是，他们开始在安菲波利斯等待安东尼和屋大维赶来。

抵达安菲波利斯以后，安东尼立刻开始大胆地执行主动出击的策略。他只在安菲波利斯留了一个军团防范敌方海军骚扰自己的补给线，其余的部队都跟着他一起朝着腓立比进发。最终，他在非常靠近布鲁图斯和卡西乌斯的地方停了下来，双方之间大概只有一英里远。他下令在这块比较潮湿的低地上安营扎寨，布鲁图斯和卡西乌斯的营地则处在较高的区域。安东尼的进军很有魄力，充满了进攻性。而此时的屋大维身患疾病，带着部队以较慢的速度跟在安东尼的后方，接着在安东尼所部的旁边驻扎下来。

交战双方堪称势均力敌。双方各有十九个军团。布鲁图斯的部下或许人数较少一些，但布鲁图斯和卡西乌斯有两万骑兵，而安东尼和屋大维只有一万三千。无论如何，在这块平原上，后三头同盟的十万将士和行刺者的十万部队开始了对峙。

在古代战场上，任何微小的优势都会产生巨大的影响。自认为处于战术劣势的一方总是会尽可能地躲在防御工事后面避战。因此，在古代战争当中，交战双方有时候会预先约定好交手的时间和地点，开阔的平原是理想的选择。因为双方都可以在此摆好阵势，全力以赴，公平地决出战争的胜负。腓立比附近的平原就是这样的地方，双方都布置好了防御工事以便在战况不佳的时候有撤退自保之所。同时，两边展开了一些小规模的摩擦。不过，大规模的战斗并未发生。安东尼和屋大维每天都领兵出来叫阵，但布鲁图斯和卡西乌斯迟迟不肯应战。或许，三头同盟这一边的士气由此得到了提升，因为他们的对手似乎畏惧不已。

缓兵之计有利于布鲁图斯和卡西乌斯。他们的营地位于高处，看起来不会被强行攻破。而且，他们拥有制海权，还控制着东部的大量省份。也就是说，他们的补给非常充足。反观安东尼和屋大维，他们勉强渡过了亚得里亚海，来自意大利的补给受到塞克斯图斯·庞培和行刺者的舰队的威胁。在地形和其他因素的影响下，屋大维和安东尼很难把希腊南部的资源运输到北方来。在他们的这个位置，获取补给的最佳途径就是海运。但既然没有掌握制海权，那么他们就只能依赖于粮食产量相对较多的帖撒利亚（Thessaly）和马其顿了。十万士兵及其战马的食物和装备还有运输队的安排都绝非易事，在当时，这相当于为三座巨型城市供应粮食。而且，军队的补给还不像城市那样拥有运行多年的妥善安排。更何况，马其顿和帖撒利亚的补给当然是有限的，其中至少有一部分属于民间商人。如果时机成熟，他们很可能会用“饥灾价”提高军队买粮的成本。所以，布鲁图斯和卡西乌斯完全可以坐等安东尼和屋大维的粮食消耗殆尽，从而迫使他们及早强攻防备完善的据点，或是眼睁睁地看着其部下慢慢地在饥饿中丧失体力和士气乃至叛乱并撤退。[232]

然而，安东尼并不是一个畏首畏尾、当断不断的将军。他派出一支小部队进入了沼泽地，探出一条直达腓立比南方山丘的路径，在卡西乌斯察觉之前建立了一系列威胁敌方补给线的前哨点。然后，卡西乌斯通过建设军事工程实施了类似的策略。他命人在沼泽地里建造堤道，试图由此截断安东尼和前哨点的联系。在此期间，双方的部队发生了冲突。最终，卡西乌斯成功切断了安东尼的部下探出的路径，困住了南面的前哨点。但是，卡西乌斯在沼泽里展开的行动意味着他和他的部下就此离开了营地。于是，安东尼乘机向对方营地和沼泽堤道相接的那部分较干燥的地段发起了进攻。如果他能截断卡西乌斯的堤道，那么卡西乌斯本人和他的一部分士兵就会被困在沼泽地里，无法与营地里的部队会合。这其实就是卡西乌斯之前想要对安东尼施展的战术。安东尼将计就计，然后以彼之道还施彼身。而且，他的目标甚至更高。安东尼所部原本大概面对着东方，但为了进攻卡西乌斯，他们要转而对着东南方前进。此时，布鲁图斯的军队看到了机会。其中的一部分人开始进攻安东尼所部露出来的侧翼，另一部分则冲向了屋大维的部队。至此，双方终于在这块平原上展开了战斗。

屋大维的部下或许有些措手不及，很快就被迫后撤。布鲁图斯所部占领了屋大维的营地，然后开始专注于掠夺对方留下来的宝贵补给、装备和某些私人财物。他们现在大概非常需要补充这些物资。此时，安东尼的部队已经在南边攻下了堤道。于是，安东尼有了两个明显的战术选择。他可以沿着堤道进逼沼泽地里的卡西乌斯，或者扭头去进攻布鲁图斯，试着夺回屋大维刚刚失去的营地。但是，安东尼独辟蹊径，选择了第三条道路。他命令侧翼部队挡住布鲁图斯，并且派人把卡西乌斯和他身边的那部分士兵继续困在沼泽地里。而安东尼自己则冲锋在前，率军对卡西乌斯的营地发起了攻势，战死士兵的尸体填平了敌方的壕沟。终于，安东尼硬生生地突破了敌方的防御工事，击败了卡西乌斯的部队，取得了不逊色于布鲁图斯的战果。

无法返回营地的卡西乌斯转而朝着东方前进，来到了腓立比所在的山丘上。他试着在此厘清战况。不过，战场喧嚣纷乱、尘土飞扬，更何况双方的装备还非常相似，光靠远观很难获得有意义的信息。于是，他派出了一名军官去寻找布鲁图斯。至于接下来发生的事情，有两个不同版本的说法。也许，卡西乌斯得知了布鲁图斯取胜的消息，但他因为自己打了败仗而羞愧难当，要求一名奴隶割断了自己的喉咙。第二种说法是，卡西乌斯派出去的军官遇上了一群骑兵。卡西乌斯认为这些骑兵都是敌人，他的军官被俘虏了。然后，他回到了自己的军帐，在一名奴隶的协助下自裁而亡。[233]

第一场战斗到此为止。传统的观点似乎往往认为双方打成了平手，因为每一边都有一支部队被击败了。但是，就算这场战斗还没有决出胜负，双方所面临的战术形势很可能已经发生了相当关键的变化。接下来，屋大维和安东尼试图通过调整己方据点的位置来切断敌方的补给线，让布鲁图斯陷入困境。不过，他们自己也很缺乏补给。秋天将至，即使他们真的能够围住布鲁图斯，也没有人可以轻易地断定哪边的补给会先一步耗尽。

10月23日，布鲁图斯带兵出战。我们不太清楚他到底为什么决定冒着彻底失败的风险出来作战。阿庇安猜想布鲁图斯的部下因为战胜了屋大维的部队而沾沾自喜，迫不及待地想和对手交战，同时还认为即使战况不利也可以安然撤回至防御完备的据点。阿庇安甚至认为布鲁图斯担心如果自己不出战，士兵们或许会哗变。[234]

战斗即将开始。双方实力难分伯仲。他们各自摆好了阵形，然后向对手发起了冲锋。谁也没有运用什么巧妙的战术，这是一场罗马军团之间硬碰硬的战争。一线士兵体力不足之后就会后撤，让二线士兵上场，接着是三线的士兵。然后，休息完毕的一线士兵又会重返最前沿。各排士兵的轮替就是这样进行的。在激烈无比的古代战场上完成这样的战术需要士兵们能够极其严格地执行军纪。最终，后三头的部队稍胜一筹。在巨大的压力下，布鲁图斯的阵线渐渐后退。这幅景象看起来就好像是一群士兵在努力地推动某个沉重的物体。布鲁图斯的第一线士兵被迫贴到了第二线士兵的身上。然后，敌方的压力终于突破了他们的极限，令其再也无法维持井井有条的三排阵列，无法完成正常的轮替战术。他们的阵形开始崩溃了。这是敌方加大进攻力度的良机。随着越来越多的士兵倒下，仍在奋战的士兵受到了越来越多的敌人的夹击，防御的压力变大了。最后，布鲁图斯的士兵已经无法抵挡对方的进攻，彻底失去了阵形，然后开始转头逃跑。但是后三头的军团紧追不舍，甚至一路追到了布鲁图斯的营地门口。守门的卫兵开始投射火力，但这些追兵依然不肯放弃，一直在攻击逃跑的对手。而败北的士兵已经无力还击，只能竭力朝着狭窄的营地大门冲去。到了最后，这支落荒而逃的部队大致分成了三个部分：有些人逃往海边，有些躲到了山丘上，还有一些退回了营地。

战斗结束了。之后，安东尼和屋大维追击了逃跑的敌兵，攻打了布鲁图斯和卡西乌斯在平原上设置的哨点，对布鲁图斯的营地展开了围攻。布鲁图斯本人未能逃回营地。他带着一些部下撤到了山区。也许，他想要跑到海边或者翻山越岭而去，但安东尼仍在追踪他的下落。到了傍晚，布鲁图斯已经被围住了。[235] 据说，安东尼就藏身于堆积成山的尸首后面，静静地等待着。

天亮以后，布鲁图斯再度审视了当前的局面：他还剩下四个军团；大营虽然被围住了，但暂时还没有被攻破；他的唯一选择就是杀出重围，一路突破安东尼和屋大维的阻拦，回到大营。然而，这个计划极难成功，不论成败都会导致大量的伤亡。士兵们宁愿放下武器投降，以保全自己的性命。据说，布鲁图斯发出了这样的感慨："既然他们去意已决，我便再也无法为国效力了。"然后，他请求一位叫伊庇鲁斯的斯特拉托（Strato of Epirus）的朋友来杀死自己，但斯特拉托拒绝了。布鲁图斯就叫来了一名奴隶。然而，斯特拉托又觉得不应该让一个奴隶来为布鲁图斯送行，于是，他动手了。布鲁图斯则毫不退缩地接受了这一击。[236]

我们对于这场战斗的详细认知大多源于阿庇安的描述。他敏锐地认识到了地形和后勤在其中发挥的重大作用。不过，我们也许还是应该秉持怀疑的态度。阿庇安的文字看起来有些像小说，个别地方我们甚至能感觉到他在刻意地营造一种浪漫的氛围。古代的某些史家偏爱于为了艺术效果而给自己的作品添加一些“肯定是这样”的虚构内容。关于卡西乌斯的自杀，阿庇安给我们留下了两个版本的说法，这或许就说明了他所接触到的文献已然经历过前人的文学加工。后来，在许多人心目中，布鲁图斯和卡西乌斯都是为共和国献身的烈士。在此后的一百五十年间，每当一些较为专横的皇帝在位，有些人就会尤其怀念布鲁图斯和卡西乌斯，奉他们为榜样。腓立比周边的激烈战斗可以说是必定会引发后人满怀热情地展开文学创作。事到如今，我们几乎已经无法分辨这些史料当中的虚实真伪。腓立比之战仿佛成了一个传说故事，描绘了共和国的最后一群拥护者无力回天的景象。这些文学创作的目标是给腓立比的战斗赋予象征意义，将其塑造成共和国濒临灭亡之际最后一次悲壮的挣扎。所以，布鲁图斯和卡西乌斯都必须以烈士的形象为崇高的共和国殉葬。

面对这种史料，我们无法简单地去伪存真，只能尽量仔细地加以分析。布鲁图斯和卡西乌斯当然是主角。无论是面对战败还是死亡，他们都始终秉持大无畏的精神（虽然卡西乌斯自杀的时间点好像太早了一些），为后来帝国时代的一些罗马人树立了标杆，后人还给他们精心准备了表达爱国情怀的遗言。甚至在整个故事里，布鲁图斯和卡西乌斯的表现都几乎无可指摘：他们都是智珠在握的杰出将领，几乎总是能做出正确的判断。相比之下，安东尼的形象就显得残暴嗜杀、鲁莽草率，甚至有些疯狂。一开始，他直接行军到了距离布鲁图斯和卡西乌斯的营地非常近的地方。然后，他轻率地对卡西乌斯的部队发起了攻击。最后，他还不顾布鲁图斯的存在，冲向了卡西乌斯的营地。在史料中，安东尼所到之处尽是死亡。他不在乎部下的生命，也不尊重战死者的遗体。唯一的例外是死去的布鲁图斯。据说，安东尼对布鲁图斯的高贵品质表示了尊重，用紫袍包住了他的尸体，为他举行了体面的丧礼，然后把骨灰还给了布鲁图斯的妻子。

安东尼的胜利看起来好像完全没有道理。然而，安东尼是这些人当中经验最丰富的将领，是他打破了僵局，也是他击败了卡西乌斯，拿下了敌方的营地，大大改变了战局。我们看到的史料以屋大维的失败为由，认为安东尼在第一次交手时取得的不是什么了不起的胜利，但这种结论难以解释卡西乌斯为什么要自杀。安东尼对敌方补给线的骚扰也被史家一笔带过，但正是他的这个策略迫使卡西乌斯带兵离开了营地。而且，在第一场战斗结束以后，安东尼应该也还在不停地骚扰布鲁图斯的补给线。

第二场战斗被归咎于布鲁图斯麾下士兵的急躁，是他们强烈要求明智的布鲁图斯出来打了这么一场失败的战斗。然而，某些接受过良好教育的精英往往喜欢描绘出充满理性的精英形象，然后再塑造出缺乏理智的地位较低者，令二者构成对比。英明的布鲁图斯和不明事理的大多数士兵就完美契合于这个模型，让我们不禁怀疑这种说法的真实性。第二场战斗打响之前，布鲁图斯及其部下或许更有可能在担心屋大维和安东尼会逐步把自己包围起来。而且，第一场战斗毕竟给他们这边造成了不小的伤亡，他们不太可能充满了完全不合实际的自信。假如屋大维和安东尼的包围圈得以顺利地形成，那么布鲁图斯就既不能逃至海边，也无法再通过山路撤退。到了那个时候，他们就只能与对手比拼补给储备或是付出惨痛的代价来突围。也就是说，在第一场战斗结束以后的这三周时间里，他们大概发现与其坐以待毙，不如出来背水一战。

把第二场战斗的责任归结到士兵们的身上还可以与士兵们第二天拒绝追随布鲁图斯的表现相呼应。这样一来，布鲁图斯就完全没有责任了，这些奋勇作战如此之久、失去了无数同袍、拒绝去送死的士兵接下了全部的责任。其实，这些士兵只不过是不愿意为不属于他们的共和国事业而殉葬，不愿意追随他们的将军一起去死，不愿意在布鲁图斯的悲剧故事里面扮演自杀的配角而已。经过谈判，他们加入了后三头的军队。按照精英们编写历史的传统，这些品性低劣的士兵背离了他们志向高洁的将军，让我们又多了一个无奈的失败者的史例。

在阿庇安的眼里，这次的战斗就是最终之（内）战。[237] 虽然零星的反抗依然存在，尤其是西西里的塞克斯图斯·庞培，但我们很难反驳阿庇安的结论，因为战争确实已经结束了。恺撒的大仇已报，安东尼和屋大维（还有在背后支持着他们的李必达）成了罗马世界的主人。而且，我们也很难否认阿庇安的另一个观点——腓立比之战标志着一个时代的终结。这次的战斗证明了罗马社会的权力已经易主。当然，站在罗马社会顶端的具体人物发生了变化。但更为关键的是，在现在的这个中央政权建立之初，是士兵们在为自己行使着政治权力。直到后来，这个政权的基础才扩张为更加广阔的皇家关系网络。

反抗新秩序的斗争失败了，守旧的元老们只得无数次地回忆起布鲁图斯和卡西乌斯自杀殉道的情形。腓立比之战结束以后，罗马再也容不下真正的共和国的英雄。精英们只能无奈地用文学想象来美化过去，因为在新的世界里，中央的政治权力永远都与他们为敌。

第十章
属于军人的和平时代

凯旋的后三头同盟重新划分了势力范围：李必达被局限于阿非利加，屋大维得到了西班牙，高卢到了安东尼的手中。而且，安东尼还去巡视了东方的各座城市和附属王国，接受他们的效忠，让他们解释自己为什么要支持布鲁图斯和卡西乌斯。仅剩的一些反抗势力也被安东尼扫除了。关于这一时期的安东尼，最著名的事件是他和克莱奥帕特拉在奇里乞亚的会面。之前，他们二人曾经见过几次。比如，在克莱奥帕特拉只有十六岁的时候，安东尼追随着伽比尼乌斯的军队来到了亚历山大。后来，身为恺撒的情人，克莱奥帕特拉一度居住于罗马。普鲁塔克（Plutarchus）在《安东尼传》当中浓墨重彩地描写了克莱奥帕特拉与安东尼相会的场景。当时，克莱奥帕特拉正乘船沿着居德努斯河（Cydnus）而上：

她乘着紫帆金首的船只。在箫管和里拉琴的陪伴下，船员们挥动着银色的桨。她本人则居于绣金帷幕的后面，放松地倚靠着，犹如画中的女神阿佛洛狄忒。随侍的奴隶男孩正在用扇子为她消暑，他们每一个看起来都像是厄洛斯。处在船舵和绳索旁边的俏丽女奴们打扮得仿佛是水中的仙女（Nereides）或美惠女神（Gratiae）。无数的香料甚至让两侧的河岸都充满了芬芳。下船之时，她的随从分列左右，一路护送。城中居民纷纷前来围观，原本熙熙攘攘的城市广场渐渐变得空空荡荡。最后，只剩下安东尼自己高坐在演讲台上。很快，市民们都在说阿佛洛狄忒为了亚细亚而来此纵情狂欢，庆祝狄俄尼索斯的节日……

据我所知，她的美貌其实并非真的举世无双。她没有那种足以折服所有人的绝色容颜。但是，她的存在依然总是能够引人注目，因为她的谈吐、气质、身段和音色确实撩人心弦。而且，她的舌头仿佛是一个多弦的乐器，可以自如地奏出多种语言的声音。因此，她极少需要翻译员的帮助。在大多数情况下，她完全可以顺畅地与各地的居民展开交流。埃塞俄比亚人、穴居人（Troglodytae）、希伯来人、阿拉伯人、叙利亚人、米底（Medes）人、帕提亚人都不例外。[238]

安东尼并不打算拒绝这位来自埃及的女王。光阴荏苒，克莱奥帕特拉为安东尼生下了一对龙凤胎——亚历山大·赫利俄斯（Alexander Helios）和克莱奥帕特拉·塞勒涅（Cleopatra Selene）。她和尤里乌斯·恺撒生下的儿子恺撒里昂（Caesarion）就这样有了一对同母异父的弟弟和妹妹。安东尼和克莱奥帕特拉的关系成了这个时代的又一个浪漫故事，东方国度的神秘女王成功地诱惑了原本痴迷于权力的冷面将军。

相比之下，屋大维此时的经历就不像他的同僚这样愉快了。早在腓立比之战打响以前，他就患上了疾病。战后，他也因此推迟了返回的计划。直到公元前 41 年，屋大维才终于回到了意大利。这一年的执政官是普布利乌斯·塞尔维里乌斯和安东尼的弟弟卢奇乌斯·安东尼乌斯。屋大维的主要任务是解决前两年的战争遗留下来的问题——他得兑现后三头同盟对士兵们许下的承诺。

士兵们有一项传统的要求——分配土地。按照罗马人运转多年的殖民制度，一些人会被派去迁居到指定的聚落里，通常是在刚刚征服的领土上。这种聚落是“国家的堡垒”（propugnacula imperii），拱卫着意大利中央的罗马，抵挡着各地的叛军和境外的入侵。[239] 早期的罗马人通过征服战争没收了许多土地，在意大利建立了大量的殖民地。然而，随着意大利全境都被罗马人收入囊中，这种老方法难以为继。现在，只有通过强行没收他人土地才能在意大利设置新的殖民地。早在三头同盟成立之时，他们就已经选定了十八个城镇。[240]

三头同盟夺取了他人的财产，但他们无意给受害者提供补偿。失去了土地的难民和想要申诉之人顿时云集于罗马，受到损失的城镇希望中央能够让更多的地方也来分担它们的压力。然而，在这个问题上，屋大维并没有多少变通的余地。除此以外，那些分到土地的士兵几乎不可避免地开始侵占邻近的土地。毕竟，他们有着强大的武力，军人之间的联系也更为紧密。更何况，他们现在已经垄断了政治权力。[241]

就是在这个时候，正经的反对势力有些出人意料地现身了。其中心人物是安东尼的弟弟卢奇乌斯·安东尼乌斯和安东尼的妻子富尔维娅。要正确地理解接下来发生的事情，我们就得先确定他们二人的动机。

传统的观点倾向于支持屋大维，反对卢奇乌斯·安东尼乌斯，大力指责富尔维娅。狄奥的文本通篇都在贬低卢奇乌斯·安东尼乌斯，把富尔维娅描写为真正的主谋。[242]阿庇安给出的描述有所不同，他认为安东尼和富尔维娅的关系其实很差，二人对殖民政策的看法有很大的分歧。然后，一个叫马尼乌斯（Manius，在阿庇安的笔下，这个人经常来给安东尼乌斯和富尔维娅提供匪夷所思的糟糕主意）的人提议富尔维娅去和屋大维作对，以求让身处东方、拈花惹草的安东尼赶回来帮助自己的妻子。也就是说，这种说法想让读者们相信富尔维娅是因为不满于丈夫在外面和其他女子寻欢作乐而悍然挑起了一场战争。[243]

当初在穆提纳商量组建三头同盟的时候，屋大维同意了迎娶富尔维娅的女儿克洛狄娅。但是，随着他同卢奇乌斯·安东尼乌斯与富尔维娅之间的关系恶化，屋大维决定离婚。他还发誓保证克洛狄娅仍然是一位处女。不过，我们很难看出屋大维的这个誓言意义何在，后世的史家也深感疑惑。[244]

卢奇乌斯·安东尼乌斯、军队以及革命时代的罗马政治

传统的观点对富尔维娅的政治行动加以严重的贬低。相比之下，卢奇乌斯·安东尼乌斯的形象要更加客观一些。卢奇乌斯曾经坚定地支持着马克·安东尼，对其子女也曾伸出援手。据说，卢奇乌斯甚至把“Pietas”（除了前文提及的敬神以外，还有对家族尽忠的含义）加到了自己的名字里。然而，据说他同时也是共和国的拥护者，反对三头同盟的存在。[245]由此，我们得到了一个悖论：拥护共和国的卢奇乌斯宣布要为了自己的兄弟、身为三头之一的马克·安东尼而对三头同盟发起叛乱。

不过，相关的文献还是为我们提供了一些合乎情理的宝贵信息。比如，因为殖民计划而失去土地的那些人和卢奇乌斯有联系。[246]身为执政官的卢奇乌斯收到了他们提出的不满意见，然后为他们举办了一场听证会。他大概是此时唯一敢做出这种举动的政治人物了。[247]由此，他和分得土地的士兵们有了矛盾。富尔维娅有可能也不赞成他的做法。[248]不过，卢奇乌斯看起来并不反对殖民计划本身，他所不满的是这些军人毫不节

制地以暴力手段夺取土地的行为。[249] 据说，卢奇乌斯·安东尼乌斯的顾问马尼乌斯声称屋大维在分配土地的时候违背了原则，把那指定的十八个城镇以外的某些意大利土地也给夺走了，而且他分配的对象除了事先说好的二十八个军团以外还有六个军团。[250] 给军队分地的计划失控了，屋大维被指责为纵容军队抢夺土地的罪魁祸首。卢奇乌斯一方面想要让殖民计划重归官员的监控之下，另一方面还想在实施殖民计划的时候凸显安东尼的功劳。

屋大维受到了越来越多的非议。于是，富尔维娅带着安东尼的子女现身于士兵们的面前，大概在罗马的兵营里。他们要求士兵们去请求屋大维，让安东尼得以享受到帮助军队分得土地的荣光。这份荣耀不仅属于安东尼本人，还属于他的家人。屋大维同意了他们提出的要求，让安东尼的一些支持者加入了负责分地的委员会。这反映了屋大维此时受到的压力之大。[251]

但是，屋大维和卢奇乌斯之间的矛盾尚未解决。在屋大维动身去监督殖民地的设立以后，卢奇乌斯以及安东尼的子女也跟了过去，他们想要去出席新的社区成立之时举办的宗教仪式。然而，卢奇乌斯在南下的时候受到了屋大维的一队骑兵的惊吓，躲到了一座名为提阿努姆（Teanum）的小镇里。就在此处，军官们试图推动卢奇乌斯和屋大维达成和解。[252] 卢奇乌斯声称自己畏惧屋大维，转移到了普莱奈斯提（Praeneste）。双方再度尝试和解，但同时也都开始召集部队准备开战。

卢奇乌斯并不只是为了自己的哥哥才与屋大维作对的，导致他们不和的第一个问题或许确实有关于马克·安东尼在殖民地设立过程中扮演的角色。但是，第二个问题看起来有关于殖民地本身。根据阿庇安的描述，卢奇乌斯满怀激情地发表了演说，强调自己从不反对设立殖民地，控诉屋大维诋毁了他在士兵们心中的形象。他的主要诉求是参与到殖民计划当中去。[253]他声称自己的所作所为不是为了取消殖民计划，而是为了恢复共和国的政治秩序。[254]

卢奇乌斯不可能去反对安东尼和屋大维的统治地位。不过，他也许仍然认为他们二人的这种显赫地位处于罗马传统政治文化的框架之内。这种政治文化需要维持秩序，要求执政官来负责意大利的各项事务、捍卫法律的尊严。尤为关键的是，这种政治文化要求士兵们接受某种形式的约束。

相比之下，屋大维的立场和想法截然不同。他丝毫不打算拘泥于共和国政治的条条框框，也根本不想受制于法律。屋大维的根基就是这些掌握了权力的军人，后三头同盟宣布开启的紧急状态完全符合屋大维的利益。更何况，约束这些士兵是极其困难的事情。就在这一年的某个时候，屋大维试图与元老们和解，他似乎有意让元老的财产免受进一步的征用。然而，士兵们发动了叛乱。他们杀死了百夫长，甚至直逼屋大维，令其不得不接受他们提出的要求。士兵们的亲戚，包括在内战中被杀死的那些人的父亲或者儿子都不会被没收财产了，屋大维向元老们抛出的橄榄枝很可能也被他们收了回来。

史料中还有一些其他的事例可以证明士兵们的叛逆之心。有一名士兵曾经在剧院里一时没找到合适的座位，于是就决定坐到骑士们身边去。当时，屋大维正好在主持这次活动，他命人驱逐了这名士兵（这符合罗马社会的旧秩序）。事后，有谣言称这名士兵被囚禁了起来，甚至还有流言声称他被杀死了。这种传闻让士兵们怒而哗变，直到被赶走的那名士兵露脸才平息下来。还有一次，一群士兵正聚集在战神广场上等待分配土地的通知。屋大维来迟了，致使这些焦急的军人议论纷纷。此时，一位叫作诺尼乌斯（Nonius）的百夫长出面想要维持军纪，但士兵们拒不服从，反而开始朝着他砸东西。诺尼乌斯赶紧逃跑，纵身跃入了台伯河。然而，士兵们不肯善罢甘休，硬是把他从河里捞了上来，然后将其杀死。当屋大维终于抵达之时，诺尼乌斯已经成了一具尸体。[255]

屋大维需要安置的是至少二十八个军团大约十四万人。按照流程，士兵们会先来到罗马，等待具体的安排通知。为罗马这样人口逾百万的大城市供应食物本身就是一件很复杂的事情，现在，不断涌入的大批士兵以及失去了土地的难民更是加大了罗马城的负担。而且，此时的塞克斯图斯·庞培依然拥有制海权，令罗马无法得到西西里和北非的粮食供应。而意大利的农业想必受到了战争的干扰。不过，对其影响最大的或许正是此次的分地计划。既然士兵们很快就要来夺走土地，那么谁还愿意乖乖地种田耕地呢？罗马城自然遇上了粮食紧缺的问题。[256]为了争夺食物，罗马平民和士兵们大打出手。士兵们控制了街道，但暴动群众还在屋顶上负隅顽抗，用碎砖块远远地攻击对方。[257]此时，一场火灾爆发了。在古代，如果一座拥挤的大城市没有充足的水源，那么火灾就会变得特别可怕。与罗马城历史上发生的其他火灾相比，这场火灾算得上是比较严重的一次，受灾者因而得到了租金减免的待遇。

此时大概有很多人会觉得罗马城已经彻底失控了，因为在传统的精英们眼中蛮不讲理、反复无常、愚蠢不堪、徒有武力的军人竟然主宰了这座城市的命运。[258]然而，这些士兵对屋大维做出的违逆举动可以说明，他们其实是有一贯的政治立场的。如果屋大维和富人们达成了和解，那么士兵们手中的政治权力就会受到威胁，而他们恰恰是凭着这种强大的权力才得以保证自己能够分到土地、获得奖金并且保住这些既得利益的。如果屋大维真的让精英们的土地免于被征用，那么设立殖民地的重担就压到了地产较少的那些农民身上。而大多数士兵正是来自这个群体，让这个群体的利益受损就有可能会伤害到士兵们的亲族。那样一来，士兵们最终得到的利益就没有那么多了。因此，这些军人纷纷站了出来保护他们的共同利益。他们知道自己必须团结起来。

卢奇乌斯·安东尼乌斯大概想要恢复旧秩序，并且与传统的精英们（虽然其中有很多人已经离世了）和解。而屋大维则坚持着革命的立场，苏埃托尼乌斯（Suetonius）描述了他在腓

立比之战结束以后做出的举动：[259]

> 胜利并没有抚平他的心境。他命人把布鲁图斯的首级送回罗马，将其摆放在恺撒的雕像下面。然后，他立即开始对那些重要的俘虏释放自己的怒火，同时还毫不犹豫地对他们加以羞辱。有个人谦卑地请求他让自己死后得到安葬，据说，他回答称葬礼没有意义。还有一对父子恳求他饶命，据悉，他同意了饶恕一个人的性命，但至于具体谁生谁死，他让这对父子抽签或猜拳来决定。于是，父亲主动提出要替儿子去死，然后就被杀死了。接着，悲痛的儿子也选择了自杀。而奥古斯都就一直袖手旁观。因此，包括那位酷爱模仿加图的马尔库斯·法沃尼乌斯在内，剩下的俘虏在被带出来的时候都只恭敬地向安东尼乌斯敬礼，称其为大将军（imperator），却对奥古斯都恶语相加。[260]

这种冷酷无情的作风和之前残杀公敌的行为是一脉相承的。尊重对手就意味着认可正常的社会关系和公认的价值观念。例如，恭敬地称安东尼乌斯为“大将军”就是在表示自己认可他是一位杰出的罗马将军。这是罗马人公认的属于胜者和败者的礼节。[261]根据罗马的传统观念，优秀的统治者应当具备中庸的品质，因为只有这样才能比较成功地团结各派势力，让罗马的政治制度继续顺畅地运行下去。屋大维在此时采取的暴虐做法相当于宣布这场战争并未随着行刺者的身亡而结束。他还不会选择和解，还不会开始治愈战争留下的伤疤。

公元前 41 年，屋大维返回了罗马。许多人都想知道，这一次罗马政治要如何恢复旧貌。在过去的九十年里，罗马人内乱不断，但每次的动荡乃至内战结束以后，罗马政治总是能够拨乱反正。换言之，那些富裕的地主每次都能重新掌握治国理政的大权。然而，这次有所不同。就在公元前 41 年，有人询问屋大维是否可以下令让元老们的财产不受侵犯。据说，屋大维做出了这样的回答："那么我们要如何给老兵们提供报酬呢？"他无意拒绝士兵们的要求，或许，他其实也无法违背军队的意志。

佩鲁西亚

此时的政治形势尚不明朗，因此卢奇乌斯·安东尼乌斯得以顺利地召集起一支军队。他和这些士兵大概有着不同的打算。也许，这些士兵想要对安东尼尽忠，从而获得更多的奖赏。他们或许觉得自己很有胜算，但他们对卢奇乌斯和屋大维之间的矛盾没有什么兴趣。

随着战争的临近，八支部队聚集于意大利的中部和北部。其中三支来自阿尔卑斯山区，分属于阿西尼乌斯·波利奥、文提迪乌斯和卡里努斯。他们都效忠于安东尼。在这个时候，卢奇乌斯·安东尼乌斯麾下的部队很可能有着最大的规模，他直接带兵向着罗马进发。原本位于罗马的屋大维带着大概四个军团的兵力朝着东北方撤离。[262] 除了这五支部队以外，还有两支忠于屋大维的部队。其中的一支有两个军团，由萨尔维迪伊努斯·鲁弗斯指挥，位于意大利北部，他们原本正在前往西班牙的路上。另一支部队的统帅是屋大维的密友马尔库斯·阿格里帕，他还在召集新兵。最后，据说还有第八支部队在意大利中部骚扰着屋大维的行动。

虽然卢奇乌斯这边的军队总规模更大，但是屋大维和萨尔维迪伊努斯·鲁弗斯阻断了他和北边的安东尼派军队会合的路径。卢奇乌斯离开了罗马，向北行进，也许他想要设法绕开屋大维等人。萨尔维迪伊努斯和屋大维控制了连接着穆提纳和博诺尼亚的埃米利乌斯大道。阿格里帕则进军至伊特鲁里亚，拿下了罗马以北五十公里处的苏特里翁［Sutrium，苏特里（Sutri）］，然后布防阻止敌方向意大利西北部转移。卢奇乌斯只得放弃北上的计划，转而前往伊特鲁里亚城市佩鲁西亚［Perusia，佩鲁贾（Perugia）］。接着，他驻扎于此，等待援军抵达。

佩鲁西亚或许看起来很适合据守以后静观事态发展。这座城市位于山丘顶部，易守难攻。而且冬天将至，卢奇乌斯大概觉得自己躲在温暖的城市里会很安全，而围城方会遭受较大的损失。但是，屋大维等人依然开始构筑包围圈，准备将卢奇乌斯困死于佩鲁西亚。最后，他们构建起来的包围圈长达七英里，沿途有一千五百座哨塔，旁边列着桩子的壕沟足有三十英尺深。他们还进一步建造了第二道包围圈，以防有敌人从外部发起进攻。同时，他们往城内投射了小型铅弹。虽然威力不足，没有造成多少损伤，但是这些弹丸上刻着文字。其中最著名的就是针对富尔维娅的污言秽语（虽然她本人并不在城内）。屋大维的意图很明显，他就是要耗死卢奇乌斯。

卢奇乌斯一定期待着能够有援军赶来解围，但他的期望落空了。文提迪乌斯和波利奥还在北方，或许卡里努斯也加入了他们的队伍。此时，从南方进军的穆纳提乌斯·普朗库斯构成了第九支部队，他已经抵达了斯波莱提翁（Spoletium）。不过，这些部队都没有对屋大维采取真正有效的行动。而且，他们等得越久，屋大维等人构筑的包围圈就会越紧密、越坚固。在新年的前夜，卢奇乌斯一度试图率军突围，但很快就被迫放弃。[263]后来，文提迪乌斯以及波利奥来到了距离佩鲁西亚不足二十英里的地方点起了烽火，以便让卢奇乌斯知道他们已经靠近了。但是，接下来，他们没有采取更进一步的行动，因为他们或是不能或是不愿突破屋大维等人的包围圈。[264]卢奇乌斯在夜里发起了第二次突围，但再次被击退。然后，他又在白天发起了第三次突围，但同样被屋大维的人给打了回去。[265]为了节省所剩不多的粮食，卢奇乌斯已经不再给奴隶供应食物。突围无望的绝境迫使大量守军开始叛逃，屋大维将其如数收下，向剩余的守军表明了态度。卢奇乌斯别无他法，只得选择了投降。

当时，屋大维在己方的营地里等待敌方来降。首先抵达的是敌方的军队。他们依据各自的军团序列在屋大维面前排好了阵形，然后遵从其命令放下了武器。无论屋大维原本有着怎样的想法，他的部下们纷纷主动离开了队伍去热情地拥抱对面的同袍。这些同属于三头同盟的军人再次团结在了一起。[266]

叛乱的带头者就另当别论了。卢奇乌斯走在队伍的最前方，他的身后是追随他的元老和骑士，然后是佩鲁西亚的城市议会成员。元老和骑士在受到接待以后被悄悄地逮捕了。议会成员先被拘留，然后被处死。佩鲁西亚也在被士兵们抢掠了一番以后付之一炬。之后，士兵们依然极力要求复仇。于是，屋大维下令处决了一部分元老和骑士。[267] 据说，被杀死的一共有三百名骑士和很多位元老，处决地点就在某个供奉尤里乌斯·恺撒的祭坛前面。[268] 苏埃托尼乌斯声称有人请求屋大维饶命，而屋大维对每个人都做了同样的回答："你必死无疑。"（*moriendum esse*）他还没收了他们的财产，将其分配给士兵。[269] 我们可以说，屋大维仍在为恺撒之死而报复权贵，这几百名罗马贵族只是新的祭品。不过，卢奇乌斯得到了赦免，虽然我们完全不知道他接下来还做了什么事情。

战争尚未结束。安东尼派虽然未能解除佩鲁西亚之围，但是他们的部队仍有一战之力。而且，安东尼本人也会给战局带来巨大的影响。不过，在安东尼回来之前，没有人愿意战斗。意大利北部的军队暂时离去了。

化敌为友：布伦迪西翁和约

当战争爆发之时，安东尼还远在埃及的亚历山大。他需要把士兵们召集起来，然后带着他们渡过东地中海回到意大利。此时正是冬天，在这个季节完成这种调度并不容易。他先后经过了地中海东岸的数个地点：提尔（Tyre）、塞浦路斯（Cyprus）、罗德岛（Rhodes）、小亚细亚（他在这里得知了佩鲁西亚之战的结果）、雅典（他在这里与富尔维娅会合了）。史料未曾记录他们夫妻二人重聚之后有没有讨论过安东尼在亚历山大度过的风花雪月的日子。[270] 在此之前，富尔维娅和安东尼的母亲尤莉亚都是由塞克斯图斯·庞培派人护送到希腊的。他联络了安东尼，表示希望建立同盟。此外，一位名为多米提乌斯（Domitius）的舰队统帅还直接投奔了安东尼。此人曾经在腓立比之战结束以后控制了伊奥尼亚（Ionian）海岸。[271] 在公元前 41 年和公元前 40 年，虽然屋大维和阿格里帕没有对庞培造成什么有效的打击，但是庞培的确感受到了压力。而且，从长远来看，他的唯一出路就是与三头同盟和解。对于庞培派来的使者，安东尼做出了友好的回复——假如发生了战争就结盟，不然就和解。[272] 如果这个回复确切无疑，那么我们或许可以认为安东尼此时仍然觉得自己能够通过谈判来解决意大利发生的这些事情。

安东尼和庞培之间的往来让其他曾经支持行刺者的那些人看到了和平回归罗马政坛的希望。曾经在庞培军中担任要职的卢奇乌斯·多米提乌斯·艾诺巴尔布斯在凯法洛尼亚（Cephalonia）加入了安东尼的队伍，并且随他一同在布伦迪西翁附近登陆了意大利。屋大维的部队就驻扎于布伦迪西翁，艾诺巴尔布斯的存在有可能激发了他们的反抗之意，因为艾诺巴尔布斯曾经带兵来这个地区展开劫掠。安东尼围住了这座城镇，屋大维和阿格里帕开始率军南下。在行军途中，阿格里帕仍然在招募新兵，但同时也有士兵叛逃，因为他们不愿意作战。[273]屋大维的部队规模更大，但他未能突破安东尼的防线。与此同时，安东尼可以运用制海权来攻击屋大维的后方。双方一时陷入了僵局。

就在这个时候，与两边都交好的卢奇乌斯·科奇乌斯开始帮助双方展开了谈判。身为屋大维的亲戚，安东尼的母亲尤莉亚也在牵线搭桥。军官和士兵们也出面去联系了安东尼。[274]在这些沟通的基础上，士兵们进而邀请屋大维和安东尼会面协商，双方士兵都没有兴趣交战。最后，尽管安东尼和屋大维都难免心存芥蒂，但他们也都没有执意挑起战争的打算。双方仍有合作的可能，而士兵们需要一个团结一心、能够保证他们得到其应得奖赏的政权。既然士兵们无意开战，那么安东尼和屋大维就必须保持和平。

在布伦迪西翁达成的协议又一次划分了罗马世界的势力范围：越来越无足轻重的李必达仍然保有阿非利加，其余的西部领土都归屋大维掌控——高卢、西班牙、萨丁尼亚、达尔马提亚（Dalmatia），安东尼则拥有东方的土地。[275] 此次结盟还伴有联姻。富尔维娅已经病故于希腊，让安东尼得以（暂时忘却克莱奥帕特拉）迎娶屋大维的姐姐，也就是同样刚刚丧偶的奥克塔维娅（Octavia）。达成共识的屋大维和安东尼一起向罗马前进，准备去庆祝秦晋之好。不过，这次的协议还是夺走了一些人的性命：卢奇乌斯·安东尼乌斯的顾问马尼乌斯被双方认定为此次战争的元凶；更加令人意外的是，身处高卢的萨尔维迪伊努斯·鲁弗斯也在被召回之后以不忠之罪遭到处死。

双方就这样通过调整盟约的内容终结了战争。这是士兵们一致要求的结果。之后，双方还在某种程度上与其他派别达成了和解。一部分公敌得到了赦免，一些曾经在庞培那里避难之人趁着庞培与安东尼重修于好的机会设法回到了罗马。但是，三头同盟仍然掌握着罗马的大权，安东尼（虽然他大部分时间不在罗马）和屋大维仍然是罗马的统治者，盟约调整以后的安排仍然极其有利于这对刚刚结成姻亲的姐夫和内弟。当然，三头同盟的专制政权的稳固也有利于那些以分地为根本利益的军人。

佩鲁西亚的战争是取缔三头同盟、回归罗马传统政治文化的一次尝试。在这场战争中，一位执政官试图与三头之一对抗，用武力终结国家的紧急状态。对于资历较深的安东尼而言，因为他早已是罗马政坛上举足轻重的人物，所以就算罗马政治恢复旧貌，他所承受的损失也是较少的。相比之下，年纪轻轻、经验不足还惹得不少人畏惧的屋大维更加愿意维持现状。但是，无论他们二人在这个问题上有着怎样的细微差异，他们都有一个共同的身份——罗马革命的既得利益者。包括他们在内，军人们、李必达以及与他们交好的那些盟友都是如此，这些人几乎都不会想要回到过去。

牧歌：爱情与土地之歌

在各家史书以及《言行录》当中，我们可以读到宣布公敌所造成的恶果。至于佩鲁西亚战争以及与之相关的分地问题，我们可以在诗歌当中觅得其踪影。维吉尔（Virgil）写出了奥古斯都时代的史诗作品——《埃涅阿斯纪》（*Aeneid*），但他的早期作品是篇幅较短的传统牧歌。《牧歌集》（*Eclogues*）描绘了一个虚构的名为阿卡迪亚（Arcadian）的世界。在这个世界里，乡间的牧羊人会用歌声来一较高下，也会自由地追逐爱情。但这个虚构的美好世界同样面临着战争的威胁，不敬神明的军人入侵了这片土地。在第一篇牧歌里，提提鲁斯（Tityrus）和梅里波伊乌斯（Meliboeus）讨论了他们截然不同的命运，梅里波伊乌斯不得不离开自己的土地。

> 有一些不敬神明的士兵会拿走我精耕细作的土地。
> 一个野蛮人夺取了我的田地。国内的动乱
> 给我们带来了灾难。[276]

而提提鲁斯被真实的罗马世界给拯救了，他遇到了屋大维。据他所说，屋大维是一位神明，并且帮助他拿回了自己的土地。[277]

第四篇牧歌的格式和基调都有了变化，维吉尔不再歌颂牧羊人的故事，而是以第一人称的口吻讲述“更加宏大一些的事物”。他提到了很多东西，但这一篇的核心是声称在公元前 40 年的时候，新的黄金时代即将到来。有一个孩子会揭开这个时代的序幕，他会见证历史的重演。又一位阿喀琉斯（Achilleus）会航行至特洛伊，又一艘“阿尔戈号”（*Argo*）会前去寻找金羊毛。土地不需要耕作就能有产出，船只再也不需冒险出航，公牛可以安然在雄狮身边躺下休息。最后，绵羊会变为紫色，维吉尔则会开始吟诵一首伟大的诗歌。这部作品描绘了开启全新的黄金时代的孩子。这种祈盼救主的内容引发了很多人的遐想，不过，我们所关注的重点不在于此。整体说来，这些牧歌表达了维吉尔的这种看法：未来其实没有希望，真正的希望应当寄托于某个奇迹，这个世界的时间线会随着奇迹的到来而终结，过去的历史会重现人间。等到这个奇迹出现，紫色的绵羊也在山坡上悠然进食之时，维吉尔就会动笔写出他伟大的诗篇。但是，在那一天到来以前，维吉尔都会躲藏在那个虚构的阿卡迪亚田园世界里面，抗拒着太过不堪、难以入诗的现实。

另一位诗人普罗佩提乌斯（Propertius）有着与维吉尔迥

然相异的作品。他的第一部作品集名为《莫诺比布洛斯》（*Monobiblos*），开篇就阐明了主旨。

> 我从不曾为欲火所侵袭。但君提娅（Cynthia）的双眸让我就此沦陷（可怜的我）。从此，我原本骄傲的神色再也没了踪影。爱情占据了我的心灵，让我手足无措。现在，我无比憎恶矜持的美德。[278]

此后还跟着足足二十首情诗。他成了爱情的奴隶，只为这名女子而活，欲望之火焚烧着他的灵魂。在这段关系当中，普罗佩提乌斯完全无法保持冷静，他无法像一些男性那样游刃有余地行走在花丛间。这是无比强大、主宰一切的爱情，除此以外的任何事物都不再重要。对于深陷爱情之中的普罗佩提乌斯而言，必须面对政治的现实世界已经没有了丝毫的意义。他的这种状态看起来仿佛就是生活于美好的阿卡迪亚世界的那些牧羊人。然而，到了作品的末尾，这种超脱于现实之外的色彩以及他的爱情都不见了。最后，他给我们留下了两篇显然互相关联的诗作。

> 在伊特鲁里亚的战壕里负伤的士兵啊，你已经逃离了我这样的命运，又何必因我的悲哀而落泪呢？你我曾经并肩作战。现在，快跑，保住你的性命，让你

的父母还能享受天伦之乐，让一位姑娘能够明白你的眼泪为何而流。让她知道，伽卢斯（Gallus）逃脱了恺撒的兵锋，却未能躲开某个不知名的敌人。如果来到这伊特鲁里亚的山区，她会发现散落四处的尸骨。让她知道，这就是我的遗骸。

图卢斯（Tullus），朋友，你常常问起我故土的神灵来自何方。你是否知道佩鲁西亚的坟墓呢？那是罗马公民互相残杀的非常时期。当时的丧礼就是如此——托斯卡纳的土地啊，你曾经让我的亲族暴尸荒野，现在，为我而哀悼吧——富饶的翁布里亚（Umbria）。就是这块与平原相接的土地孕育了我。[279]

这部歌颂爱情的诗集最后以死亡收尾，他悼念了一位亡友伽卢斯。因为其尸骨还散落于托斯卡纳山区，伽卢斯的鬼魂不得安息，只能到处流浪。因为还未举办丧礼，伽卢斯的爱人只得不停地追忆往昔。普罗佩提乌斯在诗作中提及他的故乡、亲戚乃至整个意大利都被毁灭了，这相当于委婉地承认了他来自佩鲁西亚。他所作的情诗掩盖着悲伤之情，托斯卡纳的尘土下面另有他物。意大利的土地里埋藏着人们的鲜血、骸骨以及痛楚。

佩鲁西亚之战结束了，但人们心中的伤痕犹存。

第十一章
三头同盟时代的战争

布伦迪西翁的和约已经达成，安东尼也迎娶了奥克塔维娅。现在，三头同盟可以继续为士兵们分配土地，并且运用手中的权力来提升名望、壮大势力了。东方正在召唤着安东尼。他带着新婚妻子奥克塔维娅去了雅典，然后开始准备大举东征帕提亚人。安东尼给自己定下的目标是为公元前53年战败被杀的克拉苏报仇，同时完成尤里乌斯·恺撒生前的东征计划。而此时的屋大维也有紧迫的事情要处理。首先，他需要完成分配土地的承诺。其次，伟大的庞培之子塞克斯图斯·庞培仍然是一个问题。虽然三头同盟已经和塞克斯图斯·庞培达成了和解，但他仍然拥兵自重，在西西里岛割据一方，这种和平脆弱无比。

剿灭海盗之王

差不多是在他的父亲被恺撒击败以后，塞克斯图斯·庞培开始了他的军事生涯。此时，他盘踞在西西里岛，并且由此建立了海上霸权，控制着西地中海的重要航道。以前，庞培为安东尼提供了海军支援，还协助安东尼的家人完成了撤离，让安东尼欠下了人情债。于是，安东尼帮助庞培与三头同盟签订了和约，但李必达因此吃了一些亏。[280]这份和约还准许了那些被流放的贵族返回罗马。尽管和解还未达成，但至少这些已然失败的贵族得以摆脱流放生活。

屋大维和庞培之间的和平打从一开始就不可能持续多久。他们的关系本就很紧张，同时，没有什么因素能够促使他们化敌为友。屋大维控制了意大利的丰富资源，这就意味着从长远来看，他们的竞争必定会以屋大维的胜利告终。庞培及其追随者应该也能看清这一点。此外，屋大维肯定一方面知道夺取西西里的田地能够带来多么巨大的好处，另一方面也深知庞培的舰队不容小觑。维持一段时间的和平既可以让屋大维有机会来发展自己的海军，也可以削弱庞培的势力，因为舰队的建造和维持都需要耗费大量的人力、物力。随着时间的流逝，庞培的资源会越来越紧张，其追随者也会相应地减少。

屋大维提出的宣战理由是庞培的海盗行径。不过，最终战争的到来还是因为庞培麾下的一名比较重要的舰队统帅米诺多洛斯（Menodoros）投靠了屋大维。现在，屋大维有了一支足以与庞培一战的舰队。公元前 38 年，战争爆发了。第一场大规模战斗发生于意大利南部库马伊（Cumae）附近的海域，屋大维的舰队告负。海战本身其实并没有造成特别大的损伤，但是屋大维这边的舰队统帅经验相对较少，遇上了风暴，许多船只都是在这个时候被毁的。屋大维就这样失去了在海上与庞培对抗的能力，而庞培的制海权令其可以自由地劫掠意大利的沿海地区，这让接下来一年时间里的屋大维深感无奈。[281]

到了公元前 36 年，屋大维再次有了可堪一用的舰队。安东尼造访了意大利，给屋大维带来了一百二十艘船只。而屋大维需要相应地给他提供两万名士兵，支援他对抗东方的帕提亚人。李必达则得到了指示，让他自 7 月 1 日开始从北非发起协同攻击。这一次，屋大维的部队又遇上了糟糕的天气，李必达的攻势也不顺利。[282]但是，庞培的处境还是不可避免地恶化了。李必达的十二个军团最终成功地登陆了西西里，并且围住了位于岛上西端的城市利吕拜翁［Lilybaeum，今天的马尔萨拉（Marsala）］。现在，庞培必须在西西里岛上直面一支实力强劲的军队。而且，屋大维的部队也即将到来。

阿格里帕是屋大维的密友。从屋大维踏入政坛开始，他就一直站在屋大维这边。在佩鲁西亚战争期间，阿格里帕也有出众的表现。此时，他已经在意大利本土西面的埃奥利群岛（Aeolian Islands）上建立了前沿基地。接着，他率军大致朝着正南方航行，在西西里岛东北部的缪莱（Mylae）附近和庞培的舰队相遇。此次交手是屋大维的部队第一次在海战中占上风。虽然这场战斗本身并没有产生重大的战果，但阿格里帕的胜利让他得以登陆西西里，把第二支三头同盟的军队带到了岛上。而且，就在庞培专注于北部的战斗之时，屋大维乘机开始从东部的陶洛米尼翁［Tauromenium，今天的陶尔米纳（Taormina）］登陆西西里。

然而，屋大维所部的登陆行动受到了阻碍。庞培的海陆军队撤离缪莱以后沿着海岸经过梅萨纳（Messana）[1]，往南遇上了正在登陆的屋大维。他们早已料到屋大维会尝试登陆。既然已经无法阻止阿格里帕的行动，那么他们就果断地放弃，转而试图出其不意地进攻屋大维。于是，屋大维麾下人数较少的这支部队被打乱了，陷入了非常危险的境地。不过，他最后还是稳住了阵脚。其原因大概有两个：首先，夜幕已经降临；其次，庞培的部队消耗了过多的体力。当天夜里，屋大维抓紧时间巩固了营地的防御工事。第二天，双方开始对峙。[283]

不过，屋大维的这个营地毕竟独木难支。所以，他召集海军登上了小型船只，试图突破庞培的阻拦，转移到别处去。虽然庞培击败了屋大维的舰队，但屋大维本人成功地逃到了意大利的海岸上。如果庞培能够在这场战斗里抓住屋大维，那么战争的走向也许会发生剧变。不过，最终找到屋大维的是一些一

[1] 今天的墨西拿（Messina）。——译者注

直在山丘上围观战斗的当地居民。他们帮助了屋大维，令其得以顺利地与部下会合，并且开始组织后援部队。

与此同时，屋大维留在陶洛米尼翁的军团受到了不小的压力。营地的位置不是很理想。而且，驻扎的部队有一万九千人，但他们的补给却不多，尤其缺少饮用水。负责指挥的将领是科尔尼非奇乌斯。他试图与对方展开战斗，但庞培等人深知己方的优势，拒绝出战。因此，科尔尼非奇乌斯只好率领全军出去寻找饮用水和援军。[284] 他顶着敌方的骚扰，向西西里岛的内部挺进。他们途中需要经过埃特纳火山（Etna）附近的熔岩平原，这是一块崎岖、干燥的荒芜之地，当地居民通常只会在夜里来此。对于军队而言，在这种地方行进是非常困难的。而且，庞培的人还在不停地干扰科尔尼非奇乌斯的行动。他们一面阻挡在某些路线上，一面派出部队来进行骚扰。庞培的骑兵熟练地保持着距离投射火力，致使许多人负伤，进而拖慢行军的速度。路上的每一个庞培派据点都阻碍着科尔尼非奇乌斯的行军，让士兵们越发渴望水源，同时还增加了伤员的数量。就这样，在这仲夏之时，科尔尼非奇乌斯等人既没有据点也没有充足的饮用水，只能步履维艰地在西西里岛的熔岩平原上缓慢前行。这支部队可以说是朝不保夕。

终于，他们发现了一处泉水，但是旁边还有不少的庞培派军队。如果他们无法快速地突破敌方的防线获得水源，那么这支部队就很可能会因疲劳和干渴而崩溃。就在他们前进的时候，又有一支相向而来的军队出现在他们的视野里。但是，由于双方距离过远，他们无法分清敌我。如果这是庞培方的援军，那么科尔尼非奇乌斯等人就彻底失去了得救的希望。不过，位于泉水处的庞培方部队距离这支军队较近，他们应该已经通过斥候探得了情报。这支靠近的部队属于阿格里帕，他正在寻找科尔尼非奇乌斯的下落。于是，庞培的部队离开了，科尔尼非奇乌斯等人得救了。[285]

屋大维带来的军团和阿格里帕会师以后，庞培的处境就很艰难了。三头同盟的强大陆军业已在西西里岛上展开了行动。庞培的最大优势原本是他的舰队，但现在，他已经无法完全掌控海洋。当然了，他还可以守住一些城镇，但已然无力阻止敌方自由行动。李必达正在逐步地控制西西里岛的西部地区，阿格里帕和屋大维的部队则正在东部虎视眈眈。庞培现在的最佳策略就是寻求海上决战。如果他能摧毁敌方的海军，那么就可以进一步切断敌方和意大利的联系，给敌方的补给造成巨大的压力。公元前 36 年 9 月 3 日，庞培的舰队出航了。对此，屋大维和阿格里帕卓有自信地接受了挑战，双方舰队会战于缪莱以西的瑙洛库斯［Naulochus，大概在今天的斯帕达福拉（Spadafora）］。

罗马人的海战有一套标准的模式。在古老的三层划桨战船时代，海战的目标是用己方的船只迅猛地撞击对手，以期击毁敌方船只。相比之下，罗马人的海战更为稳健，也更加缓慢。

他们更看重近距离的缠斗和接舷战。[286]因此，罗马人倾向于建造特别高大的船只。船上还会有高高的塔楼以供士兵们在塔楼上向对手投射火力。同时，他们还会准备厚重的防护板，用以阻挡敌方的火力。在这种设计思路下建造起来的船只都是笨重的庞然大物，载着大量的士兵和装备。这些宏伟的海上堡垒还会整齐地排列为一条线，以免让对手抓住侧翼的破绽甚至找到落单的船只。在这个阶段，船员的目标就是让友方船只尽可能紧密地靠在一起，不给对手插队的机会，但同时又必须保持足够的距离，以免不同船只的桨碰撞在一起。战斗打响以后，双方的船只就会开始缠斗，互相投射火力。撞击船会反复地进出，以期逃离敌方的攻击或者发起下一轮冲锋，从而保持己方的阵形或者摧毁敌方的阵形。船上的士兵必须在瞄准对手的同时闪躲敌方的火力。他们还会注意抓钩，避免让自己的船被旁边下沉的船只拖下水。他们也会挑选看起来比较弱的对手，避开强敌。等到合适的时机来临，他们就会纵身扑向对手，开启接舷战。总而言之，海战是漫长的消耗战。

在瑙洛库斯海战当中，阿格里帕运用了一种新设计的抓手。随着双方船只的靠近，他们把这种抓手伸到了庞培的舰队的甲板上，用来拨走敌方士兵或者毁坏甲板上的防御工事或者火力投射装置的引擎。也许，这种武器的主要效果其实只是引发敌人的骚乱。因为这是一种前所未见的新武器，庞培的士兵们都没有准备长杆子来进行反制。三头同盟的舰队大概由此而获得了些许的优势，并且将优势逐步扩大为胜利。

此时，庞培和他的陆军正在营地里观看战局。渐渐地，他们的舰队难以支撑下去了。在这一天的战事结束的时候，三头同盟的海军唱起了胜利的颂歌，屋大维的军团也在岸上附和。庞培派陷入了绝望。庞培本人当即离开，回到了梅萨纳的基地。据说，他在基地里一言不发，没有下达任何命令。他的军团看不到未来，选择了投降。[287]

庞培本人还有一些挣扎的余地，但他已经无力回天了。他一边召集部队，一边逃往东方，然后请求安东尼看在他之前曾经为其效劳的分儿上出手相助。与此同时，庞培还派出使者前往帕提亚，想要再寻一条后路。安东尼接见了庞培的信使，承诺只要他怀着善意前来就会认真地考虑他的请求。然而，此时的庞培毕竟已经丧失了谈判的资本，安东尼没有理由与他交涉。所以，当庞培落脚于小亚细亚以后，安东尼就开始调遣海陆部队过来包围庞培。而庞培派往帕提亚的使者也被拦截了下来，他只好尝试着作战。他取得了一些战果，但他已经深陷重围。最终，他烧毁了剩下的舰船，准备沿陆路逃往帕提亚。他的势力彻底失败了。他的部下们也都明白了这一点，纷纷离他而去。最后，庞培被俘，并且在不久以后遭到了处决。[288]

西西里局势的走向有些奇怪。庞培的残部并没有投靠屋大维，反而投奔了李必达，令其顺势宣布自己才是西西里的主人，由此提出了提高自身在三头同盟当中的地位的要求。于是，他们二人的部队与其展开了对峙。然而，此时的广大士兵仍然像公元前 40 年那样不愿自相残杀。至于庞培的军团，他们都是败军，早已没了士气，当然也不会愿意为了李必达而战死沙场。屋大维带人来到李必达的营地旁边，宣布对方士兵主动来降可以免罪。然后，双方爆发了小规模的打斗。屋大维的一位朋友在打斗中受了伤，于是，他匆忙下令撤退。不过，李必达的一部分士兵已经听到了屋大维的话，他们的战意越来越少。接着，李必达的部下开始三三两两地跑到屋大维那边去。此情此景，李必达非常熟悉，当初面对安东尼的时候他就经历过这一幕。于是，他换下了戎装，亲自去会见屋大维。他鞠躬以示谦卑，请求屋大维饶过自己的性命。屋大维则转身离去，让部下去欢迎李必达加入己方的阵营。就和当年一样，他的对手展示了自己的仁慈，留下了他的性命。屋大维或许想要以此向所有的恺撒派人士表明，无论发生了什么事，往日的交情始终是存在的。同时，屋大维的举动还可以说明他根本不认为李必达会威胁到自己。之后，李必达被剥夺了军权，只保住了最高祭司这个最重要的神职。归根结底，李必达的那点政治影响力实在是不值得让人动手杀他。[289]

不过，战争还没有完全结束，屋大维就遇到了兵变。士兵们要求得到腓立比之战以后那种规格的奖赏，屋大维不太情愿，并且试着坚持己见。这种态度激怒了与会的士兵，他们开始反叛。一个名叫奥非里乌斯（Ofellius）的军官成了他们的领导者，屋大维被迫撤回了自己的军帐。第二天，他较有信心地回到了士兵们的面前，表示愿意做出一些让步，并且承诺要带领大家前去讨伐伊利里亚人（Illyrians）。然而，奥非里乌斯失踪了。据说，屋大维的人在夜里悄悄地杀死了他。不管怎样，士兵们意识到自己的代表不见了。于是，屋大维在做出让步的同时加以威胁，他宣布不服从者再也没有参军的资格。屋大维这是在强调自己的权威，逼迫士兵们做出选择——要么永远地离开三头同盟的关系网络，再也没有分得奖赏的机会；要么服从这张关系网络的规矩。最终，屋大维恢复了自己的权威。或许，他确实依赖于这些军人，但这些军人无疑也依赖于屋大维。[290]

这是屋大维的光辉时刻。他成功地取得了对西西里和阿非利加的控制权，保证了罗马城能够拥有稳定的粮食供应。他不仅为三头同盟击败了割据一方的庞培，还能凭着在粮食供应方面立下的功绩赢得广大平民的感激。贵族的观点或许有所不同。一些人应该是刚刚从庞培那里返回，还有一些也许仍然忠诚于布鲁图斯和卡西乌斯的理念。但是，屋大维这次取得的胜利再一次说明了这些人根本无关紧要。

屋大维毫不客气地利用了这份战功。平民会议表决让屋大维有权坐在保民官的座位上（很可能是永久性的），同时也给了他等同于保民官的神圣不可侵犯（sacrosanctitas）的权利。从此，伤害屋大维就是在犯罪。当然，这个权利只是一份荣誉。真正的刺客肯定不会在意。不过，值得注意的是，这两项长期有效的特权都把屋大维和保民官联系在了一起。[291] 由此，屋大维将自己塑造为罗马人民的保护者，宣布自己对人民负有义务，同时强调了人民也依赖于他。

屋大维还在罗马城的正中心建造了一座独特的纪念柱，用以长期纪念这次的胜利，并且警告那些妄图与自己作对之人。按照罗马的古老传统，海战胜利的纪念物就是敌舰的船首和撞击锤。屋大维命人截下了敌船的撞击锤，然后将其添加到罗马城广场中心新建的纪念柱上。这座建筑物（未能保存至今）占据了罗马城内最为重要的政治场所，吸引着无数人的目光。纪念柱的顶端还有屋大维的金色雕像。

一般来说，只有神灵才会享有贵金属制成的雕像，屋大维这是在尝试为自己塑造合适的公共形象。他是手握重权的人民守护者，位居罗马新秩序的中心，享受着军人的拥戴和平民的感激。现在，他足以比肩神明。

唯一有可能挑战其地位之人远在海外——位于亚历山大的安东尼和克莱奥帕特拉。不过，在屋大维庆祝胜利之时，三头同盟的制度看起来前所未有地强大而稳固。毕竟，真正终结了庞培的是安东尼，他之前还曾给屋大维提供作战所需的舰船。而且，无论他和克莱奥帕特拉之间到底有着怎样的关系，安东尼仍然是奥克塔维娅的丈夫、屋大维的姐夫。当然，安东尼和屋大维应该都不怎么想念李必达与他们分享权力的日子。战后，屋大维归还了安东尼借给他的舰队。其中的一部分船只已经毁于战火，屋大维对此做了相应的补偿。[292] 此外，安东尼在这场战争中做出的贡献也得到了认可：罗马城中举办了庆祝安东尼杀死庞培的赛事；罗马城广场的演讲台附近立起了安东尼乘坐战车的雕像；和谐女神庙（Temple of Concord）里也有了安东尼的雕塑；新铸的货币上同时描绘着屋大维和安东尼两人的头像（如图 3）；安东尼本人和他的妻子（奥克塔维娅）、儿女都获得了在神庙里举办宴会的权利。[293] 总之，屋大维认可了安东尼的重要地位，他们二人团结一致。心存怀疑的元老都不妨去看一看广场上的安东尼像，深刻地感受一下屋大维和安东尼之间互相依赖、合则两利的关系。此时此刻，他们二人想要做的不是自相残杀，而是自古以来罗马人最为擅长的一件事情：开疆拓土。

安东尼的东方霸业

自公元前 53 年罗马人在卡莱遭遇大败[1] 以来，帕提亚人就成了罗马人的心腹大患。当时被击败的罗马远征军由七个军团和相应的辅助部队组成，其统帅是马尔库斯·克拉苏。他们被帕提亚人找到了行踪，然后在对方的骑兵手下吃了大亏。罗马的重步兵难以应对帕提亚的重甲骑兵和轻装弓骑兵。一般说来，罗马人在遇到这种失败的时候只会迎难而上，继续投入兵

[1] 指卡莱战役。在这次战争中，罗马执政官马尔库斯·克拉苏被杀，七个罗马军团全军覆没，罗马军队的军旗被夺。这是罗马与帕提亚帝国之间的一场重要战役，也是罗马的一次重大失败。——编者注

力。然而，当时西部的政治局面动荡不断，令罗马人暂时无法把资源调集至东方。后来，公元前 44 年，恺撒在大致平定西部乱局以后就开始准备复仇之战。不过，他在奔赴东方之前就遇刺身亡了。时至今日，罗马的国内秩序终于再度恢复，帕提亚当然就成了安东尼用以建功立业的对象。

在腓立比之战结束以后，安东尼就致力于平定东部的领土。除了埃及以外，东部的地方势力都曾经与布鲁图斯和卡西乌斯为伍。在这个过程当中，安东尼和克莱奥帕特拉的政治联盟以及他们二人之间的私人关系发挥了不小的作用。克莱奥帕特拉的对手遭到了清洗。安东尼先从希腊各地收取了资金，然后到埃及的亚历山大建立了自己的政治基地。[294]

就在这个时候，帕提亚人出兵了。也许，他们意识到了罗马人在政局稳定以后就会发动入侵。帕提亚军队的统帅是王子帕科鲁斯（Pacorus）和流亡至帕提亚的罗马人拉比恩努斯，他当初是恺撒在高卢的得力助手，但在内战期间投靠了庞培。后来他成为布鲁图斯和卡西乌斯派往帕提亚的使者。当腓立比之战的结果传到帕提亚之时，他选择了留在帕提亚。在民族主义兴起之前，这种改换门庭的行径虽然并不多见，但还不是什么难以设想的事情。

在拉比恩努斯的劝说下，帕提亚人决定主动出击。东部的罗马驻军大部分还是布鲁图斯和卡西乌斯留下的，他们不会坚定地效忠于安东尼，这让帕提亚军队有了可乘之机。他们在叙利亚地区长驱直入，阿帕梅亚（Apamea）和安条克（Antioch）相继沦陷。然后，拉比恩努斯西进至奇里乞亚，帕科鲁斯则南下犹地亚，控制了耶路撒冷。就这样，帕提亚人迅速地占领了黎凡特地区（Levant）的大块罗马领土。[295] 然而，安东尼还没来得及发起反击就被迫带兵返回了意大利。

公元前 39 年，安东尼得以抽身回来处理帕提亚人的问题。他派出了共同经历过穆提纳战役的老朋友文提迪乌斯，命他率领一支大军先行。安东尼自己则途经希腊，落后一些。对此，我们的各位史家秉持一贯的态度，将其归因于安东尼的性格缺陷——懈怠。然而，安东尼的作战计划还是一如既往地取得了成功。

拉比恩努斯在和文提迪乌斯交上手之前都没有得知对方靠近的消息。随他进入小亚细亚的只有他自己的罗马士兵，而这些部队是无法抵挡文提迪乌斯的。安东尼或许就是知道了这个情报才做出了这样的安排，拉比恩努斯只好向叙利亚撤退。但是文提迪乌斯留下了重装部队，只带着骑兵和轻装部队快速行军，拦下了拉比恩努斯。接着，双方都开始等待援军抵达。

帕提亚的骑兵和罗马的步兵同时到达了。文提迪乌斯的军营在地势较高处。拉比恩努斯和帕提亚人前来叫阵，但文提迪乌斯并不想让己方部队暴露在帕提亚骑兵面前。[296] 为了吸引对方出战，帕提亚人越来越靠近罗马军队的营地。最终，他们朝着文提迪乌斯设置在上坡的工事发起了冲锋。于是，文提迪乌斯下令出击。遭受突袭的帕提亚骑兵连忙转身逃跑，以求尽快远离罗马步兵。在一般情况下，这其实是正确的做法。但这一回，帕提亚骑兵直接撞上了文提迪乌斯安排好的骑兵。接着，罗马步兵也赶到了，帕提亚人被打得溃不成军。拉比恩努斯带着残部向西边转移，但无济于事。为了逃跑，他把部队化整为零，试图由此避开文提迪乌斯的部队。然而，还是有许多人未能逃出生天。拉比恩努斯本人一度乔装成平民，藏匿于奇里乞亚。但这种花招并不能拯救他，最后，拉比恩努斯被找了出来，遭到处决。[297]

帕提亚人没有做好防御的准备，他们动员起来的部队已经被击溃，还有大量的骑兵战死沙场。现在，他们既不能与罗马人展开野战，也没有足够的驻军来打守城战。黎凡特地区的诸位国王既然可以接受帕提亚人占领他们的土地，那么就同样可以接受罗马人的再次进驻。一旦罗马军队进入了叙利亚，帕科鲁斯就几乎只能选择撤退了。[298]

在安东尼收复失地的过程中遇害的最著名的人物是统治着犹地亚的国王安提柯（Antigonus）。他曾经与帕提亚人为伍，后来又试图抵御罗马人的入侵。在罗马人围攻拿下耶路撒冷以后，安提柯被绑在了十字架上遭受鞭打。他或是立刻或是没过多久就被处死了。在他以后统治犹地亚的是出身于其他家族的希律，也被称为大希律王（Herod the Great）。犹地亚社会的传统精英阶层是神职人员，在这些人眼里，希律算是一个异类。但是，对罗马人来说，希律几乎是一个完美的附庸国王。他有从军的履历，不惜动用严酷的手段来维持公共秩序，但他的地位归根结底来自罗马人的扶植。[299]

公元前 38 年，帕提亚人主动进攻了。文提迪乌斯如法炮制，再次引得帕提亚重装骑兵靠近了他的据点，然后先用火力扰乱敌方的军阵，接着出动部队进攻。这一次，帕科鲁斯被杀死了。帕提亚骑兵奋勇作战，夺回了他的尸体，但他们的败局已定。罗马军队成功地将其击退，文提迪乌斯又取得了一场大胜。[300]

战事暂停了，安东尼需要巩固罗马人对叙利亚的统治。同时，他还在分心关注屋大维和塞克斯图斯·庞培的战争。至于帕提亚人，他们现在不仅无力再次发动攻势，还又一次深陷于同室操戈的泥沼。大概在公元前 37 年，老国王奥罗迪斯（Orodes）去世了。在帕科鲁斯也已亡故的情况下，王位传到了另一位王子普拉提斯（Phraates）的手中，而这位王子还有不少的竞争对手需要解决。他杀死了科马基尼（Commagene）国王安条克[1]的女儿和奥罗迪斯所生的儿子。安条克对此表示抗议。于是，他把安条克国王也给杀了。接着，至少有一部分帕提亚贵族举起了反旗，比如莫奈西斯（Monaeses）。[301]

现在，安东尼成了主动进攻的一方。他让奥皮乌斯·斯塔提阿努斯（Oppius Statianus）指挥大多数的士兵和辎重车

[1] 即科马基尼王国国王安条克一世（Antiochus Ⅰ）。——编者注

队，自己则带着一股规模较小的部队朝着普拉斯帕（Praaspa）进发。这座城市位于今天伊朗的西北部，在当时是米底王国的一座重要城市。安东尼的计划其实是不差的，因为帕提亚人正在自相残杀，他想要趁此良机推动帕提亚帝国解体。但是，就在罗马人学习如何对抗帕提亚人及其盟友的同时，东方的诸位国王也逐渐掌握了与罗马人战斗的技巧。米底国王阿尔塔瓦斯迪斯（Artavasdes）深知一旦被罗马人围困在城里就必败无疑。所以，他在普拉斯帕留下了一些驻军，然后就主动出击。他避开了安东尼，找到了正在行军的斯塔提阿努斯，趁其不备，将其一举击溃。

安东尼的后援部队和辎重车队都被歼灭了，但他仍然拒绝撤退。接着，阿尔塔瓦斯迪斯开始骚扰安东尼的补给线。于是，安东尼尝试着在普拉斯帕附近就地收集补给，但他派出去的人手遭到了米底人的抵抗。渐渐地，安东尼的补给越来越少，他只好无奈地选择战略转移。途中，米底人趁机对其发起了攻击。安东尼带着一部分军队来到了亚美尼亚，但另有一部分人先是偏离了寻常的道路，然后就失去了方向。有一次，面对米底弓箭手的攻击，罗马步兵摆出了龟甲阵（testudo），把盾牌紧密地靠在一起，抵挡住来自所有方向的火力。米底人从未见过这种战术，他们以为自己的箭雨已经奏效，便贸然发起了冲锋，被重整阵形的罗马人打得大败。接着，罗马军队得以继续撤退。[302]

安东尼回到了埃及过冬，并且向屋大维和克莱奥帕特拉求援。屋大维做了一个不同寻常的决策——派奥克塔维娅和援军一起去安东尼处。但安东尼并不打算让两位妻子一起陪伴自己，他让奥克塔维娅回到了罗马。尽管各位史家依然有些偏颇地强调了安东尼在公元前36年的行动是比较大的失败，但身为当事人的米底国王阿尔塔瓦斯迪斯并不觉得自己有望赢得这场战争。大约在公元前35年底之前，米底人加入了罗马人的阵营。[303]第二年上半年，安东尼入侵了亚美尼亚，俘虏了亚美尼亚国王，并且击退了发起反攻的帕提亚人。[304]至此，安东尼已经赢得了战争：他驱逐了侵占叙利亚的帕提亚人，杀死了帕提亚的王位继承人帕科鲁斯，迫使米底王国依附于罗马，占领了亚美尼亚。后世的传统观点对安东尼怀有偏见，认为这场战争失败了，还以此来证明安东尼是一位沉溺于温柔乡的不称职的将军。然而，安东尼毫无疑问地取得了一连串的政治、军事胜利，将一大片广阔的土地纳入了罗马的势力范围，同时还削弱了这一地区其他政权的实力。安东尼或许的确没能实现他原先设立的远大目标，但他仍然完全有资格宣布自己已经取得了胜利。之后，他返回了亚历山大去庆祝自己建立的功业。

胜利返回亚历山大标志着安东尼在东方的霸业登上了巅峰。就在安东尼征服东方之时，屋大维也在忙着东征西讨。在塞克斯图斯·庞培死后，屋大维最先想到的是去安抚原本属于李必达的阿非利加行省。他抵达了西西里，但接着就改变了主意。达尔马提亚出现了一些问题，给了屋大维扩张领土的机会。于是，他召集了部队，准备作战。或许就是因为他自己也需要用兵，屋大维派往东方的援军数量没有完全符合安东尼的要求。[305]

公元前 35 年，达尔马提亚的战事开始了。罗马人早就在这个地区拥有了很强的影响力，亚得里亚海北部的制海权也掌握在他们手中。但是，越往内陆推进，他们遇到的阻力就越大。屋大维本人也在一次围城战中受了伤。不过，到了那一年的战事大体结束之时，屋大维似乎觉得战争已经结束了。[306]他离开了达尔马提亚，转而赶往高卢。据说，他想要入侵不列颠。[307]但是达尔马提亚人还没有认输，战火再次引燃。于是，屋大维就回到了达尔马提亚，再次负了伤，又带领罗马军队取得了胜利。在接下来的几十年里，这个地区仍然在不屈不挠地反抗着罗马人的统治。不管怎样，屋大维也算是取得了胜利。基本已经被驯服的元老院为他举办了凯旋仪式，表达了感谢之情。[308]

时至公元前 33 年，屋大维和安东尼面前都已经没有亟待解决的军事问题了。当然了，只要有心，他们肯定还能找到可以扩张势力范围的地方和相应的出军理由。然而，屋大维和安东尼的关系正在不停地恶化，其原因尚不明确。在勉强维持了十年的合作关系以后，他们自己以及他们身边的人都开始相互攻讦。这种现象的根源不是很明显。也许，他们其实未必走向决裂。此时的罗马毕竟已经大大不同，没有人像卢比孔河畔的恺撒那样骑虎难下。不过，我们也不能把问题简化成安东尼和克莱奥帕特拉的私人关系。罗马的确又一次不可避免地坠入了内战的深渊。等到尘埃落定，安东尼和屋大维的双头统治就将蜕变为奥古斯都一人执掌大权的君主制。

第十二章
安东尼和克莱奥帕特拉：爱情和与爱为敌之人

罗马革命已经改变了罗马政治的本质。在公元前 40 年 9 月的布伦迪西翁，屋大维和安东尼避免了交战，让三头同盟得以稳固地统治着罗马。无论还有多少共和国的制度、机关、传统保存了下来，罗马人都已经置身于完全不同的时代，国家的最高权力现在由三头同盟来掌握。而且，安东尼和屋大维都不太可能会主动放弃这种权力。我们或许可以把布伦迪西翁和约的签订视作罗马共和国的谢幕。不过，一般说来，我们会立刻把目光转移到历史舞台上的下一个剧目——安东尼和克莱奥帕特拉之间引人入胜的故事。

后人或许会凭着后见之明认为阿克提翁海战是安东尼和屋大维之间势必发生的总清算：他们本来就不是什么亲密的好朋友，还曾经在战场上兵戎相见。阿克提翁海战就是公元前 44 年

成了欲望的奴隶。”[310]

总之，安东尼和克莱奥帕特拉被塑造为爱情故事的主角，而爱情基本上与政治无关。我们通常把这种情感划入非理性的领域，同时认为政治生活必然需要理性，而且一般由男性主宰。早在莎士比亚写出相关的戏剧之前，安东尼和克莱奥帕特拉就已经是广为人知的悲剧角色了。不过，现代人一般认为这段关系的主导者是邪恶的克莱奥帕特拉，她凭着东方女子的魅力迷住了安东尼。但是在古代，人们往往认为安东尼的道德缺陷才是引发这场悲剧的关键。随着安东尼和克莱奥帕特拉成为痴迷于爱情的典型人物，伟大的屋大维等人自然就成了爱情的敌人。在非黑即白的思想影响下，罗马的历史就被简化为爱情对帝国、情感对理性的道德对抗史。不过，这种通俗易懂、简洁明了的对比确实让很多后人引以为然。

但是，如果审视一下安东尼的具体行动，我们会发现他似乎不是一个合格的爱情的奴隶。从公元前 40 年起，在绝大部分时间里他都置身于意大利、小亚细亚、叙利亚、亚美尼亚和米底。亚历山大或许确实是安东尼的过冬之所，但总体说来，这对据说沉溺于爱情的夫妻有相当长的时间分居异地。那么，我们或许不应该把接下来的这场战争归因于克莱奥帕特拉的妖术或者安东尼的欲望。此外，我们也不太能相信屋大维等人竟然在九年以后才察觉安东尼和克莱奥帕特拉之间有着异乎寻常的亲密关系。安东尼本人似乎也认为他和克莱奥帕特拉的关系不会影响到他和奥克塔维娅的婚姻。这也难怪，毕竟他的这种状态维持了将近八年都没有引发什么值得一提的政治问题。

在现代社会里，家庭私事通常与政治无关。但是在罗马人看来，这不是泾渭分明的两类事情。婚姻是政治化的。当然，性生活和婚姻不同。性生活是私事，但婚姻是公事，或者说政治关系。不过，公元1世纪的罗马人似乎越来越反对女性干政，这大概是因为尤里乌斯-克劳狄乌斯王朝［包括提比略（Tiberius）、卡里古拉（Caligula）、克劳狄（Claudius）和尼禄（Nero）］的宫廷政治给人们留下了教训。后来，这种视婚姻为公事的观念还进一步延伸到了性生活上，很多人都关心罗马皇帝的性生活对象是谁。然而，在共和国时代，我们似乎很难说真的有人会这么在意谁和谁上了床（除了当事人和他们身边的亲朋好友）。

在战争来临之前，安东尼就自己和克莱奥帕特拉的关系给屋大维写了一封信。[311] 他的这些文字同样反映了前文所提的论断：

> 你怎么了？就因为我和女王上了床吗？她是我的妻子。我不是九年以前就和她这样了吗？你难道只和德鲁茜拉（Drusilla）一个人上床吗？提尔图拉（Tertulla）、提兰提拉（Terentilla）、鲁菲拉（Rufilla）、萨尔维娅·提提森尼娅（Salvia Titisenia）

或者别的什么女人，你难道没和她们上过床？在什么地方和谁一起享受欢愉有什么关系呢？

鉴于苏埃托尼乌斯引用的部分很简短，我们得审慎地考虑一个问题：屋大维对他抱怨的到底是什么？按照安东尼的说法，屋大维抱怨的是他和多个女性保持性关系。然而，从后来的史料来看，屋大维抱怨的很可能是安东尼被克莱奥帕特拉“支配”了。毕竟，这才是他的开战理由。不管怎样，安东尼都是在佯作不知。他的意思是，利用他人的性生活来发起政治攻击是前所未有的。但这本来就是罗马人的惯用手段，虽然后面的这些才是比较常见的名目：同性恋、通奸、溺爱情人或者因私生活（尤其是和地位较低的女性）而玩忽职守。

况且，克莱奥帕特拉绝非寻常女子。安东尼自己也在信件的开头就提到了——她是女王。安东尼和克莱奥帕特拉还组建了家庭，让问题变得更加复杂。罗马人采用一夫一妻制。不过，就像其他的许多奴隶制社会一样，一夫一妻制并不意味着罗马人只能有一个性生活的对象。而且，在罗马人看来，性生活不是一种罪，而是很正常的一种活动。需要用制度来严格约束的只是传宗接代的事情——每个罗马男性只能拥有一位妻子来为他生育合法的后代。

此外，妻子也是家庭的核心人物。一方面，她的地位和人脉可以为其丈夫所用。安东尼以实际行动向所有的罗马人证明了他是有能力和一位女王组成家庭的男人。另一方面，对于安东尼这样的大人物而言，妻子还是他的政治伙伴。一般说来，人们都认为夫妻二人是会互相支持的。[312] 在晚期罗马共和国，虽然男性往往是家庭的支配者，但是女性显然也能发挥不小的政治影响力，像奥克塔维娅和安东尼那样的政治联姻就是基于这样的考虑而出现的。

这种婚姻关系的缔结基础是政治考虑，而不是男女双方的感情。爱情甚至往往不在考虑范围之内。或许正是如此，至少精英阶层的罗马人还比较能够容忍婚外情。他们并不是不知爱情为何物，事实恰恰相反，他们很明白个中三昧。在罗马革命时期就诞生了某些异常热烈的情诗。但是，罗马人一般不会指望着在婚姻中找到这种浪漫的感情。

显然，奥克塔维娅和安东尼之间的联姻最终未能保住屋大维和安东尼的盟友关系。但是，这段婚姻关系的终止是他们二人之间政治关系破裂的结果，而非其原因。虽然乍一看可能有些奇怪，但是安东尼真的在很长的一段时间里同时维持住了他和克莱奥帕特拉组成的王室家庭以及他和奥克塔维娅组成的罗马家庭。

安东尼在信里列举了他觉得有可能和屋大维上过床的女性。她们都不是地位低下的女子（没有人会在意屋大维是否和那种女性发生过婚外性关系），而是屋大维身边最亲密的朋友的妻子。安东尼的意思是，就连屋大维侵害他人家庭的通奸行径都不足为奇，他自己的行为就更不应该受到指责了，因为他的两个性生活对象都是他的合法妻子。

根据罗马的法律，每个罗马男性都只能和一名罗马女子维持一段婚姻关系，组建一个家庭。不过，身为三头之一，安东尼掌握着莫大的权力。克莱奥帕特拉也是地位超然的女王，他们不太可能会拘泥于寻常的法律规定。后三头的权力让他们甚至可以不顾应有的法律流程，随意地杀死任何一位罗马公民。这样的权力肯定也能解决婚姻法的问题，让安东尼如愿以偿地和克莱奥帕特拉拥有合法的婚姻关系。因此，安东尼完全可以有底气地宣称克莱奥帕特拉就是他的合法妻子，他们的孩子也是合乎法律的，他和奥克塔维娅的关系也是如此（就算这是重婚）。

然而，让安东尼得以摆脱传统束缚的这份权力同时也改变了他的家人的政治地位。成家确实是一件从头到尾都很实际的事情。例如，在三头同盟时代的早期，富尔维娅凭着安东尼的权力而享有了罕见的强大政治影响力，因为人们通常认为掌权的男性会听取妻子的意见，并且在此基础上做出决策；妻子则会热心地支持丈夫的事业，同时对外代表着丈夫的意志。在共和国时代，家庭内部的这种决策过程不会导致什么问题，因为罗马官员的所有重要决策都还需要进一步和同僚们展开讨论。但是，在三头同盟时代，安东尼和屋大维的家人就拥有了前所未有的政治地位。

所以，安东尼和克莱奥帕特拉的关系遭到诟病不是因为人们忽然想要把男女私情夸大为严肃的政治问题，而是因为安东尼和克莱奥帕特拉组建家庭本身就是影响深远的政治行为，他们二人的政治未来由此被绑在了一起。至少从理论上来说，双方都从中受益了。对于这段亲密的私人关系，他们并不介意对外声张，他们甚至还在货币上描绘了彼此之间非常相像的形象（如图5）。通过与安东尼联姻，埃及的女王克莱奥帕特拉获得了罗马世界的权力。所以，罗马世界的政治人物势必要对安东尼的这段关系加以审视。屋大维的通奸行为确实如安东尼所说，不是什么严重的问题，因为没有人会相信这些情人能够影响屋大维的决策。但克莱奥帕特拉完全不同。她原本就有着不小的权势，罗马有可能会为她所掌控。当然，要除掉威胁着罗马人的克莱奥帕特拉就意味着要攻击安东尼。

我们在前文强调了爱情并不是这场战争的主要原因，但是从安东尼在信件里所写的愤怒、简短而明确的文字来看，我们也无法完全忽视埃及女王的异域魅力以及他们之间的亲密关系。安东尼最后还提出了这个问题：“和谁一起享受欢愉有什么关系呢？”然而，无论他有多么讨厌人们把他的风流韵事摆上台面来加以严肃的政治讨论，无论这种事情在罗马的历史上有多么罕见，对这个问题的回答都是肯定的——安东尼和谁一起享受欢愉真的是个大问题。而且，安东尼自己也一定是明白这一点的。

亚历山大的封赏仪式

公元前34年，为了庆祝他对帕提亚人取得的胜利，安东尼在亚历山大举办了游行仪式。身为战俘，亚美尼亚国王被戴上了银质的镣铐，然后跟着安东尼的游行队伍在城里走了一趟。安东尼本人则乘着战车，一边前进，一边向民众致意。埃及人民簇拥着一个银色的高台，其上有一个金色的宝座，他们的女王就坐在这里。此次庆功仪式的高潮就是把俘虏和战利品都献给克莱奥帕特拉。[313] 接着，安东尼为亚历山大城内的军民举办了一场盛大的宴会，然后对大家发表了讲话，宣布克莱奥帕特拉为统治诸王的女王，克莱奥帕特拉和尤里乌斯·恺撒的儿子恺撒里昂为王中之王。这种波斯风格的头衔让他们至少在名义上成了东方的主人。安东尼和克莱奥帕特拉所生的子女也得到了封赏：托勒密得到了叙利亚；克莱奥帕特拉·塞勒涅拿到了昔兰尼加（Cyrenaica，埃及以西的土地）；亚历山大则获得了亚美尼亚以及东至印度的土地。[314]

亚历山大的封赏仪式并不符合罗马的传统。当然，游行以及在市中心献出战俘还算是效仿了传统的凯旋仪式。但是，这次活动的举办地点和克莱奥帕特拉扮演的角色都是全新的设计。这场封赏仪式足以说明公元前34年的罗马政治已经与之前的时代大不相同。此外，这种公开的仪式是执政者在人民面前塑造政权形象的一种手段，并且因此具备了意识形态方面的意义：执政者可以通过这种仪式向特定的受众宣传某种世界观。显然，安东尼以及克莱奥帕特拉都不可能在民众面前把自己包装成之前统治埃及的各位将军或者法老，埃及女王和罗马三头之一组成的王室是史无前例的，无论罗马人还是埃及人都能明显地感受到这一点。因此，安东尼和克莱奥帕特拉不得不去探寻可用的政治象征，然后对其加以改造，进而发明出新的仪式。例如，他们以神话为基础，把克莱奥帕特拉塑造为伊西丝（Isis），把安东尼描绘成奥西里斯（Osiris）或狄俄尼索斯。[315]

不过，这种尝试具有一定的政治风险。象征其实是在给人们展示一种看待现实的方式，同时也会让人们有机会去展开独立的思考。如果权力的运行方式已经不能顺畅地融入既有的政治文化，那么执政者就需要对政治文化进行创新。他们可以在公开的仪式上向民众展示新的象征，获取民众的认可，从而成功地树立新的政治文化。但是，对于执政者提出的新的解释世界的方式，民众或许会表示怀疑乃至否定。

一般说来，罗马的将军取胜以后会向元老院提议在战败者的土地上建立起殖民地。然而，这一次，安东尼不仅没有采用罗马人的传统做法，还公然任命自己的家人去统治这些土地。这是足以让罗马人深感震惊的新颖事物（虽然熟悉希腊王族传统者大概立刻就能明白安东尼在做什么打算）。而且，这些封赏的意义也不明确，克莱奥帕特拉和她的儿女们看起来不会去实际地统治这些地方。克莱奥帕特拉本人的角色显然是很被动的。在封赏仪式上发表讲话的是安东尼，预先做出这些安排的也是安东尼，这次封赏事件体现的完全是安东尼的权力。

亚历山大的封赏仪式是一场政治秀。安东尼等人采用了罗马的凯旋仪式里的一部分内容，但也吸收了埃及和近东王权的一部分传统，因为这种形式更能引起当地居民的文化共鸣。包括安东尼和最为著名的亚历山大大帝在内，东方的征服者们往往会以当地居民认可的传统方式来宣传自己的王权。安东尼这次的宣传受众既有罗马人也有东方诸国的人民。这些群体有着截然不同的文化背景，但是他们之间的交流已经有了比较长的历史。所以，无论哪一方都不会对安东尼的封赏仪式感到陌生，他们都能够明白其寓意。

安东尼当然不是法老，也没有把自己宣传为法老。他也不同于托勒密王朝的希腊国王，克莱奥帕特拉没有尝试着把安东尼塑造为埃及的君主，他的形象没有和克莱奥帕特拉一起出现在埃及的神庙上。克莱奥帕特拉更倾向于宣传自己和恺撒里昂一同出现的样子，安东尼则仍然是外来的罗马人。不过，这次的封赏仪式毕竟体现了安东尼享有永久的统治权，克莱奥帕特拉及其子女在仪式上获得的头衔都彰显着安东尼的权威。封赏仪式还宣布安东尼和克莱奥帕特拉的子女后代都可以统治东方的土地，这种声明全然违背了共和国的旧制度。不过安东尼却仍非国王。他既没有给自己加冕，也没有采用新的头衔。[316]

总之，安东尼改造了既有的宣传权力的方式，从而将其化为己用。无独有偶，屋大维也做了类似的事情。如前文所述，屋大维击败庞培以后在罗马城广场上立起了自己的金色雕像。由于恺撒已经被尊奉为神明，屋大维还命人铸造了称其为“神子”的货币。我们很难说他们二人此刻的所作所为有很大的区别，安东尼涉嫌效仿希腊化时代的东方君主；屋大维则自比于神明，在罗马城内竖立起自己的金色雕像。如果在罗马的共和制度坚如磐石的年代，他们二人的举动显然都会遭受猛烈的抨击。安东尼和屋大维都是在以全新的方式宣传自己的权力，试图让自己在理论上也摆脱元老和罗马传统的束缚。他们的做法无疑都反映了公元前1世纪晚期罗马政治的新形势。不过，安东尼在亚历山大举办的封赏仪式还反映了他和屋大维之间的关键差异。这场仪式显然说明了安东尼和克莱奥帕特拉已经在私人和政治层面上合二为一，他们的权力中心则位于亚历山大。身处东方的安东尼仍然可以在一定程度上维持罗马人对他的支持，并且对这些支持者予以奖赏。然而，在当时，埃及的亚历山大距离罗马有两三个月的路程，克莱奥帕特拉女王和意大利政界的联系也不是很密切，这样一个以亚历山大为中心的私人关系网络难免不能及时而广泛地照顾到位于意大利的支持者。而如果关系网络不能满足其成员的需要，这些人或许就会择木而栖。更何况，屋大维的关系网仍然立足于意大利。

安东尼的个人及政治命运都已经和克莱奥帕特拉维系在一起。她为安东尼生下了三个孩子，就算安东尼在宣传自己的权力之时未曾把克莱奥帕特拉当作核心人物，他也不可能简简单单地把克莱奥帕特拉给抛在一边。况且，没有任何证据能够证明安东尼觉得自己有必要做这种事情。此时，这段婚姻给他带来了一位美丽动人的女王和无与伦比的财富与地位。克莱奥帕特拉是安东尼政权里的关键角色。

三头同盟的终结

时至公元前 33 年，安东尼和屋大维的关系已经相当紧张了。具体的细节我们已经无法获悉，但他们显然在很多问题上都发生了争执。安东尼要求屋大维派出援军；屋大维则要求分享一半的战利品，同时还抱怨安东尼擅自举行亚历山大的封赏仪式。安东尼接着质问了屋大维取消李必达的权位，并且入主西西里和阿非利加的事情。虽然看起来就很难取信于人，但屋大维还是对安东尼声称他原本打算饶恕塞克斯图斯·庞培，进而指责安东尼杀死庞培。他也对克莱奥帕特拉和恺撒里昂表示了不满，暗指安东尼在亚美尼亚的战争有违道德。[317] 他们基本上都在围绕着旧闻展开争论。

双方的交流大体上处于保密状态。当然，某些贵族也许曾经不慎泄露过机密。在此期间，信使们来来往往，为这两个人传递着令彼此都埋怨不已的消息。或许，罗马的贵族们已经在不停地讨论着安东尼和屋大维的关系。但是，双方依然没有大打出手，他们还没有遇到什么不得不立刻解决的法律问题或政治问题。虽然后三头的权力即将在公元前33年末抵达法定期限，但这两个人看起来都不会心甘情愿地回归“正常”的政治地位。

公元前32年，安东尼的密友格奈乌斯·多米提乌斯和盖乌斯·索西乌斯成了执政官。在1月1日的传统就职典礼上，多米提乌斯借机赞颂了安东尼，并且对屋大维加以批评。屋大维本人并不在现场，但他很快就做出了回应。他召集了元老院会议，然后带兵与会。两位执政官只得静静地听着屋大维驳斥他们所做的批评。接着，会议就结束了。

于是，这两位执政官连夜逃离了罗马。[318] 三头同盟的正式终结和屋大维此次动用军队的行为或许的确让很多人深感不安，担心之后还会有更大规模的暴力冲突。但就算如此，战争也未必不可避免，此时还远远没有真正达到足以引发战争事端的地步。

不过，在某些人看来，站队的时机已到。一部分人离开了罗马去投奔安东尼，另一部分人则从亚历山大来到了屋大维这边。抵达罗马的这些人充分表达了他们对克莱奥帕特拉的不满，还暗指安东尼想要把罗马献给克莱奥帕特拉。除此以外，或许还有很多人期待着有同时忠于双方的人能够从中斡旋，再一次化解两边的矛盾。然而，逃至罗马的变节者让屋大维得知了安东尼的遗嘱就被保管在维斯塔贞女（Vestal Virgins）手中（罗马人常常把文件和财产存放在神庙里，因为他们认为这样就可以得到神明的保护）。于是，屋大维全然不顾法律的约束，强行取走了安东尼的遗嘱，然后对元老们宣读了其中的内容。这份遗嘱里有一项看似无关紧要、实则非常致命的条款——安东尼希望自己死后能够和他的女王一起被葬在亚历山大。为此，元老们断然披上了战袍，表决同意对克莱奥帕特拉开战。[319]

屋大维提出的宣战理由是克莱奥帕特拉正在窃取罗马的最高权力。安东尼的遗嘱可以算作一种证据：安东尼已经想要抛弃罗马，彻底投入克莱奥帕特拉的怀抱。而且，他们之间的婚姻也可以视作克莱奥帕特拉对罗马东部领土主权的篡夺。由此，罗马和亚历山大之间有了裂痕。罗马城本该是国家的唯一中心，享有最高的权威。但现在，这种独一无二的地位受到了威胁。如果有安东尼相助，克莱奥帕特拉有可能让所有的罗马人都臣服于她。而亚历山大的封赏仪式已经证明了安东尼确实打算和克莱奥帕特拉建立长久的关系，甚至还要把权力传承给子女后代，开创一个新的王朝。

面对这种潜在的威胁，屋大维要求意大利的城镇社区立誓以他为领导（dux），随他一同作战。他由此宣布整个意大利都在支持他。[320]屋大维让意大利在政治和文化上取得了某种统一性，从而成为支撑起一个大帝国的根基。在古老的共和国时代，罗马城以外的地方都不重要，只有罗马城的政治生活才值得重视。然而，屋大维造就了新的权力版图。老兵们定居的城镇和殖民地、与屋大维达成一致的社区都被包括在内。意大利成了国家的中心。屋大维对意大利的重视说明了，身为三头之一，他的私人关系网，亦即他的势力范围已经远远超出了罗马城。此外，强调意大利的支持有助于表明他现在和东方的异国埃及站在对立面上。

当然了，这场战争其实是安东尼和屋大维的战争。意大利境内还有不少安东尼的支持者。我们可以想见，很多倾向于支持安东尼的人或许还留在意大利，和安东尼一起历经多场战役的老兵们可能也对他留有不错的印象，政治宣传往往有别于现实。但是安东尼毕竟不能召集起留在罗马和意大利的支持者，这些人无法给安东尼提供多少实质性的帮助。因此，屋大维成功地实现了他的政治宣传：意大利的资源会被他调集起来对抗安东尼及其埃及盟友。

阿克提翁之战

在两位执政官逃跑以后，安东尼和屋大维先做出了一些谈判的姿态，然后就在公元前 32 年末展开了军事行动。不过，到公元前 31 年春，双方才准备就绪。屋大维的海陆军队集结于意大利南部的布伦迪西翁，安东尼则率军来到了位于其势力范围最西端的希腊。安东尼让舰队停驻在阿克提翁，又往伯罗奔尼撒（Peloponnese）派出了驻军。

希腊西部的安布拉奇亚湾（Ambracian Gulf）深入内陆约

五十公里（请参考地图5），它和伊奥尼亚海以一条窄短的水道相连。阿克提翁就坐落于这个入口的南岸，它是希腊西海岸的少数良港之一。虽然阿克提翁的陆路交通受到了崎岖的山地的阻碍，但它和意大利以及伯罗奔尼撒的海路交通是很便捷的。因此，驻扎在这里的舰队有着不小的行动空间。安东尼的意图是直接威胁亚得里亚海沿岸归属于屋大维的城镇或部队。其实，安东尼的这个策略在佩鲁西亚战争以后就曾经实施过一次。当时的他以希腊西部为基地，利用己方的海军优势主动向布伦迪西翁发起了进攻。然而，公元前31年的屋大维已经今非昔比，他的舰队现在有能力和安东尼竞争海洋的控制权。所以，这一次，阿克提翁不再是安东尼进攻意大利的跳板，他甚至会发现自己已经被困在了安布拉奇亚湾。

阿格里帕决定先发制人。他绕过了阿克提翁，直接攻下伯罗奔尼撒半岛西南部的米托涅（Methone），进而对安东尼的领地发起了一连串的劫掠行动，骚扰着安东尼的部队。屋大维则横渡亚得里亚海，大概登陆于今天的阿尔巴尼亚（Albania）境内某处，准备进攻安东尼部署在阿克提翁的舰队。[321]接着，就在安东尼赶来与其大部队会合之时，屋大维经由帕克索斯岛（Paxos）南下至安布拉奇亚湾北岸，在阿克提翁以北数公里处安营扎寨。屋大维试图和安东尼的海军或陆军交战，但是安东尼在海湾入口的两岸都建好了防御工事。如果强攻，屋大维势必会面临不小的风险。此时，安东尼还有部队大概在沿着曲折的陆路赶赴阿克提翁，他不愿在这种时候应战。于是，双方都开始一边积攒军力，一边等候良机。322

不过，阿格里帕向来热衷于主动出击。他趁此时机在伯罗奔尼撒大肆劫掠，还在琉卡斯（Leucas）[1]建立了据点，让屋大维控制了阿克提翁以南的交通要道。至此，屋大维已经从海上包围了安东尼。而且，阿格里帕的舰队现在掌控着科林斯湾（Gulf of Corinth），可以直接威胁安东尼的陆路交通，323 安东尼的后勤因此受到了严重的影响。在海路被截断的情况下，他的补给队只能沿着曲折又漫长的陆路前进。

希腊的这个地区在夏天的时候有可能会变得异常酷热，当地的气候还很潮湿。位于低地的安东尼大概尤感不适。而北边的屋大维所部驻扎在地势较高的地方，每天下午都能享受到清爽的海风。现代的安布拉奇亚湾南岸分布着很多沼泽。而在古典时代，这里疟疾频发。在当地获取清洁的饮用水是一个大问题。而且，安布拉奇亚湾的水体流速较慢，几乎不可能被用来处理营地里产生的垃圾。因为补给线受到了骚扰，安东尼帐下还有越来越多的人饱受饥饿之苦。总而言之，安东尼的部队在酷暑时节承受着食物、燃料、饮用水的匮乏，居住在肮脏又潮湿的环境里。没过多久，疾病就来袭了。安东尼已经受困，他的军队危在旦夕，他不能再坐以待毙了。

---

[1] 今名莱夫卡扎（Lefkáda）。——译者注

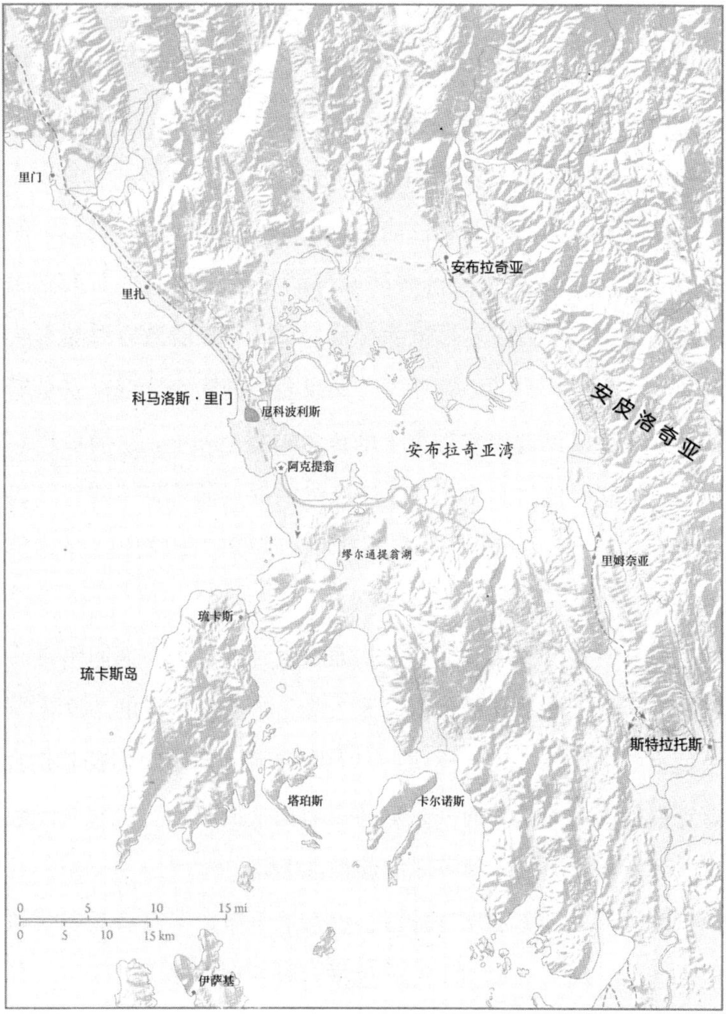

地图5：阿克提翁及其周边地区

于是，安东尼来到北岸向屋大维发起了挑战。可形势已然逆转，屋大维现在更愿意坐等安东尼的军队不攻自破，他肯定已经知道安东尼此刻急需做出决断。摆在安东尼面前的大概有三条路：首先，他可以尝试着与屋大维的陆军展开决战，将其一举击溃；其次，他可以让海军尝试突围；最后，他的选项就只剩下先烧毁己方的全部船只（同时也是安东尼的主要军备），然后带着他饥病交加的部队，顶着敌方海陆军队的骚扰，沿着崎岖的山路撤退。如果要展开陆军决战，安东尼就必须来到海湾北岸靠近今天的普雷韦扎（Preveza）的那块平原上。因此，他率军出动，在屋大维的据点前摆好了阵势。双方发生了一些小规模的冲突，但屋大维还不想与他展开陆军决战。

这一定是屋大维和阿格里帕兼权熟计的结果，他们想要让海战来决定此次战役的胜负。屋大维拒绝出营应战的态度让安东尼也明白了这一点。此前，屋大维和阿格里帕以海战击败了塞克斯图斯·庞培，而安东尼还没有海战的经历。看起来，他们二人大概觉得己方的海军能够稳占上风。

既然屋大维无意展开陆战，安东尼便撤走了海湾北岸的部队。这一举动充分说明了此时的主动权掌握在屋大维手中。有史料称，安东尼此时召开了一场作战会议。这则记载又一次突出了克莱奥帕特拉的角色，声称她才是最高决策者，而她已经被各种各样的凶兆给吓坏了，认为他们现在应当竭尽全力地撤退。[324]这种说法不足为信。到了这个时候，安东尼等人其实已经没有什么可以商议的了，他们的主要军备就是这支舰队。更何况，他们的陆军和海军的关系堪称休戚与共。[325]假如安东尼能够在海战中大败屋大维和阿格里帕，他就能确保对希腊的掌控权，进而再次以希腊为跳板进攻意大利，乃至彻底扭转局势，让屋大维也尝到失去补给的滋味。就算安东尼仅仅是让自己的舰队大致完好地撤离了此地，他也可以有重整旗鼓、来日再战的机会。比如，他可以把舰队派去竞争亚得里亚海的控制权，也可以把这一批陆军撤走，还可以从东方的领地召来更多的后援军。总而言之，无论是取胜还是打平，安东尼和克莱奥帕特拉都至少能够摆脱阿克提翁的困境，改善己方主力部队的作战条件，从而继续进行这场战争。在安东尼的部队离开了海湾北岸以后，双方都立刻开始着手准备海上决战。

安东尼和克莱奥帕特拉花了几天的时间来等待合适的风况和海况。公元前 31 年 9 月 2 日，他们率领舰队离开了阿克提翁的水道。屋大维和阿格里帕正在等待着他们。安东尼的舰队就在海湾入口之外。他们排好了紧密的阵形，组成了一堵木质高墙，以免敌方战舰穿插进来。双方都在等待，没有人轻举妄动。屋大维也许期待着安东尼的舰队会朝南方的开阔海域逃跑，以致露出侧翼并且加大船只的间距，但安东尼没有犯下这种错误。于是，屋大维下令延长阵线，同时派出小股部队去包抄敌舰。面对着遭到多方夹击的威胁，安东尼选择了利用敌方调整阵形的时机发起进攻。[326]

安东尼的舰队有着更大、更重的船只，它们不仅火力更强，而且具备高度优势。屋大维的战船更小、更轻，因而更加灵活；但这种船只如果被困住了就很有可能被敌方强行攻下。在很长的一段时间里，这场海战都没有明显的优劣之分，两边都无法给对方造成严重的损伤。但是，因为比较笨重，安东尼的舰队基本不可能逃离敌方的攻击。

传说，在战况依然僵持不下的时候，克莱奥帕特拉受到了惊吓，连忙逃跑，安东尼也随她而去。[327]也就是说，决定了战局走向的是脆弱的克莱奥帕特拉和过于信赖、爱护克莱奥帕特拉的安东尼。但这个传说很可能是不实的。安东尼和克莱奥帕特拉此战的目标是至少突围离开海湾，进入开阔的外海，从而完成撤退，以求在日后另寻良机。在中午以后、傍晚之前，风力渐渐增强了。安东尼和克莱奥帕特拉一定在密切地关注着风况，想要借助风势，一口气摆脱敌舰。但是，挑选扬帆的时机并不容易。就算风力和风向都合适，安东尼的船只也还需要有充足的时间才能拉开距离，真正地逃出生天。[328]而且，所有战舰都必须整齐划一地开始行动，因为放弃作战、进行转向或许会导致阵形破裂或者露出侧翼。那样一来，屋大维就很有可能找到可乘之机。而只要安东尼的大多数舰船未能逃离，屋大维就算是取得了胜利。也许，安东尼甚至应该安排一定量的殿后部队来掩护大部队扬帆撤退。

时机一到，克莱奥帕特拉便下令撤离。安东尼本人的行动也很顺利。但是，他的绝大部分战舰都没能突围。不过，尽管我们可以认为胜负已分，但是战斗还没有完全结束，安东尼的舰队还在作战。这本身就足以表明安东尼和克莱奥帕特拉的撤离是早就安排好的。克莱奥帕特拉没有像传说里描写的那样因恐惧而慌乱地逃跑；安东尼也没有被爱情冲昏头脑，不顾一切地追随爱人而去。就算克莱奥帕特拉和安东尼已经相继离去，剩下的舰队也不见得就毫无希望，他们仍然在努力地寻找突围的机会。

安东尼方舰队的阵形依然比较完整，屋大维等人无法将其打乱。但随着白天渐渐过去，他们逃生的希望越来越小。在临近夜晚的某个时间点上，风势会完全消失，然后，他们就会彻底失去打破僵局的机会。此时，屋大维的进攻已经使得安东尼方舰队的阵形变得更加紧密，也更加难以逃跑。于是，屋大维开始派人去准备火攻。

屋大维下令向敌舰射出了装着木炭和沥青的罐子。在火箭的配合下，安东尼的木制舰队陷入了火海。船员们赶紧开始灭火。他们先把自己的饮用水泼到了沥青上，然后开始用海水。安东尼的部下或许不太熟悉这种海战秘技。沥青是不溶于水的，对着燃烧的沥青泼水只会让火势进一步扩散开来。于是，他们开始击打火焰，甚至试图用尸体来扑灭火势。但这也无济于事，火焰不停地扩散开来，很快就彻底失去了控制。

在此期间，屋大维的海军就在旁边看着安东尼的舰队化为灰烬。[329]战斗结束了。

安东尼的陆军正在撤离，但他们几乎不可能顺利逃生。他们的其中一条可选路线是经由陡峭的山路朝着马其顿前进。或者，他们可以顶着阿格里帕的海军骚扰的压力，沿着科林斯湾撤退。无论哪条路都充满了艰难险阻，而且很漫长，就算他们能够挡住屋大维等人的进攻，补给也是一个难以解决的大问题。对于一支已经饱受疾病侵袭的部队而言，这是不可能完成的任务。既然逃生几乎无望，那么安东尼的军团自然就选择了投降。[330]

穷途末路的爱情

安东尼和克莱奥帕特拉也许在逃跑之时曾经短暂地停留了一阵子，以便察看己方陆军是否能够撤离。但在得知投降的消息以后，他们便朝着埃及航去。对于地位较高的俘虏，屋大维在斟酌以后或杀或饶。接着，他把一部分军队调回了意大利，表现出充足的信心。屋大维在自己的军帐所在处建造了一根巨大的胜利纪念柱，饰以安东尼战船的船首，并且将其献给阿波罗。后来，这里更是有了一座纪念此次胜利的城市——尼科波利斯（Nicopolis），也就是胜利之城。它坐落在山坡上，注视着屋大维曾经取胜的那片海域。屋大维还下令要求每五年就在此举办运动赛事，让罗马世界每五年都来庆祝屋大维的胜利，同时铭记安东尼和克莱奥帕特拉的命运。屋大维把阿克提翁之战渲染为决定了整个罗马世界前途的重大事件。

此战以后，罗马世界里的几乎所有人都看清了局势。仅从理论上来说，安东尼还掌握着非常充足的资源。他有很多军团还驻留在叙利亚和阿非利加。有不少附庸国王还理应对他效忠，派兵前来支援他的后续行动。克莱奥帕特拉也拥有大量的资金和战船，虽然她的舰队位于红海。然而，阿克提翁之战干系重大。凡知晓战况者都不难看出这场战争其实已经结束，没有必要白白葬送自己的性命。安东尼已败，屋大维即将获胜。安东尼的盟友纷纷叛变，东方的各位国王以及由安东尼委派至各个地方省份的罗马总督都开始向屋大维求和。最后，只有埃及还处在安东尼和克莱奥帕特拉的掌控之内。

他们二人肯定也能看清现在的战略形势。此时的屋大维可以调用巨量的资源，他们根本无法望其项背。于是，他们返回了亚历山大，等候征服者的到来。他们派出了使者，尝试以外交渠道解决问题，却并没有取得什么成果。安东尼和克莱奥帕特拉已经失去了谈判的资格，屋大维没有理由跟他们讲和。就在这个时候，屋大维遇到了一场兵变，已经退役的士兵又在要求得到奖赏。屋大维只好回到布伦迪西翁去安抚哗变的士兵。不过，这只是推迟了结局的到来而已。安东尼和克莱奥帕特拉由此得到了冬春两季的喘息时间。他们竭力召集部队，准备抵抗到底。此外，为了逃避大难临头的压力，他们在冬天花了大量的时间在自己最为擅长的事情上——挥金如土，举办奢华的晚宴，展示自己的富有。他们还特意和朋友们一起组建了一个名为“共赴黄泉”的享宴团体。[331] 公元前 30 年，屋大维的军队即将抵达埃及。

埃及的沙漠让这个国家有了抵御外敌的天堑，但是安东尼此时需要同时抵挡来自东方和西方的入侵（请参考地图 6）。之前，安东尼曾经任命一位骑士科涅利乌斯·伽卢斯去负责指挥西边的昔兰尼加的军队。安东尼也许认为地位低一级的贵族更有可能为自己尽忠。然而，伽卢斯还是选择了叛变，甚至还率军向埃及发起了进攻。至于屋大维的部队，他们很可能从东边的佩鲁西翁（Pelusium）而来。安东尼本想去东方应敌，但现在却必须到西边处理叛军，因为伽卢斯已经攻下了一座边境城市帕莱托尼翁（Paraetonium）。安东尼一度认为自己或许可以说服士兵们回心转意。然而，他失败了。接着，安东尼在帕莱托尼翁城外驻扎了没多久就得知了屋大维终于抵达了埃及。[332]

于是，安东尼转而率军向屋大维进发。他的骑兵在亚历山大的外围地带遇到了屋大维的部队并且将其击退。然后，安东尼派出了步兵乘胜追击，但他没能给屋大维造成严重的伤亡。不过，他还是深感振奋，声称自己就算是在此刻这样的绝境之中也有扭转乾坤的能力。但是，四面八方都有无数敌军袭来。安东尼不可能真的相信自己有机会逃脱死亡的命运。第二天，他命令海

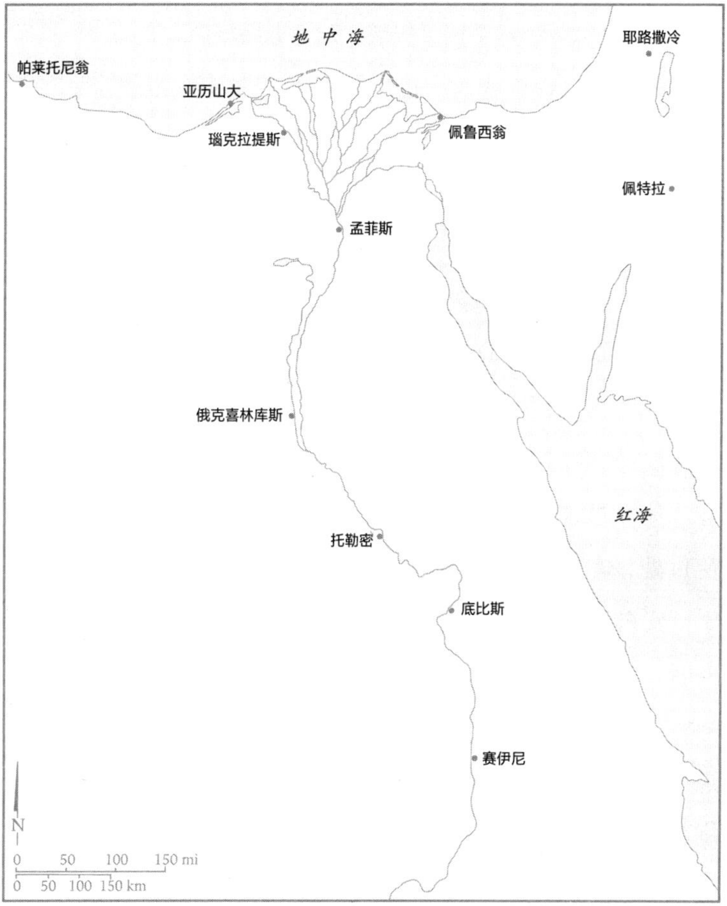
地中海
耶路撒冷
帕莱托尼翁
亚历山大
瑙克拉提斯
佩鲁西翁
佩特拉
孟菲斯
俄克喜林库斯
红海
托勒密
底比斯
赛伊尼
N
0 50 100 150 mi
0 50 100 150 km

地图 6：埃及

军离开亚历山大。当这支舰队遇到屋大维的优势海军以后，他们举起了船桨，选择了投降。陆军的情况也不容乐观，安东尼带着步兵投身于战场，却遭遇了失败，被迫退回城内。[333]

克莱奥帕特拉获悉了己方部队叛变和安东尼被击败的事情，她知道结局将至。此前，她已命人把一部分财物运到了自己的陵墓里。现在，她前去陵墓之内，关上了大门。埃及的女王已经准备好迎接死亡。

很快，全城的人都得知了这个消息。安东尼也不例外。他得到的情报大概是克莱奥帕特拉已死。因此，安东尼拔剑自刎。但就在他倒在地上流血不止的时候，又有消息传来，称克莱奥帕特拉还活着。于是，安东尼命人将他抬去和女王相会。他穿过了亚历山大的街道，抵达了陵墓外，然后被送到窗口处，在克莱奥帕特拉及其仆人的帮助下进入了陵墓。终于，安东尼回到了克莱奥帕特拉的身边，在她的臂弯中离开了人间。[334]

克莱奥帕特拉并没有立刻随安东尼而去。屋大维的使者进入了亚历山大，他们看起来愿意开启谈判，甚至有可能饶恕克莱奥帕特拉及其子女的性命（最后除了恺撒里昂以外，他们确实都没有被杀）。这些使者进入了陵墓，抓住了克莱奥帕特拉，夺下了她打算用以自裁的匕首。然后，克莱奥帕特拉被带回了王宫。屋大维的人小心地看守着她，等待屋大维本人前来。[335]

关于克莱奥帕特拉和屋大维的会面，有一个虚构的故事流传至今。据说，长于诱惑男性的克莱奥帕特拉试图对年轻的征服者屋大维故技重施。但屋大维充满了男子气概，毅然拒绝了。他不是恺撒，更不是安东尼。他有着更加强大、更符合罗马道德标准的自制力。但是，我们基本没有理由相信克莱奥帕特拉会忽然放弃自杀的意图。[336]她先为安东尼举行了丧礼，然后就回到了王宫。接着，她准备了一顿丰盛的宴席，穿上了女王的华服，向屋大维送出了一封信。及至屋大维收到这封信件之时，克莱奥帕特拉已然死去。屋大维破门而入，只见克莱奥帕特拉的两名侍女正在为她们的女王戴上冠冕。这是精心筹划的自杀。克莱奥帕特拉有意让罗马人发现即使是死她也秉持庄严的王家风范。克莱奥帕特拉的侍女也和她一样中了毒。

这位埃及女王的具体自杀手段至今仍然是一个谜，有史料暗示克莱奥帕特拉用了一枚带毒的别针。但在传说当中，她更有可能死于毒蛇之口。一条或数条毒蛇被藏在一堆无花果或是水罐里带进了王宫。伊西丝本就是和蛇有关的女神，对于最后的法老暨伊西丝的化身而言，这种死法或许确实特别合适。[337]最后，克莱奥帕特拉被葬在安东尼旁边。由此，安东尼的愿望实现了，他真的和他的女王一起被葬在了亚历山大。

帝国及其敌人

安东尼和克莱奥帕特拉之死既意味着人们即将开始进一

步虚构相关的传说故事，也标志着君主制的帝国时代即将到来。然而，阿克提翁之战其实不是决定了罗马世界走向何方的事件，他们二人的自杀就更没有改变历史的面貌了。即使阿克提翁之战的胜者是安东尼，罗马世界看起来也不太可能走上截然不同的道路。安东尼和屋大维所在的关系网络已经掌控了罗马。这场战争解决了位于亚历山大的安东尼和克莱奥帕特拉以及位于罗马的屋大维形成的两个难分高下的权力中枢问题。就算安东尼取得了胜利，他也几乎不可能损害这张关系网对罗马的统治权。如果说罗马必定要从共和国走向帝国，那么从安东尼的所作所为来看，我们完全可以说他其实比屋大维更加激进、更加急切。当然，安东尼也许会让亚历山大在他的帝国里扮演更加重要的角色，他和克莱奥帕特拉所生的子女大概也会构成帝国的第一个王朝。但是，罗马和意大利终究是帝国的地理中心。无论安东尼对克莱奥帕特拉的爱意有多么深刻，他应该还是会在罗马度过不少的岁月。

因此，安东尼和克莱奥帕特拉之死的意义恰恰就在于人们所虚构的那些故事。[338]安东尼和克莱奥帕特拉正好可以被重塑为帝国的敌人。而且，他们二人与帝国的对立关系要体现于他们的人生经历和生活方式当中。于是，他们就成了为爱痴狂、沉迷于色欲、女性化、东方化、必定灭亡的人物，这些属性也被渲染为同帝国与罗马相对立的属性。随着罗马皇帝对政治和社会的掌控力越来越强也越来越全面，安东尼和克莱奥帕特拉便逐渐代表了帝国在意识形态领域内的敌人。无论真相究竟如何，安东尼和克莱奥帕特拉的历史意义就是让他们的敌人成为与爱为敌之人，又让爱侣成了帝国的敌人。

第十三章
奥古斯都的诞生

阿克提翁之战并不意味着安东尼和屋大维之间的战争已经结束。但是随着事态的发展，这场战斗最终演变成了安东尼阵营的全面崩溃：所有人都明白了谁会败亡，问题只是那一幕要怎样上演而已。对于屋大维而言，他还有别的事情需要处理。这场战争把恺撒派势力撕成了两半，安东尼的密友和部下应当受到怎样的处置呢？而且，屋大维极少在东方建功立业，东方人几乎不知道屋大维是何等人物。

罗马的西部领土大多被划分为各个省份，由中央派出的总督进行统治。东方领土的安排则更加复杂，今天的希腊以东的那些土地很多都是在比较晚的时候才接受了罗马人的统治。在种种原因的影响下，罗马人不愿意把这些新领土划分为直属于中央的省份，反而更热衷于扶植当地的附庸国王，让他们替罗马中央执掌权威。这种做法尤其盛行于公元前 1 世纪 60 年代庞培的征服以后。一般说来，这些君主都很依赖罗马的支持。为此，他们需要出兵协助罗马展开军事行动，还要用金钱来体现他们的忠诚，虽然这些资金往往会被罗马的将领克扣一部分。

对罗马贵族来说，这样一套让各地君主依附于罗马人的地方统治体系是有一些好处的。例如，他们可以和这些君主建立良好的私交（安东尼和克莱奥帕特拉的私交就非常深）。这种私人关系可以大大提升他们的名望，因为和国王们结伴而行显然可以体现他们的突出地位。此外，附庸国王的存在还给贵族们提供了赢利的空间。这些君主会对罗马“朋友”慷慨解囊，以便让他们出手帮助自己维护利益。但是，当罗马的政治精英们发生内斗之时，这套体系的缺点就暴露出来了。这些远居各地的君主必须小心翼翼地考虑自己应该加入哪边的阵营。然而，无论考虑得多么仔细，他们还是很有可能站到失败者那边去，这是所有面对内战之人都难以避免的厄运。具体而言，在安东尼和屋大维相争的这次内战当中，东方的诸位国王其实没有选择的余地。在过去十年的时间里，他们一直都处于安东尼的势力范围内。安东尼肯定已经除掉了所有不忠于他的君主，中立则几乎是不可能的。然而，和屋大维作对是很有风险的事情，他素有绝不手下留情的名声，这些国王难免担心屋大维取胜之后杀人灭国。

除了附庸国王以外，罗马东部领土的政治版图当中还有不少希腊城邦（póleis，单数为 pólis）的存在。希腊城邦内部的政治结构比较独特：首先，官员们会组成统治城邦的委员会，但官员的任期一般不长；其次是议会，其成员通常是地主贵族；最后是公民大会。简而言之，希腊城邦和罗马的政体差异主要在于官员的权力。希腊官员的权力较小，更依赖于贵族议会和公民大会。大多数的城邦都算是民主政体，但城邦内的富人往往拥有更加强大的权威。所以，我们可以称之为有限度的民主政体。每一个城邦一般都只控制着较少的土地，这个地区的政治版图就是由大量的小城邦构成的。在亚历山大大帝的征服以后，希腊的城邦开始活动于当地的数个王国（它们是这个地区的军事强权）的范围之内，城邦和王廷之间的关系网就这样诞生了。

屋大维给这些城邦带来了一个新的问题。之前，罗马派出的总督就好像只是某个大国的外交使节一样。在罗马的统治下，各个城邦还是能够运用它们早已熟悉的外交手段。它们会派使者去罗马的精英圈子里打点关系，用荣誉来收买人心。然而，屋大维时代的罗马发生了很大的变化，权力现在集中于屋大维一个人身上，传统的罗马国家机关似乎已经失去了实权。既然屋大维才是最高决策者，那么寻求罗马元老的支持看起来就意义不大了。而且，屋大维不会像之前的总督那样在短暂的任期结束以后就失去权力。总而言之，希腊的城邦现在需要和它们的新主人建立起良好的关系。

赢得阿克提翁之战的屋大维仍然马不停蹄。众所周知，他之前在取得胜利以后都不留情面地对敌人施以报复。就算是以当时的血腥标准来看，其手段也不可谓不残酷。至于那些和安东尼为伍的罗马贵族，我们不清楚屋大维具体是如何处置的，只知道他或杀，或罚，或饶。其中被处死者的遭遇让人不禁回想起屋大维击败卡西乌斯、布鲁图斯以及赢得佩鲁西亚之战以后的做法。他延续了一贯的作风，再度表现得像是一个暴戾恣睢、草菅人命的独夫。后来，贵为皇帝的奥古斯都把阿克提翁之战描绘为意大利和东方之间的对抗，还把自己塑造成捍卫传统、维护秩序的人物。但那毕竟是后来的事情，此时的屋大维看起来丝毫不打算掩饰自己手中生杀予夺的大权。

现在，屋大维把他的影响力施加到了东方，各地的附庸国王必须摆正自己的位置。当年，安东尼曾经因人力、物力不足而在战争中向这些君主寻求帮助。之后，他投桃报李，让这些国王得到了很多好处，许多君主都扩张了自己的领地。但是，既然屋大维已经来到了东方，那么当初安东尼赠予的利益就都不算数了。此外，有三位国王被罢黜，一位被处死。没有遭殃的君主大概会感激屋大维不杀不废之恩，庆幸自己还能保住权位，不会介意自己的领土发生怎样的变动。况且，屋大维还把被废黜的国王的领地转交给了那些对他示以忠诚、友好的君主。

在东方的诸位国王当中，统治着犹地亚的希律是除了埃及的克莱奥帕特拉以外最为显赫的君主。在他之前的王朝因追随帕提亚人而被安东尼麾下的将军索西乌斯给消灭了。之后，安东尼就扶持希律上了台。希律原先并不算是犹地亚上流社会的一员。因此，犹地亚的传统权力关系网络看起来不太愿意坐视希律入主犹地亚，他面对着颇为强大的反对势力。然而，希律坚信安东尼会给自己提供可靠的援助，便果断出手铲除了所有的政敌和对手，包括圣殿里拒不合作的大祭司。希律还和马尔库斯（Malchus）的阿拉伯君主国展开了斗争，大胆地尝试扩张自己的王国。正是因为忙于和马尔库斯作战，希律才未能亲自赶到阿克提翁去支援安东尼。在得知了屋大维已经取胜以后，希律杀死了现任大祭司，把自己的家人送到了比较安全的沙漠堡垒马萨达（Masada），然后就动身前去拜见屋大维。

屋大维在罗德岛上接见了希律。这位来自犹地亚的国王既没有换上丧服，也没有卑躬屈膝地摇尾乞怜，而是秉持自尊、身着盛装而来，虽然他还是除去了象征着王权的冠冕。接着，希律开口了。他声称自己是安东尼的挚友，若非阿拉伯的战事缠身，他必定会去阿克提翁和安东尼并肩作战。而且，他虽然未能亲自参战，但还是为安东尼提供了不少的粮草和资金。也就是说，希律自称会对朋友和恩人尽忠，值得像屋大维这样的大人物对他加以信赖。假如屋大维愿意和他缔结友谊，他同样会对屋大维鞠躬尽瘁。[339]

如果这则记载属实，那么希律就是很精明地把政治现实摆到了屋大维的面前。东方国王们的政治手段一直很简单，屋大维肯定很快就能想明白其中的利害关系。他应该已经知道犹地亚有很多人反对希律，这位国王是凭着反复的大清洗才保住王位的。如果屋大维选择处死希律，那么（经受了多次清洗的）犹地亚就没有人能够稳住局面了，内战在所难免。最后，屋大维保留了希律的地位，而希律也没有辜负屋大维的期待。当屋大维日后来到犹地亚之时，希律为他献上了丰厚的礼物。屋大维的军队乃至其他有可能帮上希律的人都享受到了类似的待遇。显然，让希律感恩戴德比砍下他的脑袋更有意义。

从公元前 31 年夏末到第二年初，屋大维基本都在小亚细亚和希腊。他应该是在忙两件事，一件是准备去埃及结束这场战争，另一件就是和希腊的各个城邦建立友好关系。城邦的精英们早就迫不及待地想要讨好这位新的恺撒了。而屋大维的主要需求是资金，曾经花钱和安东尼缔结友谊的这些城邦现在必须也向屋大维提供大量的资金才能讨得他的欢心。不过，渐渐地，屋大维和希腊城邦发展出了新型的政治关系。一种新的政治文化开始流行于东方的土地之上，这就是帝国政治的运行方式。

亚历山大之城

这种新型的政治文化在埃及初见端倪。安东尼和克莱奥帕特拉被击败以及克莱奥帕特拉自杀以后，托勒密王朝迎来了终结。屋大维根本不可能让克莱奥帕特拉的后代继承王位、延续王统，因为这场战争乃至相应的宣传战都过于激烈，让屋大维失去了宽恕的余地，他不得不把埃及降格为罗马的一个省份。这种事情有一套传统的流程。屋大维需要指定一位总督，然后先给埃及做好临时的安排，再把各项事宜通报给元老院，让元老们加以审核。大概还会有专门的一项法案出台。不过，在设置省份之前，屋大维仍须解决一个重要的问题：亚历山大的命运。

罗马军队有毁灭城市以儆效尤的传统。这些年来，地中海沿岸地区已经有许多极其雄伟的城市都被罗马人夷为平地。迦太基在被摧毁以后的一百年内都是一片荒地，古老而壮观的科林斯也没有逃脱类似的命运，最负盛名的雅典同样被苏拉的部队洗劫一空，西边的西班牙和高卢地区也有不少城市沦为废墟，虽然史书往往对这些城市着墨不多。总之，肯定有很多人担心亚历山大也会遭遇毁灭。

亚历山大是古典时代最伟大的城市之一，其历史、建筑、规模（不下于三十万人口）、文化都出类拔萃。它是地中海世界的第二大城市（仅次于罗马），摧毁这样的一座城市会让屋大维的敌人和东西方的各个势力都为之震撼。在后来的征服战争当中，屋大维并没有拒绝这种惩戒性施暴的手段。更何况，按照屋大维的说法，此次战争的敌人非同寻常。后来流行的文本浓墨重彩地把这场战争描写为不同的神明和不同的道德之间的战斗，称其为捍卫罗马、意大利文化的战争，克莱奥帕特拉和埃及的“威胁”得到了大量的渲染。所以，毁灭亚历山大、抹除托勒密王朝的这座大都会是合乎道理的。然而，屋大维并没有选择这条道路，他放过了亚历山大城。

对此，屋大维给出了三个理由。第一个理由是对这座城市的神明的尊重。塞拉皮斯（Serapis）是一个特别的神，他同时具备希腊和埃及的属性。有些人怀疑他是托勒密王朝专门为了新兴的亚历山大而捏造的新神，但希腊人和埃及人并没有这种想法。而且，对于神灵，他们往往只会做出某些发现或者在故事里加以详细的描写，而不会有意地创作出新神。塞拉皮斯比较复杂，他的形象和宙斯最像。有时候，人们会把他们相提并论。但埃及古都孟菲斯（Memphis）的公牛神阿匹斯（Apis）、羊神阿蒙（Amun）、伊西丝的丈夫奥西里斯也都和塞拉皮斯相似。埃及人相信法老具有神的某些性质，对其加以崇拜。塞拉皮斯就凭着与众多神明相关的属性而为法老所用。此外，安东尼一度被塑造为奥西里斯的化身。这说明罗马人并不怎么介意把人和神联系在一起。他们同样可以利用这套象征体系。安东尼走过的路，屋大维也可以走。

对伊西丝和塞拉皮斯的信仰不只存在于埃及，在公元前1世纪初，罗马人也接受了这种崇拜。三头同盟成立之初就曾经颁布法令在罗马城内建造一座新的伊西丝和塞拉皮斯的神庙。今天的我们恐怕永远也不能完全理解罗马人究竟是怎样看待塞拉皮斯的。而且，对塞拉皮斯的供奉显然在当时引发了一些争议——罗马人内部有着不同的意见。塞拉皮斯大概更受平民的欢迎，而这一点可以解释为什么安东尼和屋大维都有意成为塞拉皮斯信仰的支持者。总之，屋大维决定尊重塞拉皮斯，把自己和这位少见的在地中海沿岸世界拥有众多信徒的神灵联系在一起，而他的所有言行都会很快地被传回罗马。

不毁灭亚历山大城的第二个理由是屋大维对亚历山大大帝的崇敬。屋大维早就开始利用亚历山大的形象来提升自己的名望，因为当时的罗马人几乎可以说是痴醉于这位年纪轻轻就征服了东方的君王。例如，关于亚历山大，尤里乌斯·恺撒的传记里有两个不同版本的故事。公元前 67 年或公元前 66 年，恺撒正在西班牙。第一个版本的故事称恺撒在阅读亚历山大的生平时骤然落泪，因为在亚历山大征战四方立功无数的年纪，恺撒还没有取得什么成就。在另一个版本里，恺撒同样表达了这种伤感之情。只不过，这一次的直接原因是他在伽迪斯［Gades，加的斯（Cádiz）］遇见了亚历山大的雕像。[340]

这个故事大概率是捏造出来的，其作用就是为恺撒后来的伟大事业做好铺垫。不过，我们可以由此看出当时有抱负者会以亚历山大为榜样。比如，伟大的庞培［他的这个“伟大”（Magnus，即 Great）的名号也和亚历山大大帝（Alexander the Great）有关］在出征东方得胜归来以后，认可了人们给他肖像上有些发福的圆脸配以和亚历山大相似的发型。此外，在阿克提翁之战打响以前，屋大维也已经开始尝试把自己的形象和阿波罗以及亚历山大联系在一起。在阿克提翁之战以后，亚历山大看起来就更加适合于年纪尚轻的屋大维了。他是深受诸神庇佑的东方征服者，他肆意地动用武力，他的伟大甚至令其跨越了凡人和神明之间的分界线。

屋大维在亚历山大之城命人按照亚历山大的形象给自己塑造了一些雕像，其中有一尊被称为密罗伊（Meroë）头像，现藏于大英博物馆。这尊头像就把屋大维塑造成了亚历山大。在绝大多数的肖像里，亚历山大的脖子都会扭出一个比较大的角度，这大概是象征着他在遥望神灵。而屋大维的密罗伊头像也扭了类似的角度。此外，其发型也和亚历山大的标准发型相似，虽然稍短了一些。我们或许可以推断，屋大维在埃及人面前就是以这种形象出现的，他用这些肖像把自己描绘成了新的亚历山大。

身处亚历山大之城的屋大维还造访了亚历山大的陵墓。当然，这也是托勒密诸王的墓穴。屋大维命人取来了遗体，然后打开石棺，以便审视亚历山大的面庞。他给亚历山大的遗体戴上了金冠，然后为他献上了散落的花瓣。不过，亚历山大毕竟已经死了将近三百年了，就算是有最好的防腐手段，他的遗体也难免变得非常脆弱。因此，新的亚历山大把旧的亚历山大的鼻子给碰掉了一块。这幅景象或许让亚历山大之城的居民倍感紧张，这可是他们最宝贵的君王遗体。于是，他们询问屋大维是否想要看一看托勒密诸王的尸体。对此，屋大维表示，他想要看的只是国王，而不是尸体。[341] 这个说法很有意思，所以他后来又用了一次。有人问他是否要去看一看公牛神阿匹斯（埃及人会用动物来表现神灵，这在古典时代堪称独树一帜），屋大维的回答是，他通常只会膜拜神明，而不是牲畜。

第三个不毁灭亚历山大城的理由是屋大维和阿雷欧斯（Areios）之间的友谊。当时的大多数罗马贵族都通晓希腊文化。而且，从公元前2世纪中叶或更早一些的时候开始，罗马人还特别欢迎希腊的哲学家来访，以至于营造出一种独特的贵族文化氛围。哲学家们常常受邀与罗马的权贵为伴，到意大利南部越建越多的豪宅别墅里参加学术讨论。拥有一个过从甚密的哲学家已经成了精英地位的标志，就好像拥有别致的庭院、希腊（或希腊式）雕像和文雅的谈吐一样。因此，我们毫不意外地发现屋大维和亚历山大的哲学家阿雷欧斯相识。此外，这种现象还提醒了我们不应把这个时代的文化和冲突理解为近现代的民族国家之间的概念。在阿雷欧斯的影响下，亚历山大的居民窥见了屋大维的学术修养，得知他珍视希腊的教育和文化。一言以蔽之，他不是一个野蛮的征服者。

屋大维还对亚历山大人民发表了演说，亲自解释了这一点，虽然听众大概在之前就已经有所耳闻。屋大维在演说时非常罕见地使用了希腊语。征战四方的罗马人（和历史上其他的征服者一样）向来致力于让被征服者学习自己的语言，他们一般会用拉丁语对战败者讲话。然而，此时的屋大维不仅对亚历山大的哲学家阿雷欧斯示以尊重，还使用了希腊语对亚历山大人民发言。

由此，屋大维发出了一个鲜明的信号：希腊人可以与他和谐共处。这其实是亚历山大大帝的传统，希腊人对此很熟悉。

屋大维迅速地接手了埃及统治者的既有传统。虽然他也许说过自己不会膜拜牲畜，但是在上埃及地区的布奇斯（Buchis）神庙里，我们可以看见有关于屋大维膜拜公牛神布奇斯的史料。而且，这份史料是一系列铭文的一部分，它们都描写了埃及的统治者在向传承逾千年的诸神献上祭品。也就是说，屋大维不仅把罗马的资金投入了埃及的神庙和祭坛里，他本人还在神庙的铭文里得到了法老一样的待遇。埃及的小城市俄克喜林库斯（Oxyrhynchus）有一份来自“恺撒元年”（公元前30年或公元前29年）的文档，显示当地的某个神庙里有四个点灯人在起誓为神庙效劳的时候提到了“身为神以及神子的恺撒”。[342] 自尤里乌斯·恺撒成神以来，屋大维就一直在使用类似的头衔。他在货币上的称谓是“神子恺撒”（CAESAR DIVI FILIVS）。俄克喜林库斯的这些点灯人显然知道这一点，把这个头衔纳入了自己的誓言。但他们同时还延续了埃及的传统，把屋大维本人也当作了神。

为了庆祝自己与亚历山大人民化干戈为玉帛，屋大维给这座城市注入了一大笔建设资金。有关此事的最佳史料来自罗马，而不是接受资助的亚历山大。今天，梵蒂冈的圣彼得广场中央屹立着一座方尖碑，而这座方尖碑原本和其他的方尖碑一起在埃及的赫利俄波利斯（Heliopolis，太阳之城）伫立了许多个世纪。

这是人们献给太阳的礼物。后来，人们把它迁到了亚历山大。然后，大概在卡里古拉皇帝的命令下，这座方尖碑来到了罗马。最终，又过了很长的一段时间以后，它才在圣彼得广场中央安家落户，挺立至今。在对这座碑加以考察之后，人们发现这座方尖碑上有一些原本镶嵌着铜字的槽。这段铭文的内容大概是：

> 奉皇帝、神子恺撒之令，工程长官（Praefectus Fabrum）、格奈乌斯之子盖乌斯·科涅利乌斯·伽卢斯建造了这座尤里乌斯广场。

科涅利乌斯·伽卢斯就是之前受安东尼之命去镇守昔兰尼加，接着反而率军在公元前 30 年从西边进攻埃及，帮助屋大维引走了安东尼的兵力之人。我们稍后还会提及他的事情。

亚历山大的尤里乌斯广场大概建于公元前 30—前 29 年。当时，亚历山大得到了大规模的改建，尤里乌斯广场就是其中的核心项目。此外，恺撒庙（Caesareum）也是兴建于此时的标志性建筑，虽然建造这座庙宇本来或许是克莱奥帕特拉的意思，因为尤里乌斯·恺撒毕竟是她的情人，也是恺撒里昂的生父。亚历山大的恺撒庙和屋大维在罗马建造的尤里乌斯神庙（Temple of Divus Julius）形成了遥相辉映的一对。不过，埃及的这座恺撒庙会成为供奉每一位恺撒的庙宇，把成神的尤里乌斯·恺撒和他的继承人都囊括在内。

屋大维走在了人和神之间的分界线上，他的这种做法利用了东方人神化统治者的传统。埃及人对法老的膜拜自不必说，其他希腊化的东方国度大多也有类似的习俗。而且，罗马的宗教传统里其实也有相像之处。罗马的建城始祖罗慕路斯和埃涅阿斯都被尊为神明。不久前成神的尤里乌斯·恺撒则复苏了这种传统。所以，俄克喜林库斯的那几位点灯人不是奇怪的泥古之人。他们不是没能理解新来统治埃及的罗马政权，也不是不懂罗马人的异国习俗，而是遵循了屋大维的意愿，将他奉为新诞生的神明恺撒。

公元前30年末或者公元前29年初，屋大维开始返回罗马。他没有直接航向罗马，而是选择了环地中海而行。小亚细亚半岛上的各个城镇纷纷派出使者来拜见屋大维。以弗所（Ephesus）和尼西亚（Nicaea）人民请求获许把神庙献给罗马女神（Roma，象征着罗马城）和尤里乌斯·恺撒。帕加马（Pergamum）和尼科米底亚（Nicomedia）人民恳请把他们的庙宇献给屋大维本人（可能还有罗马女神）。帕加马还获许举办赞美屋大维的运动赛事。之前也有人享受过这种近似于神的待遇，比如希腊化时代的诸位国王以及某些罗马总督。但他们的规模都无法与屋大维相提并论，也不像屋大维这样堂而皇之。[343]

对于在深厚的一神教传统滋养下成长起来的人而言，把一个人尊奉为神看起来似乎没有什么道理，反而有点邪教的色彩。但对古典时代的人来说，这是很正常的。他们向来相信人有可能成为神，最著名的例子就是赫拉克勒斯。大多数人还相信诸神会时常造访人间，他们认为每个人都有灵魂，而灵魂是有一定的神性的。埃及人更是认为法老就是某个神圣的灵魂的化身。因此，法老仿佛就是神明。类似的思想观念在近东地区盛行了许多个世纪：国王和神明之间有着特殊的关系，而且这就是他们为王的原因。不过，尽管有着这些统治者崇拜思想的铺垫，但像屋大维那样直接宣布自己有着神的属性乃至把自己当作神明供奉起来还是极其罕见的。由此，屋大维表明了自己不同于之前罗马政坛上的所有人物。

罗马人和东方人早就有了比较密切的交往，后者肯定已经很清楚罗马的状况了。毕竟，罗马和希腊城邦的构造其实没有很大的差异，统治罗马的无非就是由地位大致相等的贵族们组成的议会（元老院）。然而，在安东尼彻底落败以后，各地的城市做出了前文所提的种种创举。这说明它们已经认识到了一个无可争辩的事实：屋大维全然不同于寻常的罗马元老。而且，他也不同于那些继亚历山大以后统治东方的君王。屋大维独一无二。他是神。不过，虽然这些使者看起来纯粹是东方的各城市议会自主派出的，但我们很难相信他们会不谋而合地想到这种如出一辙的主意，还同样在这个时候派出了使者，也许他们在暗中收到了指示。

看到整个东方都无比热切地向自己表达了忠心，权威得到确认的屋大维便满载着埃及的财富，渡过亚得里亚海回到了意大利。自阿克提翁之战以来，元老院有将近两年的时间来好好地准备迎接凯旋的屋大维。现在，元老们即将为他献上与其相称的隆重表彰。

庆功

在赞美屋大维这件事情上，元老们表现得特别积极。在阿克提翁战役结束以及亚历山大陷落之后，元老们争先恐后地出台了一系列歌功颂德的决议：他们表决同意为屋大维击败了克莱奥帕特拉而举办一次凯旋仪式；布伦迪西翁是屋大维奔赴战场的起点，也是他凯旋的港口，因此元老们决定在这座城市建造一座凯旋门，还要用战争中缴获的武器来加以装点；罗马的广场上也要兴造一座凯旋门；尤里乌斯神庙（或许尚未竣工）将被饰以在阿克提翁之战中缴获的敌舰的船首；每五年还要举办一次歌颂屋大维的庆典，虽然其具体内容不明，不过，这种节庆想来应该会有祷告、献祭、比赛（大概是角斗）和戏剧这些常见的感谢神明的公共活动；屋大维的生日和他的捷报被公之于众的日子都被定为感恩日（同样会有祭祀活动）；元老们还宣布维斯塔贞女、元老还有其他的罗马居民（包括儿童在内）都会前去大道上迎接屋大维胜利返回罗马，元老院和人民将一起向屋大维表达深切的感激之情；[344] 亚历山大陷落的日子被定为幸运日，而且，亚历山大的居民必须从那一天开始重新计历。显然，这象征着新时代的到来。

罗马的宪法有了一些微调，屋大维得到了保民官的一部分权力。这具有特别的象征意义，因为保民官是罗马平民的权益的捍卫者。此举相当于宣布他要成为平民的新的代言人。之后，在司法领域，屋大维将拥有最高的决定权；在宗教领域，祭司们在祈求神灵祝福罗马元老院和人民之时必须提及屋大维的名字。屋大维已经成了罗马的第三大组成部分。罗马当局甚至还宣布在所有的晚宴上都要准备一份专门献给屋大维的祭酒。这些都是史无前例的特殊荣誉。

公元前 29 年夏，屋大维回到了罗马，同时迎来了又一轮的荣誉加身。赞颂诸神的圣歌里加入了屋大维的名字。他有权像参加凯旋仪式一样头顶桂冠出席所有的节庆活动。他可以任意地指定神职人员加入祭司团，无论当时是否有职位空缺。元老院还关闭了雅努斯神庙（Janus）的大门，表示战争已经结束。[345] 整个城市都来迎接屋大维凯旋（虽然他事先声明了平民不必前来）。执政官献祭了公牛以庆祝他的归来，这也是史无前例的宗教仪式。接着，屋大维对罗马人民发表了讲话。他宣布每一个成年男子都可以得到四百赛的奖金，这个数额足以让一个人安度整整一年。屋大维称赞了统率舰队立下大功的阿格里帕，士兵们也得到了奖赏。屋大维还代表他当时年仅十二三岁的外甥马尔凯卢斯向罗马城内的儿童发放了奖金，这是他第一次展露出想要构建一个王朝的意图。屋大维没有收下意大利各地人民为他收集的金币。但就算如此，罗马城也已有了无数的财富。除屋大维赠予罗马人民的奖金以外，随他一同返乡的士兵们也带来了埃及的大量财宝。据说，在他们返回以后，罗马城的利率从平时的百分之十二降到了百分之四，物价也有所上涨。[346]

公元前28年，屋大维得到了“首席元老”（princeps senatus）的地位，也就是元老院的第一人。这意味着在元老们商讨事宜的时候，他的意见最为重要。“首席”（princeps）即“第一人”。这个称呼有着比较悠久的历史。之前也曾有一些名望较高的元老被称为“首席”，享有全国第一人的美誉。但当时这个称呼基本只是荣誉头衔，不包含实权。到了后来，至迟在奥古斯都时代的末期，这个头衔才具备了更加重要的意义。奥古斯都的地位其实是由各种权力和头衔拼凑起来的，他没有某个统括一切的头衔。我们现在常常使用的“皇帝”（emperor）这个词的原型只是罗马人对战功赫赫的将军（imperator）的赞美之词而已，其最初的适用范围是很狭窄的。“元首”（princeps）这个称呼算是以一种不太正规的方式表明了屋大维独特的显赫地位。后来的罗马人使用的“principatus”（principate）这个词既可以指代某个人领导国家的时期（“某某人时代”），也可以用来指代早期罗马皇帝统治国家的制度（所谓的“元首制”）。[347]

然后，屋大维举办了凯旋仪式。他和他的部下在长达三天的时间里游行于罗马城内各处。在此期间，他们既向诸神献上了祭品，也向全城的居民展示了极其丰厚的战利品。第一天的凯旋仪式是为公元前35—前34年的达尔马提亚战争而举办的。在此之前，屋大维一直无暇以凯旋游行来庆祝这一次的胜利。第二天纪念的是阿克提翁之战。游行队伍看起来还带上了描绘着此次胜利的巨幅宣传画。第三天则庆祝了埃及战事的胜利。按照传统，这一天的重头戏本该是让戴上镣铐的克莱奥帕特拉跟着游行队伍走遍全城。但既然埃及女王已经自杀，他们只好用塑像来替代了。不过，她和安东尼所生的龙凤胎亚历山大·赫利俄斯和克莱奥帕特拉·塞勒涅都在游行队伍里面。而她和恺撒所生的儿子恺撒里昂当然已经死去。一般说来，俘虏都会在游行结束以后遭到处决。但这一次，屋大维展现了仁慈之意。来自埃及的财宝也被装在车里跟着游行队伍供所有人观赏。接着，屋大维本人乘着战车游遍了全城。另一位执政官和诸位元老都跟在他的身后。[348]严格说来，屋大维可能只举办了两天的凯旋仪式来纪念达尔马提亚和亚历山大的战事，因为庆祝内战的胜利不是很光彩的事情，第二天的活动只是游行而已。不过，这种细枝末节的事情似乎很快就被人遗忘了。[349]屋大维的庆功活动还没有结束。他把一座庙宇献给了密涅瓦（Minerva）。大概进行了好一阵子的元老院翻修工程现在已经结束，其名称按照尤里乌斯·恺撒的名字被更改为尤里乌斯元老院（Curia Iulia），时人想必也能看出其中的讽刺意味。元老院里还添置了一座来自他林敦（Tarentum）[1]城的古老的木质

[1] 即今天的塔兰托（Taranto）。——译者注

胜利女神像，上面装点着来自埃及的战利品。每当元老们召开会议之时，他们就会为胜利女神献上祭酒，同时再度回忆起屋大维击败了安东尼。取自埃及的战利品有很多被放在了古老的罗马城广场中心的尤里乌斯神庙里。此时，这座庙宇已经完工且得到了祝圣。还有一些财宝被送至罗马城内最为古老也最受尊崇的卡皮托里翁三神庙——供奉着朱庇特（Jupiter）、朱诺（Juno）和密涅瓦。

屋大维还在庆祝胜利的运动赛事上大肆挥霍。各种家养或野生的动物都被送入竞技场遭到屠杀，其中包括罗马居民从未见识过的一只河马和一只犀牛。罗马贵族们亲自走上了跑马场进行比赛，甚至有一位元老参加了角斗。在屋大维的命令下，来自苏维汇（Suebi，日耳曼人）和达契亚（Dacia，多瑙河以北）的俘虏之间展开了一场战斗。[350] 屋大维还发明了一种叫作“特洛伊游戏”（Lusus Troiae）的新型赛事，让贵族青年比拼马上的功夫。

节庆、建筑、运动赛事、凯旋游行、各种形式的荣誉，还有发放给全体罗马居民的奖金，这一系列庆功活动的规模都是史无前例的。在如此盛事的映衬下，所有人都能够明白屋大维东征归来是一个重大的历史事件。

这些庆功活动的背后其实别有深意。随着阿克提翁之战结束、安东尼和克莱奥帕特拉死去，屋大维已经毫无疑问地成了罗马政坛的主人。然而，谁也不知道他接下来会做什么事情。

很多人都难免有些畏惧，因为屋大维完全有可能像某些前人一样发动新一轮的清洗。元老们表决同意向屋大维颁发种种特殊荣誉的原因与其说是对战胜者的感激，不如说是深深的畏惧。他们极其迫切地想让屋大维看见自己的忠心。与此同时，屋大维则以种种举动来安抚元老和罗马人民。其中，象征意义最大的或许就是关闭雅努斯神庙的大门。依据传统，每当罗马人民走向战争之时，这座神庙的大门就会被打开。鉴于罗马历史上内外战争频发，在过去的几百年间，这些门其实很少有关上的机会。但是关闭大门就象征着和平的新时代已经到来。我们不知道这个决定究竟是由哪方做出的（也许经过了协商），但双方都愿意接受这个结果，愿意以此来表示他们衷心地希望战争就此结束，所有人都能够回归正常的和平年代。

不过，虽然战争或许真的结束了，但是过去的事情并没有被遗忘。屋大维没有抛弃他的一贯政策。值得注意的是，为了巩固他和平民的关系，屋大维大方地向罗马平民送出了巨额的奖金，让他们知道屋大维确实是平民的保护者与大恩人。对于让罗马社会四分五裂的内战，屋大维不仅不加掩饰，反而以各种手段来庆祝自己的胜利，不给败者留丝毫的情面。凯旋仪式或许只能算是昙花一现，但今后长期存在的感恩节庆日会一次又一次地把屋大维的胜利摆到人们的面前。罗马城内的各种胜利纪念建筑和纪念品也会让人们永远铭记阿克提翁和亚历山大的战事。更何况，元老们还颁布了法令，要求人们在私人宴席上为屋大维准备祭酒。这条规定不一定能够强制落实，但它光是存在就已经有了意义。我们大可以想象一下战死者的亲朋好友们面对这条规定会作何感想。

在屋大维时代的罗马城，安东尼的踪影被抹去了一些，但人们依然能够在很多场合感受到克莱奥帕特拉的存在，这让人不禁觉得有点奇怪。各座建筑内摆放着的埃及工艺品以及展示于尤里乌斯神庙前的船首都让人联想起这位埃及女王。各神庙里的埃及宝物也一边给庄严的罗马圣地增添了光彩，一边彰显着克莱奥帕特拉的存在。诗人们依旧公然传颂着她的故事。最为关键的是，以克莱奥帕特拉为模型的维纳斯金像依然保留在恺撒建造的维纳斯母神庙内。所有人都知道，当他们过来瞻仰维纳斯女神的仪容之时，他们看到的其实是克莱奥帕特拉，她不会为人们所遗忘。屋大维需要克莱奥帕特拉在帝国政权的宣传当中扮演一个重要的反面角色，帮助屋大维在多年以后把他的政权塑造得正气凛然。

当然，尽管克莱奥帕特拉没有淡出罗马人的视野，但屋大维显然更是无比突出的存在。他获得了很多宗教方面的荣誉，让罗马人不仅要在圣歌中赞颂他，还要为他献上祭品。屋大维在帕拉提翁山上为自己建造了一座新居，还令其和旁边新建成的阿波罗神庙构成了一个整体。阿波罗是受屋大维偏爱的神祇，阿克提翁之战的胜利就被他归功于阿波罗。公元前28年，这座阿波罗神庙在盛誉之下开放了。[351] 这些挺立于山坡之上的白色大理石柱本身就是了不起的胜利纪念品，它们为阿波罗提供了新的安身之所。维斯塔神庙也加入了这片建筑群。我们不难想到，屋大维的本意或许就是让人觉得有三位神明共居于帕拉提翁——阿波罗、维斯塔还有屋大维。

在战神广场上，阿格里帕正在建造一座宏伟的新神庙——万神殿。在公元前 27 年，阿格里帕第三次担任执政官之时，这座神殿举办了落成典礼。他们的初案是让屋大维的雕像屹立在万神殿的中心。那样一来，万神殿就会成为供奉着活人的庙宇。显而易见，他们就是想让罗马人把这位年轻的罗马之主看作神。除万神殿里的计划以外，屋大维的密友和罗马人民还已经用铸造神像的黄金和白银在罗马城内竖立了一些屋大维的雕像。[352]

罗马共和国属于罗马公民，其政治文化强调的是平等。当然，他们的平等在现代人眼里难免显得有些古怪：国家领导人享受着“更加平等”的地位；全国的居民被划分为三六九等。但罗马共和国至少还承认理论上的平等，身为全国之精英的元老就是这种观念的最佳代表。无论他们内部有着多么巨大的分歧、何等激烈的竞争，他们基本上都认为元老之间理应彼此尊重，认可他人的成就，互相建言，携手并进，一起为罗马而努力。共和国时代确实有伟人诞生，个别人似乎还太伟大了一些。但是，就连马略、苏拉、庞培乃至恺撒都无法与屋大维相提并论。屋大维是非常特别的，他的超然地位让其他的罗马人不得不煞费苦心地去寻找一种合适的政治语言来加以描述。

所以，我们大概可以理解他们为什么要把屋大维奉为神明，而屋大维又为什么要尝试着把自己塑造为人间之神。在神的面前，共和国的基本框架自然就失去了意义，没有人能够和神并驾齐驱，平等是不可能的。

但是，和神共处并非易事，当人间之神也会遇到不小的麻烦，后来的卡里古拉皇帝就是例子。所以，公元前 28 年和公元前 27 年，屋大维开始调整自己的名分。万神殿成了供奉所有神明的庙宇。屋大维的雕像被放在了入口处，而不是中央。身为万神殿建造者的阿格里帕也得到了一座雕像。至于屋大维的金银雕像，它们都被熔掉，然后铸成了货币。至此，在阿克提翁之战以后一度被屋大维采用，并且在他巡视东方之时仍然受到重视的神化计划就这样突然消失了。

屋大维需要一个更加合适的新形象。他一边寻找政治伙伴（虽然起初可能只有阿格里帕），一边考虑传统的问题。他开始对共和国的平等理念示以尊重。我们很难想象他会自愿地做出这种改变。他当然已经取得了无数次的胜利，整个罗马都唯他是从，胆敢挑战者大多已死。他还用各种各样的纪念建筑、物品、仪式来不停地彰显自己的权威，改变罗马的面貌。但是，屋大维遇到了阻力，并非所有人都像官方公告里声明的那样对这位新的恺撒充满了感激之情，他必须妥善解决自己的前途问题。三头同盟已亡，安东尼和李必达都已死去。或许，他可以让罗马继续处于紧急状态之下，假装他还在为恢复共和国而战，从而继续把持着莫大的权力。但这种做法未免太过拙劣。于是，为了在正常时期保持着既有的特殊地位，屋大维必须建立一种新秩序。公元前 28 年，屋大维陷入了前人在内乱之后所遇到的那种困境。几乎别无选择的屋大维似乎不得不恢复旧时代的制度。在经历了这些年的动荡以后，共和国显然已经死去，但现在，它仿佛还能死灰复燃。

共和国复苏

即便是在公元前 30 年，屋大维也还面临着反对派的威胁。假如是在几年以前，元老院里或许就会有反对的声音，某些知名政治人物可能还会离开罗马，以此表明自己的反对态度。但到了这个时候，屋大维的反对者只能隐秘行事了。从表面上看，此时的罗马政界无比团结，所有人都对屋大维一片丹心；但事实上，没有人会被这种假象欺骗。当然，在这种政治环境下分辨异己是比较困难的。其中或许有一些人敢于直抒胸臆（虽然没有被记录下来），但是大多数人都披着伪装，只在某些时候趁机给屋大维政权使绊子。我们只能借助于蛛丝马迹，隐约地看见屋大维的新政权和反对者们展开了争论和交易，以求排除道路上的阻碍，但我们几乎看不到足以牵动全局的重大事件。

大约在公元前 30 年，马尔库斯·李必达被除掉了。据说，他和布鲁图斯的姐妹尤妮亚密谋在恺撒返回罗马之时行刺。尤妮亚的身份使得这个据说存在的密谋和当初的那些行刺者联系在了一起，让人觉得有人想要再为罗马除去一个暴君。这位李必达的父亲就是三头之一的那位马尔库斯·李必达。自从屋大维在公元前36年夺走他的军权以后，仅保留最高祭司一职的李必达就过上了流放的生活。屋大维似乎经常对李必达加以羞辱，一直到他约在公元前12年去世为止。[353]小李必达是个比较有声望的政治人物，他或许不满于自己的父亲所受的待遇。而尤妮亚虽然是一介女流，但她的家族背景和旧日的人脉让她有了一定的影响力。在屋大维派驻于罗马的代表麦奇纳斯（Maecenas）发现了阴谋以后，李必达大概甚至都没有经过审讯就遭到了处死，尤妮亚则结局不明。[354]

第二个事件比较复杂。公元前30年或公元前29年，罗马将军马尔库斯·李奇尼乌斯·克拉苏在马其顿作战。这位克拉苏是那位著名的庞培和恺撒的盟友克拉苏的同名孙子，与他敌对的是某些异族部落——巴斯塔奈人（Bastarnae）、默西亚人（Moesians）和吉泰人。在和巴斯塔奈人交战之时，身为将领的克拉苏罕见地亲自上阵，还杀死了巴斯塔奈之王戴尔多（Deldo）。这几乎堪称罗马人前所未有的壮举。克拉苏有资格凭此得到一项特殊的荣誉——“丰获”（spolia opima），而屋大维对此加以阻挠。

屋大维利用了一个程序上的问题。克拉苏是被屋大维派去马其顿的，严格说来，他只是屋大维的代表。于是，屋大维声称只有独立掌握军权者才有资格得到“丰获”。听闻此言，人们连忙去遍稽群籍，然后找出了一个史例。在浩如烟海的罗马传说故事当中，有一个叫作科苏斯（Cossus）的人曾经被授以“丰获”，所有相关资料都显示科苏斯当时是一位保民官，受制于另一位高级官员。但是，有一次，屋大维正在监督朱庇特·菲利特里乌斯神庙（Temple of Jupiter Feretrius）的修复工作（据说，科苏斯当年就是把“丰获”献到了这座神庙里），就在工程进行之时，人们发现了一块亚麻布。上面的文字显示，科苏斯是在他担任执政官期间献出“丰获”的。想必很少有人会相信这么一份内容正合屋大维所愿的史料只是恰巧在这个时候出现，至少身为史家的李维（Livy）是不相信的。然而，没有人能够指责屋大维捏造文本。[355]

这个故事里的屋大维看起来未免有些患得患失，他不希望让身为贵族子弟的克拉苏得到一个连他也未曾拥有的特殊荣誉。显而易见，克拉苏既不是屋大维的反对者，也不可能拥有足以挑战他的实力。克拉苏的军权来源于屋大维的信任，他的职位也是由屋大维亲自指定的。但就算如此，屋大维也不能容忍他来妨碍自己垄断所有的荣誉。

公元前 28 年，屋大维开始把自己的特殊地位化作罗马政治的常态。这一年，屋大维和阿格里帕一同担任执政官。之前，在处于紧急状态下的公元前 31 年、公元前 30 年和公元前 29 年，屋大维也都担任执政官。当时的他几乎一直身处海外，留在罗马的另一位执政官不得不独自管理这座城市。然而，在返回罗马以后，屋大维似乎基本上无视了同僚的存在。每位执政官原本都有三十名扈从，他们手执法西斯（棍棒和斧子的组合），以此代表执政官拥有惩戒罗马公民的权威。但是，自从公元前 31 年屋大维开始连任执政官以来，他执意要求所有的扈从都随他出行。两位执政官本应是共掌权力的同僚，而屋大维的这种做法直观地反映了这种理想状态的消亡。而且，这是他有意为之的象征性举动，其意义就是展示他大权独揽的地位。不过，在公元前 28 年，他改变了主意。

六十名扈从不再全部跟随着屋大维，古老的习俗得到了恢复。阿格里帕在公元前 28 年和公元前 27 年都与屋大维并列为执政官，并且正常地享有三十名扈从。其实，从宪法和法律的角度来看，扈从分配的恢复没有什么值得一提的意义。然而，这是一个标志，意味着罗马政治往正常的状态迈出了重要的一步。在公元前 28 年的某个时间点上，屋大维正式宣布持续了十余年的紧急状态就此结束。[356]

严格说来，这次的国家紧急状态和三头同盟挂钩。他们三人理应只是为了重建共和国才接受极大的权力的。一旦三头同盟消亡，紧急状态的法律依据也就变得含糊不清。人们很难说清楚现在仍处于紧急状态的原因是屋大维以执政官的权力下达了命令，还是元老院颁布了对抗安东尼的法令。不过，看起来也没有什么人真的在乎这种事情。但是，在公元前 28 年，屋大维决定着手结束紧急状态了，公民的权利得到了恢复，屋大维还专门铸造了纪念此事的金币（请参考图6）。金币上刻画的屋大维脚边有一盒卷轴，他正在把其中的一份交给一位感激不已的公民。金币的一面印着“皇帝·恺撒神子·执政官·第六次”（IMP·CAESAR DIVI·F·COS·Ⅵ），另一面则是“他恢复了罗马人民的法律和权利”。同为执政官、积极参与政事的阿格里帕根本没有被提及。屋大维依然没有准备好让其他人也和他一样走上台前，就算是最受他信赖的阿格里帕也不行。不过，至少正常的法律得到了恢复。这就意味着再也不会有不经审判而处死公民以及没收公民财产的事情了。战争结束了，三头同盟的使命想必已经完成。

公元14年，屋大维给罗马人民留下的遗言——《圣奥古斯都行述》（*Res Gestae Divi Augusti*）——在他亡故以后面世了。这位开创了帝国时代的首位罗马皇帝对自己的一生做出了这样的结论：

> 在我第六次和第七次担任执政官期间，内战之火已然熄灭，全国一致听我号令。于是，我把共和国还给了罗马元老院和人民。[357]

屋大维和阿格里帕首先需要确认共和国现在有条件自行处理各项事务。他们开展了人口普查（结果为四百零六万三千名公民），[358] 为罗马人民举办了一次净化仪式，还整顿了元老的队伍。

公元前 28 年的元老人数或许超过了一千，其中有一部分人还是按照传统途径从低级官员开始逐步升入元老院的。但还有不少人在恺撒或者三头同盟执政时期得到了提携，直接成了元老。屋大维公开表示要审查元老们的资格，并且希望有人能够主动让位。无论原因如何，有一些人确实很配合。接着，屋大维和阿格里帕要求元老们互相担保彼此都有资格继续担任元老。他们希望某些人会因此感到尴尬，进而主动辞职。最后，屋大维和阿格里帕亲自审视了剩下来的元老，除去了一些他们觉得不合格的人。

这一套流程的设计是为了让这件事情看起来不那么偏颇，但还是难以避免地引发了争论。被迫离开元老院的人深感不满。据说，屋大维一度要穿着胸铠、在十位密友的保护下去主持元老院会议。离去的那些人其实很多是当初为恺撒或者屋大维效劳才成为元老的，屋大维现在的做法相当于背叛了他们。[359] 但屋大维和阿格里帕依然认为有必要让元老院恢复一定的威望，为此，他们已经准备好牺牲一部分追随者。

公元前 27 年 1 月，屋大维来到了元老院。他交出了执政官的职位，然后依照罗马传统，宣誓声称自己在任期内处事公正、谨遵法律。在此之前，他从未遵守这个传统，因为当时的他不受法律的约束。随后，在刚刚恢复了地位的元老们面前，屋大维第七次受任为执政官。他的同僚阿格里帕则是第三次。

1 月 13 日，屋大维对元老们发表了讲话。这是一个非常关键的历史时刻。根据现存的史料，此次讲话标志着罗马政治正常化的进程已经步入了最后一个阶段。屋大维交出了地方省份的控制权，元老院和人民能够决定地方总督的人选了。这一步同时意味着屋大维放弃了手中的庞大军队和巨额的财富。为此，元老们给屋大维颁发了新的荣誉。他的新居会被饰以橡树叶冠，得到这项荣誉的通常是拯救了罗马公民的性命之人。而他的门旁会种上月桂树，这是阿波罗和胜利的象征物。元老院里还会摆放一块金色的盾牌，宣示屋大维身上最为根本的四项美德：勇（virtus）、仁（clementia）、义（iustitia）、忠（pietas）。[360]

这次事件几乎必定早在屋大维的计划之内。为了这一天的到来，他和阿格里帕已经做了至少一年的准备。不过，这还不是最终的安排，还有一些事情尚未解决。三天以后，元老们再度相会。这一次，他们展开了更加详细的讨论。最后的结果是，屋大维有权控制西班牙的绝大部分地区、高卢、日耳曼尼亚、叙利亚、塞浦路斯、埃及、腓尼基（Phoenice，叙利亚沿海地区和黎巴嫩）和奇里乞亚。除了马其顿、达尔马提亚和阿非利加（今天的突尼斯）以外，这些由屋大维掌控的省份已经包括了所有时常面临军事威胁的地方。之后，元老们又给屋大维颁发了一项殊荣——他们让屋大维有了一个全新的名字。这一年 1 月 16 日，以奥克塔维乌斯之名出生、以恺撒之名立业的那个男孩成了奥古斯都。[361]

从公元前 28 年开始，到公元前 27 年 1 月最终协议的出台，屋大维成功地重塑了自己的权力。三头同盟时代的特殊权力被他抛到了一边，元老院得到了改革，法律的权威得以恢复，共和制度全面复苏，屋大维认可并恢复了元老院和人民的最高权威，元老院则报之以无上的荣誉。然而，我们还是能够察觉到奇怪的地方，没有任何迹象表明刚刚得名的奥古斯都会离开政坛。他仍旧是地位超然的政治人物，统治着无比广大的领土。他依然担任着执政官的职位，并且会不间断地担任到公元前 23 年 6 月为止。

从古典时代开始，包括史家卡西乌斯·狄奥在内的很多后人都把公元前 27 年 1 月庆祝共和国恢复的元老院会议视作帝国诞生的标志。[362]不过，狄奥也看到了其中的矛盾之处。现实往往是复杂、混乱的，政治就是如此。共和国的恢复确实意味着传统的政治运作方式又回到了罗马，但罗马的政治精英们还得再花十年乃至更久的时间来掌握如何在一个自相矛盾的政局里行事——重新确立的共和制度与一个拥有巨大权威的人物并存。公元前 27 年 1 月，罗马人创制了奥古斯都。接下来，他们还须切身体会这件事情的意义。

第十四章
奥古斯都的共和国

公元前 27 年 1 月 16 日，罗马元老们亲身经历了一个非同寻常的历史节点。也许，他们会深思自己究竟做了什么。这也难怪，因为在这三天时间里，他们一起见证了罗马政治传统的恢复、共和国的重生。然而，奥古斯都依旧是罗马政局里独一无二的角色。对于罗马传统政治文化而言，奥古斯都的存在就和他的养父当年一样格格不入。

从某个角度来看，这次达成的协议仿佛是历史的重现。在过去的一百年里，共和国遭遇了许多次震动整个罗马的大危机，但在每次危机以后，罗马的政治制度总是能够大致恢复为原来的模样。罗马政治文化的核心要素是人民主权和贵族统治，罗马革命对这种秩序发起了挑战。士兵们颠覆了共和国，以恐怖的手段对待贵族阶层，许多贵族或是被杀或是被夺走了财产。在三头同盟时期，意大利地区的财富经受了大规模的再分配，意大利的人口分布也随着老兵们入驻殖民地而发生了重大的变化。时至公元前30年，屋大维已经成为一张巨大的政治关系网络的中心人物。他由此控制了无数的资源，成为地中海世界毋庸置疑的主人。

然而，就算奥古斯都已经是大权在握的统治者，他也还面临着具体如何统治罗马的问题，他还是需要地主、贵族们来担任军官、祭司、法官、市长和较低级的官员。他手中的确凝聚了莫大的权力，他大概可以凭此扫除五百年共和国历史积攒下来的种种传统，然后从零开始。但是，奥古斯都自己就是一个传统的罗马人，他也是在保守的等级制度文化下成长起来的。罗马不仅指代着意大利半岛中部的那座城市，还意味着那一套守旧的文化和传统，要扫除元老院和被元老们奉为圭臬的传统，就势必要给罗马的古老秩序也画上一个句号。这也就相当于抛弃罗马的光辉历史，建立另一座全新的城市。严格说来，创造一个全新的罗马并不是完全不可设想的事情。但是，安东尼或许就是前车之鉴。公元前1世纪的罗马是一个超级大国的政治、文化、宗教、经济中心，像安东尼那样转而以亚历山大为首同样不是不可设想的事情，却非常难以实现，有些人大概就是因此才选择了对抗安东尼。

不过，罗马的政治精英们未必会一味地因循守旧。除了罗马本身的历史以外，他们还能借鉴于希腊世界里各种各样的城邦、联盟、王国。虽然未免有些雾里看花之嫌，但是罗马人确实对别国的政治传统有所了解，还有可能在某些情况下加以效仿。如前文所述，奥古斯都曾经尝试着把自己的形象塑造成神。他参考了君主制的埃及、波斯和希腊化诸王国，仿照了它们神化统治者的传统。但他最终效仿出来的结果非常新颖，具备罗马的特色，不同于这些君主国，甚至还发展出一套独特的意识形态和社会结构。罗马的君主有着更加强大也更加血腥的权威，他们受到的约束较少。而且，罗马的君主制在很大程度上违背了传统。公元前 27 年，在罗马城的中心，奥古斯都的周围是这座城市的各个纪念建筑，它们就像是传统的化身。奥古斯都的面前则是身着紫边白底托加袍的列位元老以及古老的神殿和诸神。此时的奥古斯都是否已经大胆地设想出一整套全新的罗马之道了呢？

极少有史料能够表明奥古斯都是一位卓有创见的思想家。古代的史家喜欢想象奥古斯都为属于他的全新国家设计未来蓝图的景象，甚至还会把他最亲近的顾问阿格里帕和麦奇纳斯也加进来，设想他们在一起抽象地讨论着该如何治理罗马。然而，奥古斯都很可能并不是一位高瞻远瞩的政治制度设计师。他和其他的绝大多数革命者一样，深受过往历史的束缚，常常试图从过去汲取智慧，用以解决当下的问题。他和其他的绝大多数政治人物一样，忙于应付眼前的麻烦，通常只能就特定的问题找到特定的解决办法。而罗马人则和其他民族一样需要在政治生活中体会到安全感。在动荡的时期，他们需要得到安抚。革命会造成很多问题，因为整个世界都会因革命而变得上下颠倒，让人们难以用传统来指导自己的社会、政治生活。人民需要安定，但只有他们所能理解的社会、政治秩序才能让他们感觉到安定。也就是说，他们需要一套熟悉的秩序。奥古斯都承诺过要为罗马人民带来和平，但光凭内战的结束（以雅努斯神庙大门的关闭和凯旋仪式的举办为标志）还不足以实现真正的和平，奥古斯都必须让社会秩序稳定下来。

但是，公元前 28 年和公元前 27 年的罗马政局显然有着内在的矛盾之处。奥古斯都遇到的是根深蒂固、干系重大的全新问题，他不能选择忽视，因为这些问题不会自行消失。在这些问题的影响下，罗马政治的模式不得不改变，罗马人不得不经历一场革命。罗马革命纯粹是实事求是的结果。它不是在某个伟大的乌托邦理想的引导下产生的，其根源就是罗马社会内部的政治斗争。军队摧毁了元老们的权力，为三头同盟的掌权做好了铺垫。而包括后三头同盟在内，所有的政治领导人都必须处理好两件事——如何满足追随者的需要、如何维持住自己的权威。正是为了解决这种极其现实的问题，安东尼和屋大维才采用了有别于罗马传统的方式来宣传自己的权力和统治。因此，尽管安东尼和屋大维之间的确有着不少的差异，但他们身上的相似之处更是多得引人注目。

然而，渐渐地，屋大维还是转向了比较保守的做法，恢复旧貌成了他所建立的新政权的核心。不论是重建神庙、政治机关，还是重塑道德风气，奥古斯都把自己塑造为保守的政治文化的代表。差不多自屋大维得名奥古斯都开始，就有一些保守的思想家倾向于仅从表面上看待奥古斯都的所作所为，把屋大维的新名字看作新时代的标志，把保守的奥古斯都政权和屋大维时代的暴力统治割裂开来。如果以鼓吹道德教化的保守观点来看，我们很容易忽视奥古斯都政权的矛盾之处。奥古斯都或许确实说着传统的话语，以传统的方式统治着罗马，但他本人的存在、他在罗马政治当中的核心地位、他的一言一行显示出的莫大权力都全然违背了罗马的传统。现代的历史学家们有时候似乎忘记了奥古斯都的过去，忘记了他的权力基础，反而专注于他巩固了地位以后的举动。但是，当时的罗马人恐怕不会这样健忘。

公元前 28 年和公元前 27 年的共和国的恢复只是屋大维新出台的保守政策的第一阶段。为了让旧时代的政治文化复苏，屋大维必须同时恢复元老院的权威，因为这一整套制度的正常运转是离不开元老院的。他们是执政官的顾问和后盾，为执政官的行为赋予了道德的力量，而要让元老们发挥出这个作用就必须先让元老院具有权威。但是，让元老们重获权力又难免会导致奥古斯都的地位遭遇质疑。于是，虽然奥古斯都政权有必要恢复元老们的权力，但这件事的最大阻碍恰恰是奥古斯都本人的权力。

影响奥古斯都政权立足的最大难题就是这个矛盾，奥古斯都必须妥善地解决自己的地位问题。他现在拥有的权势就算纵观罗马历史也无出其右者，但他无意像苏拉那样在复古改革完成以后急流勇退。在公元前 28 年 1 月，屋大维的统治依据是紧急状态下虽然不明晰但毋庸置疑的莫大权力。当然，屋大维的权力归根结底来自听命于他的强大军队和平民大众对他的支持。但紧急状态的存在让他合法地掌握了凌驾于法律之上的权力，虽然他在运用这种权力之时还是利用了执政官的传统身份。然而，在他宣布紧急状态结束之后，这种权力就显得不合时宜了。异乎寻常的权力总是难以在正常时期找到存在的依据，这是个让很多独裁政权都困扰不已的问题。因此，在开启奥古斯都时代的过程当中，屋大维抛弃了这种权力。不过，奥古斯都的权力本就不依赖于法律的认可，他的根基是金钱和暴力。这种宪法层面上的调整几乎不会影响到他的实权。

法律是为政权提供统治正当性的一种传统手段。但既然法律无能为力，奥古斯都政权就把自己的统治正当性的来源解释为人们对奥古斯都的一些个人品质的尊重。换言之，他正是凭着这些个人品质才打破了元老之间人人平等的惯例，成为超群绝伦的存在。我们必须带着这种观点去看待元老院颁发给奥古斯都的荣誉：其宅邸的特殊标志、他和神明的联系、元老院里的那个赞颂其美德的金色盾牌。奥古斯都本人也对这种变化做出了解释。他声称在公元前27年以后，他的权力和其他官员是相等的，他胜于旁人的地方不在官职，而在于他的“权威”（auctoritas）。[363]“权威”既是政治属性，也是个人属性。奥古斯都的统治依据从三头同盟时代合法取得的违法权力变成了他凭着自己的优异品质而获得的个人权威。

奥古斯都的统治经由多年连任执政官而得到了巩固。执政官的连任并不是什么新鲜事，最著名的例子大概就是马略，他在公元前2世纪末多次连任执政官。但是，之前的例子都是为了应对危机才出现的，马略得以连任是因为国家需要他凭着出众的能力和声望来解决国家的危机。而在公元前27年，我们很难说罗马遇到了什么威胁。奥古斯都连任执政官的理由看起来似乎不太充分，他在紧急状态结束以后继续统治罗马的理由只能是他具备了特别优秀的道德品质和领导才能。但是，元老治国的核心就是分享官职以及让元老们（在同一等级内）保持平等。因此，奥古斯都依然是让元老们头疼的异常存在。

不过，把政治个人化还造成了一些别的影响。既然奥古斯都拥有的是个人的道德权威，那么他就需要让人们看到他的道德约束力和领导才能。因此，在整个奥古斯都时代，我们都能看到他在努力地以各种方式展示这些与政治挂上了钩的个人品质。他的主要手段是在战场上建功立业，但他也曾试图在宗教和家族领域显示领导能力。奥古斯都时代的罗马新秩序需要严格的约束，需要剔除那些导致了百年动荡的混乱因素，只有深刻的社会改革才能还罗马以和平。

但这种和平是有代价的，这是奥古斯都政权不愿让人了解的事情。奥古斯都政权的严格约束压制了共和国自古以来的自由。虽然听起来或许有些别扭，但一定程度上的混乱其实是民主（或伪民主）制度运行过程中不可或缺的组成部分。共和国时期的罗马政治本就是有些混乱的，竞选犹如战斗，精英之间时常爆发非常激烈的竞争。剔除旧制度当中的混乱因素等同于摧毁传统政治的一大支柱。罗马得到了和平与秩序，而代价就是失去自由，接受奥古斯都的统治。

属于军队的政权？

传统的罗马政治史偏爱讲述贵族之间的故事，但其他的政治力量同样不容小觑。元老们是在屋大维的胜利纪念品环绕下展开政务讨论的，他们每时每刻都能由此回忆起（虽然他们应该永远也忘不了）屋大维的敌人最终都落得怎样的下场。不过，最让他们噤若寒蝉的还是奥古斯都手中的军权。

奥古斯都受命掌控了许多地方省份，其中的绝大部分都驻扎着为数众多的军队。让这样规模庞大的军队继续听从奥古斯都指挥的理由是这些省份都频发战事，而奥古斯都既有崇高的威望又有充足的军事经验。当然，他分身乏术，不可能直接指挥所有地方的军队，他会派精心选出的亲信去代表他统率部队。不过，虽然有代表的存在，但奥古斯都和阿格里帕还有后来奥古斯都家族里的核心角色都长期身处地方省份，和军队待在一起。毕竟，这些军团是他们最重要的支持者。总之，奥古斯都成功地维持住了对军队的掌控。

罗马军队有着巨大的人力需求。二十八个军团共十四万的罗马男性需要离开意大利，去地中海世界的各个角落为国效力。而且，其时限长达十六年。他们的报酬是定期发放的薪水和不定期发放的奖金，虽然奖金后来也有了固定的发放规定。根据人口普查的结果，此时的罗马公民总数为四百万出头。也就是说，罗马的人力有大约百分之十一在军队里，这些人就是最直接受益于奥古斯都的统治的群体。而且，在之前的内战结束以后，有不少的老兵退伍后拿到了殖民地里的大量土地。这两部分军人相加就构成了一股人数众多、实力雄厚的势力。

除了军团以外，奥古斯都还有别的部队。在公元前 27 年的最终协定出台以后，他首先在意大利设立了一支卫队，其薪水是普通军团士兵的两倍。这种卫队早有先例，共和国时代的将军们也曾设立过这种部队。尤里乌斯·恺撒就有一支规模较大、发挥过许多作用的卫队。而奥古斯都的卫队很可能有大约五千人，具备比较强的实力。虽然这些卫兵大多被奥古斯都分别派往意大利的各座城市，留在罗马的人数其实很少，但这毕竟是突破了共和国时代惯例的事情，一般的执政官可不会有这样的直属军队。他们的存在非常直观地表明了奥古斯都的权力究竟来自何方，同时也说明了军队仍然是罗马政局里相当重要的一股力量。[364]

公元前 27 年 1 月的事件标志着罗马政治的程序恢复了正常，但罗马政治本身已经发生了变化。罗马政治运转的方式和不少的政治文化都保留了共和国时代的风貌，以贵族阶层的传统和价值观为核心。然而，奥古斯都还牢牢地把持着大权。不过，这种矛盾的状态至少给政治讨论提供了空间，因为奥古斯都政权需要遵守旧时代的规矩，以免奥古斯都被当作独夫。但共和国时代的规矩显然不会允许有奥古斯都这样独揽大权的人物存在。因此，在公元前 27 年 1 月，元老们并不确定自己究竟促成了什么，也说不清新的政治秩序的本质。不过，就是这种不确定为政治的发展留下了宝贵的空间。

共和国恢复以后的政治局面

公元前 27 年下半年，奥古斯都离开了罗马，准备开始治理他的省份。他先去了高卢，打算入侵不列颠，[365]但这个计划因故被搁置了。于是，奥古斯都转而在高卢展开了人口普查。这年末，他离开了高卢，来到西班牙亲自指挥比利牛斯山区的战事，一直到公元前 24 年。虽然在这期间，他都担任着执政官的职位，但他从未觉得有必要返回意大利。[366]在这场战争结束以后，他让一部分军人退役，在西班牙设立了一个殖民地。

在奥古斯都外出之时，意大利的事务看起来大多是由阿格里帕来处理的。他正忙于在罗马的战神广场上兴造建筑，其重点项目是尤里乌斯会堂（Saepta Julia）。这是罗马选民们集会表决法案、选举低级官员的场所。在为会堂命名之时，阿格里帕没有使用自己的名字，而是使用了奥古斯都的名字。同样在这一时期，阿格里帕建造了一座浴场（罗马城内耗资最多的公共建筑之一）和一个被称为尼普顿大厅（Basilica of Neptune）的建筑。这个尼普顿大厅里展示着纪念奥古斯都海战胜利的画作。阿格里帕还主持了奥古斯都的女儿尤莉亚和奥古斯都的外甥马尔凯卢斯的婚礼。此外，阿格里帕在他自己的居所遭遇火灾以后，入住了奥古斯都在帕拉提翁山上建造的宅邸。阿格里帕不只是奥古斯都的左右手，他还分享了奥古斯都的权力。奥古斯都的这幢宅邸当然已经在公元前 27 年得到了元老院颁发的荣誉，但随着阿格里帕的迁入，它看起来越发像是一座皇宫了。[367]

然而，奥古斯都等人面对的事情并不总是这么简单。大概在公元前 25 年的时候，负责治理埃及的科涅利乌斯・伽卢斯因政治斗争而丧命。当初，公元前 30 年下半年，屋大维在动身返回罗马之际任命他为埃及总督。这或许是个合乎实际的决定，却引发了不小的争议。伽卢斯恰巧是一位知名的诗人，但他不是元老，而是次一档的骑士。而一般说来，像埃及这样规模较大、地位重要的省份都会由元老来管辖。

伽卢斯一度忙于管理刚刚成为罗马省份的埃及。他既要在埃及主持建立罗马的统治秩序，还要前去镇压一场大规模的叛乱。到了公元前29年4月15日，伽卢斯已经在命人制作纪念胜利的铭文。他自称在十五天内制服了叛军，占领了五座城市，然后率军跨越了埃及的边界，进入埃塞俄比亚，并且在当地建立了罗马的霸权地位。[368] 伽卢斯的总督生涯似乎非常成功。然而，他的敌人已经蠢蠢欲动。

一个叫作瓦列里乌斯·拉尔古斯（Valerius Largus）的人对伽卢斯发起了控告，他提出的名目让人感到有些费解。他声称伽卢斯在埃及竖立自己的雕像，还制造了吹捧他自己的铭文。这当然都有可能是真的。但按照罗马法律，这种自吹自擂的行为很难称得上是犯罪。经过一番争论，奥古斯都和伽卢斯决裂了。然后，伽卢斯又因一个含糊的罪名而遭到了起诉，他的处境变得越发艰难。虽然看起来有些不可思议，但这一回，据说伽卢斯在暗中策划革命。之后，他被定了罪，遭到了流放，他的财产被转交给奥古斯都。接着，伽卢斯自杀了。据悉，在听说伽卢斯的死讯时，奥古斯都流下了眼泪。考虑到他一生中明明杀人如麻，这种动情的表现让人不禁感到有些意外。

成功除掉了伽卢斯的瓦列里乌斯·拉尔古斯并没有享受到多少的喜悦。有一次，有一个人带着一个书写板，在一堆朋友的陪伴下靠近了拉尔古斯，然后问他是否认识自己。拉尔古斯表示他不认识。然后，这个人就叫他的那一群朋友都过来见证拉尔古斯的回答。此外，有一个名为普罗库莱乌斯（Proculeius）的人也有类似的举动，他是奥古斯都身边的圈子里的人。每次偶遇拉尔古斯之时，普罗库莱乌斯都会用手紧紧地捂住嘴巴，以此表示在拉尔古斯面前说话是很危险的。[369]

伽卢斯之死让我们得以看到奥古斯都时代早期的罗马还未完全稳定下来，奥古斯都政权随时准备动用暴力。不过，伽卢斯的政治地位不是很高，他是不可能威胁到奥古斯都政权的。也许，他说了某些不该说的话，然后被拉尔古斯汇报了上去。伽卢斯是极受奥古斯都信赖之人。如若不然，他不可能得到埃及总督这样重要的职位。但是，包括他在内，有许多人都会在接下来的这些年里逐渐发现，帝国时代有了新的规矩。无论伽卢斯究竟做了什么或者说了什么，至少他让奥古斯都感觉到有必要惩处一下这位朋友了。但就在这个时候，元老们介入了。伽卢斯不属于元老之列，他是奥古斯都政权的受益者。在当时的政治条件下，反对奥古斯都之人不会公开挑战他本人。因此，虽然元老们在斥责伽卢斯之时表现得对奥古斯都忠心耿耿，但其中某些人很可能只是想要铲除这么一个奥古斯都政权培养起来的新贵而已。

帝国时代的政治让友谊的面貌也不得不发生改变，而友谊是罗马政治文化的核心要素。因此，伽卢斯事件反映出的是一个相当重大的转变。罗马精英们向来珍视畅所欲言的自由，但伽卢斯事件宣示了言论自由的时代已经结束。无论伽卢斯受到了什么指责，支持奥古斯都的那些元老都只能附和，以此展示他们对奥古斯都的忠诚，因为此时公开站在伽卢斯那边就相当于宣布自己是现政权的敌人。而且，奥古斯都当时不在罗马，他几乎没有干涉这件事情。伽卢斯是在一种可怕而强大的推力下走向死亡的。时人或许少有察觉，但当奥古斯都表明他反对伽卢斯之时，伽卢斯就已经死了。

公元前 24 年上半年，在离开了将近三年以后，奥古斯都开始从西班牙返回罗马，得知此事的元老们纷纷表决同意给奥古斯都颁发更多宗教和政治领域的荣誉。这几乎要成为一项新传统了。元老们要建造一座奥古斯都和平圣坛（Altar of Augustan Peace），用以庆祝他胜利回归。奥古斯都还得到了免受法律的强制要求的权利。虽然他的权力并没有因此而增长，但这项特权进一步凸显了他的特殊地位。此外，元老们还给莉薇娅（Livia，奥古斯都之妻）的儿子提比略、奥克塔维娅（奥古斯都的姐姐）的儿子马尔凯卢斯颁发了荣誉，仿佛在宣布现在这个共和国的本质其实是君主制。提比略获许提前五年满足各项公职的年龄限制，并且即刻被选入了元老院。马尔凯卢斯刚刚和奥古斯都的唯一后代尤莉亚成婚，元老们直接任命他为第二档次的罗马官员（裁判官），将他选入元老院，同时允许他提前十年参选执政官。[370] 在自相矛盾的奥古斯都的共和国里，传统的共和国官职被保留了下来，并且成了奥古斯都政权的门面。但这些官职都会被元老院交给奥古斯都的家族成员，其唯一理由就是褒奖这位实际上的君主。

奥古斯都政权矛盾的本质引发了人们的不满。他宣布了共和国已经得到恢复，却依然手握重权，他的家人甚至也得到了荫庇。所有人，尤其是元老，都不可能不知道这两种现象是互相矛盾的。罗马的保守政治文化不停地受到挑战，人们越来越无法忽视奥古斯都的本质是一位专制君主。当奥古斯都的共和国在公元前 27 年 1 月被创造出来之时，人们肯定能够清晰地看到这一点。后来，奥古斯都没过多久就离开了罗马，让这种本质得到了些许的掩盖。然而，随着他的归来，人们不可能再假装这个共和国还是以前的那个共和国。在接下来的两年内，这种潜在的不满情绪会酝酿出一场巨大的政治危机。

奥古斯都共和国的危机

公元前 23 年 1 月，年仅三十九岁的奥古斯都第十一次就任执政官。他已经史无前例地连任了九年。在这一年较早的某个时候，罗马又一次受到了周期性流行病的侵袭。病魔当然不会在意人的社会地位。奥古斯都患病了，而且一时之间高烧不退，他的身体渐渐衰弱下去。看起来，他很有可能会一命呜呼。于是，他把亲信和一些国家官员召到了身边，然后把各种官方文档交给了另一位执政官，其中包括了详细的军队部署和财政方面的记录。由此可见，另一位执政官之前无权查看这些文档。奥古斯都还把自己的玺戒交给了阿格里帕。这些举动显然意味着他决定把民政权力交还给正规的国家官员，同时让阿格里帕成为他的私产及政治继承人。[371]

随着病情的恶化，奥古斯都的医生安东尼乌斯·穆萨（Antonius Musa）变得越来越焦急。最后，他拖着奄奄一息的奥古斯都去洗了一次冷水浴，这种快速降温的手段居然成功地让奥古斯都退了烧。

这次疾病让许多人开始考虑奥古斯都死后会发生什么事，元老们议论纷纷。有人说，他打算把整个国家交给他指定的继承人。当然，从法律规定和实际运作来看，共和国是不可能被这样转交出去的。共和国的官员依法掌权，也势必要依法卸职。奥古斯都固然可以像恺撒一样指定私产继承人，但这种做法不是转移政权所属权的公认程序，其政治意义是不明确的（虽然无疑会有很大的意义）。但如果指定下一任的国家领导人，那就相当于宣布罗马现在就是一个君主国。

对于这种传言，奥古斯都不得不做出回应。他带着遗嘱来到了元老院，提议宣读遗嘱。没有人表示同意。首先，要求他读遗嘱会显得自己不信任这位权势滔天的大人物。其次，他既然主动提出要宣读遗嘱，那么肯定不会读出什么不利于他的内容。而且，遗嘱是私密的文件，理应在订立者死后才公之于众。罗马人会在遗嘱里把财产分享给朋友，表明自己是个忠于友谊之人。换言之，遗嘱是订立者对自己的社会关系的确认。因此，罗马人认为遗嘱是非常重要的。元老们当然不愿意公然强迫奥古斯都宣读这么一份私密之极的文档。

此时，有可能成为“皇位继承者”的有两个人：其一是年纪尚轻的马尔凯卢斯，其二是奥古斯都的政治伙伴阿格里帕。如果以后来的皇位继承案例来看，即使马尔凯卢斯没有官职，也没有政治、军事经验，他也应该会继承皇位，因为他既是和奥古斯都关系最近的男性亲属，也是奥古斯都的女婿。但奥古斯都向来不感情用事。就算是在公元 14 年，他似乎也计划着让权力最大、经验最足因而也最有个人权威、最有政治影响力的亲属来成为第一位接手皇权之人。因此，在公元前 23 年的政治环境下，奥古斯都只会选阿格里帕来当他的政治继承人。

阿格里帕是一位身经百战的将军，他也在罗马城内主持兴造了许许多多的建筑。而且，中下层的罗马人看起来也很爱戴他。当奥古斯都身处西班牙的时候，阿格里帕实际上在代表奥古斯都管理罗马。虽然他的家族背景比不上马尔凯卢斯，但马尔凯卢斯的经验毕竟太少。阿格里帕得到大多数军人拥护的可能性要大得多。况且，奥古斯都把玺戒传给了阿格里帕。

我们不清楚传玺戒这种举动究竟具有怎样的意义，当时的罗马人或许也难以做出定论。但至少，这种举动留下了政治猜想的空间。阿格里帕起码由此得到了某种超然于法律之外的权威。看起来，玺戒的传承意味着就算奥古斯都去世了，罗马也不会脱离恺撒派势力的掌控，因为阿格里帕会凭此而有权继承奥古斯都的政治地位。不过，如果说奥古斯都政权还能勉强算是共和国历史上的例外，那么其继承者的出现就让它显得不像是例外，而是某种可以承继下去的制度创新了。随着罗马的政局变得越来越紧张，阿格里帕便奉命到东方去替奥古斯都巡视诸省，他又一次成了奥古斯都的代表。阿格里帕的东方之行就好像是奥古斯都之前去高卢和西班牙逗留的那三年。他的离去让他得以完全避开旁人的攻击，也让那些执着于共和制度的元老暂时安分下来。[372]

奥古斯都正承受着不小的压力。公元前23年7月，他离开了罗马，到城郊的一处圣地去庆祝“拉丁节”（Feriae Latinae）。7月1日，奥古斯都在节庆上辞去了执政官的职务，指定卢奇乌斯·赛斯提乌斯（Lucius Sestius）为继任者。赛斯提乌斯是布鲁图斯的拥护者，而且一直到现在都还在公开地赞扬布鲁图斯诛杀暴君的行为。这个继任的人选不太可能没有经过事先的挑选。奥古斯都想要由此来表明共和国真的恢复了，现在的政府就是正常的共和政府。

然而，实际情况依旧有别于共和国时代，奥古斯都取得了保民官的权力（tribunicia potestas）。他并没有担任保民官，但他拥有保民官的权力和职责。由此，奥古斯都宣示了属于他的政治版图。他会按照宪法和法律，以人民守护者的身份限制执政官的权威。从某种意义上来说，这一举动让奥古斯都政权回到了三头同盟时代。当时，后三头提出的兴兵理由就是反对一小撮元老侵犯人民的权利。而现在，元老们或许成功地让奥古斯都交出了执政官的职位，但他不会就此放弃。

正当政坛上风云变幻之时，奥古斯都不幸遭遇了一场悲剧：马尔凯卢斯病逝了。他也和奥古斯都一样发了烧，穆萨也试着给他洗了冷水澡，但这一次没有见效。就算阿格里帕会在奥古斯都万一病逝之时继承他的政治地位，马尔凯卢斯也仍然是未来的继承者，他的死亡让奥古斯都失去了所有的男性近亲。马尔凯卢斯得到了火葬，其骨灰被放在了台伯河畔战神广场上的奥古斯都陵墓当中。这座陵墓会成为奥古斯都的家族公墓，在未来的五百年里纪念着罗马的第一代皇室（请参考图 7）。卡皮托里翁山脚尚未完工的一座剧院被命名为马尔凯卢斯剧院（请参考图 8），即使经过了两千年的岁月洗礼，这幢宏伟的建筑也依然让人惊叹不已。

四五年后，维吉尔的伟大作品《埃涅阿斯纪》问世了。这是一部讲述罗马建城史的神话史诗，其中有一幕预言的场景。维吉尔让主人公埃涅阿斯来到地下世界，看到了一系列领导着罗马从难民聚居的小城镇成长为征服世界的大帝国的英雄人物。[373]想来，维吉尔最后应该会以光荣无限的奥古斯都时代收尾，他在其他的预言场景里确实就是这么安排的。但在这一幕当中，最后出现的是年轻的马尔凯卢斯的亡魂和他在战神广场上的葬礼。这一幕的寓意是，马尔凯卢斯原本会成为最伟大的罗马人，但就连诸神都为此感到嫉妒，出手夺走了他的性命，让罗马人民失去了一位英雄。一般说来，很多人都青睐于英年早逝、天妒英才之人，畅想着这些人如果活了下来，实现了自己的抱负，是否能够解决所有的问题，让历史产生“另一种可能”。但是，维吉尔为马尔凯卢斯所写的这个故事看起来和皇室很有关系，尤其是考虑到马尔凯卢斯在去世的时候还根本没有取得什么值得一提的成就（和其他的这类人物不太一样，比如，遇刺的美国总统约翰·F.肯尼迪）。

尽管奥古斯都政权能够大张旗鼓地纪念去世的马尔凯卢斯，把他的名字长久地留在罗马的建筑上，但奥古斯都对权力的掌控开始显得有些脆弱了。马尔凯卢斯之死震动了奥古斯都政权。如果说维吉尔是抓住了一些民众在马尔凯卢斯的葬礼上表露出来的态度，那么这场葬礼本身则清晰地宣示了罗马已经拥有了君主制的基础。许多人，尤其是平民表现得仿佛罗马已经是一个君主国了。虽然公众表达出这样的态度可以算是对奥古斯都政权的支持，但同时也有一定的风险。参加了葬礼、目睹了这一切的元老们都知道马尔凯卢斯还只是个孩子，他们会清楚地意识到奥古斯都交给他们的这个所谓恢复了的共和国里有一个皇室一般的家族存在，公众为这样一个年轻而几乎没有政治经验的男孩深切哀悼，正是证明了他们愿意让这个家族以皇室之身统治国家。奥古斯都共和国的君主制与共和制并存的双重性质暴露无遗。

我们或许可以把奥古斯都辞去执政官职务的举动视为一场正在发展的政治危机的结果，把阿格里帕派去东方可以让他免于和元老们发生正面冲突，也表明了阿格里帕在帝国政权中的独特地位。可是，皇位继承人和恢复了的共和国格格不入，就连奥古斯都本人也是如此。如果共和国真的已经恢复，那么辞去了执政官职位的奥古斯都就没有理由再留在罗马了。他本就有治理地方省份的职务在身，逗留于罗马只会让他成为君主制本质的最好证明。自公元前49年恺撒渡过卢比孔河以来，元老院的权力一直都处在个别强权人物的严重干扰之下。假如元老们真的能够让奥古斯都离开罗马，他们就可以重获久违的统治地位。

虽然现在的政治局势已经比较复杂了，但奥古斯都还遇到了一场和政治密切相关的审判。这次审判的直接当事人是曾经担任马其顿总督的马尔库斯·普里穆斯（Marcus Primus），他应该是克拉苏的继任者。马其顿是个战事频发的省份，普里穆斯在任期间和当地的奥德吕赛人（Odrysians）发生了冲突。他的作战很成功，但他在作战之时率军跨越了自己的省界。严格说来，这是违法的。大约在公元前23年，他回到了罗马，然后立刻就受到了指控。普里穆斯和奥古斯都走得很近，他掌控的马其顿是一个很重要的省份，驻扎着大量的军队。奥古斯都显然不太可能会坐视一个有可能与自己为敌的人掌握马其顿。为普里穆斯辩护的就是和奥古斯都关系很亲密的卢奇乌斯·穆雷纳（Lucius Murena）。不过，普里穆斯的自辩词有可能给奥古斯都带来一些麻烦，他声称自己走出省界是因为马尔凯卢斯

（这大概会被看作在代奥古斯都传讯）或奥古斯都本人传来了命令要求他这样做的。

然而，不管是奥古斯都还是马尔凯卢斯都没有下达这种命令的权威。以罗马的标准来看，马尔凯卢斯只是一个没有任何公职的男孩，他没有权力对普里穆斯这样的高级官员下达指示。奥古斯都其实也不行。如果马尔凯卢斯确实参与其中，他的角色会十分有力地证明奥古斯都真的正在罗马共和国里打造一个凌驾于法律之上的王朝。如果传讯的是奥古斯都本人，情况会稍微好一些，因为奥古斯都当时还是执政官。但这还是有君主制作风的嫌疑，因为共和国的军事政策向来由元老院掌握。

这是一场政治审判，其目的是摧毁普里穆斯的政治生涯。如果陪审员们对他的说法表示认可，宣判他无罪，那么这几乎相当于宣布奥古斯都和马尔凯卢斯就是事实上的皇族。如果他们表示反对，那么和奥古斯都交好的普里穆斯的政治前途就毁了。让所有人深感意外的是，奥古斯都出庭做证了。他宣称普里穆斯所说的命令根本就不存在。穆雷纳大怒，他质问是谁传唤奥古斯都出庭的，奥古斯都又为什么要以证人的身份出庭。奥古斯都回答："共和国。"他在捍卫共和国。然而，其实他只是想要保护不宣之秘。他不能让所有人都知道自己无视了元老院的权威，遑论马尔凯卢斯分享权力之事。接着，陪审员们开始表决。一些人投了无罪票，但大多数人并不打算用这种方式来宣布奥古斯都在撒谎。普里穆斯完了。[374] 据我们所知，普里穆斯是奥古斯都的朋友，他肯定也和帝国的其他高层人物有着非常密切的关系。然而，奥古斯都依旧选择了牺牲他的政治前途。

不久以后，大概在公元前22年，有人密谋刺杀奥古斯都。我们永远也不可能了解这种阴谋的真相。不过，这次的两个主要嫌疑人分别是法尼乌斯·凯皮奥（Fannius Caepio）和上文提及的卢奇乌斯·穆雷纳。他们都在被捕之前逃离了罗马。于是，他们遭到了缺席审判。负责此案的是莉薇娅（奥古斯都的妻子）之子提比略，[375]这也是他第一次处理重要的公务。但即使是在这种情况下，提比略也无法让陪审员们一致同意判决有罪，这使得奥古斯都出台了法案，规定今后每一位陪审员的判决都会被公之于众。这项新法非常有助于让各位陪审员在这种政治审判中做出有罪的判决。凯皮奥在逃亡途中被抓回了罗马遭到处死。之后，凯皮奥的父亲解放了所有在凯皮奥的逃跑路上出手保护过凯皮奥的奴隶。某个背弃凯皮奥的奴隶还被在脖子上挂上了告示牌，被带到罗马广场上示众，最后被钉死在十字架上。凯皮奥的父亲这是在向所有人宣布他相信凯皮奥无罪，同时也表达了他对奥古斯都的抗议，暗指奥古斯都蓄意杀害凯皮奥。

相比之下，我们不是很确定穆雷纳究竟是如何死去的。穆雷纳的人脉很广，他的家族和帝国高层的关系很近。他的兄弟普罗库莱乌斯是当初亲手抓住克莱奥帕特拉的人，也是科涅利乌斯·伽卢斯的朋友。穆雷纳的姐妹提兰提娅（Terentia）

是麦奇纳斯的妻子，而后者又是奥古斯都身边的亲信。不仅如此，我们一般还认为提兰提娅是奥古斯都的情人。穆雷纳还有一个兄弟本来会成为公元前 23 年的执政官，却在即将受任之时去世了。[376] 另外一个兄弟还曾在一些年前指挥过阿尔卑斯山区的军队。

普里穆斯和穆雷纳（伽卢斯或许也算）的下场都充分表明奥古斯都会为了政治目的而抛弃朋友。长期与奥古斯都共事之人应该不可能不知道他会干出这种冷酷的事情，但罗马人通常还是认为他们的政治秩序是依托于私交网络和彼此之间的恩情而存在的。穆雷纳的倒台尤其令人吃惊，奥古斯都的追随者因此产生了分裂。麦奇纳斯跟提兰提娅说了她的兄弟正遭到调查，然后提兰提娅就告知了穆雷纳，让他逃跑。[377]

麦奇纳斯和提兰提娅或许展现了家人之间互帮互助的关系，但在当时，家族和政治基本是分不开的，他们的行为可以被视作背叛。

在之前的两场重要的政治审判当中，各位陪审员至少是不相信奥古斯都的。现政权露出了獠牙，实现了自己的某些目的，但代价就是让许多人看清了共和制度其实没有恢复。一些元老开始明显地表现出反抗的意图，发轫于公元前 28 年的奥古斯都共和国看起来即将终结。

奥古斯都仍然有选择的余地，他有军队和资金。但动用军队会让罗马再次陷入内战，还会让奥古斯都被大多数人当作独夫。以权力的实质（金钱、军队）来看，奥古斯都占着上风。元老们也都明白奥古斯都掌握着庞大的政治资源，所以愿意认可他的显赫地位。但是，回首晚期共和国的历史，我们会发现元老们向来不会因此放弃他们的原则。元老们相信自己的权威和传统，相信自己有权利统治这个国家，相信元老治国是罗马的唯一出路。为了让罗马延续下去，奥古斯都需要和元老们达成和解。这是一场互相恐吓的政治比拼，一边的底牌是暗杀，另一边则是重新开启大规模的内战。不过，无论如何，在公元前 22 年，奥古斯都正准备前去地方省份。在这种情况下，难免会有一些元老认为己方正在逐渐获胜，奥古斯都的权力正在衰落。

但是，三年后，奥古斯都回来了。那时，他的地位已经变得无比稳固，自以为即将取胜的那些元老将再一次切身地体会到政治斗争是何等的现实而残酷。

第十五章
罗马的混乱与奥古斯都的权力

执政官选举通常开始于前一年的年中。刚刚辞去公元前23年执政官职务的奥古斯都并没有竞选公元前22年的执政官，治理罗马的职责传到了其他人手里。虽然他或许做好了相应的计划，但奥古斯都并没有随阿格里帕一起去地方省份。自公元前32年以来，这是元老院第一次在不包括恺撒的两位执政官带领下展开传统的新年宣誓和献祭仪式。

公元前22年一开始就不太顺利：冬季的风暴十分强烈；台伯河河水泛滥成灾；罗马本身也受到了雷暴雨的侵袭，一些著名的雕像被闪电击中；洪水还带来了疾病；罗马的粮食储备消耗殆尽，城市陷于饥饿之苦。

于是，平民发起了暴动。他们拿下了广场，把元老们围困在元老院里，并且要求元老们让奥古斯都担任独裁官，不然就火烧元老院。手持法西斯的执政官扈从被平民带出了元老院，一起去找奥古斯都。两位执政官就这样被夺走了权威的象征。找到奥古斯都以后，人们请求他来担任独裁官，掌管罗马的粮食供给。奥古斯都夸张地撕破了自己的衣服，露出了胸膛，以此表示自己如果担任独裁官就会遭遇刺杀。不过，他最后还是同意了处理粮食供给的问题。毕竟，他是平民的保护者，也是他们在危难之际的避难所。五天以后，粮仓满了。[378]

奥古斯都一直都在细心地维持着他和罗马平民的关系。自他步入政坛的那一天起，他就在努力地把自己塑造为平民利益的捍卫者，试图将自己与保民官的权力和责任联系在一起，成为人民的代表和保护者。早在公元前36年，他就使用了一些保民官的象征。公元前23年，他还在卸任执政官的同时取得了保民官的权力。由此，奥古斯都表明了自己就算不再是元老院的领导者也会继续保护人民的利益。

奥古斯都丝毫不吝于用金钱来宣示自己的立场。凭着尤里乌斯·恺撒的遗产，他给至少二十五万人送出了每人三百赛的奖金。公元前28年，他又给类似规模的群体发放了每人四百赛的奖金作为阿克提翁和亚历山大战事的胜利纪念。公元前24年，他从西班牙归来，再一次送出了每人四百赛的礼物。这个数额的资金大概足以支撑两个人以比较低的消费水平在罗马度过一年。公元前23年，奥古斯都给每位罗马居民提供了十二份粮食配给，受惠者数目同样至少有二十五万人。[379]

奥古斯都直接送给罗马城居民的经济利益已经达到了一个非常庞大的规模。三次奖金的总额分别是七千五百万赛、一亿赛和一亿赛，他在公元前 23 年购入的粮食则价值四千万赛。[380] 也就是说，在阿克提翁之战结束以后的六年时间里，奥古斯都花费了两亿四千万赛的资金来直接援助二十五万罗马平民。每位登记在册的罗马男性都得到了九百六十赛，每个罗马人勉强维持生活的费用为每年两百到三百赛。由此可见，奥古斯都给罗马的贫困家庭提供了不小的帮助。

但奥古斯都给罗马经济注入的资金还远远不止这些，他和阿格里帕实施了规模极其浩大的建筑计划。许多罗马自由民都需要工作，而在机械化到来以前的时代，搬运、建筑业往往提供了非常多的就业岗位。[381] 在一般情况下，有百分之十到百分之十八的城市男性居民工作于建筑行业。[382] 但帝国时代开头的这几十年并不一般，阿格里帕和奥古斯都正在让罗马改头换面。当然，以工资形式来到平民手里的资金并不像前文所提的奖金那样轻松、直接。但是，各行各业的工作者——切割、运输石块者，搬运木材和砖块者，砌墙者，装潢者，制作神像者，制作金属配件者，制造、修复建筑工具者——都不难看出这些浩大的工程的存在基本要归功于奥古斯都。而且，这还没有算上食品和其他商品的贩卖者，他们是第二大受益群体。如果奥古斯都不在了，这些支撑着他们生存的工作也会随之消失。

新工程当中虽然有很多用以装饰或纪念的建筑，比如剧院、凯旋门、纪念碑、神庙以及奥古斯都本人的宫殿，但也有一些非常实用的建筑。阿格里帕就致力于建造水渠，他修复并改良了马尔奇乌斯渠（Aqua Marcia），新建了尤里乌斯渠、少女渠（Aqua Virgo）和阿尔西艾提努斯渠（Aqua Alsietina），让罗马城的供水量增加了百分之五十多。[383] 水是非常重要的资源。新鲜、干净的水能够让所有的城市居民都受益良多，无论他们富贵与否。罗马的居民数量在前一百年里增长了很多，已经远远超出了既有基础设施的承载范围。供水量的不足难免会导致罗马城的居民被迫使用脏水，用水量受限，还要花不少的时间和精力去寻找、运输可用的水。水渠是当时横贯意大利乡间的主要设施，许多峡谷里都建有高架渠，所有从新的水渠中受益之人都能切身地感受到阿格里帕对罗马人民做出了实实在在的贡献。这些水渠等同于他们的政治声明，其他的任何人都不能以这种非凡的手笔来帮助罗马城的平民。

精英阶层的各位史家习惯于把这种皇家政策蔑称为“面包与马戏”，令其看起来像是收买人心（也就是说是一种腐败）或是意在让广大群众忽视政治形势的麻痹政策。然而，当时的罗马社会是极其不平等的。在这种社会里，很多人都非常贫穷，他们的生计真的是一个大问题。阿格里帕和奥古斯都则以实际行动表明了他们愿意用国家的资源来帮助平民，大幅提高他们的生活水平。在公元前 28 年到公元前 23 年之间，他们二人把令人瞠目的大量资源投入了民生领域。其他的任何一名元老甚至整个元老院都无法与之相媲美。

这种肚子政策的根本原理是很简单的：全体人民越穷就越渴望生活补助，也就越支持为他们提供了金钱、食物和水的人。对于穷人而言，最理想的情况就是政治精英们能够感觉到他们其实在某种意义上依赖于穷人，然后主动通过社会补助来赢得穷人的支持。奥古斯都在罗马平民身上投入的巨量资源，相当于认可了罗马公民都有权分享国家的财富。但如果认为这是大公无私的奉献之举未免又太天真了一点，阿格里帕和奥古斯都确实是在用这些资源换取平民的支持。显然，他们这么做是为了能够在未来与元老发生冲突之时得到罗马平民的助力，虽然他们当时还不知道自己具体会遇到怎样的冲突，但有智慧的政治家总是会未雨绸缪。

动用巨额资金来赢得平民的爱戴，其实就是把广大平民纳入奥古斯都的私人关系网络，军队和平民由此都成了奥古斯都的追随者。与奥古斯都的行为构成鲜明对比的是，许多元老都只会秉承多年的传统，对罗马平民不屑一顾。这主要是因为他们普遍相信自己的地位依赖于贵族同伴，而不是贫穷的平民。但奥古斯都和阿格里帕却知道，元老是不可靠的盟友。从公元前 22 年开始到公元前 19 年，奥古斯都将收到这笔巨额投资的回报。

公元前 24 年，奥古斯都给罗马人民发放了礼金。如果以小费视之，其规模未免太大了一些，但看起来，他花这笔钱是有政治意图的。公元前 23 年，奥古斯都给罗马人民提供了额外的粮食。这次的慷慨之举并不是为了纪念什么政治事件，奥古斯都看起来只是想要帮助大家弥补去年意大利歉收造成的供粮漏洞而已。歉收一般会导致罗马市场上的粮价上涨，有可能会让某些市民承受饥饿之苦，进而带来政治动荡。我们没有可以用来揣测公元前 23 年收成的信息，不过大概在公元前 22 年较早的时候，台伯河谷遭受了洪灾，特大降雨有可能冲毁了比较早的那批作物。在这相邻的三年里，罗马人民经历了两次甚至三次歉收。

罗马的农业是相当发达的。罗马农民会种植很多种类的作物，会尽量抵御某些农业风险，也会购买一些实用的工具。他们有酿造葡萄酒、生产橄榄油的设备，也有保存、运输食物的手段。但是，世界上所有地区的农业都难以承受异常的降水和气温带来的打击，地中海沿岸地区尤其如此。降水过多或过少都会导致农作物难以正常生长。一般说来，大约每四年就会有一次普通的歉收，每十年更是会有一次几乎颗粒无收的情况出现。连续出现的歉收还会让农民没有时间和资源来恢复正常的生产。在极端情况下，他们甚至会不得不暂时离开自己的田地，去其他地方寻找食物和工作。[384] 而在难民眼里，最明显的去处就是罗马城。

罗马人民成功地利用自己的政治权力让罗马的政治精英们为罗马城准备了价格稳定的粮食供给。这项政策从晚期共和国开始，在帝国时期也一直延续了下去。但是，这部分粮食并不能满足全城人口的需要。受惠的大概只有二十万男性，他们的家人和很多不在名册上的人都得依靠粮食市场来维生。

我们可以设想一下，假如某个田产不多的农民在年成一般的时候卖一半吃一半，那么在收成下降一半的那些年里，他就只能把当年的全部收成都用于自身的消费了。如果某个农民通常卖七成吃三成，那么在减产一半的时候他就得吃这一年收成的六成，只卖剩下的四成，但市场上看到的是，他卖出的粮食只有平时的二成了。所以，农业产出的一点小波动都会严重地影响城市的粮食供应。大地主面临的局面是类似的，因为他们在歉收之时必须把更高比例的作物用于供养他们的佃农。

此外，无论是拥有小规模田地的自耕农还是大地主一般都想在灾年提高粮价以弥补这一年的损失。同时，由于粮食供给确实减少了，粮价难免会如他们所愿地上升，但是在这种情况下，粮食市场有可能彻底崩溃。农民（其实更可能是粮食商人）会仔细地考虑在什么时候把粮食带到市场上去，然后又要以什么价格卖出。就算对供求法则只有相当粗浅的认识，他们也很可能会伺机把价格抬得非常高。接下来会发生的只有两件事，而这两件事都是相当糟糕的：这些粮食有可能会因为买家不愿购买高价粮食或根本就买不起而卖不出去；或者粮食以虚高的价格被卖出去了，从而使人们更加倾向于囤积粮食，抬高粮价。我们有可能会看到粮仓里存着粮食，市场上甚至也有粮食（至少高价可以买到），但许多人却饿着肚子的景象。

奥古斯都在公元前23年为罗马居民提供粮食的举动证明了他认可罗马城居民获得食物的权利，也宣示了奥古斯都的共和国愿意为其人民提供生活所需。他买来了食物，将其分发给大家。农民得到了钱，罗马市民得到了食物。但在公元前22年，奥古斯都已经不再是执政官，而继任的两位执政官没有出手解决粮食不足的问题。他们或许是没有足够的资金，或许是没有看到人民的需要，或许只是不愿意出手。毕竟，元老们都是大地主，而且向来不怎么同情挣扎在水深火热之中的穷人，他们很可能处于粮食商人的立场上。罗马平民也能想明白这些事情。在古典时代因食物短缺而爆发的起义当中，平民的攻击目标始终是富有的地主，因为他们认为这些大地主有意囤积粮食，以便趁着人民遭受苦难之际大发一笔国难财。

这两位执政官既没有军队也没有警察。显而易见，几万名饥肠辘辘、愤怒不已、支持着奥古斯都的平民突然出现在广场上会给执政官造成巨大的压力。但也许几千人就足以困住各位元老，迫使他们屈服。唯一有条件轻松制止这些民众、保护诸位元老的是奥古斯都，因为他有自己的卫队。然而，他看起来不太愿意让卫兵们去广场上保护元老，打压这群想要让他来拯救自己的民众。

被困在元老院里的两位执政官放弃了象征着他们的权威的扈从。民众把这些扈从带到了奥古斯都（他肯定在罗马城内）面前，请求他来担任独裁官。当然，这群民众不是经由正规的程序组建起来的，他们不是平民会议那样的合法机关。但是，共和国制度的首要原则就是人民主权，而这次的事件显然体现了人民的意志。从政治的角度来说，奥古斯都大可以按照人民的意愿，接受独裁官的职位。法律上的细节想必会有办法解决的，困居元老院的元老们大概很快就会同意批准奥古斯都担任独裁官。然而，奥古斯都露出了他的胸膛，以这种戏剧般夸张的方式拒绝了民众的请求。

当时的世界毕竟没有话筒，也没有大众传媒，和一大群愤怒的民众沟通确实需要用一些夸张的动作来表达自己的意思——这算是一种政治默剧。奥古斯都的意思很清楚：受任独裁官等于他的死亡。我们或许可以将其解读为他对宪法极其尊重，宁死也不愿担任独裁官。这种看法还符合了许多人心中的奥古斯都的形象——试图在自己的权力和罗马的传统之间寻求平衡的一位宪法改革家。后来，奥古斯都本人则暗示他当年的拒绝是在谦让，以求符合罗马的道德传统。[385]

然而，这种观点难以让人信服。奥古斯都很可能是在以展露胸膛的行为来表示自己会步前一位独裁官恺撒的后尘，惨遭元老们的毒手。[386]他想要让人们相信他是站在平民这边的，他是人民的保护者，愿意对抗威胁着全体人民的元老。他正是以人民保护者的身份再次出手处理供粮问题、干涉罗马政务的。奥古斯都的谦让是属于伟人的谦让，他拒绝担任独裁官是因为真正的权力不在此处。这也是他精心考虑的结果：受任为独裁官就会坐实其对手的批评，让政治形势倒退回三头同盟末期的状态，毁掉奥古斯都恢复的共和国，更有可能导致非常不理想的恶果。

奥古斯都解决了粮食供给的问题。为此，他发明了一个供应粮食的新职位。在他的介入下，罗马的粮食供应在不到五天的时间里就恢复了正常。这种惊人的速度让人不禁想要加以思考，就算奥古斯都在接受请求以后就立刻开始着手准备，向各地省份发出了请求供粮的消息（尤其是阿非利加、西西里、萨丁尼亚），他的信件也几乎不可能在五天之内抵达目的地。更何况，他们还得临时准备紧急供粮的船只，把粮食装上船，然后运到普提欧利（Puteoli）或奥斯蒂亚，接着再用车辆或者驳船运到罗马。这一系列流程一般要花费好几周的时间。那么，奥古斯都究竟是如何在五天之内解决粮食短缺的问题的呢？

这里有几种不同的可能性。首先是阴谋论。鉴于奥古斯都控制着重要的粮食产地西西里，有大量的粮食都在他的掌握之中。当粮食危机渐渐加重之时，奥古斯都猜想元老们会无法解决这个问题，便有意地减少了进入市场的粮食数量。第二种可能性是，奥古斯都成功地说服了意大利的那些粮食商人、农民、地主，让他们放弃了囤积居奇的打算。毕竟，拒绝奥古斯都的要求向来都有很高的风险。还有一种可能性是，随着奥古斯都宣布要出手管理粮食供给，手中存着粮食的那些人很自然地认为奥古斯都会强征存粮，或是会很快地找到其他渠道的粮食来供给罗马的粮食市场。无论如何，粮价都会在不久以后恢复正常。也就是说，现在就该出手存粮了。

不管奥古斯都到底做了什么，这次的粮食危机终究是结束了。而且，他飞快的解决速度很可能会让平民们更加相信这些元老不是无能就是歹毒，人为地抬高了粮价，只为谋取私利。总而言之，公元前22年初，罗马政坛上再次出现了两极对立的景象。在此期间，奥古斯都证明了他确实是人民的权利的捍卫者，会为人民挺身而出，对抗元老。

缺席之策：没有奥古斯都的奥古斯都共和国

在年中将至之时，奥古斯都离开了罗马，前去西西里。但他的离去并没有给罗马的政局带来和平。在粮食起义的暴力冲突和凯皮奥及穆雷纳的阴谋发生以后，罗马深陷于混乱之中。[387] 即将到来的下一个政治热点事件是执政官选举，这次的选举应该是被推迟到了这一年较晚的时候，因为奥古斯都当时肯定不在罗马城内。

选举过程中发生了暴力冲突。这种事情并不罕见，但这次的起因不是竞选者之间的矛盾，而是没有参选的奥古斯都的支持者发起的骚乱。负责选举执政官的是以百人团（centuria）形式组织起来的罗马公民会议，他们在投票时也要按照顺序经过

"桥"。这种会议是有可能失控的，因为虽然主持会议的官员会尽量维持现场的秩序，但他的声音有可能会被选民淹没。这一次，选民们扰乱了会议的正常流程。他们或是投票给没来参选的奥古斯都，或是只愿意选举一位执政官，因为他们想把另一个位置留给奥古斯都。[388]

人民的意志昭然若揭。在这种情况下，恐怕极少有人敢于一边顶着冒犯奥古斯都的风险，一边公然对抗民意。此时正在西西里岛上的奥古斯都很可能见到了使者又一次前来请求他担任独裁官，接受另一个执政官的职位，但奥古斯都拒绝了。不过，罗马人民至少已经表明了他们不满于公元前 23 年的安排，他们希望奥古斯都能够继续扮演罗马政治的中心角色。为此，他们不惜用武力来强迫元老们让步。

对于元老们而言，公元前 22 年发生的事件极其糟糕。奥古斯都展现了他的权势，而各位元老却只能忍气吞声，还得被广大民众指责为无能之辈。接下来的公元前 21 年也未见起色，新执政官马尔库斯·洛里乌斯（Marcus Lollius）是独自上任的。他的当务之急就是召开选举，给自己选出一位同僚。这些选举同样引发了激烈的争议。奥古斯都收到了消息，请求他从西西里回到罗马来恢复秩序。但他并没有同意，反而把各位竞选人召到了西西里，嘱咐他们在投票期间暂时离开罗马，躲避风头。最终，（在又一轮暴力冲突之后）其中一人当选为执政官。罗马之事本应由罗马的官员，尤其是执政官来负责，但洛里乌斯却无法控制住局面。奥古斯都把各位参选者召集到西西里的行为充分说明了奥古斯都拥有着巨大的政治权威，这些竞选人犹如他的下属，而他则是国家的监管者。

奥古斯都不愿返回的原因或许和罗马的政治形势无关。如果在公元前 21 年返回，奥古斯都的地位会比公元前 23 年更高，他可以再一次向元老提出条件。然而，这并不能解决从公元前 24 年开始困扰他的政治问题，奥古斯都共和国的矛盾依旧存在。他有一个更加大胆的计划。在公元前 23 年，为了处理帕提亚人带来的麻烦，奥古斯都派阿格里帕去了东方。帕提亚人既是一个需要解决的问题，也是奥古斯都建立战功的机会。于是，阿格里帕被召回，奥古斯都开始航向希腊。

公元前 21 年，当初匆匆离开的阿格里帕终于回到了罗马。后世的历史学家们猜想他的离开是因为他敌视马尔凯卢斯，想要争夺皇位。然而，与奥古斯都患病一事相关的史料表明，事实也许恰恰相反，阿格里帕才是当时更有可能继承奥古斯都的政治地位之人。不管怎样，马尔凯卢斯后来没过多久就病逝了。阿格里帕此行或许是一种政治策略，用以避开那些比较倾向于共和制度的元老，但他也在莱斯沃斯岛上（Lesbos）代表奥古斯都有效地治理了东方的省份，并且为奥古斯都的大规模东征做了准备。在阿格里帕返回罗马以后，他被顺理成章地确立为奥古斯都的继承人——阿格里帕迎娶了奥古斯都的女儿、马尔凯卢斯的遗孀尤莉亚。他早已是奥古斯都政治集团的核心人物。现在，他更是进入了王朝的中心。这桩婚姻同时也印证了奥古斯都在公元前23年对阿格里帕做出的安排。

虽然阿格里帕回来了，但罗马人民依旧时常与元老们作对。公元前21年，罗马城内要选举一位在某个节日期间管理城市的临时官员。人们因此发起了暴动，甚至直到节日结束以后也没有罢休。[389] 同年召开的下一年执政官的选举活动很可能也受到了影响，罗马人民这一次也只选出了一位执政官。在公元前20年，盖乌斯·森提乌斯·萨图尔尼努斯被选为下一年的执政官，奥古斯都再次被选为另一位执政官。到了第二年，萨图尔尼努斯只得独自上任。阿格里帕应该已经在公元前21年离开了罗马。他先去了高卢，然后到了西班牙，因为奥古斯都在几年前取得的胜利看起来还不足以完全稳住局面。[390]

罗马的暴力事件仍未停止，萨图尔尼努斯得到了一队卫兵的保护。奥古斯都则又接见了一位使者。这一次，他采取了史无前例的做法——指定自己的代表去担任执政官，虽然我们不知道他究竟是以什么名义按照什么程序来做这种事情的。又一次，罗马平民向元老们表明了国家的正常运转离不开奥古斯都的权力，而奥古斯都则又一次用他的权力给罗马城带来了稳定。[391] 奥古斯都的这种实质性统治地位并无法律依据，但重要的是，罗马离不开他。而且，他有足够的权威来贯彻其意志。

从公元前22年到公元前20年，平民频繁地出现在罗马的政治舞台上。他们拥护奥古斯都，不惜动用暴力，给罗马带来了混乱。元老们不得不认真地对待他们的诉求。看起来，奥古斯都有可能在背后鼓励平民的活动。毕竟，这些平民总是拒绝选举第二位执政官，我们不禁要怀疑他们是有组织的。

在离开罗马的日子里，奥古斯都的权势不断地增长。元老们难以成功地应对作乱的平民，还不得不反复地看他们展示自己对奥古斯都的忠诚。对元老们来说，每一次事件都是教训。民众对元老的威胁能够直接有效地巩固奥古斯都的地位。相比之下，虽然元老们肯定还记得奥古斯都掌握着大量的军队，但戍边的士兵终究离罗马太远。在平民的威胁下，罗马随时有可能陷入无法无天的混乱状态，而奥古斯都的权力可以维持住秩序。奥古斯都能够把执政官竞选者召到面前，对他们下达指示，甚至还能指定执政官。共和国的基本运作流程显然受到了奥古斯都的破坏，但同时却又离不开他。奥古斯都的共和国无法在没有奥古斯都的情况下运转下去。

公元前 19 年，元老们的权威即将迎来又一次或许更加强大的挑战。不过，到了那个时候，奥古斯都已经在东方战场的“胜利”荣光之中踏上了归途。

伊格纳提乌斯·鲁弗斯的“阴谋”

关于伊格纳提乌斯·鲁弗斯（Egnatius Rufus），我们所知甚少。公元前 21 年，他当选为建筑官，登上了政治舞台。建筑官的职责是维护罗马的建筑、举办各种运动赛事，这两件事情都非常有助于赢得民心。身为建筑官，鲁弗斯设立了保护城市的消防队。然而，这个看似简单的举动让他走上了激进的政治道路，甚至最终走向死亡。

对于罗马而言，火灾是个不小的威胁。因为罗马的供水量有限，而且也没有高压水枪，就算是小规模火灾也不是很容易就能扑灭的。况且，罗马的建筑是比较拥挤的。多层的住宅楼之间有可能只以一条窄窄的小巷（最窄为七十厘米）相隔，火势很容易就蔓延到相邻的建筑上去。此外，当时既没有消防条例，也没有上层的紧急逃生通道。在大型火灾发生之时，人们往往需要拆毁附近的建筑，以便构成火障。但就算如此，火势也有可能直接穿过这些由瓦砾构成的火障区。更何况，当时没有正规的消防队。每当火灾发生，受灾者就只能指望邻居们自行组织起来，备好水桶，找到附近的水源，带上斧子和其他工具来挽救自己的家。但凡火势稍大一些，人们就很难迅速地将其扑灭，只能接受惨淡的现实。

鲁弗斯设立消防队的举措拓展了建筑官维护罗马城建筑的职责。他让自己的奴隶成了消防队员。为了及时救火，他肯定要在全城各地安排人手。而且，消防队必须有一定的规模。所以，他也出资招收了其他人进入消防队。[392]鲁弗斯其实可以把这支队伍用到各种政治会议上去。此外，消防队给鲁弗斯赢得了不少的人气，罗马人民开始拥戴他。

任何寻求平民支持或者说试图组织起非精英群体的政治人

物都会被政治精英们怀疑为企图煽动民众犯上作乱的野心家。但是，鲁弗斯的成功让他信心大振，开始竞选更高一级的裁判官。严格说来，连续任官是违法的（虽然这条法律没能阻止奥古斯都连任），但在民意的要求下，这条法律被忽视了，人民主权依旧是罗马政治生活的第一信条。在卸任建筑官的时候，据说鲁弗斯声明自己把罗马城完好无损地交到了继任者手里。为此，政治精英们深感不悦，因为从理论上说，他们都对罗马城负有责任。[393]

接下来的那一年，也就是公元前19年，鲁弗斯宣布了他有意参选执政官。主持选举的是森提乌斯·萨图尔尼努斯。此时，他还是唯一的执政官［在奥古斯都指定的卢克里提乌斯·维斯皮洛（Lucretius Vespillo）回来上任以前］，并且已经通过投票表决获得了一队卫兵。对于鲁弗斯的竞选意向，萨图尔尼努斯公开表示他不会给鲁弗斯参选的资格。严格说来，负责主持选举的官员必须允许他人参选。但萨图尔尼努斯有权这么做，虽然他同时也违背了平民的意愿。或许，我们可以把他的行为看作在顶着民众的压力宣示执政官的权力。然而，鲁弗斯并不是唯一的受害者。萨图尔尼努斯还禁止了几个人参选裁判官，我们很难不去猜想这些人可能都和鲁弗斯有一定的关系。当然，萨图尔尼努斯的这种做法导致了罗马城中再次爆发暴力事件。一位名为维莱乌斯·帕泰尔库鲁斯（Velleius Paterculus）的史家把萨图尔尼努斯比作历史上捍卫罗马共和国的那些英雄，但其实我们并不确定事情的真相。[394]

接下来发生的事件让人难以捉摸。据说，有人发现鲁弗斯正在密谋刺杀奥古斯都。于是，鲁弗斯还有他不知名、数目也不确定的支持者就都被杀死了。我们恐怕永远也说不清古代的这些阴谋究竟是真事还是为铲除政敌而捏造的借口。在鲁弗斯的这次事件里，如果“阴谋”属实，那么他至少得计划在奥古斯都于公元前 19 年 10 月 12 日返回罗马以后再动手。然而，在那个时候，鲁弗斯的敌人森提乌斯·萨图尔尼努斯已经死了。这难免会引人怀疑。虽然萨图尔尼努斯或许是自然死亡的，但如果没有什么值得大书特书的事情，那么维莱乌斯把他比作古代英雄的说法就太过夸张了一些。没有史料明确提过有执政官遇害（如果有就肯定堪称大事）。鲁弗斯的罪名是预谋对奥古斯都不利，而不是谋杀。但萨图尔尼努斯之死至少算是对鲁弗斯有利。

奥古斯都恰巧也能从中获益。因为从萨图尔尼努斯的表现来看，他有才干，也有一定的独立思想，并且有能力团结其他的元老。他的死亡让奥古斯都得以安排自己的人去替代这样一位独立、自信、有影响力的人物，在公元前 19 年末的这几个有重要意义的月份担任执政官。萨图尔尼努斯的继任者为马尔库斯·维尼奇乌斯（Marcus Vinicius）。维尼奇乌斯是一位著名的奥古斯都派将领，曾在日耳曼尼亚建立大功。[395] 他的出身并不显赫，其家族步入罗马政坛的时间不久。[396] 后来，维尼奇乌斯和奥古斯都在一起玩骰子，他的子孙也都出人头地。[397] 显然，他和奥古斯都走得非常近。

我们必须设想一下鲁弗斯行刺奥古斯都能够得到什么好处。他绝无可能像奥古斯都那样控制军队。即使他在平民当中的人气也许能和奥古斯都相比，他也不可能迫使元老们同意让他也享有特殊的待遇。反观奥古斯都，他铲除鲁弗斯的动机是完全合理的。鲁弗斯挑战了他对平民的掌控，奥古斯都不可能容忍他的存在。而且，杀死鲁弗斯可以向罗马元老院和人民发出一个信号。就人民而言，奥古斯都可以由此凸显自己的权力，让他们明白自己不会容忍这种三心二意的行为。平民需要奥古斯都的关系网络，他们理应效忠的对象是奥古斯都，而不是其他人。就算奥古斯都政权和平民之间有着互相依赖的关系，这张政治网络也是有等级之分的，其中的下属应当服从奥古斯都和阿格里帕的领导。

而对于各位元老来说，奥古斯都此举的意义比较复杂。首先，无论鲁弗斯的阴谋是真是假，将他杀死都可以展现奥古斯都的权威。只要奥古斯都愿意，他随时都可以除掉一位人气较高的知名政治人物。其次，杀死鲁弗斯可以表明奥古斯都愿意和元老们合作。鲁弗斯在之前的这几年里一直在威胁着各位元老和执政官，而奥古斯都出手除掉了他，恢复了政治秩序。这说明元老们可以倚靠他的力量。或许，我们可以更加露骨地说，元老们需要奥古斯都的保护。在公元前 1 世纪 20 年代早期，元老们看起来在尝试着摆脱奥古斯都的阴影。但到了公元前23年以后，元老们在一次又一次的暴力事件当中发现自己既没有能力控制住自己的同伴，也无法约束罗马平民。就在这种情况下，奥古斯都表示愿意尊重各位元老，并且为他们恢复稳定的秩序。可以想见，元老们很可能对此报以感激之情。但是，奥古斯都的庇护不是没有代价的。

鲁弗斯之死为新的政治协定的诞生铺好了路。奥古斯都即将从东方带着一场重大的外交胜利归来。元老们毫不迟疑地为他准备好了又一轮的荣誉，再次表示自己大力支持并且忠诚于他。公元前24年归来的奥古斯都还可以算是对元老治国的最大威胁，但在公元前19年，元老们已经不得不紧张地防范着罗马的平民。此时的奥古斯都反而是秩序的捍卫者。

奥古斯都的共和国依然是自相矛盾的。奥古斯都本人的地位仍旧有违共和制度的传统。然而，现在看来，这种矛盾并不是从三头同盟时代不幸保留下来的偶然现象。公元前23—前19年的历史已经证明了奥古斯都共和国的存在是有必要的，是奥古斯都化解了罗马平民的革命情绪，也是奥古斯都让军队安分地驻守于地方省份。奥古斯都成了罗马社会等级制度的捍卫者。古代的那个罗马共和国只有很少的一部分延续了下来，现在的罗马显然不可能是一个共和国，奥古斯都拥有着君主的权力。但是，如果没有奥古斯都的存在，扎根于旧日的共和国的那一整套社会等级制度就会崩溃。现在，罗马的守旧派已经看清了形势，虽然摆在他们面前的选择看起来不是那么理想。

东方的胜利

公元前 23 年，奥古斯都接见了来自帕提亚的普拉提斯的使者，与普拉提斯竞争王位的提里达提斯（Tiridates）更是亲自来到了罗马。他们二人都被带到了诸位元老面前说明来意。显然，提里达提斯希望罗马人出兵助他对抗普拉提斯，而普拉提斯当然希望罗马人不要出兵。正是因为他们二人的到来，阿格里帕才被派去了东方准备大举入侵帕提亚。[398]

奥古斯都推迟了他本人的行程。不过，在公元前 21 年下半年的时候，他应该已经动身了。他先在斯巴达待了一阵子，然后来到雅典。接着，他和当地人发生了一些冲突。雅典娜神像上有血溅到了他的身上。至少，据说如此。于是，奥古斯都及早离开，去了萨摩斯岛（Samos）过冬。反正他本来就要去东方的叙利亚。[399]

此时，普拉提斯已经得知奥古斯都即将率军前来。帕提亚政治史的详细情况大多未曾被记录下来，但我们可以猜测他和提里达提斯之间的争斗尚未了结。同时，至少有一些帕提亚贵族认为提里达提斯有可能取胜，便选择了反对普拉提斯。因此，普拉提斯的地位岌岌可危。为了保住王位，他只好向奥古斯都求和。公元前 53 年被帕提亚人缴获的罗马军旗完璧归赵。当时被俘虏的罗马人也被送了回来，虽然其中的某些人或许已经在帕提亚过上了幸福的生活，毕竟，这中间隔着足足三十年。罗马人还试图干涉亚美尼亚（这是罗马和帕提亚相争的区域）的政事，想要扶植一位亲近罗马的国王。为此，提比略受命率军去贯彻罗马的意志。接着，奥古斯都开始着手于东方的整体布局。他扶植了一些小国的附庸国王。

此次东征虽然有雷声大雨点小的嫌疑，但还是给奥古斯都带来了一场大胜。普拉提斯保住了他的王位，却被迫做出了外交上的让步。最重要的是，罗马的霸权地位得到了承认。奥古斯都得以宣布东方边境上断断续续地持续了三十年的冲突就此告终，罗马建立了霸权。这是克拉苏和安东尼都未能取得的成就。虽然按照罗马的传统，凯旋是需要经过战斗的，但普拉提斯未经交战就做出了重大的让步也是很能振奋人心的事情。在罗马人看来，帕提亚人是波斯人的继承者，他们传承的是一个伟大的古代帝国。公元前5世纪的希腊人就曾经受到他们的威胁，希腊城邦击败波斯和一百多年以后亚历山大征服波斯都是古典时代最为重要的历史时刻。现在，奥古斯都让古老的波斯帝国屈服于罗马的霸权（至少，他是这么宣布的），让罗马人又朝着征服世界的终极目标迈出了一大步。而且，奥古斯都仅在抵达叙利亚以后的短短数月之内就光凭武力威胁完成了这一壮举。

奥古斯都大事渲染了此次胜利。他曾经在世界西端的高卢和西班牙取得过胜利，现在他更是把自己的威名传到了遥远的东方。被带回来的那些军旗将被放置在完工以后的罗马城中心大广场上的复仇者马尔斯神庙（Mars Ultor）里。在广场和神庙竣工以前，这些军旗会被暂时保存在卡皮托里翁山上的另一座马尔斯神庙里。[400] 奥古斯都又得到了一些荣誉：他的生日成了节日，人们会在那一天举办献祭仪式和庆祝的比赛；他返回罗马的 10 月 12 日也被定为奥古斯都节（Augustalia），同样会有献祭仪式；奥古斯都进入罗马城的那扇大门处会设立一座旅人庇护者幸运女神（Fortuna Redux）圣坛。[401] 在进城之时，奥古斯都骑着马，带着队伍展开了游行。这不是传统的凯旋仪式，但他显然想表现得像是一次凯旋。对于这套赞美归来的征服者的仪式，罗马的政治精英们很配合。人民和元老都谨遵安排，热烈地欢迎奥古斯都归来。后来，这还形成了一项传统。

在公元前 19 年返回的奥古斯都有着非常稳固的地位。这几年时间里反复发生的暴力事件已经让元老们苦不堪言，平民的种种举动无疑表明了他们不信任元老，希望奥古斯都来统治他们。执政官选举活动多次失控，元老们甚至不得不请奥古斯都来为他们指定执政官。与此同时，奥古斯都则在一帆风顺地处理各地城市、王国的事务，并且把罗马的势力延伸到了已知世界的边缘。从公元前 23 年开始的混乱状态，充分说明了元老们已经无力掌控局面，只有奥古斯都才有维持秩序的权威。现在，奥古斯都回到罗马来向各位元老提供他们自己无法获得的东西：安全和秩序。但是，要获得这种秩序就必须接受帝国制度的新规矩。罗马的政治精英们即将和奥古斯都展开划时代的政治谈判，用自由换取安全，并且接受奥古斯都以君主的身份统治罗马。

第十六章
奥古斯都的秩序

时至公元前 19 年，元老们已经熟知他们应当为得胜归来的奥古斯都准备好什么东西。在阿克提翁战役结束和克莱奥帕特拉死后奥古斯都返回罗马之时，他们都表决同意给他献上了诸多荣誉。当奥古斯都在公元前 24 年从西班牙胜利返回之时，元老们又给他颁发了新的荣誉。所以，在公元前 19 年，元老们群策群力、绞尽脑汁地给奥古斯都准备了神庙、献祭和其他宗教类荣誉。也许有很多人曾经在公元前 22 年暗自庆幸奥古斯都离开了罗马。但现在，所有人都至少得表现得无比欢迎奥古斯都带着“幸运”返回意大利。

在奥古斯都回到罗马的第二天，元老院表决同意给奥古斯都的妻子莉薇娅的两个儿子提比略和德鲁苏斯（Drusus）颁发荣誉。提比略出生于公元前 42 年 11 月 16 日，其家族为赫赫有名的克劳狄乌斯家族。公元前 39 年，他的母亲莉薇娅在屋大维的要求下和当时的丈夫离婚了。同时，屋大维也和他当时的妻子斯克里波尼娅（Scribonia，就在她产下屋大维的唯一后代尤莉亚的那一天）离了婚。然后，莉薇娅和屋大维结成了夫妇。当时，莉薇娅还怀着德鲁苏斯，并且于公元前 38 年初将其产下。提比略的政治生涯开始于公元前 22 年凯皮奥密谋行刺奥古斯都一案。后来，他奉命率军去干涉了亚美尼亚的政务。[402] 到了公元前 19 年末，虽然提比略已经有了一些军事经验，但他的政治生涯仍然只能算是刚刚开始。然而，他还是获得了裁判官的地位（拥有担任过裁判官之人的待遇）。德鲁苏斯则获准提前五年参选各个公职。[403] 这些都是构建王朝的行为，就好像公元前 24 年马尔凯卢斯得到的拔擢一样。提比略和德鲁苏斯被认为是奥古斯都政权未来的关键人物，对他们的提拔非常有助于宣示公元前 19 年 10 月的奥古斯都已经重返罗马政局的中心。

第三位和构建王朝有关的人物当然是阿格里帕。他现在是尤莉亚的丈夫，他们的第一个儿子出生于公元前 20 年。之后，他们还生下了几个孩子，包括公元前 19 年的尤莉亚，公元前 17 年的卢奇乌斯，公元前 14 年的阿格里皮娜（Agrippina），还有公元前 12 年的阿格里帕。阿格里帕早在奥古斯都返回罗马之前就已经去了高卢。他先打了一场小规模的战争，然后就去了西班牙，对付一个本应已经被制服的部落——坎塔布里（Cantabri）。这场战争并不容易，阿格里帕还得带着纪律不佳的士兵作战。不过，他还是终结了这场战争，并且获许举办一场凯旋仪式，但他拒绝了。虽然在奥古斯都共和国时代曾经有其他人举办过凯旋仪式，但是从公元前 19 年起，我们忽然就再也看不到皇帝以外的人享受这种传统荣誉了。[404] 阿格里帕的行为给未来的将军们立下了范例。从此以后，只有皇帝才能享有军事胜利的荣光。原先杰出的将领都能得到的赞美之词“imperator”也渐渐地成了君主的专属称呼。

不过，拒绝举办凯旋仪式并不意味着阿格里帕要急流勇退。他既不是在谦让，也不打算退隐。阿格里帕的女儿维普萨尼娅（Vipsania，之前的一段婚姻里所生）和提比略成了婚，进一步巩固了他在王朝当中的地位。公元前 18 年，屋大维在公元前 23 年取得的保民官权力失效了。这份权力固然堪称独一无二，但还带着共和国官制的陈旧规矩——由选举产生、任期有限，虽然不像其他官职一样有同僚。这种缺憾在公元前 18 年得到了弥补。这一年，阿格里帕和奥古斯都一起得到了保民官权力，阿格里帕就此正式成为奥古斯都的政治伙伴。而且，他也处在王朝的中心。在奥古斯都死后，这个王朝也将延续下去。或许，人们不确定如果奥古斯都死于公元前 23 年的疾病，他的政权会遭遇怎样的命运。但是，公元前 19 年的安排无疑说明了就算奥古斯都逝世，他的家族也会继续统治罗马，阿格里帕会成为掌舵者，提比略和德鲁苏斯会从旁协助。

奥古斯都在公元前 19 年的安排还厘清了他和两位执政

官之间的关系。在公元前22年之后比较动荡的那几年时间里，并非执政官的奥古斯都常常表现得就像是拥有执政官的权力一样。公元前19年，他取得了执政官权力的名分。当然，他其实早就有了执政官的权力。[405]

公元前19年和公元前18年的改革标志着罗马政治的转型。一些研究罗马宪法的历史学家认为此时有第三份重大的协定，修改了之前公元前27年和公元前23年的两次协定。然而，这第三份协定其实不存在。首先，我们看不到明显的协商过程。奥古斯都看起来没有和另一方势力展开谈判。而且，此时的两位执政官都是奥古斯都的人，他们帮助奥古斯都在公元前19年末异常迅速地完成了奥古斯都的改革。等到阿格里帕在公元前18年取得保民官权力之时，奥古斯都早已安排好了构建王朝、确立全新政治秩序的计划。

时至公元前18年，奥古斯都已经掌握了传统政治生活里的所有领域。而且，奥古斯都政权在坚定不移地公然构建王朝。当初马尔凯卢斯的擢升或许还让奥古斯都感到有些窘迫，但年轻的提比略和更加幼小的德鲁苏斯看起来并没有遇到类似的麻烦。这当然也和阿格里帕有着密切的联系，因为他的儿子都是奥古斯都的直系后代。当初有传言称他和马尔凯卢斯相争，但现在没有人再谣传阿格里帕要打压提比略和德鲁苏斯。奥古斯都和阿格里帕共同领导着这个皇室，而提比略和德鲁苏斯都是这个家族的后起之秀。罗马的政治前途就在奥古斯都的皇宫里，奥古斯都的家族正打算世世代代地统治下去。

买下罗马

奥古斯都的权力向来源于他对自己的政治根基的掌握，而这种控制力又和他对国家资源的利用密切相关。换言之，资金是奥古斯都政权的稳定性之源。在公元前 44—前 43 年的战争结束以后，三头同盟的私人关系网络垄断了罗马的权力和资源。到了公元前 19 年，已经有整整一代的罗马人依附于这张关系网络而成长起来了。一百年以后，史家塔西佗对奥古斯都的崛起之路做出了这样的评价：

> 奥古斯都以赏赐拉拢军人，以粮食收买民心。他对所有人都许以闲适的美好生活。其势力逐步壮大。他顺利无阻地将元老院、民选官乃至法律的角色都揽于己身，因为他的大敌都已经倒在了战场上或者成了公敌。剩下的贵族们更愿意当他的奴隶，他们拿到了各种荣誉和财富，在新的秩序里沉溺于安逸的日子。地方省份也对这种新的状态感到很满意，它们本就畏惧着元老院和人民的权力，既担心高层人物相争会波及自己，也不愿成为贪婪的高官眼中的鱼肉，因为就连法律也不能阻止他们动用暴力、人脉以及最强大的金钱来为所欲为……[406]

把国家的资源分发给人民的一种最直接的手段就是殖民。[407]在共和国的最后几十年里，罗马人一般在军团士兵退役之时设立殖民地。奥古斯都也曾在战争结束以后让老兵们定居在殖民地里。[408]不过，他还设立了一些看起来没有多少军人定居的殖民地。[409]奥古斯都时代的殖民规模极大。我们没有掌握完整的殖民地名单，意大利以外的殖民地只有一部分为人所知。但整个奥古斯都时代设立的殖民地很可能不下于六十个，涉及的殖民者为三十万到六十万男性，其中应该还有一些不是罗马公民。

就算内战已经结束，奥古斯都也得投入大量资金来满足军队的需要。他声称为了给老兵们寻找土地，他花了八亿六千万赛。因为设置殖民地比较困难，老兵们退役的报酬渐渐地从土地转变为现金。某些老兵或许会更喜欢现金，因为这样一来他们就可以返回意大利和家人相聚，用这笔资金来自行挑选定居地，而不是迁居至地方省份的殖民地。从公元前 7 年开始，奥古斯都又花了四亿赛来给老兵们发放奖金。[410]在奥古斯都时代一共有不下于三十万名老兵退役并得到了金钱或土地报酬。但奥古斯都的慷慨并不仅限于此。他在《圣奥古斯都行述》中称自己在公元前 29 年给所有的殖民者都发放了一千赛的奖金，用以庆祝阿克提翁之战的胜利。他还有可能在后来时不时巡视意大利的时候也大方地发放了奖金。[411]

奥古斯都还得解决平时的军费支出问题。从公元前 30 年到公元 14 年，奥古斯都一般都掌握着二十八个军团大约十四万人的军队。这个数目稍多于罗马成年人力的十分之一。在奥古斯都统治末期，因为潘诺尼亚（Pannonia）的叛乱和日耳曼尼亚的战事的存在，这个比例有所上升，也许达到了总人力的百分之十四。[412] 服役的相关规定也变得更加固定了，通常时限为十六年，后来延长到了二十年。[413] 最后，奥古斯都专门新设了一个军费管理部门来负责为士兵们提供薪水和奖金，其第一笔资金就出自他自己的资产。同时，他开始为了军费而征收百分之五的遗产税。富人们并不喜欢这个举措，因为他们不认为自己应该把财产分享给军队。[414]

奥古斯都也继续支持着平民。继公元前 23 年以后，他在公元前 11 年（每人四百赛）、公元前 5 年和公元前 2 年（每人两百四十赛）都给平民送出了礼物。[415] 在他死后，罗马人民（大概是罗马的平民）又得到了每人一百六十赛总额四千万赛的奖金。奥古斯都一生给罗马人民发放的奖金加起来超过了五亿赛。这个数字肯定会让元老们深感震惊。而且，这还没算上他在粮食供给、修建水渠还有各种庆祝活动上花出去的钱。

用金钱换取士兵（及其家人）和平民的支持是比较直白的事情。相比之下，罗马精英们的问题要复杂一些。元老们秉承传统，认为自己理应是罗马的统治者。但现在，奥古斯都夺走了他们的统治权。不过，当时的政治是比较松散的个人化政治。人们往往只关心自己有着怎样的地位，而这个地位又是否与其家族威望相称。

这种松散的性质让奥古斯都有了掌控精英阶层的余地，他需要做的就是让这些精英感觉自己得到了认可与尊重。于是，他让贵族们分享了皇权带来的好处，让他们得以免受革命的威胁，安然享受财富。贵族的地位由此和奥古斯都本人及其政权都挂上了钩。为了让贵族们感受到尊重，奥古斯都还得做一些小事。他需要记住人们的名字，送生日礼物，对他们的家族活动示以尊重，在参加讨论的时候平等相待。总而言之，他要致力于和贵族们维持良好的私人关系，以便相应地维持住彼此之间的政治关系，从而巩固他的政权。

奥古斯都控制着公职的任命权。也就是说，他有权决定他人的政治前途。他既可以让人擢升至高位，也可以轻易地打压别人。不过，他大概很少觉得有必要去用这种权力铲除某些可能对现政权有异心之人。在奥古斯都时代的后期，执政官的职位常常由出身名门者担任。奥古斯都允许他们取得这样的高级职务恰恰证明了奥古斯都的共和国可以平稳地运转下去，出身显贵的元老们可以在奥古斯都的统治下拥有光明的政治前途。[416]

奥古斯都凭着他的权力把某些交游甚广的贵族纳入了他的关系网络，进而使得任何反对奥古斯都的举动看起来都像是在自取灭亡。无论有意或是无意，奥古斯都最终对元老们采用的策略都顺应了元老们原有的等级秩序。他没有必要把元老院里的人都换成自己的坚定支持者，因为他大可以用权力来对元老们施恩。最后，元老院里的人不是已经受过奥古斯都的恩惠，就是正在求取这种恩惠。

奥古斯都只有在威胁到元老们的个人地位之时才会遇到明显的阻力，比如，他当初审定元老资格的时候。[417] 公元前28年，奥古斯都改革了元老院的人员组成。这是他恢复共和国的举措之一。在公元前18年，他再度开始考虑元老的资格问题。这一次，他设计了一套比较复杂的元老选举制度。奥古斯都会挑选出三十个人，而这三十人每人会再选出五个人。然后，这里获选的一百五十个人要进行抽签。剩下来的只有三十个人，他们就是第一批合格的元老。而之前奥古斯都选出来的三十个人会回到未获选的名册里去。接着，第一批合格的三十名元老要按同样的程序选出一百五十人，经过又一次抽签，得出第二批合格的三十人。然后第二批元老又要再选一轮。这整个流程会一直持续到产生了三百名合格的元老为止。如果说有人想要把奥古斯都当作一位伟大的政治家，他最好首先来看一看奥古斯都设计的这套制度。这套制度导致的结果是无比的混乱和腐败，它让很多适合担任元老的人因为被人遗忘或者没抽到签而落选。某位德高望重的元老发现他的儿子还在担任元老，而他自己却被开除了。于是，他撕破了自己的衣服，向人们露出他在为罗马效劳的岁月里留下的伤痕（共和国时期也有这种例子）。还有一位元老恳求辞去自己的职务，让他落选的父亲得以留在元老院里。后来奥古斯都本人也察觉了这套流程的失败之处，于是便拿起了名单，亲手挑选（或开除）元老。[418]

五年后，奥古斯都想到了一个新点子，他调整了在人口普查中被评为元老的财产要求。共和国时期的元老资格大概是十万赛，奥古斯都把它抬到了一百万赛，然后立刻就发现了问题。他肯定是想通过抬高标准来排除那些财力相对较弱、名望相对较低的家族。[419]但是，他似乎没能较为准确地预测到哪些家族会被排除出去，有些声望较高的家族忽然发现自己失去了当元老的资格。于是，奥古斯都感觉到有必要资助这些虽然较穷但是很受敬重的元老。我们可以猜想一下，依靠奥古斯都的资助来维持元老的地位应该不是什么很光彩的事情。[420]

奥古斯都实施这些改革的目的并不是除去那些和他作对之人，而是提高元老院的威望。虽然某些元老或许因为一度失去了元老的资格（无论是由于意外还是有意）而感到有些不满，但是元老们的整体地位是得到了提高的，因为他们经过了更加严格的筛选。给奥古斯都带来政治压力的是对个别元老的冒犯。奥古斯都政权因人们追求各自的政治前途而团结了很多人，但在改革元老院的事情上，这种现象反而让他遇到了一些阻力。

奥古斯都的权力限制了元老院的政治地位，但他让元老院在行政中发挥了更大的作用。他设立了很多官职来负责具体的职务，一般是让多名官员共同管理一项事务。公共建筑、道路、水渠、台伯河堤与行洪渠（台伯河素有在冬季因暴雨而泛滥的恶名）还有罗马城的粮食供应都有了专门的元老官员来负责处理，元老的职业生涯因此变得更为复杂了。同时，这也是他们在公众面前的新形象。在奥古斯都时代，元老们通过官职（而不是政治、军事成就或者家族背景）来显示自己的地位。而这种对于官职的需求让他们深陷于奥古斯都的制度当中，他们需要奥古斯都的制度来为他们提供地位。[421] 罗马精英的本质在不知不觉中发生了转变。

军人、平民、元老都渐渐地融入了奥古斯都的新制度。他们或是越来越依赖奥古斯都为他们提供金钱，或是为各种荣誉所征服。奥古斯都的权力的本质就在于这张可以满足所有人的关系网络。正如塔西佗所说，奥古斯都把他的支持者都团结在了一起，又对所有的反对者加以利诱。帝国的权力收买了共和国的所有遗产，让自己的地位变得稳如磐石。于是，政治革命成功、掌握了大量资源的奥古斯都开始在文化领域发起另一场与之相称的革命。

文化领域的革命

革命是很奇特的事情。现代的革命者想要改造世界，为此，他们会夺取政治权力，颠覆原来的政权，还会大力地扫除旧政治秩序的任何一点残余。但是，掌权以后又该做些什么呢？改变政局，砍掉国王的脑袋或许并非难事。但要真正地改造世界就得给整个社会带来一场深刻的革命，改变人们的旧思想，从而铲除原先让国王和朝廷得以存在的根基。文化领域的革命比政治革命要难得多。很多政权都在这个阶段遭遇了挫折，陷入无边无际的苦海，导致无数人流血死亡。

和现代的革命不同的是，在奥古斯都的革命当中，没有某种引领人们前进的意识形态。至少据我们所知，这场革命的领导者并非因改造世界的意识形态承诺而行动的。不过，这不是在说他们认为罗马的社会已经完美或趋近完美了。他们毕竟才经历了长达一个世纪的内乱，奥古斯都的胜利本身就是这一百年历史发展到顶峰的结果。这足以说明罗马的政治制度有着一些严重的根本性问题。当时的罗马人同样认为他们遇到的是社会问题，虽然他们对社会的理解和我们有一些差异。我们最好把他们自己指出的根本性问题称为“道德滑坡”。

在罗马人眼里，道德是政治美德和习俗的根基。道德滑坡意味着人们的社会、政治行为都变得恶劣起来。道德的范畴涵盖了人和神、家族、国家之间的关系。道德是一个政治概念。而这种政治文化的堕落是因为罗马人征服四方建立霸权，获得了太多的利益，导致罗马社会发生了转变。财富催生出奢靡之风，对财富的渴望扭曲了政治决策的过程。贪恋财富的罗马人不再是合格的公民，反而互相争斗不已。而且，这种转变影响了罗马社会的所有阶层。

其实，这种关于罗马人道德败坏的说法是不太可靠的。这种理论首先设想了一个存在于道德滑坡之前的黄金时代。然而，罗马人或许认为这个黄金时代大概就在公元前3世纪或者更早一些的时候，但至少在我们看来，罗马历史上没有哪个时期堪称这种黄金时代。不过，这种精心炮制出来又简单易懂的说法往往能够引得很多人相信。相比之下，真相反而没有那么可信了。历史学家们常常会遇到这种毫无胜算的辟谣之战，因为如果罗马在公元前1世纪遇到的混乱不是一个简单的集体道德败坏的问题，那么人们很可能就得面对一个更加难以理解、难以捉摸也更加复杂的问题了。简单的故事能够慰藉人心。而且，道德败坏论还很合罗马精英的口味，因为这种理论同时指明了一条简单的解决之道：恢复以往的道德。

罗马的政治思想家们难以设想出新世界的模样，却可以比较轻易地给旧世界蒙上新的面纱。奥古斯都在公元前28年和公元前27年就尝试着恢复一种旧的道德秩序。他改革了元老院的人员构成，开展了人口普查，举办了相关的仪式。最引人注目的是，他在公元前28年修复了一些神庙。这都表明了他愿意恢复一种古老的社会、宗教秩序。这些大体上算是制度层面的改革。此外，我们还能在一首情诗当中发现奥古斯都的其他想法。

普罗佩提乌斯的优美诗作曾经生动地帮助我们理解了奥古斯都时代早期的文化。此外，他还有一首诗反映了他的女友君提娅在某项“法律”被撤除之时深感喜悦。曾经，这对爱侣因为这项法律会迫使他们分离而潸然泪下。但最后，普罗佩提乌斯得意地写下了这样的话语："恺撒能征善战，但他的战功在爱情面前分文不值。"[422] 我们无法确切地得知什么样的法律会让这对情侣分开。也许，这项法律要求所有罗马人必须结婚，甚至规定了非常严厉的惩罚，以至于普罗佩提乌斯这样坚定的不婚者也不得不违背本心。或许，这项法律还让通奸被归入了刑事犯罪。普罗佩提乌斯想象了他的庆婚队伍经过君提娅宅前的景象，为自己失去了爱情而流下了悲伤的泪水。普罗佩提乌斯和君提娅似乎不可能结婚，因为像他们这样痴迷于爱情之人是不可能接受婚姻的。

普罗佩提乌斯还在诗篇里明确地提出了意识形态的区别。这项法律和军事有关，其目的是强制要求罗马人生下合法的孩子，以便为罗马的军队提供更加充足的人力。普罗佩提乌斯则声称："我的血脉不会成为军人。"他认为爱情是超然于恺撒的权力以外的事物。恺撒固然有军队，但他不能控制爱情。在普罗佩提乌斯所写的诗作里，爱情的领域是自由的，它不受奥古斯都的掌控。

其他人看起来也有普罗佩提乌斯这样的想法，那项法律没能在会议上得到通过。罗马的情侣们或许在法律被撤除以后的那天晚上以情侣专有的方式进行了庆祝。普罗佩提乌斯的这首诗面世于公元前 1 世纪 20 年代中期，未能出台的那项法律肯定出现在公元前 1 世纪 20 年代初。不过，虽然普罗佩提乌斯热烈地庆祝了爱情对恺撒的胜利，但恺撒并不是轻言放弃之人。公元前 19 年以后，地位更加稳固的恺撒即将着手进行道德改革，向普罗佩提乌斯和其他的情侣证明，恺撒的大权同样可以控制爱情。

奥古斯都的立法工程涉及的范围极广。公元前 18 年出台的一些早期的法案在后来得到了修改或者延伸。而且，帝国政权十分注重宣扬道德教化。帝国皇室被推出来成为优秀道德的榜样，以身作则，行为世范。他们鼓励人们在艺术作品中表现罗马的传统价值观，对道德模范人物加以褒奖。奥古斯都本人似乎还声称他家族里的女性会给他制作衣服（织衣是罗马已婚女性的传统），虽然传统文献并没有提及皇室女性对这种强制的劳动作何感想。[423] 此外，奥古斯都还立法对下列事情做出了或多或少的规定：解放奴隶、过度铺张、衣着、元老及其子孙的婚配、遗产分配、性行为、叛逆。

对性生活加以规定是因为罗马人在这方面的道德观念和现代人有着很大的区别。罗马人结婚只是为了生育子女，传宗接代，爱情和婚姻毫无关系。奥古斯都立法鼓励罗马人结婚。公元前 18 年，奥古斯都出台了一项法律规定离异女性应当于六个月内再婚，丧偶者可以有一年的宽限期。后来，在公元 9 年，这项法律得到了修订，让离异者有了一年半的宽限期，丧偶者则是两年。看起来，违反这项法律的惩罚和继承、分配遗产有关。[424] 未婚男性同样会遭到类似的惩罚，其继承权也会受到限制。奥古斯都还实行了一项财产税，尤其针对未婚者的财产。

此外，未婚者似乎不得观看戏剧。[425]

生育了后代的男女则会得到奖励。一般的罗马女性需要有男性代表才能参与法律事务，而拥有三个孩子的女性（得到自由身的奴隶需要有四个）会获得独立的法律地位。拥有孩子的男性元老可以更快地在政治道路上得到晋升。而且，这种奖励不只局限于政治精英阶层。有一次，奥古斯都正在巡视意大利各地区。大概他是在访问各地的殖民地和其他聚落，同时也是在巩固他和人民之间的关系。此时，他宣布给所有为人父者发放奖金，每拥有一个孩子就可获得一千赛。鉴于当时一名罗马军人的年薪是九百赛，这次的奖金数额堪称非常巨大了。而且，整个意大利的儿童公民大概有一百万。所以从帝国的角度来看，这也是一笔不小的支出，虽然这应该只是一次性的奖金。[426]

这一系列法律引发了激烈的争论。某些人为此而集会示威，公然表示抗议。奥古斯都不得不对法条做出了修改，而且有可能是两次。[427] 有一次，在奥古斯都统治末期，人们正在剧院示威。面对示威者，奥古斯都把日耳曼尼库斯（Germanicus）和阿格里皮娜放在膝盖上玩耍，用以展示天伦之乐。[428] 公元 9 年，又有人在剧院里示威。于是，奥古斯都把骑士阶层召集到了广场上，对他们进行严肃的批评。[429] 奥古斯都还曾于公元前 18 年在元老院里宣读昆图斯·凯奇利乌斯·梅提卢斯·马其顿尼库斯（Quintus Caecilius Metellus Macedonicus）在公元前 131 年发表的演讲词“论增加人口”。[430] 留传下来的文字寥寥无几，但我们还能从中看出全文的基调：

> 罗马的公民们，和妻子共处着实是一件麻烦的事情。如果可以，我也愿意赞成不娶妻。但是，大自然的安排便是要我们不得不放弃短期的欢愉，为长远的种族延续而忍受下去。[431]

奥古斯都宣读这份演讲词的目的是把他的改革和罗马的传统道德观念联系在一起。即便梅提卢斯当年没能成功地说服大家改革罗马婚俗，他的演说词也能让奥古斯都的改革看起来有着熟悉的传统面貌，掩盖掉其中的创新气息。因此，面对批评者，奥古斯都可以有底气地声称自己干涉公民私生活的做法在罗马历史上有过先例。狄奥还记录了奥古斯都在公元9年对不生育者发表的演讲。虽然我们不确定其准确性如何，但从他的文本来看，奥古斯都重申了梅提卢斯当年的核心思想，批评不生育后代者是在威胁罗马的未来，把个人私欲放到了生儿育女的职责之前。[432]

奥古斯都还出台了一项法律，宣布通奸入刑。在此处，通奸的定义是已婚女性和自己的丈夫以外的男性发生性关系，双方都会被判定为有罪。但已婚男性可以合法地与自己的妻子以外的女性发生性关系，只要该名女性未婚即可。性工作者是不受该法律约束的，她们只需依照这项或者另外某项法律的规定进行登记。通奸入刑既约束了一些年轻人的行为，也有助于促进合法后代的诞生。[433]根据这项法律，通奸者会被剥夺财产，遭到流放。奥古斯都还宣布丈夫都有义务起诉有嫌疑或者确实犯下通奸罪的妻子。假如丈夫不曾起诉，那么在该名女子被指控的六十天以后，其他人也可起诉。如果罪行属实，那么她的丈夫就必须与她离婚，不然就会遭到起诉。[434]

这些法规未免有点道德恐怖的嫌疑。虽然那些鼓吹道德教化者总是在大肆抨击自己所处的那个时代，认为世风日下、人心不古，但他们的说法通常没有什么站得住脚的依据。例如，就罗马而言，他们似乎并没有统计过各个时期曝光的通奸案例数目，也就无从展开数据分析，但在共和国晚期和帝国时代之初，人们在卧室里做的事情显然比在古典时代（或后来的其他时代）的其他时期受到了更多的关注。既然没有人能够说得清哪个时代的通奸行为比较多，那么奥古斯都之所以立法严惩通奸或许并不是因为通奸行为真的变多了，而是因为人们普遍担心通奸行为发生而已。

诞生于奥古斯都时代的诗作和其他时代一样热衷于讲述政治人物的爱情故事，而且同样秉持爱情不受婚姻关系的限制，爱人不限于配偶的理念。诗人们笔下的爱情往往和传统道德观念推崇的生活方式形成鲜明的对比。关于当时的大人物尤里乌斯·恺撒、马克·安东尼还有奥古斯都本人的那些逸闻都会着重描写他们自由地追逐异性的行为。不论是以罗马人的标准还是现代人的观念来看，这些逸闻都经常涉及通奸。[435] 有传闻称奥古斯都尤好处女，有专人寻来非常年幼的女子以供他淫乐。[436] 还有一些相当露骨的传闻称他和麦奇纳斯的妻子提兰提娅有着长期的情人关系。在惹得众人不满的通奸法出台以后，甚至有传言称奥古斯都在公元前 16 年一度急着离开罗马，去高卢处理公务，以便和提兰提娅一起躲开旁人的视线。[437] 如果这种说法属实，那么奥古斯都就和他的朋友的妻子维持了至少十五年的半公开的情人关系，甚至在通奸入刑以后成了罪犯。然而，我们不难想象，奥古斯都出台的约束私生活的法律大概使得很多罗马人都开始怀着恶意去对他本人的私生活说三道四。

无论其本人是否有此类行为，从古至今很少有政治人物会公然主张保护通奸者的权利，但奥古斯都时代的这些法律的意义并不在于打压不正之风。重要的是，奥古斯都在宣扬某种理想的社会图景，并且在用法律的手段来强制实现这种图景。无论男女，罗马人都有繁衍后代的义务，他们理应为国家生儿育女。男孩子将来要成为战士，女孩子将来要生出下一代的战士。罗马人关心他们的人口数目，担心罗马人会越来越少乃至没有新生代的战士来捍卫他们建立的这个大帝国。因此，所有罗马人的私生活都不得不服从于帝国的约束。

关于婚姻的规定是把国家的权力延伸到了公民的家中，这些法律之所以不受欢迎大体上是因为它们切实地影响了罗马人的生活。当然，拒绝结婚者可能有各种各样的私人原因。但我们同样必须注意的是，罗马人实行的是均分继承制。也就是说，每一位合法的子女都可以继承到等额的家产。在这种继承制度下，如果一个家族长期只有两个左右的孩子，那么保持家族的地位并不是很难的事情。但随着孩子数量的增加，其难度会逐步地提高。况且，婚姻关系的缔结是以双方的地位为依据的，而地位又最终取决于财富。所以，独生子女很有可能与出身更加高贵者成婚。总而言之，均分继承制大体上意味着较小的家族比较容易提高自己的社会、经济地位，而较大的家族比较容易没落。

应对这种情况的一种有效手段就是好好地安排婚姻。然而，奥古斯都却出台了法律强迫大家尽快成婚。有些人本来会有意地推迟结婚，以便积攒起更多的财富，和出身更好的对象成婚，或者通过晚婚来尽量避免生育过多的子女，个别人甚至还需要照顾到某个子女过多的兄弟姐妹。但在奥古斯都出台新法以后，他们就必须放弃这些打算了，不然就会受到法律的惩罚，失去继承家产的资格。在这种限制下，大家族的子弟难以找到合适的婚配对象。于是，一些或者说很多罗马人开始试图规避法律的约束。他们会定下期限较长的婚约，或者和年纪太小、无法成婚的女孩子订婚。但在后来，奥古斯都补上了这些漏洞。或许有些人因此便尝试了一些在结婚后限制家族规模增长的手段，比如堕胎、杀婴、减少性行为、避孕，虽然我们几乎对罗马人的夫妻生活一无所知。

关于奥古斯都的新法遭到反对的原因，除了上文所提的这些非常实际的考虑以外，观念问题至少有着同样重要的地位。一些人也许和梅提卢斯的观点一致，认为娶妻是大自然强行施加于己身的不幸之事，妻子的存在会妨碍他们过上幸福的生活，因为罗马女性一般都会在家庭里拥有一定的地位，而且至少有一部分女性是反对丈夫拥有情人的。某些罗马男性或许真的过着当时的情诗里描写的那种生活，和别人的妻子有着私密之极的关系，结婚大概不利于他们保持这样的放浪作风。还有一些罗马人也许是难以忍受国家的权力以这种方式运行。罗马的历史或许看起来像是在鼓吹克己奉公、为国献身的爱国精神，但要求罗马人为了罗马的利益而繁衍后代仍然堪称令人震惊的侵犯个人自由之举。更何况，生下来的男性还要为奥古斯都的政权在奥古斯都的军队里为奥古斯都而战。这恐怕不是很能激发罗马人的性欲。普罗佩提乌斯就曾经声称他的后代决不会为奥古斯都的帝国梦而战，其他人或许也有类似的想法。

此外，奥古斯都的婚姻法还让罗马人的房中事有可能被别有用心之人加以利用。之前，一个人大概只能散布谣言说他的对手的妻子人尽可夫，但在奥古斯都时代，他或许就可以把她送上法庭了。男女之间的友情也有可能遭到歪曲，乃至毁掉双方的人生。我们也许还会好奇，对于这种事情，法庭究竟该如何判定证据的有效性。当时可不像现在这样有专人在酒店附近等着拍照做证。一般说来，法庭是不会对“没有合理证据”的事情做出判决的。不过，光是闹上法庭所引发的恶意流言或许就足以造成严重的伤害了。曾经关上门来解决的家务事，现在有可能被公之于众，损伤家族的颜面，甚至导致失去财产，惨遭流放。史家塔西佗对此做出了这样的评价：

> 民众变得更加可怕了，因为每一个家庭都有可能被告密者毁于一旦。[438]

奥古斯都的这些法律看起来秉持着古老的道德观念，对人民加以冠冕堂皇的约束，让人难以公然表示反对，同时也是皇权套在罗马人民身上的枷锁。[439]

黄金时代

公元前 17 年 5 月 23 日，元老院在执政官盖乌斯·西拉努斯的主持下召开了会议，讨论恺撒·奥古斯都和马尔库斯·阿格里帕主张庆祝的时代节（Secular Games）。这个节日标志着一个时代（saeculum）的结束，同时当然也意味着一个新时代的开始。在充斥着战争和内乱的一个时代结束以后，奥古斯都政权要为罗马人民献上的是一个满溢着希望与和平的全新的黄金时代。

有很多古老的传统在共和国晚期被搁置了起来，时代节也是如此。这项节庆的具体规定尚有争议。据我们所知，罗马人的上一次时代节是在公元前146年，再往前则是公元前249年。这项节庆有可能就是在公元前249年被创造出来的。当时，罗马人深感迦太基人的威胁。他们或许觉得罗马已经失去了诸神的祝福，自己必须做出一些特别的事情来赢回神明的宠爱。于是，他们去查了神谕书，最后认为罗马人得罪的是冥界诸神和罗马的先祖。因此，公元前249年时代节上的仪式庄严肃穆，类似于丧礼，其主旨就是为罗马的列祖列宗和冥界的神明献上敬意。此外，神谕还要求两次时代节之间要有一百零五年或一百一十年的间隔。这是为了让每一个人一生都最多只能参加一次时代节。也就是说，这项节庆的举办标志着有一整代的罗马人已经离世。现在，奥古斯都和阿格里帕即将改造这个原本规模较小而且比较庄重的活动。[440]

元老院在5月23日颁布了法令，试图尽量增加参与此次时代节的民众数目，将其打造为一次盛大的公共节庆。元老们允许各阶层的未婚者及本应受到婚姻法惩罚之人参加时代节。他们希望有尽可能多的人到场，因为这毕竟是所有人一辈子都只可能参加一次的节日。他们还命人用铭文记下了这次庆典，我们今天还能看到一个残缺的版本。[441]

我们掌握的史料始于5月31日夜里的献祭仪式，人们向诸位命运女神献上了九只绵羊和九只山羊。作为主持仪式的祭司，奥古斯都以其铿锵有力的声音带领着大家展开了祈祷。奥古斯都请求诸神让罗马人民的帝国得以继续扩张，变得更加伟大；让罗马人民和罗马军团都享有胜利与安康；让十五人祭司团（主持时代节的祭司）、罗马公民、奥古斯都本人及其家人都得到祝福。接下来是某种表演活动。然后，人们举办了一次神圣的宴会，享宴者是从罗马公民家中选出的一百一十位人妇。

第二天，奥古斯都和阿格里帕向朱庇特献上了公牛。接着是戏剧表演。然后，十五人祭司团宣布降低公民之妻为亡夫服丧的时间要求。在夜幕降临以后，奥古斯都主持了又一场献祭仪式。这一次，他向生育女神埃雷图娅（Ilithyia）献上了糕点。6月2日，奥古斯都和阿格里帕向朱诺献上了母牛。接下来是一场代表罗马女性的祈祷仪式，其流程几乎和前天夜里奥古斯都主持的那一场一模一样。这天晚上的献祭仪式是把一头怀孕的母猪献给伟大的母亲（Magna Mater）。到此为止的活动都谨遵时代节的传统，举办于台伯河畔的某个区域。

6月3日，庆典的中心转移到了奥古斯都的宅邸所在的帕拉提翁山上。人们向阿波罗和狄安娜（Diana）献上了糕点。五十四名少男少女合唱了由诗人贺拉斯（Horace）专门为此创作的一首圣歌。接着，人们转移到了卡皮托里翁山上。在那里，合唱团又唱了一次圣歌。然后，人们观赏了戏剧表演和马车竞赛。在这一天的活动即将结束之时，十五人祭司团宣布接下来有为期七天的希腊语和拉丁语戏剧表演。到6月12日，还有在竞技场里猎杀野兽的表演和马车竞赛。及至这一系列活动告终，人们的生活大概才恢复正常。

奥古斯都和阿格里帕把时代节改造成了一场极其隆重的庆典，其中的寓意也发生了变化。庆祝时代节不再是为了安抚亡者，而是为了展望罗马的未来。祈祷仪式是为帝国的扩张、为军团和罗马人民而举办的，奥古斯都及其家人也得到了祈祷，这显然说明了奥古斯都的王朝已经成为罗马的一大核心（我们也可以发现元老院和各位官员似乎都没有被提及）。此外，这次的时代节不仅没有像以往一样为冥界的神明献祭，反而把祭品献给了生育女神。这是在强调女性和生育的重要性，赞扬那些即将给罗马生下子孙后代并且为其提供道德指引的母亲。儿童的地位则体现在歌唱贺拉斯的圣歌的那个合唱团身上。6月3日，这些宗教活动的举办地点及其本质都有了彻底的变化，节庆的焦点转移至奥古斯都下令建造的阿波罗神庙。这座庙宇和阿克提翁之战的胜利有关，而且和奥古斯都本人的居所相邻。此外，十五人祭司团的领导地位看起来也是全新的设计，其首要目的就是让祭司团内的两位领导者奥古斯都和阿格里帕得以主导节庆的流程。毋庸置疑，此次时代节是属于他们二人的庆典。

儿童合唱团（两度）演唱的圣歌名为《时代之歌》（*Carmen Saeculare*），其内容完整地流传了下来。它的作者贺拉斯是当时最杰出的诗人之一，以抒情诗歌与讽刺诗著称。他看起来和麦奇纳斯的关系比较好，因而进入了奥古斯都身边的社交圈子。这首《时代之歌》开篇提及的是阿波罗和狄安娜，而不是冥界诸神。其主题显然也有着奥古斯都时代的特色：它请求诸神爱护人母，让青年茁壮成长，为奥古斯都要求人们生育后代、尽早结婚的法律赋予力量。然后，《时代之歌》请求命运女神和伟大的母亲让罗马的田地变得肥沃多产。接着，歌词的内容变成了罗马的建城史。不过，贺拉斯对罗慕路斯和雷慕斯着墨不多。他主要描写了埃涅阿斯逃离特洛伊，定居于意大利的故事。之后，《时代之歌》表示希望奥古斯都继续开疆拓土。最终，在比较和缓的曲调下，贺拉斯展望了和平、繁荣的未来。

时代节比较全面地展现了奥古斯都政权的意识形态。我们可以从中看到很多关键的主题：军事胜利、和平、罗马的繁荣、繁衍生息、神明的祝福、法律对罗马人民的约束。节庆活动的核心是对传统的罗马历史加以改编，然后呈现在大家面前。时代节本就标志着某个时代的所有罗马公民都已经离开了人世。这种比较罕见的节庆和希腊人对时代的认识有关。在希腊神话当中有所谓黄金时代的概念。据说，那是一个非常古老的时代，当时的人们无须劳作而能得到自己所需的一切，世界和平犹如天堂。然后，这种原始的理想社会渐渐消亡，后来的时代每况愈下。最终出现的是黑铁时代，充满了暴力与战争。

在诞生于晚期共和国的拉丁诗歌当中，我们常常能看见这种说法。堪称晚期共和国最优秀的诗人的卡图卢斯（Catullus）以及在奥古斯都时代创作了伟大的史诗《埃涅阿斯纪》的维吉尔都曾经运用过黄金时代的概念。[442] 卡图卢斯虚构了一个他所处的世界在堕落之前的模样。而维吉尔则畅想了历史的进程会不可思议地逆转，人类会在某位救世主的带领下重新进入黄金时代。

这种认为每一个时代都变得越发糟糕、一步一步堕落下去的说法非常悲观。罗马人一度十分担心自己还会堕落到怎样的境地，但奥古斯都的时代节标志着罗马人的态度焕然一新：时代节即将开启的新时代并不是更加可怕的噩梦，而是再度出现的黄金时代；时代节展现的主题是生育、和平、青春和多产（人和田地）——这些积极向上的内容让人不禁想起了传说中黄金时代的美好图景。奥古斯都和阿格里帕由此宣布了历史即将重新开始，他们会带领人们开启新的元年。

《时代之歌》提及埃涅阿斯是因为奥古斯都尤其重视这个建城传说，奥古斯都时代有很多艺术作品都刻画了埃涅阿斯的故事。例如，罗马城中心的奥古斯都大广场和公元前 1 世纪第一个十年末期建成于战神广场的那个小巧却别致的和平圣坛。在圣坛墙上的浮雕当中，意大利娅女神（Italia，或和平女神）的形象周围充满了象征着生育的图景，意味着奥古斯都会带领大家再次进入一个和平且生机盎然的时代（如图 9）。

奥古斯都政权致力于宣传埃涅阿斯主要是因为尤里乌斯家族自称起源于埃涅阿斯之子尤卢斯。而且，在公元前19年，维吉尔发表了他的史诗著作《埃涅阿斯纪》，重新全面地讲述了埃涅阿斯的传说。这部作品是拉丁语文学史上的传世经典，堪称最具影响力的拉丁语诗。其主要内容是描写埃涅阿斯如何克服了艰难险阻，从特洛伊来到意大利，并且在意大利顽强奋斗，带领其人民定居于拉提翁（Latium）。《埃涅阿斯纪》呼应了《荷马史诗》中的内容，与《伊利亚特》（*Iliad*）和《奥德赛》（*Odyssey*）都很相像。显然，维吉尔写作的用意不是为人们提供信史，这部史诗的意义在于以其虚构的罗马建城史来促使人们反思真正的罗马历史。埃涅阿斯的形象不只是意大利半岛上这座新社区的创建者，他更是所有罗马人的缩影。埃涅阿斯开拓新土地的故事能够让人回想起充满了阳刚之气的罗马男性，激起人们对个人与政治的关系以及命运的本质的思考。为了寻找新的定居之所，埃涅阿斯必须背弃他的故乡、妻子和爱人。他失去了父亲，还目睹了自己的朋友遇害。他必须为一座将在许多个世代以后建立起来的城市而战。他常常被视作一个有缺憾的英雄，人们会在他的身上看到教训，进而深思一个罗马人应当怎样处事。埃涅阿斯几乎总是被描写为一个尽忠尽责（pius）之人，他把自己的一生无私地奉献给诸神、人民以及那个未来即将成立的国家。他的命运让人不禁联想到他的后代及继承者奥古斯都。罗马刚刚摆脱一场浩劫，在这种时候出现的这样一个有关于罗马的故事显然能够引人遐想。虽然其中的寓意并不是很直白，但人们总是能够意识到其存在。

奥古斯都为罗马带来了一个全新的开端，但他并不打算掩饰自己开创的新罗马的本质，奥古斯都给时代节创造的新传统表明了新时代属于专制的君主。参加庆典者或许会感觉这些宗教仪式都是古老的罗马传统。然而，现在的罗马是由奥古斯都和阿格里帕统治的新罗马，他们二人代表的皇族则是新罗马的核心。

奥古斯都声称他在尝试着把罗马恢复到一种古老的理想状态。在《圣奥古斯都行述》中，他写下了这些看起来自相矛盾的话语：

> 许多古老的传统现已没落。我便以新法使其复苏。而且，我还在许多领域内创制了值得子孙后代沿袭的新规。[443]

奥古斯都罕见地实行了既创新又复古的改革。就算是在公元前131年，梅提卢斯本人也不过是慷慨激昂地发表了演说而已。身为一名古代的保守派，他所提出的主张并不符合当时大多数人的道德观念。他似乎只是一位和常人意见相左的少数派人士而已。至少在我们看来（罗马人自己或许也深知），罗马人远远没有某种统一的道德观。罗马的意识形态是很复杂多样的。而奥古斯都和梅提卢斯的不同之处就在于，他能够用权力把这种古老的少数派主张化为现实，他试图运用国家的权力来重塑罗马社会及其道德。

奥古斯都时代的文学作品和公共庆典都描绘着一种理想的新社会的图景。奥古斯都政权想要以这种新社会的价值观来教育人民。他们想用各种庆典和《埃涅阿斯纪》来教育人民对诸神和奥古斯都尽忠尽责。人民应当为奥古斯都政权献身；男子应当结婚，应当奔赴战场；女子应当为奥古斯都的军团而生育后代。奥古斯都政权呈现在人民面前的未来是一个繁荣、和平的黄金时代，生活于其中的罗马人都要为奥古斯都的帝国效劳。就算以现代的标准来看，这也是极权主义的景象，历史上有许多好大喜功的独裁者都追求过这种梦想。

大概在二十年以后，诗人奥维德（Ovid）曾经抱怨当时的女性不再珍视他的诗作了：

> 她们仍然会赞美诗篇，却更想得到贵重的礼物。
> 只要富有，即便是野蛮人她们也毫不介意。
> 啊，现在确实是黄金时代：
> 黄金既能带来官位，也能招致爱情。[444]

就像历史上其他的许多政治人物一样，奥古斯都和阿格里帕基本上是在画饼充饥。当然，并非所有人都会为他们所欺骗。罗马社会是很复杂的，而大多数复杂的社会都以权力和金钱为基础。奥维德就以上文的诗作嘲弄了奥古斯都政权营造出来的假象。他同时还流露出一种怀旧之情，追忆着道德滑坡以前的时代，想象着身为诗人的自己在那种时代里可以凭着精妙的诗歌来赢取异性的芳心。因为在奥古斯都的新时代里，诗作不值一提，金钱才是通往闺房的捷径。就算政客们许诺社会的道德水平会得到提高，就算姑娘们盛赞诗文里的真情实意，最终决定一切的还是金钱。无论政治精英们怎样地哀叹，怎样地追求复古，罗马人都不会重拾某种古道热肠。现在的罗马社会太过复杂，再也无法恢复朴素的模样了。在奥维德描绘的社会图景里，身处于这个黄金时代当中的罗马人都汲汲于钱财。政客、军人、平民、女子，无一例外。这样的图景当然与奥古斯都政权所宣传的不同，但恐怕更加符合实际。

第十七章
帝国时代

到了公元前18年，奥古斯都政权已经表明了自己是专属于一个家族的政权。族中地位较高的男性越来越频繁地以政权高层的身份出现在公众面前。如果还有共和派人士心存幻想，认为奥古斯都只是自公元前509年以来的共和国历史上偶然出现、转瞬即逝的意外，那么奥古斯都身边逐渐形成的宫廷应该能够迫使他们丢掉幻想，清楚地认识到残酷的现实。现在，国家大权集中于奥古斯都及其身边亲信的手中。而且，这个宫廷属于奥古斯都的家族。罗马显然面临着君主制的未来。以奥古斯都为首的政权高层是不可能轻易放弃这种权力的，而在奥古斯都的关系网络以外的那些人则很难聚集起足够的政治、经济、军事资源来挑战奥古斯都等人。

奥古斯都政权自称为帝国政权。他们给罗马带来了秩序，并且以严格的纪律来帮助罗马实现其扩张的使命。在公元前 30 年，屋大维控制着全国的所有军队。在公元前 28 年到公元前 27 年的协定当中，屋大维和阿格里帕暂时交出了军权，以便把自己的特殊地位化作国家的常态。但政治权威的正常化并不意味着放弃权威。在公元前 27 年，奥古斯都受命掌握了巨量的罗马领土，其中包括构成今天的西班牙的三个省份当中的两个，四个高卢省份，叙利亚、腓尼基、奇里乞亚、塞浦路斯，还有埃及。元老院掌控的阿非利加、达尔马提亚和马其顿还驻扎着大量的罗马军队，但其他的元老院省份都没有多少军力，也就是西班牙的一个省份、努米底亚、克里特（Crete）、昔兰尼加［利比亚（Libya）］、亚细亚、比提尼亚（Bithynia）、本都（小亚细亚的四个省份之中的三个）、希腊和萨丁尼亚。[445] 后来，这份协定有了改动。奥古斯都放弃了塞浦路斯以及最靠南也最和平的一个高卢省份（纳尔博高卢），但他拿到了达尔马提亚。因为罗马正在往多瑙河方向大举扩张，而这里就处于战线的中心。

很可能有不少罗马精英会怀疑他们是否真的需要有这样一位凌驾于所有人之上的将军。或许，这种质疑的声音很少公然出现，却显然潜伏于当时的政界。毕竟，在元老院的领导下，罗马已经从一个微小的城邦发展为一个超级大国的首都。既然共和国时代的罗马取得了如此辉煌的成就，那么有人怀疑君主制度会妨碍罗马的发展也就不足为奇了。

为此，奥古斯都向人们许下了征服世界的承诺。后来，至少他宣称自己已经实现了这个目标。《圣奥古斯都行述》是他临终时对自己一生的总结与辩解，这份文本的序言充分说明了奥古斯都政权的本质是和武力扩张分不开的：

> 以下为神圣的奥古斯都的一生功业的记录。他由此为罗马人民征服了世界。[446]

罗马的国家资源是奥古斯都政权的财力之源，而武力扩张就是其意识形态上的核心。

从奥古斯都的共和国成立的那一年开始，奥古斯都和阿格里帕就长期投身于战争之中。公元前 27 年，奥古斯都离开了罗马，前往高卢，打算入侵不列颠。不过，西班牙的事务让他放弃了原来的计划。公元前 26 年，罗马人在多条战线上展开了大规模的战事：阿尔卑斯山区（指挥者为提兰提乌斯·瓦罗）；西班牙，对抗阿斯图尔人（Astures）和坎塔布里人（指挥者为奥古斯都）；日耳曼尼亚（指挥者为马尔库斯·维尼奇乌斯）；阿拉伯沃土（Arabia Felix，指挥者为埃里乌斯·伽卢斯，此战或许并非发生于公元前 26 年）；也许还有达尔马提亚和潘诺尼亚（指挥者为马尔库斯·普里穆斯）。虽然罗马方面宣布这些战争都以胜利告终，但其中不少地区的冲突一直延续到了公元前 22 年或公元前 21 年才真正结束，个别地方甚至持续得更久。[447]

身处后方的罗马人则反复地看到奥古斯都政权在宣扬历次胜利，这种行为或许可以打消某些人的疑虑。但其实，奥古斯都时代的各位罗马将领所干的事情和共和国时代并没有什么区别。他们不会去细究被击败的异族是否真的已经彻底臣服，只会尽早送回捷报，以求获得各种奖赏。军功既可以带来荣耀，也可以为政治权威提供依据。奥古斯都政权强调了罗马的历史使命就是征服扩张。维吉尔还让他笔下的朱庇特预言罗马人会得到（时间和空间上都）“无止境的帝国”。[448]奥古斯都在公元前 19 年再度宣示了自己的政治权威，而他的依据就来源于这几年内史无前例的军事胜利。

除了宏大的纪念建筑和史诗以外，奥古斯都政权还有别的宣传载体。奥古斯都统治末期，有一幅精美的石雕作品诞生了，我们称之为奥古斯都之石（gemma augustea）。在这幅作品当中，取得了胜利的圣奥古斯都在诸神的簇拥下，向后倚靠着，欢迎一位得胜归来的将军。下面的另一个场景则刻画了罗马的扩张所造成的代价：罗马士兵粗暴地拉扯着女子（显然在暗示强奸）；俘虏即将被充作奴隶或者遭到处决；蛮族人流下了泪水。由此可见，罗马人固然会庆祝自己的胜利，把战争粉饰为光荣之举，却不会掩盖其阴暗的一面。

公元前 16 年，奥古斯都的立法工程已经展开，时代节也已结束。阿格里帕和奥古斯都再次投身于开疆拓土，他们的主攻方向是西部和多瑙河流域。提比略和他的弟弟德鲁苏斯被派去了阿尔卑斯山区，以便积累军事经验和功绩。他们的对手是许多个互不统属的小部落，罗马人称这个地区为雷蒂亚（Rhaetia，主要位于今天的奥地利境内）。阿尔卑斯山区部落民遭到讨伐的原因是抢劫以及杀害了俘虏的罗马男性，虽然其中有些所谓的罗马男性还在母亲的肚子里，我们不知道他们用了什么神奇的方法来预测其性别。德鲁苏斯和提比略不仅征服了这些部落，还开始彻底摧毁当地的政治、社会结构。无数的部落民被迁走，或是沦为奴隶。许多地方的人口数都有明显的减少。[449] 战争一直持续到了公元前 14 年以后。不过，我们不太清楚后期的战况如何。公元前 6 年，奥古斯都在阿尔卑斯山脉滨海区的拉蒂尔比［La Turbie，位于今天的法国东南部城市尼斯（Nice）以东］为他们竖立了一座三十五米高的胜利纪念塔，这是比较罕见的纪念建筑，塔身的铭文列出了四十五个被征服的部落名。[450]

从公元前 17 年开始，罗马对日耳曼尼亚的大规模入侵也揭开了序幕。而且，奥古斯都亲自上场指挥到了公元前 13 年。[451] 据说，这场战争的起因也是当地居民的野蛮暴行：三个日耳曼部落组成了联盟，捉拿进入他们的疆界内的罗马人，将其钉死，并且闯入了高卢大肆劫掠。[452] 在奥古斯都离开以后负责日耳曼尼亚战事的是德鲁苏斯，他大概刚刚从阿尔卑斯山区赶来。[453] 公元前 12 年，德鲁苏斯率军跨越了莱茵河。我们很难复原他的具体行军路径，因为我们对当时日耳曼尼亚境内的地名知之甚少（如地图 7）。但据说，德鲁苏斯来到了北海边。他有可能取道于今天的荷兰，然后在不来梅（Bremen）以南建立了一连串的据点，其位置距离莱茵河畔的罗马要塞大概有三百公里。[454]

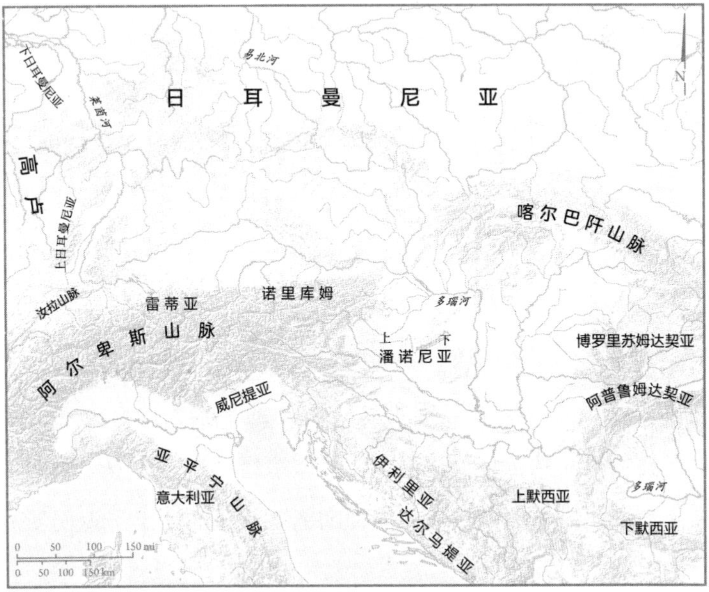

地图 7：罗马的北部疆域

公元前 17 年，多瑙河上游地区的部落朝着地中海南下，东边的马其顿同样遭到了外敌入侵，色雷斯的罗马附庸国王也面临着异族的进犯。我们不确定为什么这些部落会同时行动，也不清楚他们相互之间是否有联系。不过，多瑙河是一条重要的贸易通道，上游和下游居民之间是有理由保持外交联系的。而在他们看来，罗马无疑是史无前例的强敌。到了这个时候，罗马人已经在这块区域施压、扩张了不下于十年了。屡战屡败的当地居民或许想要联合起来抵抗罗马，但他们没有成功。罗马人反而把战线推进到了多瑙河，宣布完全控制了巴尔干和马其顿。[455]然而，军事基地和行省的建立并没有给这块土地带来和平，[456]罗马人的统治并不稳定。

公元前 14 年末，罗马人再一次宣布了胜利，但仅在第二年，阿格里帕就受命前来管理此地。据说，这是因为潘诺尼亚人又在谋反。我们大概可以认为此时的潘诺尼亚整体上还不稳定，当地人随时都有可能举起反旗。至少，罗马方面的判断就是需要进一步加以管制。阿格里帕抓紧时间在冬天发起了进攻。罗马人有着精良的部队、坚固的工事，还有完善的后勤，具备很大的优势。阿格里帕的军事行动巩固了罗马人对多瑙河南岸的掌控。随后，完成使命的阿格里帕踏上了返回罗马的旅程。

然而，这一次，他未能回到帝国的首都。公元前 13 年，阿格里帕在坎帕尼亚去世了。[457]自公元前 44 年以来，阿格里帕一直都是奥古斯都的亲密战友，他们一同经历了对抗卢奇乌斯·安东尼乌斯、塞克斯图斯·庞培以及安东尼的战争。阿格里帕或是统率一支偏师出战，或是陪同在奥古斯都身边。在公元前 28

年和公元前27年，奥古斯都共和国关键的酝酿期，阿格里帕也在以执政官的身份支持着奥古斯都的计划。他还曾为奥古斯都平定高卢和西班牙，去东方准备出征帕提亚。在公元前1世纪20年代中期，当奥古斯都本人身处西班牙之时，阿格里帕一度是他的代表。在公元前23年以后的那些艰难岁月里也是如此。罗马城内有许多极其雄伟、壮观的建筑都是在阿格里帕的主持下完工的。在马尔凯卢斯死后，阿格里帕更是迎娶了尤莉亚（奥古斯都的女儿），直接成了皇室的核心人物之一。这段婚姻也让奥古斯都有了几个外孙和外孙女。阿格里帕还曾与奥古斯都一起举办时代节，庆祝新的黄金时代的到来。在公元前18年，他被授予了保民官的权力。其时限同样在公元前13年得到了延长。至迟在公元前13年，他还得到了和奥古斯都一样统治地方省份的大权。严格说来，阿格里帕的权力和奥古斯都是相等的，在他去世之时，他和奥古斯都是分享权力的政治伙伴。

奥古斯都亲赴坎帕尼亚看望亡友。然后，他领着丧葬队伍回到了罗马城，把阿格里帕的遗体暂时摆放在城中心的广场上。接着，他为阿格里帕发表了吊唁词。1970年，人们在科隆大学的图书馆里发现，有一份埃及莎草纸文献上记录着这篇吊唁词的一部分内容。这份史料以希腊语写就，是拉丁语原稿的直译本。看起来，奥古斯都很有可能把这份吊唁词正式地分发给了各地的省份。[458]从这份残缺的文本来看，奥古斯都强调了宪法赋予阿格里帕的权力：没人拥有比阿格里帕更高的权位，就连奥古斯都自己也不例外。不过，虽然他在致辞时强调了宪法，延续了一贯的作风，但同时，他也凸显了其政权的统治地位。之后，阿格里帕被火葬，其骨灰被送入了战神广场上的奥古斯都陵墓里。

据说，阿格里帕在遗嘱里把他的田产赠给了奥古斯都（这不仅包括意大利的田产，还涉及阿格里帕设法在地方省份获得的资产），人民则得到了免费的公园和浴场。阿格里帕还要求给每一位平民分发四百赛的资金。此外，城内举办了吊丧的运动赛事。按照罗马传统，角斗是其中的主要内容。在五年后的公元前 7 年，这些比赛又举办了一次。[459] 这种高规格悼念阿格里帕的举措与活动不仅说明了他的重要地位，还体现了奥古斯都政权成功地垄断着国家的权力。很少有人能够与阿格里帕的履历相媲美，他的官职、军事生涯、主持过的建筑工程让许多人难以望其项背。但他的生涯不同于共和国时期的罗马人。在帝国时代，所有人都无法与皇帝相比，阿格里帕始终次于奥古斯都。

奥古斯都失去了他的首席大将和政治伙伴。如果在二十年前发生这样的事情，奥古斯都政权或许就要遭遇一场严峻的挑战。但是，在公元前 12 年，提比略（如图 10）和德鲁苏斯都已经成长起来，他们都可以接替奥古斯都的老友阿格里帕的位置。虽然看似有些过于焦急，但提比略和维普萨尼娅（阿格里帕的女儿）的婚姻关系被终止了，尤莉亚（阿格里帕的遗婿，奥古斯都的女儿）被许配给了他。这场婚姻标志着提比略成了皇族之中仅次于奥古斯都的第二人。此外，帝国扩张的步伐也没有因阿格里帕之死而暂停。[460]

在日耳曼尼亚，马尔库斯·洛里乌斯受到了攻击，损失了一个军团。[461] 不过，德鲁苏斯继续战斗至公元前 10 年。在这一年，奥古斯都和提比略一度在高卢与他会师。[462] 德鲁苏斯是公元前 9 年的执政官。大概是他先返回罗马出席了就职仪式，然后很快就回到日耳曼尼亚去指挥新一年的战斗。这一回，他很可能是顺着之前建立的一连串据点，渡过了威悉河（Weser），向东前进了大约一百公里，抵达易北河畔。德鲁苏斯由此成了第一位如此深入日耳曼尼亚（如地图 7）的罗马将领。有传说称，他在横渡易北河时遇到了一位身形极高的女子。此人预言他即将死去，命令他就此返回。于是，德鲁苏斯把他的战利品竖立起来，用以庆祝自己的胜利，然后就谨遵神谕，开始返回。然而，在路上，德鲁苏斯如同预言所说的那样患上了疾病。原本大概正在潘诺尼亚作战的提比略闻讯之后连忙赶来看望他的弟弟。在提比略抵达之时，德鲁苏斯还活着，但他终究未能再一次回到莱茵河的左岸。[463]

日耳曼人也许会觉得德鲁苏斯之死能够让罗马人就此收手，把资源转移到其他方向上去。然而，提比略从多瑙河流域来到了日耳曼尼亚，奥古斯都本人也重返高卢督战。显然，罗马方面要把这场战争进行到底。日耳曼人派出使者前来求和，但奥古斯都和提比略把他们当作一个统一的国家来处理了，要求所有的部落都同意遵守和平协议。最终，日耳曼人未能达成一致意见（我们其实也很难想象这么多不同的部落要如何达成一致），奥古斯都和提比略便把日耳曼使者囚禁了起来。日耳曼人现在已经无力抵抗了。[464]但提比略第二年还是身处战场，虽然他在冬天一度回到了罗马就任执政官。[465]

多瑙河流域的居民遭遇了类似的命运，阿格里帕之死并没有导致罗马人暂缓攻势。潘诺尼亚人确实发动了叛乱，但提比略来了。他刚刚接受了与阿格里帕的遗孀成婚，或许现在更加乐意地接手了阿格里帕的军事职责，在潘诺尼亚展开了作战。潘诺尼亚人再度被击败。接着，提比略再次运用了他和德鲁苏斯几年前在雷蒂亚采用的手段，把潘诺尼亚人迁走，或是充作奴隶。[466]然而，就连这种手段也未能让潘诺尼亚得到和平。公元前 11 年，提比略先是南下至达尔马提亚镇压一场叛乱，然后返回潘诺尼亚投身于另一场战斗。[467]虽然提比略在公元前 10 年来到了高卢，但多瑙河流域的战火仍然没有熄灭。达契亚人会在未来的一百二十年间给罗马人造成不小的麻烦。而在此时，他们跨河来犯，让潘诺尼亚又陷入了动乱。提比略只得再度返回维护罗马的权威，这一次的战斗持续到了公元前 9 年。然后，罗马人又一次宣布他们取得了胜利，恢复了和平。[468]

德鲁苏斯之死对奥古斯都的王朝造成了不小的打击，他同样得到了国丧的待遇，国家给他的生母莉薇娅颁发了荣誉以表慰藉。[469]距离阿格里帕之死还不足五年，罗马人民再度陷入了悲痛之中。不过，这一次，他们并不是在哀叹一位出色的国家领导人的离去，而是在痛惜一位英年早逝的皇子。由此，我们可以看到他们对皇室的忠心。他们和奥古斯都的家人之间仿佛是挚友一般亲密，德鲁苏斯的丧礼自然又一次展现了罗马人民的团结一致和皇室的莫大权威。

阿格里帕和德鲁苏斯的相继逝世让皇室的处境变得有些危险，奥古斯都政权至少需要有一位潜在的继承人，此人必须有充足的经验和政治地位才能成功地从奥古斯都手中接过政权。简而言之，在这个时候恐怕骤然就有了不少人想要密谋作乱，因为在公元前 12 年之前，夺权成功的条件当然是除掉（夺走权力或者杀死）奥古斯都、阿格里帕、提比略和德鲁苏斯四个人，而在公元前 9 年以后，需要铲除的人一下子就少了一半。不过，帝国的新一代潜在的领导者正在涌现出来。

阿格里帕与尤莉亚之子盖乌斯·恺撒出生于公元前 20 年，他的弟弟卢奇乌斯小他三岁。这两个小男孩都越来越多地出现在公众的视野里。而且，他们都在公元前 17 年被奥古斯都收为养子。虽然这或许意味着他们有资格直接成为奥古斯都的继承人，但他们毕竟太年幼了，罗马人希望由久经考验的领袖来担任皇帝。幼年皇帝要到几百年以后才开始为罗马人所接受。安东尼娅（Antonia）和德鲁苏斯的长子日耳曼尼库斯出生于公元前 15 年 5 月 24 日。多年以后，日耳曼尼库斯和他的父亲一样在御前效劳，但现在还为时尚早。卢奇乌斯、盖乌斯、日耳曼尼库斯以及提比略的儿子德鲁苏斯（生于公元前13年10月7日）都有潜力成为罗马的领导者，但他们也都还需要时间。此时，奥古斯都只能把皇权传承到提比略手中。

不满之人

公元前19年以后，奥古斯都政权的反对者看起来被排挤到了政治舞台的边缘。不过奇怪的是，据说奥古斯都经常穿着胸铠进入元老院，以防有人行刺。而且，大约在公元前18年的时候（后来也有），有“很多人”被指控对奥古斯都和阿格里帕图谋不轨，某些人还遭到了处决。[470] 从公元前16年到公元前8年，奥古斯都的绝大部分时间都花在了各地的军务上，但他同时也面临着内部阴谋的威胁。虽然我们既不知道有哪些人牵涉其中，也不知道阴谋的具体内容，无从判断奥古斯都究竟面临着多么严重的威胁，但至少我们知道奥古斯都因此修改了法律，加强了他对罗马政治精英的束缚。为了获取犯罪证据，罗马人通常会对奴隶严刑逼供，他们似乎认为只有经受了酷刑的奴隶说出的口供才是有效的。但是，用这种手段获取的有关该名奴隶的主人的犯罪证据是不合法的。这条法律确保了各位奴隶主在家里所说所做的都不会在日后成为危及己身的罪证。然而，在帝国时代，一切利益都要服从于国家。这条法律被规避了，奥古斯都会下令把受怀疑者的奴隶转交给国家。然后，这些奴隶被刑讯逼供出来的证词就可以被用于证明其原主人的罪行了。由此，奥古斯都一举让密谋者身边的奴隶都成了潜在的罪证来源。[471]

这种情况显然会导致一个问题——真正的阴谋和某些不妥当的危险言论之间的界限并不是很明确，皇帝需要辨别单纯的不满者与真正的谋逆之人。大动干戈地铲除密谋者是需要付出政治代价的，所有人都会因此知道有反对的声音存在，团结一致、通力合作的表象会被撕得粉碎。一些尚未找到同伙的不满之人会发现自己并不孤单，其他人也许会深受鼓舞，前赴后继地走上反对现政权的道路。而且，以暴力消灭政敌所产生的恶劣影响还会延续到未来，让后继的皇帝都背负上沉重的历史包袱。这种行径不仅不能根除政敌，反而会证明自己就是暴君，让密谋者看起来像是正义的一方。

我们比较了解的只有一起阴谋。公元 4 年，据说格奈乌斯·科涅利乌斯正在图谋不轨。此次事件的曝光正是因为奥古斯都违背了他的一贯政策。他没有杀掉科涅利乌斯及其党羽。这不是因为一路走来杀人无数的奥古斯都突然感觉到良心不安，而是因为他想要摆脱无休无止的暴力。1 世纪的政治家、哲学家塞内加（Seneca）和 3 世纪的史家卡西乌斯·狄奥为我们保留了某一段子虚乌有的对话的两个不同的版本。据说，在莉薇娅的建议下，奥古斯都把密谋者召到了面前，对他们加以警告，然后就放他们走了。[472] 科涅利乌斯甚至还担任了第二年，也就是公元5年的执政官。无论这个故事到底有几分可信，我们都可以看出奥古斯都政权深受反对派的困扰，而且难以摆脱这个泥沼。

有关婚配和性行为的法律依然是人们争论的焦点。最终，在公元9年，骑士阶层发起了一场大规模的集会示威。奥古斯都到场对示威者发表了讲话，称赞了其中已经生育后代者，为他们提供了额外的嘉奖或荣誉，也许还有奖金。对于那些尚无子女者，奥古斯都的态度就大不相同了。他指责这些人是只顾自己享乐、不顾罗马利益的登徒子，还把他们比作杀人犯和神庙的窃贼，因为他们让自己本可以来到人间的后代失去了降生的机会，也就无从接替其父辈去供奉诸神。[473]不过，这一年的两位执政官还是出台了一项法律，修改现行法律中的条款，把重点从惩罚未婚者改为褒奖已婚者——这就是《帕皮乌斯和泊派乌斯法》（*Lex Papia Poppaea*）。巧合的是，这两位执政官都未婚。

我们可以在文学领域看到对奥古斯都政权的抗议。奥古斯都时代的最后一位著名的诗人奥维德在晚年遭到了流放，其罪名有二：第一个罪名和他的一首诗有关，第二个罪名是某个不为我们所知的“错误”。这是奥维德在一首长诗中告诉我们的，也就是《哀怨集》（*Tristia*）的第二首诗。[474]在这首悔过求饶的诗中，奥维德捉弄了读者。他不肯说出自己究竟犯了什么错误，因为他不想揭开过去的伤疤。当时的一些读者大概有所耳闻，他们能够明白奥维德在说什么，而像我们这样毫不知情的读者就只能发挥自己的想象力了。到底是什么样的错误会让奥维德这样的知名诗人面临死刑的威胁，然后遭到流放呢？

不过，第一个罪名里的那首诗是明确的：《爱情的艺术》，即奥维德的爱情指南。在这首诗中，奥维德扮演着“爱情导师”的角色，指导阅读此诗的男男女女去寻找爱人。奥维德当然不是在做媒。婚姻是家族大事，结婚与否取决于双方的财富、社会地位、前途以及结亲的联盟效益。奥维德这首诗的主题是寻找私密的性伴侣。他警告读者们不要犯下通奸之罪（“我们歌颂的是安全的性爱；我的诗篇里不会有罪行”[475]），但这个警告看起来只是套话。这首诗的所有内容都暗含通奸的本质（“没有哪个女人真的绝不沦陷”[476]）。男方必须到女方的家里，所以，他必须先和对方的丈夫交好；女方则要设法转移丈夫的注意力。[477]《爱情的艺术》就是一本通奸教程，而且正好诞生于通奸属于刑事犯罪的时代。

不过，在《哀怨集》的第二首诗中，虽然奥维德整体上先是低落地承认了自己的错误，然后请求得到原谅，并且为皇室献上了祈祷，但他似乎也有些失态，一度显得有些愤怒。他引用了《爱情的艺术》里的文字，指出自己明确警告了读者们要对已婚女性敬而远之（故意忘记了他也说过所有女性都能手到擒来）。他怀疑奥古斯都是否真正读过他的诗，他还援引了罗马传说里和性、暴力有关的大量内容，他也一一列举了罗马城内男女有可能相遇的地方——剧院、竞技场、奥古斯都和阿格里帕用以装饰罗马的奢华柱廊，以及朱庇特、朱诺、马尔斯、伊西丝的神庙。他指出，这些地方明明都还在正常地运转，整个罗马城到处都是有可能引发犯罪的地点。罗马文化与性爱密不可分，奥维德开始着手揭下这座性爱之城的面纱。他引述了神话传说里有关性爱与强奸的故事。他列举了一个长长的名单，名列其中的都是写过有关爱情与通奸之事，却仍然广受尊重的诗人。奥维德有理有据地质问奥古斯都为什么要来管这么一篇消遣之作，惩罚一个无足轻重的诗人，他明明还需要去征服潘诺尼亚人、色雷斯人和帕提亚人，有诸多要务缠身的奥古斯都竟然会在意一首爱情诗？

奥维德的致歉词演变成了控诉。他攻击了奥古斯都政权的意识形态，揭露了奥古斯都的暴君本质。在他的笔下，奥古斯都残忍而为所欲为，就好像是随心所欲的诸神一样。奥维德还指出了罗马从古至今都很堕落。而在奥古斯都时代，就连他这样的小人物都会因为描写了不合现政权心意的两性之事而成为国家的敌人。当奥维德审视奥古斯都及其政治权力、财富和军队之时，他看见的是一个超乎常理之外的政治人物，他甚至觉得奥古斯都仿佛就是人间的神明。对于奥古斯都政权而言，奥维德的《爱情的艺术》固然不合其意识形态，但也只能算是蚍蜉撼大树而已。然而，这棵大树回击了，奥维德遭到了流放。

权力和意识形态的关系是非常亲密的，权力总是需要用意识形态来说明其正当性。质疑某个政权的意识形态就是在质疑这个政权对社会的意义，对其发起反对就会遭到排挤。在极权政权统治下，许多人或许会遵循官方提出的伟大理念，还有一部分人也许会认为官方的意识形态都是胡说八道。但是，这些人应该也能明白，跟着政权走是有好处的。奥古斯都政权把人民纳入了其政治结构当中，让他们加入帝国的计划，邀请人民与自己同呼吸，为其成功而喝彩，为其损失而悲哀。庆祝战争的胜利和哀悼皇族成员的离世都是例子。奥古斯都政权会向人们提供许多的利益，以便让他们默默地顺从于现在的政治秩序。例如，某个元老或许还在怀念共和制度，但他同时还能看到，在帝国时代，自己和家人都变得更加富有了，还能享受到安全的和平时光，取得地方或中央的权位，或许皇帝本人也会对自己以礼相待。如此一来，他就有可能不会直言自己厌恶现政权了。在这种情况下，人们对现政权的敌意会以两种不同的方式表达出来：或是激化为阴谋，或是弱化为讽刺，而官方对于这两种行为的容忍度都十分有限。我们或许可以和奥维德一起佯作不知，质问像奥古斯都这样备受尊敬、拥护者无数的领导人为什么要来严惩一位调皮的诗人。但所有的罗马人都知道其原因：帝国政权不允许反对者的存在。

宫廷危机：提比略失势

虽然反对派的身影不断出现，给奥古斯都政权造成了一定的麻烦，阿格里帕和德鲁苏斯之死也是不小的噩耗，但是，奥古斯都政权依旧掌控着权力。公元前8年，奥古斯都延续了公元前18年的宪政安排，得到了为期十年的保民官权力。提比略在公元前7年第二次担任执政官。为了表示庆祝，奥古斯都向士兵们和殖民地里的各位老兵送出了礼金，巩固了他和军队的关系。提比略获准举办了一次凯旋仪式，他得以游行于罗马的街道上，宣示自己是奥古斯都的政治伙伴、一位伟大的罗马将军以及未来的皇帝。[478]但奥古斯都本人也得到了新的荣誉。每到奥古斯都的生日，大竞技场（Circus Maximus）内便会举办比赛。罗马历的6月（Sextilis）[1]被重新命名为奥古斯都月，就好像5月（Quintilis）[2]被改名为尤里乌斯月一样。这些通常都是属于诸神而非凡人的特殊待遇。

随着公元前6年的两位新执政官就职，卸任的提比略获得了保民官权力。现在，他拥有了等同于当年的阿格里帕的地位，成为稍低于奥古斯都的政治伙伴。提比略正准备离开罗马，前往亚美尼亚，因为在国王死后，亚美尼亚就陷入了混乱。这块土地也是提比略当年初次执行军事任务的地方。此外，向东方发起一场伟大的远征有助于进一步提高提比略的政治地位，并且再一次体现罗马需要皇室来维持其大国霸权。

但提比略因故未能成行。皇室内部想必发生了争执，而提

[1] 即现在的8月。——译者注
[2] 即现在的7月。——译者注

比略落了下风。然后，他并不打算静候时机卷土重来，反而恳求获准退隐。这场争论很快就变得众所周知。不过，罗马的政治精英们本就消息灵通，政界的大小事务很容易扩散开来。为了自己的儿子，莉薇娅试图出面帮助他和奥古斯都达成某种协议。而奥古斯都则公然批评提比略这种背弃职责的行为，拒绝了提比略的退隐请求。接着，提比略绝食四天。奥古斯都只好屈服。

提比略从罗马来到了罗德岛。之前，他曾经在前往东方的途中落脚于此，对这座岛屿颇有好感。他没有像通常的罗马大贵族那样享受着豪华庄园里的生活，而是住在一个小房子里。他还经常去镇子上漫步，与镇民攀谈。看起来，他真的退隐了。[479]

提比略的引退之举必定给罗马政坛造成了很大的冲击。这种事情几乎毫无先例，以往只有非常年老或者已经孤立无援、走投无路的政治人物才会退出政坛。提比略的情况当然完全不同于这两类人。对于像他这种地位的罗马人而言，参与政治生活可以说已经不是人生选择的问题了，而是与其本人身份密不可分的一部分。退出政界相当于否认罗马的根本性社会价值观念，否定了罗马的等级秩序。而且，这种行为可以被解读成，或者说，其可行的理由是国家已经腐败之极，秉持正义者只能远离肮脏的政坛。后世有人猜测提比略此举是因为他的妻子尤莉亚与人通奸，令其震惊不已。然而，在公元前 6 年，尤莉亚依旧安然处于皇室的高层。如果仅仅是因为他们二人的夫妻关系遭到了猜疑，提比略看起来不太可能会选择退隐。

公元前6年正好也是盖乌斯和卢奇乌斯登上政治舞台的年份，提比略引退一事恐怕与此相关。当时，年仅十四岁的盖乌斯受任为祭司。对于罗马元老而言，这是一项比较重大的荣誉。而且，在公元前5年执政官的选举活动中（应当开始于公元前6年夏），罗马人民选举盖乌斯为执政官，虽然我们不知道此事发生于提比略离开之前还是之后。无论如何，他的高人气都很可能助长了提比略的不满之情。

选举如此年幼之人担任执政官当然是前所未有的事情。此时的盖乌斯甚至比屋大维当年刚刚继承恺撒的遗产、步入罗马政坛之时还要年轻。对此，奥古斯都遵循了共和国的传统，加以拒绝，还批评人民在选举中支持年轻的盖乌斯。[480] 此外，奥古斯都在人民面前强调了他本人依然健在，罗马无须让这样年轻的后辈来担负责任。他也一度公开批评了盖乌斯和卢奇乌斯的生活作风有问题。看起来，他们二人都不太符合罗马道德标准。不过，虽然这些事情或许让奥古斯都感到有些尴尬，但我们同样可以从中看出平民的意愿和罗马政治的前进方向。人们不在乎盖乌斯的年纪，此时罗马宪法的共和制表象并没有明显影响选民的行为，他们只在乎盖乌斯是奥古斯都的外孙。此次选举充分说明了平民的意识形态已经基本倒向了君主制。

对于提比略而言，盖乌斯有很高的人气并不是一个好消息。如果以共和国的传统而论，他们二人之间现在不可能存在竞争关系。提比略已经两度出任执政官，有着多年的带兵经验，他自成年以来就一直处在奥古斯都政权的核心圈子当中。而盖乌斯还只是一个毫无建树的小男孩。然而，民众的意愿再明显不过。奥古斯都这一次或许成功地约束了民众的行为，当然，他有可能也是为了顾及其他元老的意见。但不管怎样，这一次的选举已经证明了盖乌斯和他的兄弟卢奇乌斯迟早会成为众望所归的奥古斯都继承者。

一旦盖乌斯和卢奇乌斯成了新一代的奥古斯都，那么提比略就只能成为他们的助手兼顾问了，也就是又一个阿格里帕。显然，身为资历较深、地位较高的政治人物，提比略大概不想拥有这样的命运。位居这两个如此年轻的孩子之下或许可以算是对提比略的尊严的冒犯。就算提比略是在盖乌斯得到人们的选票之前离开罗马的，身为一名经验丰富的政治家，他也不太可能不知道罗马的政治形态将走向何方，他应该知道这场争端只会有一个结果。随着这两个小男孩渐渐长大，提比略的地位只会越来越脆弱，他很可能会不得不坐视他妻子的两个孩子取代自己的位置。

公元前 6 年的这个问题既和特定的个人有关，也和奥古斯都政权的意识形态有着密切的联系。罗马已经有长达五百年的共和制历史了。当然，罗马人深知君主制的运作方式。他们知道希腊世界里那些古老的君主国是怎样运行的。但奥古斯都的共和国没有直接采用君主制的外衣，奥古斯都用共和国官职的表象掩盖了其权力的本质。即使是在奥古斯都去世以后，罗马的皇位也是经过了法律批准的，保留了共和国的假象。在奥古斯都的共和国里，皇权看起来应该被传给资历较深之人，而提比略显然很合适。然而，事实上，提比略却面对着一个小男孩的威胁，其掌权的唯一理由就是他的外祖父是奥古斯都。所以，此时困扰着奥古斯都政权的问题是两种截然不同的解释统治正当性的体系都在运行。

尽管许多元老或许支持提比略，但他们原本就是因为这个体系问题而被夺走了统治权。共和国（至少从理论上说来）以个人成就来论定人们的地位，而君主国（也是从理论上说来）论血统。如果奥古斯都共和国在这个问题上表现得像是一个真正的共和国，那么提比略就会被认作成就更大、地位更高者，他的预期就能得到满足。但那些把选票投给了盖乌斯的民众显然已经觉得自己生活在一个君主国里，他们更希望让国家大权随着皇室血脉而传递。考虑到奥古斯都共和国的本质确实就是自相矛盾的，无论君主派还是共和派看起来都不能说自己的主张一定正确。但无视提比略的个人预期同样是有一定的道理的。提比略的既有地位并非源于他自己的才华，奥古斯都早就成了他的继父，提比略能够拥有现在的国家第二人的地位恰恰就是因为奥古斯都政权有着君主制的本质。他的问题是这一套把他擢升至高位的政治文化现在又想要让他位居人后。不过，无论是否有道理，提比略已经在公元前 6 年离开了。

此时，奥古斯都的年纪是五十七岁。他还不算太老，但恐怕已经不能长期担任罗马政坛的一线角色了。然而，他并不打算像继子提比略一样引退。公元前 5 年，他亲自出任执政官，再一次宣示了自己的权威，表明他仍然是罗马的领导者。他利用执政官的权力提携了盖乌斯和卢奇乌斯。盖乌斯被引荐给了元老院。这位明显缺乏经验的年轻人将跟在奥古斯都的身边，获得历练。第二年，卢奇乌斯也获得了早早地进入元老院的特权。盖乌斯还被选为了执政官，不过，是在五年后出任，那个时候他就有二十岁了。卢奇乌斯同样提前获得了未来的执政官职位。虽然允许皇族成员提早参选已经成了一种常见的拔擢手段，但让盖乌斯真的当选仍然称得上是一种罕见的创新。这可以反映出罗马的政治局势在提比略引退之后变得不太稳定。奥古斯都有必要通过这种手段向人们证明，未来的罗马也还是会由尤里乌斯王朝来统治。盖乌斯和卢奇乌斯由此被指定为罗马政坛未来的领导者，他们的当选可以表明罗马人民依旧大力支持着奥古斯都政权和皇室的子孙。这是对某些心存侥幸之徒的警告。

在接下来的这几年里，奥古斯都充分运用了各种仪式性手段来强调他的王朝统治了罗马政治生活的方方面面。例如，就在公元前 5 年（也可能是在公元前 4 年），骑士阶层正在召开某种私下的聚会。据说，他们自发地称赞了盖乌斯，显示出他们的拥护之意。卢奇乌斯或许也得到了他们的赞美。此时，他们二人都拥有所谓“第一青年”（princeps iuventutis）的名号。这个头衔和奥古斯都在公元前28年得到的“第一元老”（princeps senatus）相呼应。[481]

奥古斯都还试图再次确保平民对自己的支持。在过去的十几年里，他给平民花钱的场合很少。在公元前13年，他按照阿格里帕的遗愿送出了礼金。公元前12年，他为了庆祝自己当选为最高祭司而给不下于二十五万的罗马平民发放了每人四百赛的奖金。而在公元前5年，为了庆祝他的两个外孙登上政治舞台，奥古斯都决定给罗马城内的三十二万人提供每人两百四十赛的礼物。[482]然而，奥古斯都政权的地位依旧很脆弱，盖乌斯和卢奇乌斯仍显稚嫩，奥古斯都则至少需要活到他们成年。现在，他们二人都只是十几岁的少年，毫无政治经验和政治地位。假如奥古斯都在公元前2年之前忽然去世，那么提比略也许就会迅速返回罗马，取得皇位。简而言之，未成年的盖乌斯和卢奇乌斯仍然不是足以服众的皇位继承人。提比略所受的待遇也可以说明这一点。尽管他和皇室之间已经有了公开的嫌隙，但奥古斯都仍然给他留下了一条返回罗马的道路，提比略在离开罗马之前刚刚得到的保民官权力并没有被收回，尤莉亚也仍然是提比略的妻子。所以，严格说来，提比略依旧是皇室的核心人物。就算尤莉亚的两个儿子都已经开始踏上仕途，奥古斯都也没有正式地把提比略的引退化为流放。

但奥古斯都并没有早早离世。公元前2年，他第十三次出任执政官，并且又一次给平民送出了礼物，其数额仍是每人二百四十赛。但这一回，他只把礼金送给了有资格获得定价的粮食供应的那二十万男性。此次的名目是庆祝奥古斯都广场和广场中心的复仇者马尔斯神庙终于开放。复仇者马尔斯神庙（如图 11）是属于尤里乌斯家族的纪念建筑。早在四十年前，奥古斯都就起誓要修建这座庙宇，用以感谢马尔斯帮助他向行刺恺撒者复仇。奥古斯都广场用于庆祝罗马历史上诸位英雄的赫赫武功，是他们引领着罗马从一个不起眼的小村庄成长为称霸地中海世界的强权帝国。[483] 整体说来，这座广场体现了奥古斯都对罗马历史的阐释——武力扩张。广场中心的马尔斯神庙则展示了奥古斯都的家族史。

奥古斯都还着手举办了一系列大型活动，比如马车竞赛。罗马城的贵族青年们表演了“特洛伊游戏”，负责管理这项赛事的就是青年们未来的领导者盖乌斯和卢奇乌斯以及他们的弟弟阿格里帕·波斯图穆斯（Agrippa Postumus）。有两百六十头狮子在竞技场中被杀死。其他地方则有角斗比赛。他们还重演了一次波斯人和雅典人之间的海战，应该是萨拉米斯海战（Salamis），“雅典人”再次取得了胜利。最后，人们往一座竞技场里灌了大量的水，然后在表演中猎杀了三十六头鳄鱼。[484]

这些赛事的奢侈程度展现了罗马帝国的财富和权力。当然，在激烈的搏斗中，有人丧命。把大量的水运到城里来模拟一场海战本身就堪称一个了不起的工程成就。但我们同样应该着眼于被杀的动物。狮子应该是从阿非利加运来的。罗马人需要设法用陷阱抓住狮子，然后将其制服，再通过海路运送到意大利，接着把狮子搬运到罗马城内。这一切都要在没有镇静剂的情况下完成。而那些鳄鱼原先肯定栖息于尼罗河。这些来自远方的生物就是帝国的权势的象征，因为这表明罗马帝国已经统治了那些遥远的土地，有能力把这种奇异的野兽运回罗马，用以娱乐大众。换言之，罗马帝国可以用武力夺取全世界的资源来满足罗马人的娱乐需要。鳄鱼还代表着埃及，猎杀鳄鱼就意味着让观众再次感受到奥古斯都先是征服了埃及，然后让他的家族统治了罗马。奥古斯都政权邀请观众一起为帝国、征服、罗马还有奥古斯都的家族进行庆祝。

人们的回应一如事先所安排的那样。奥古斯都本人的描述如下：

> 元老院、骑士阶层以及全体人民都称我为国父（pater patriae）。这个称号被铭刻于我住所的入口处、元老院以及奥古斯都广场内元老院表决为我而立的驷马战车的下方。[485]

也有史料称这是平民的主意：当奥古斯都离开罗马，待在安提翁（Antium）之时，平民们派出了一个代表团去向他献上国父的称号。奥古斯都拒绝了。但当他来到剧院的时候，有一群戴着桂冠的人再次请求他接受。接着，瓦列里乌斯·梅萨拉在元老院里又一次提议让奥古斯都接受这个头衔。这一回，奥古斯都含泪同意了。[486]

奥古斯都广场成了罗马人举办某些仪式的场所：当男孩子们获得了参军资格之时，他们会被召集到这座广场上，这大概是为了让他们领略辉煌的罗马军事史，鼓励他们主动参军。[487]各地总督和罗马军团的统帅们会从奥古斯都广场出发前往地方省份；元老院会在这座广场上讨论是否要举办凯旋仪式；而获准举办凯旋仪式者要把凯旋头冠献给这座广场上的神庙里的马尔斯。[488]帕提亚人在公元前20年归还的罗马军旗被献给了马尔斯，后来被转移到广场上的神庙里。奥古斯都广场成了尚武的罗马帝国举办各种仪式的核心场所。

公元前2年的一系列活动让罗马看起来国泰民安。所有人都顺从于国父奥古斯都的领导，而他则掌控着帝国的大量资源并且慷慨地将其用于满足人民的需求。奥古斯都政权的信心得到了巩固。盖乌斯将被派往多瑙河流域积累带兵的经验，卢奇乌斯当然迟早也会随他同去，这两位少年都已经成长到可以出任公职的年纪了。政权的继承问题得以解决，皇室的统治地位再次稳如磐石。而且，奥古斯都本人也还健在。随着时间一年年地流逝，他的两位养子都越来越像是合格的领导者，政权的未来也变得越发光明。暴风雨看起来已经过去，王朝的传承危机仿佛已然解决，提比略东山再起的可能性越来越小。罗马人民，或者说，至少那些倾向于君主制者似乎已经可以开始畅想年老的奥古斯都把国家大权平稳地传递到两位前途无比辉煌的外孙手中。

接着，事态急转直下。

第十八章 皇帝之死

公元前 2 年的某个时候，一位裁判官被派往元老院宣读奥古斯都的信件。恐怕没人能够想到其中有着怎样的内容——奥古斯都表示他已经放逐了自己的独女尤莉亚。她离开了罗马，被囚禁于第勒尼安海（Tyrrhenian Sea）上的一座监狱小岛潘达提利亚（Pandateria）。其罪名骇人听闻：尤莉亚举办了过于放荡的聚会；她和伙伴们在广场，甚至演讲台上痛饮狂欢；她还与人通奸。而且，这不是寻常的通奸。据说，尤莉亚极其淫乱，并且偏爱名门之后。与她有染者包括马克·安东尼之子尤卢斯·安东尼乌斯、著名的格拉古兄弟的族人塞姆普罗尼乌斯·格拉古、知名的卫道士昆图斯·克里斯皮努斯、阿皮乌斯·克劳狄乌斯（其家族或许是罗马城中最为显赫的家族）和西庇阿家族的某个成员。除此以外，还有许多传统文献未曾列举出名字之人。其中既有元老，也有骑士。[489] 尤卢斯·安东尼乌斯同时被指控谋逆，遭到了处死。其他人则按照通奸罪论处，被判流放。孤岛上的尤莉亚只能过着朴素的生活。岛上还几乎没有男性，任何男子都必须经由奥古斯都批准才能前去。其中的寓意就是，尤莉亚的欲望太过强烈，就连岛上的看守也有可能为她所诱惑。[490] 此外，奥古斯都代表提比略和尤莉亚离了婚。

这个事件既与性爱有关，也是宫廷政治运作的结果。古代的史家大多着眼于性行为的那部分，但君主制度下的性和政治显然是难分彼此的。尤莉亚本人的那几段婚姻就是由明显的政治目的促成的。她正好出生于公元前 39 年屋大维和她的母亲离婚的那一天。自那以后，尤莉亚一生都是奥古斯都政权高层的重要人物。所以，她应该不太可能没有成熟的政治思想。我们很难相信她会认为自己的性行为是一件私事。同时，与她有关系的男性也应该都知道和奥古斯都之女发生非法的性关系会导致怎样的结果，尤莉亚毕竟是有夫之妇。

指控知名的女性生活作风不检点是一种很实用的攻击手段。其背后隐藏着对女性的恶意揣测，认为但凡想要实现某种政治目的或者出于各种原因而想要维持男性朋友圈子的女性都会以性爱为手段捕获某些不设防的不幸男子。攻击者很容易泼出这种脏水，但当事人却很难有效地证明自己的清白。

这一时期的罗马女性不必深居简出。她们可以结交朋友，参加聚会，拥有自己的社交圈。地位较高的女性通常还会处理私底下的政治事务。尤莉亚很可能享有一处独立的住所，而且大概很豪华。她的朋友想必大多来自罗马社会的顶层，有男有女，都有一定的地位和独立性。这些朋友构成了尤莉亚的权势的一部分。当然，她和奥古斯都以及其他显赫的皇族成员之间的关系或许是最重要的。她的两个儿子很可能会继承这个帝国，尤莉亚很明显就是罗马政坛上的权力中介人，某些有抱负的政治人物大概会考虑借助于尤莉亚来实现自己的目的。我们不难想象，她的身边很容易积累起一个势力较大的圈子，其成员大概想在奥古斯都去世之时分享尤莉亚的政治资源。在公元前 2 年毁于一旦的就是这个圈子。

尤莉亚的倒台没有明显的原因。我们大概可以认为很多人其实都不相信关于尤莉亚的淫乱行径的说法。尤莉亚身边一位得到了解放的前女奴菲比（Phoebe）在尤莉亚的污名传播开来以后选择了自杀，此事被视作尤莉亚的卑劣道德品质污染了其家人。尤莉亚之母斯克里波尼娅则陪同尤莉亚一起前去潘达提利亚，这既是个人行为，也是一种政治姿态，仿佛在说通奸之事并不属实。对于奥古斯都提出的说法，众人还须审慎地思考一番。五年以后，罗马人民示威支持尤莉亚，要求把她召回罗马，她在人民心中并不是那么不堪。但奥古斯都拒绝了。[491]

在皇室内部，提比略和尤莉亚及其儿子之间有着深刻的裂隙，双方的矛盾非常激烈。即使是在十四年以后提比略登基之时，他也血腥地收拾了尤莉亚的残党。不过，在公元前2年，就算我们很想推测提比略和尤莉亚的倒台有关，也不能忽视提比略本人此时还隐居在罗德岛上。他的影响力一直在衰减，恐怕难以和尤莉亚等人展开竞争。提比略的时代看起来已经过去了。况且，提比略并非尤莉亚倒台的直接受益人，他依然留在罗德岛上，我们没有看到这位戴上了绿帽子的丈夫忽然归来。所以，我们很难说提比略获得了什么好处，也就无从断定是提比略的支持者策划了尤莉亚的失势。

此次事件最有可能源于尤莉亚和奥古斯都之间的矛盾。此时的奥古斯都已经年逾六十，这在当时算是比较老了。而尤莉亚正在贵族中拉拢支持者，以便应对奥古斯都的突然驾崩。这种准备需要做得很妥当才行，但尤莉亚的做法也许显得太急切了一些。以人之常情而论，我们可以理解年事渐高的奥古斯都或许会觉得有些反感。从政治角度而言，尤莉亚的政治集团或许看起来在热切地期盼着奥古斯都时代落下帷幕。不过，光凭这一点，我们难以解释为什么奥古斯都要采用那样残酷的手段，尤莉亚必定做了让奥古斯都认定她在背叛自己的事情。

指责其作风淫乱确实是毁掉皇族女性的最佳捷径，但如果尤莉亚的倒台只是因为政治上的分歧或者说她在图谋不轨，那么我们就不得不考虑一下为什么奥古斯都要指责她通奸了。毕竟，通奸的罪名让此次事件的政治影响扩大了很多。奥古斯都有必要让他的两位继承者的母亲被视作一个水性杨花的女子吗？只将她定位为奥古斯都的政敌或许已经足够。如果通奸纯粹是尤莉亚的对手炮制出来的罪名，那么奥古斯都怎么会没能识破这种花招呢？虽然相关史料看起来只是逸闻，我们不能全盘相信，但奥古斯都似乎真的认为尤莉亚犯下的不是政治问题，而是生活作风问题。无论尤莉亚和她的朋友们究竟是否犯下了通奸罪，我们都不能认为性丑闻只是一个借口。恰恰相反，这就是此次事件的核心。

控诉尤莉亚在性生活方面有违道德规范是具备意识形态上的意义的。奥古斯都政权长期致力于把道德教化和自己的政治地位联系在一起。早在公元前 28 年之时，奥古斯都就试图展开道德改革。在公元前 18 年以后，奥古斯都政权把这种尝试付诸实践。他们认为重新树立古老的道德观念有助于根除内乱，促进帝国的扩张。这些道德改革是奥古斯都为他自己和他的政权寻求统治正当性的途径［实行道德改革时，奥古斯都是监察官（censor），或者说“法律和习俗的维护者”］，[492] 奥古斯都的君主制政权把自己塑造为传统的捍卫者。显然，他因此遇到了强大的阻力。

不难想象，尤莉亚等人在道德问题上要比奥古斯都宽松得多。君主制度让统治者的家族得以通过奢侈的生活作风来展示其高人一等的统治地位，[493] 安东尼和克莱奥帕特拉走过的道路未必不能为罗马皇室所用。奥古斯都时代后期的道德约束是比较严苛的，尤莉亚及其支持者有可能利用人们对奥古斯都的政策的不满，他们需要做的就是以自己的行为展示出罗马皇室的另一种可能的形象。因此，放纵的生活方式具备了政治意义。对待性行为的宽松态度可以被视作一种不同的政治道路的标志，让尤莉亚更接近于普罗佩提乌斯和奥维德，而不是古老的共和国传统。这必定会引发争议。

我们恐怕不能把尤莉亚遭到流放的原因单单归结到某一个点上。奥古斯都和她是父女，他们的关系难免公私并存。宫廷政治无疑和迷宫一样复杂，他们二人之间的争执有关皇室的未来、道德以及罗马政治文化的本质。奥古斯都通过流放尤莉亚再次申明了他将近三十年来宣传的图景仍然不会发生变更。奥古斯都时代的宫廷政治确实非常残酷，奥古斯都不惜用流放独女的极端手段来消除人们质疑其政策的声音。同时，这也再次显示了奥古斯都的权力。无论尤莉亚及其亲信看起来多么有权有势、人脉深厚，只有奥古斯都才能决定罗马皇室乃至罗马前进的道路。

不过，鉴于这个问题干系重大，尤莉亚的流放并没有真的消除反对的声音。后来，人们为了支持尤莉亚而集会示威。我们可以将其与反对婚姻法的示威联系起来，因为这些示威的参与者都是在反对奥古斯都宣传的意识形态当中的核心要素。

尤莉亚的污名并没有对皇权的传承产生明显的影响，此时的两大可能性分别是盖乌斯和卢奇乌斯继承奥古斯都的位置或者提比略成为皇帝，而尤莉亚的突然失势没有妨碍她的两个儿子继续擢升。较为年轻的卢奇乌斯·恺撒被派往高卢去拜访地方上的知名人物，并且熟悉一下帝国的重要省份。盖乌斯则被派往多瑙河流域，但他很快就转去了东方。自提比略受命出征的公元前6年以来，亚美尼亚的问题一直没有得到解决。帕提亚和亚美尼亚结成了同盟，威胁着罗马的霸权，虽然奥古斯都并不觉得有必要在盖乌斯堪当大任之前派人前去。盖乌斯的任务就是去威吓帕提亚和亚美尼亚人。此次事件和公元前20年如出一辙，帕提亚人又一次面对着一位渴望在战争中赢得荣耀的皇子。于是，他们做出了同样的选择——求和。不过，亚美尼亚决定应战。[494]

盖乌斯的东征不仅仅威胁到了帕提亚人。虽然提比略看起来像是已经安于过着平静的生活，但应该没有人会相信他真的打算在罗德岛上度过余生。提比略没有完全放弃自己的政治前途，罗马也没有彻底遗忘提比略。前往东方赴任的各位总督一般都会明智地落脚于罗德岛，拜见这位曾经的皇位继承人。不过，随着盖乌斯和卢奇乌斯渐渐长大，提比略的待遇越来越差。高卢地区的内毛苏斯（Nemausus）的公民决定推倒当地的提比略像。一般说来，这种明显具有政治意味的行为可以被视作造反，但卢奇乌斯看起来对他们的做法至少有一些赞同，他让当事者免受惩罚。[495]远在高卢的卢奇乌斯并不能直接影响提比略，而盖乌斯却在东方掌握着大权，想必他也不能在未经奥古斯都许可的情况下伤害提比略。

有谣言称提比略正在策划阴谋。据说，他想要收买百夫长来行刺盖乌斯。假如盖乌斯“察觉”了提比略想要杀害自己，那么他或许就可以不请示奥古斯都而将其处死。提比略离开了罗德岛，亲自过来拜见这位年轻的恺撒。年长的提比略不得不忍受屈辱，向他求饶。这充分说明了权力的天平已经逆转。[496] 当时有传闻称，在盖乌斯举办晚宴之时，有某个人曾经站起来自告奋勇，要去罗德岛上替盖乌斯把“流亡者”的头颅给带回来。对于提比略而言，东方越来越危险了，于是他请求返回。奥古斯都同意他在公元 2 年回到罗马。其条件是，他必须继续远离政事。

然而，公元 2 年，年仅十九岁的卢奇乌斯患上了急病，在 8 月 20 日死于马赛。[497] 提比略是这件事情的明显受益者，他因此成了各种谣言的主角。而且，事态进一步地恶化了。此时，盖乌斯正在亚美尼亚作战。驻防据点的某位敌将诱骗他前去会谈，然后趁机攻击了他。盖乌斯受了伤。罗马人继续围攻，并且最终击败了亚美尼亚人，取得了战争的胜利。按照罗马传统，获得了胜利的盖乌斯被部下尊为“大将军”（imperator）。但盖乌斯的伤情每况愈下。[498] 他派人传讯给奥古斯都，请求暂停职务，以便养伤。奥古斯都无可奈何地同意了，但要求盖乌斯返回罗马。公元 4 年 4 月 23 日，盖乌斯去世了。

流亡者归来

奥古斯都现在几乎别无选择，他收养了提比略以及阿格里帕和尤莉亚最年幼的儿子阿格里帕·波斯图穆斯。提比略被要求收养了他的侄子日耳曼尼库斯，后者的妻子则是尤莉亚和阿格里帕的女儿阿格里皮娜。这一轮家族关系的重组确立了三个潜在的皇位继承人，但只有提比略具备足够的资历和权威。现在，奥古斯都对他以政治伙伴相待，提比略很快就被派往日耳曼尼亚去再次展现奥古斯都政权武力扩张的本质，但是他同时也是罗马政务的核心人物。帕提亚国王派使者前来罗马，以求修复他和奥古斯都的关系。奥古斯都和元老院接见了这些使者，但要求他们必须也去拜见提比略。[499]

日耳曼尼亚当时是罗马扩张的主要方向。提比略把罗马的边界推进到了更加靠东的地带。但是，在公元 6 年，多瑙河流域的省份爆发了叛乱。为了给日耳曼尼亚的战事提供源源不断的人力，提比略在达尔马提亚召集了部队。于是，达尔马提亚人有了一支自己的军队（虽然严格说来这支部队应该服从于罗马）和一位领导者——一个名为巴托（Bato）的人。巴托号召这些刚刚集结起来的部队一起反抗罗马统治者，他们在初期取得的一些成功还引得潘诺尼亚的布留奇人（Breucian）也加入了造反的队伍，这个部落的领导者同样名为巴托。默西亚总督塞维鲁（Severus）率军去镇压叛乱，但他的所谓“胜利”的结果是，潘诺尼亚人依旧为所欲为，而他却撤离了。达尔马提亚的那位巴托带兵南下，据说罗马人同样击败了他。然而，这些“得胜”的罗马军队也撤离了。

帝国需要提比略。他领军从日耳曼尼亚回到了南方，以便保护意大利。战争的形势已经非常严峻，有一个罗马殖民地遭到了毁灭，罗马人估计叛军有八十万之众。[500]日耳曼尼库斯也受命出征，他所得到的那支部队是紧急征召而来的，其中除了自由民以外还有奴隶和前奴隶。[501]值得我们注意的是，阿格里帕·波斯图穆斯明明已经达到了可以参军的年纪，却没有得到任用。[502]此时，提比略手中控制的军队包括十个军团（五万人）、七十个大队（三万五千人）、十四个骑兵单位（七千人）、紧急应征的一万老兵以及色雷斯的附庸国王派来的征召兵。这些部队加起来至少有十万两千人，而整个帝国平时的军队总数也不过是二十五万人而已。

这场战争说明了奥古斯都十分依赖于提比略。此外，无论他具体是如何实现的，提比略成功扫除了其继位道路上所剩无几的障碍。尤莉亚仍在流放中，盖乌斯和卢奇乌斯都已去世。现在，最有可能挑战提比略的就是阿格里帕·波斯图穆斯。虽然奥古斯都也把他收作了养子，但他的处境还是非常危险。很快，他就遭到了政敌的攻击，被逐出了罗马，[503]其罪名和他的道德品质有关。据说，他的品行不佳，比较暴躁（会让人联想到疯狂）、粗野。[504]我们不难想象，阿格里帕也许只是因为自己没能得到任命而感到愤怒。阿格里帕的姐姐尤莉亚同样被除掉了，她被指控通奸。而她的丈夫，出身豪门的卢奇乌斯·埃米利乌斯·保卢斯则因谋逆而获罪。[505] 奥古斯都还把尤莉亚在帕拉提翁山上的住所夷为平地。[506] 尤莉亚被流放之时有孕在身。于是，奥古斯都命人杀死了他的曾外孙。尤莉亚本人则于公元 29 年去世，她在死时仍然是一名流亡者。[507]

时至公元 8 年末，潘诺尼亚战事进展顺利。提比略便以征服者的英雄身份返回了罗马，年逾七十、越来越瘦弱的奥古斯都离开了皇宫，亲自出城相迎。所有人都能明白，这是年老的现任皇帝在陪伴未来的皇帝返回皇城。[508] 日耳曼尼库斯继续在达尔马提亚作战到了第二年。这年夏天，提比略重返前线，最终和他一起结束了这场战争。[509] 然后，日耳曼尼库斯回到了罗马，向人民汇报胜利的喜讯，元老们则又一次报之以各种各样的荣誉。奥古斯都和提比略获准举办凯旋仪式，游行于罗马的街道上，虽然他们也许表示过推辞。[510] 元老们还表决同意了建造凯旋门，这些都是比较重大的荣誉。相比之下，日耳曼尼库斯得到的奖励规格不高，但或许更加值得我们关注。此时，他只有二十四岁，还很年轻，却得到了裁判官的待遇，这是仅次于执政官的高位。他还获得了在各位前任执政官之后第一个发言表达意见的权利，这种荣誉和之前的马尔凯卢斯、提比略、德鲁苏斯、盖乌斯还有卢奇乌斯一脉相承，是属于皇族成员的快速擢升。[511]

随着日耳曼尼库斯开始崭露头角，皇室的未来看起来再次有了保障。奥古斯都现在已经过于年老，无法亲自上阵打仗，但五十一岁的提比略仍处于其政治、军事生涯的盛期。他的侄子日耳曼尼库斯在支持着他。而且，他的儿子德鲁苏斯很快也可以受任军职了。皇室的未来似乎一片光明，虽然在罗马人宣布庆祝潘诺尼亚的胜利之后仅过了五天，日耳曼尼亚就传来了一个可怕的噩耗。

日耳曼人叛乱

日耳曼尼亚这些年的战争已经让罗马的边界线从莱茵河推进到了易北河，今天德国西部的大部分土地都成了帝国的领土。公元 9 年，罗马人没有展开战事，这大概是十年以来的第一次。他们转而致力于建立政治和其他领域内的秩序。新任总督瓦卢斯（Varus）是一位经验丰富的将领，他和奥古斯都政权高层的关系也很近。此时，他认为已经可以正式地展开日耳曼尼亚的行政工作，征收税款了。[512] 为此，瓦卢斯召来了日耳曼尼亚的重要人物，希望他们成为自己的顾问。此前或许从未有过如此多的日耳曼首领聚集在一起，这为他们提供了一个绝佳的密谋时机。

叛乱的领导者名为阿尔米尼乌斯（Arminius），他和瓦卢斯的关系很近。叛乱者的计划比较细致，并且凝聚了多方的力量。他们让瓦卢斯得知日耳曼尼亚境内某个偏远的地方爆发了一场叛乱。于是，瓦卢斯召集了部队，打算和日耳曼盟军一起去解决这场看起来规模不大的小骚动。然而，在行军时，同行的日耳曼人找了各种各样的理由，陆续离开。与此同时，更加偏远处的小型罗马据点也受到了攻击，其中的士兵遭到了屠杀。当瓦卢斯终于发现自己面对的是一场大规模叛乱之时，他已经深陷于日耳曼人的势力范围。他只得下令全军开始争取撤回莱茵河畔。士兵们带上了奴隶、家眷和财物，顶着这些负担在日耳曼尼亚的森林里缓慢前行。

日耳曼人知道瓦卢斯的行军路线。他们砍断了大树，用以拦住罗马人的去路。罗马人的队列很长，日耳曼人可以从容地选择可能的薄弱点，发起进攻。罗马军队能够组织起来应战，却无法进一步解决问题。[513] 随着负伤士兵越来越多，行军的速度变得更慢了，就连瓦卢斯本人也受了伤。绝望之中，他们加强了某个据点的防备，然后烧掉了自己无力再保住的货车。如此一来，他们可以轻装简行，更快地撤离。然而，四天以后，他们仍旧被困在日耳曼尼亚的森林里。

瓦卢斯召集了高级军官来商量对策。在审时度势之后，瓦卢斯及其下属军官选择了自杀。罗马军队崩溃了。一些人试图逃跑，但日耳曼人将其砍倒，任由其尸体在林间的道路上腐烂。还有一些人被抓住，受到了折磨，或是被献祭给了神灵。[514] 总共三个军团及其辅助部队、奴隶、家眷以及随军商贩尽数覆没，遇害者总数在两万到三万人之间，莱茵河以东的日耳曼尼亚领土全部丧失。[515]

这个噩耗令罗马人深感震惊，奥古斯都换上了丧服。据说，他曾经一边用头撞击门框，一边呼喊着："昆克提里乌斯·瓦卢斯（Quinctilius Varus），还我军团！"[516]提比略立刻被派去了莱茵河畔。[517]同时，奥古斯都开始着手征兵。不过，有一些人不太愿意应征献身于这场漫长而艰难的战争，他们设法避免了被征召入伍。因此，奥古斯都剥夺了他们的公民权和财产。奥古斯都还鼓励老兵们重新入伍参战，并且把得到了解放的前奴隶也招入了军队。这些匆忙召集起来的部队被派去了高卢，支撑着莱茵河防线。[518]公元11年，提比略和日耳曼尼库斯率军再次出击，这是罗马人唯一的战斗方式。[519]

阿尔米尼乌斯领导的这场叛乱是奥古斯都时代的最后一场大规模战争，罗马的军事资源已经被运用到了极限。潘诺尼亚的叛乱被镇压了下去，当地的领土失而复得，但日耳曼尼亚的战争让罗马人遭遇了一场大败。罗马军队的人员伤亡相当惨重，而平定潘诺尼亚叛乱已经让罗马人消耗了不少的人力，他们很难迅速地补上日耳曼尼亚的缺口，奥古斯都的征兵活动非常不受欢迎。此后，罗马人再也未能夺回丧失的土地。

不过，尽管这些叛乱给皇室的军功簿上增加了一个污点（虽然传统观点把绝大部分责任都归结到了无能的瓦卢斯头上），但从长远来看，帝国政权并没有遇到一场政治灾难。恰恰相反，奥古斯都政权得以由此向罗马人民说明，罗马仍然需要一支纪律严明的强大军队，提比略得以再次展现其军事能力。日耳曼尼库斯则在平叛时初次掌兵，并且获得了属于自己的军事胜利。在镇压了潘诺尼亚叛乱以后，提比略和日耳曼尼库斯可以将自己塑造为意大利的拯救者。在公元 11 年的日耳曼尼亚战事以后，他们更是成了罗马军队名誉的恢复者。在公元 14 年，帝国政权完全可以把日耳曼尼亚和潘诺尼亚的战事宣传为说明帝国政权存在的必要性的正面例子。而且，提比略就是那个能够带领罗马人民维持大国霸权的领袖。

奥古斯都之死

公元 13 年，奥古斯都宣布自己不再出席公共宴会。他要求各位元老不要再来他的家中致以问候，或者，至少不要频繁拜访。[520] 第二年，他离开罗马，去为再度出征北方的提比略送行。途中，奥古斯都患上了疾病，转而前去他在坎帕尼亚的庄园休养。他的病情有所好转，提比略便踏上了旅途。接着，奥古斯都来到了纳波利（Neapolis）观看比赛。然而，他其实并没有完全康复，再度变得虚弱的奥古斯都回到了位于诺拉（Nola）的祖宅，并且命人召来提比略。

奥古斯都知道自己命不久矣，他派人去召集自己的亲朋好友来陪伴自己度过最后的时光。他对他们吟诵了一首希腊语诗，要他们为一位已经出色地完成了使命之人喝彩。接着，他便让他们离去了，最后陪伴在他床边的是他的妻子莉薇娅。公元 14 年 8 月 19 日，罗马历史上第一位皇帝奥古斯都安详地离开了人世。他一生经历了七十五度春秋又十个月二十六天，在他死后十三天就是阿克提翁海战的四十四周年。[521]

提比略也许未能及时赶到诺拉来见奥古斯都最后一面。不过，当他和莉薇娅一起对静候讣告的帝国臣民传达丧讯之时，他们已经完全掌控了局面。提比略在控制了禁卫军以后开始准备返回罗马。早在丧礼举办之前，这一年的两位执政官、禁卫军长官以及供粮官就已向提比略起誓效忠；某些会议上的平民和罗马的驻军或许也已发誓要为提比略效劳；他给帝国境内各地的军团和总督写了信件；他所到之处都有士兵随行。[522]罗马政局的新形势已经非常明显：提比略一如人们所预料的那样继承了奥古斯都的地位。

共和国没有恢复，也没有人想要使其恢复。罗马城内无人可以反对提比略的继位，唯一有可能挑战其地位的是他的族人，但他很快就将其抹除干净了。尤莉亚仅剩的儿子阿格里帕·波斯图穆斯被杀死了，成为新政权的第一位受害者。[523]提比略还派士兵去杀死了塞姆普罗尼乌斯·格拉古，据说他是尤莉亚的情人。提比略显然认为就算经过了十四年的流放，他也应该遭到处死。[524]尤莉亚则自杀了。多瑙河流域以及日耳曼尼亚境内都有罗马军队哗变。日耳曼尼库斯一度看起来有一些机会争夺皇位，但这位年轻人对皇室忠心耿耿。[525]就算这些士兵真的成功了，他们也只会让日耳曼尼库斯给他们提供报酬并且索取更好的待遇，绝不会让共和国复苏。无论人们私底下怎样看待奥古斯都的一生，至少在公开的场合，诸位元老和骑士、平民和士兵都在为奥古斯都的离去而悲痛不已。新任皇帝提比略平静地看着人们把奥古斯都从罗马的第一人升格为皇室的第二位神明——神圣的奥古斯都（Divus Augustus）。

此次和平的政权更迭是奥古斯都政权的一大成就。作为后人，我们或许会觉得提比略的上台是奥古斯都时代理所当然的结果。毕竟，我们知道奥古斯都是第一位罗马皇帝。而罗马帝国的历史至少延续到了公元475年，东罗马帝国甚至延续了更久。我们知道在他把提比略（他出自克劳狄乌斯家族）收入尤里乌斯家族以后就有了我们所知的尤里乌斯-克劳狄乌斯王朝，而这个家族里还涌现了盖乌斯·卡里古拉、克劳狄、尼禄[1]这些皇帝。但是，在公元前28年，当屋大维和阿格里帕着手构建奥古斯都共和国之时，没有人能够预料到这一切。

奥古斯都共和国的存在也许确实是一个自相矛盾的奇怪现象，但至少这种矛盾很有用，帝国政权愿意将其维持下去。即使是在盖乌斯·恺撒去世，提比略重返罗马政坛前台以后，他和奥古斯都也还在小心翼翼地宣传着共和国的遗产。提比略的继位是因为他是奥古斯都的养子、莉薇娅仅剩的儿子、奥古斯都家族的中流砥柱，但也同样是因为他是同代人当中最杰出的将领，他曾经领军作战于亚美尼亚、雷蒂亚、

[1] 这三位皇帝分别是尤里乌斯–克劳狄乌斯王朝的第三任、第四任、第五任（也是最后一任）皇帝。其中，卡里古拉、尼禄都是罗马帝国历史上著名的暴君。——编者注

多瑙河流域、日耳曼尼亚。他不仅击败了叛乱的潘诺尼亚人，还在日耳曼尼亚的战场上恢复了罗马人的荣耀。以军事化的罗马政治文化来看，提比略毫无疑问是名望最高、功绩最大的将军。

提比略也是当时最有经验的政治人物。他曾经在公元前13年和公元前7年两度出任执政官，也曾在“退隐”之前和之后与奥古斯都一起掌握保民官权力。当奥古斯都去世之时，提比略已经重返政坛十年了。他完全可以卓有自信地宣称自己就是国家的领导者，是唯一拥有足够的经验和权威去继承奥古斯都之人。

不过，就算提比略试图以其履历来说明自己继位的正当性，让更加保守、更加拥护共和制度的那些人感到有些亲切，罗马政治现在的实质也无疑是君主制。在奥古斯都时代末期，罗马人民已经充分表明了他们愿意拥抱君主制度。元老院给奥古斯都颁发的无数特殊荣誉也足以说明他和元老之间绝非共和国时代平等共事的关系。盖乌斯和卢奇乌斯的迅速擢升也是罗马转向君主制度的明证，因为如果以共和制度的眼光来看，他们二人只是别无特殊长处的两个年轻人。尤莉亚及其子女的生活方式奢侈无比，更接近于克莱奥帕特拉的宫廷生活，而非古代罗马的卫道士们推崇的简朴之道。盖乌斯和卢奇乌斯纯粹是因为不幸才未能取代资历更深的提比略。

公元14年，或许提比略在奥古斯都的赞同下选择了利用奥古斯都确立的这一套制度中共和制的成分，也许这是为了说明为什么继位者是他而非其他的皇室成员，也许这是为了再一次强调罗马需要有一位强大的领袖来带领人们与边疆的潜在敌人作战。于是，提比略陷入了共和君主制的悖论，在其统治前期的很长一段时间里表现得顺从于诸位元老。这大概反而让元老们感觉到有些困惑，因为元老们同样能够认清皇权的实质：提比略控制着军队和帝国。他所掌控的财力、军力以及政治资源远超其他元老的想象，所有人都必须如临深渊地对待提比略，没有人胆敢冒犯他。无论他对元老们说了什么，无论他表现得多么尊重元老们的集体智慧，罗马只有一位至高无上的统治者。

提比略在罗马的漫长历史上享有一个非常奇特的位置。在所有的史料当中，他都是一个深深浸染着罗马传统道德、思想的人物。然而，当他最终继承奥古斯都的地位之时，罗马的政治制度已经发生了巨大的变化。他置身于帝国时代，共和国只存留在人们的记忆里，虽然这份记忆仍然具备一定的力量，许多人或许还会怀念那个时代，某些元老也许还曾幻想过要恢复共和制度下的自由与荣耀。不过，就算在公元 14 年以后真的有人曾经将这种梦想付诸实践，发起了一场恢复共和国的政治运动，他们也未能在史料中留下自己的身影。[526] 罗马经历了一场革命，没有人能够倒行逆施。

罗马革命

自恺撒遇刺到奥古斯都去世，在这五十七年当中，绵延将近五百年的罗马共和国被扫到了历史的垃圾堆里，这一事实本身就足以证明“革命”的存在。认可这一说法的一部分困难在于，我们通常会以国家机关的变迁来鉴别政治的形态——这是承继自希腊人的习惯。今天，我们一般认为革命就意味着政府的整体框架发生了变化，国王会被送上断头台；或者君主的军队和代表会被遣散，民主政权或许会从中诞生。然而，罗马革命并没有带来国家机关的革命，元老们仍然正常地召开会议，官员的人数和权力大致如故，选民们依旧集会表决。如果仅仅着眼于这些国家机关，我们甚至很难分辨出公元 14 年的罗马和五十年以前到底有什么区别。

但是，罗马确实经历了革命。当布鲁图斯和卡西乌斯在恺撒血淋淋的尸体旁边高举匕首之时，他们满怀信心地期待着罗马的政治秩序能够恢复过去的面貌，期待着元老们能够再次统治这个国家。在接下来的岁月里，罗马的军人们成了政治舞台上不容忽视的重要角色，罗马的贵族阶层遭到了三头同盟的蹂躏，旧时代的政治秩序倒在了血泊当中。公元前 28 年以后的复苏只是有条件的部分恢复，元老们再也无法控制罗马的军队、财富和平民。渐渐地，随着奥古斯都垄断了权力的实质（金钱与暴力），他的影响力进一步延伸到了元老们身上，他能够决定元老们的升降。

元老们之所以没有被铲除，是因为他们顺利地融入了奥古斯都的新政权。奥古斯都并没有事先准备好某种宏大的计划或蓝图，帝国政权对新秩序的要求只是：国家大权必须高度集中于奥古斯都及其亲信手中。任何反对这一点的机关或个人都会被铲除，所有人都不得不服从。自公元前 43 年起，一张私交关系网络便成形了，它最终统治了罗马政治的方方面面。迫使罗马经受了一场革命的就是这张关系网络，而不是某个机关或者某个不满的群体。但是，它同样是一股非常强大的政治势力。

后人眼中的奥古斯都时代是相当辉煌的。在经历了几十年的动荡以后，奥古斯都政权转而致力于维护秩序与和平。它鼓励人们创作优秀的艺术品，主持兴造了许多建筑，给罗马城和皇室都增添了光彩。我们完全有理由相信当时真的有很多人拥护奥古斯都，平民和士兵几乎没有理由哀悼共和国时代的逝去。不过，这种和平与秩序是有代价的，帝国制度以暴力和腐败的手段换来了人民的认可。或许自由公民的权利与特权在共和国时代会被滥用，但在帝国时代则几乎失去了意义。帝国政权控制了巨量的资源，使得其权力几乎毫无限制。在奥古斯都和提比略以后，这种几乎无限的权力便孕育出了暴君。唯一能够限制他们任意妄为的大概就是他们的想象力了。奥古斯都时代的罗马是一个极权主义国家，他致力于控制公民的生活，让他们帮助自己实现帝国扩张的目标。在奥古斯都的黄金时代，人们需要服从于铁一般的纪律，就连他们的卧室也成了促进帝国延续的战场。帝国政权的反对者被排挤到了政治舞台的边缘，被迫以阴谋或者文学讽刺的形式来表达其敌意。为了支持帝国在边疆展开的军事行动，罗马的政治秩序得到了重塑。军队始终是奥古斯都政权的一大支柱。人们也许会认为军队是一股很少现身的政治势力，当权者们会尽量让这个不受欢迎的组织隐藏起来。然而，奥古斯都及其家人既是显赫的政治人物，也是功绩卓著的将军。他们正是靠着军队才赢得了无人能及的权威、名望和财富，然后统治了罗马。在奥古斯都政权与罗马人民展开的政治交易当中，奥古斯都为人们提供的不仅是和平，还有军事胜利和大帝国的荣耀。西班牙、雷蒂亚、日耳曼尼亚、达尔马提亚、潘诺尼亚、色雷斯、亚美尼亚和阿非利加的人民都为他的这个承诺付出了代价。

在评价奥古斯都的成就之时，我们绝不能忘记因他而丧命的那些人，内战、追杀公敌、铲除密谋者以及罗马帝国的扩张战争让无数罗马人和非罗马人失去了生命。许多历史学家和政治人物都赞美过罗马人建立的帝国，并且尤其推崇奥古斯都时代。但是，在欣赏各位恺撒和他们的文明之前，我们还应该仔细地思考一下罗马人民为了帝国的利益而付出了什么代价。我们应当记住那些与主流不合、常常遭到打压的声音，比如基督徒。我们也许还会想到那些在残酷的宫廷斗争中失利遇害的贵族。我们还应看到，罗马帝国是一个极其不平等的社会，贵族与奴隶、富人与穷人之间有着一道不断扩大的鸿沟。总而言之，我们应该思索人们为了所谓的和平的帝国时代而失去的自由的价值。

年 表

年份	事件
公元前 133 年	提比略·格拉古担任保民官。
公元前 124 年	盖约·格拉古初次担任保民官。
公元前 123 年	盖约·格拉古第二次担任保民官。
公元前 112—前 106 年	朱古达战争。
公元前 107 年	盖乌斯·马略初次担任执政官。
公元前 106 年	西塞罗出生。
公元前 105 年	罗马人在阿劳西奥失利。
公元前 104 年	盖乌斯·马略第二次担任执政官。

续表

年份	事件
公元前 103 年	盖乌斯·马略第三次担任执政官。
公元前 102 年	盖乌斯·马略第四次担任执政官。 马略在普罗旺斯地区艾克斯击败日耳曼部落。
公元前 101 年	盖乌斯·马略第五次担任执政官。 马略在维尔凯莱击败日耳曼部落。
公元前 100 年	盖乌斯·马略第六次担任执政官。 尤里乌斯·恺撒出生。 保民官萨尔图尼努斯遭到打压。
公元前 90—前 89 年	同盟者战争。
公元前 88 年	科涅利乌斯·苏拉担任执政官。 苏拉进军罗马。
公元前 87 年	马略进军罗马。

续表

年份	事件
公元前 86 年	盖乌斯·马略第七次担任执政官。 马略去世。
公元前 84 年	苏拉返回意大利，内战爆发。
公元前 82 年	山门之战，意大利的马略派部队失败。
公元前 80 年	苏拉卸职。
公元前 78 年	马尔库斯·李必达“叛乱”。 庞培被派往西班牙与塞多留交战。
公元前 73—前 71 年	斯巴达克斯起义。
公元前 70 年	庞培和克拉苏担任执政官。
公元前 67 年	庞培剿灭奇里乞亚海盗。

续表

年份	事件
公元前 66—前 62 年	庞培征服东方。
公元前 63 年	西塞罗担任执政官。 喀提林阴谋。 盖乌斯·奥克塔维乌斯（即后来的奥古斯都）出生（9月23日）。
公元前 60 年	尤里乌斯·恺撒担任执政官。庞培、克拉苏、恺撒结成同盟。
公元前 59—前 49 年	恺撒征服高卢。
公元前 58—前 57 年	西塞罗遭到流放。
公元前 53 年	克洛狄乌斯和米洛发生冲突。 克拉苏死于卡莱。

续表

年份	事件
公元前 52 年	克洛狄乌斯之死。 元老院被烧。 庞培单独担任执政官。
公元前 49 年	恺撒渡过卢比孔河，引发又一场内战。
公元前 48 年	恺撒在法萨卢斯之战击败庞培。 恺撒担任独裁官。 庞培之死。
公元前 47 年	恺撒来到埃及，与克莱奥帕特拉七世缔结亲密的私人关系。
公元前 46 年	北非的乌提卡之战结束。
公元前 45 年	恺撒在西班牙的蒙达击败庞培的儿子。 恺撒返回意大利。

续表

年份	事件
公元前 44 年	恺撒遇刺（3月15日）。 马克·安东尼担任执政官。 恺撒收养盖乌斯·奥克塔维乌斯，使其得名恺撒·奥克塔维阿努斯，亦即屋大维。 迪奇穆斯·布鲁图斯担任山内高卢总督（从4月起）。 布鲁图斯和卡西乌斯离开意大利，前往东方。 西塞罗开始发表一系列演说抨击安东尼（从9月起）。 安东尼取得马其顿的一支部队（至迟10月）。 屋大维开始召集部队（10月）。 安东尼向迪奇穆斯·布鲁图斯进军，内战爆发。

续表

年份	事件
公元前 43 年	希尔提乌斯和潘萨担任执政官。 元老院对安东尼宣战。 第一场穆提纳之战（4月14日）。 第二场穆提纳之战（4月21日）。希尔提乌斯之死。 潘萨之死（4月23日）。 安东尼和文提迪乌斯会师于瓦达（5月5日）。 李必达的军队投靠安东尼（5月末）。 屋大维派部下去和元老院谈判（7—8月）。 屋大维进军罗马。 屋大维第一次担任执政官。 迪奇穆斯·布鲁图斯之死。 安东尼、屋大维、李必达在博诺尼亚相会，开始谈判。 追杀公敌行动开始。 《提提乌斯法》出台，三头同盟成立（11月27日）。 西塞罗之死（12月7日）。

续表

年份	事件
公元前 42 年	第一场腓立比之战。卡西乌斯之死（10月3日）。 第二场腓立比之战（10月23日）。 布鲁图斯之死（10月24日）。 提比略出生（11月16日）。
公元前 41 年	卢奇乌斯·安东尼乌斯担任执政官。 安东尼与克莱奥帕特拉在塔尔苏斯相会。 意大利的殖民计划开始实施。 佩鲁西亚战争。
公元前 40 年	布伦迪西翁和约。 安东尼迎娶奥克塔维娅。
公元前 39 年	文提迪乌斯击败拉比恩努斯和帕提亚人。 希律被扶植为统治犹地亚的国王。 尤莉亚出生（10月30日）。 屋大维和莉薇娅结婚。
公元前 38 年	屋大维和塞克斯图斯·庞培交战。 德鲁苏斯出生。

续表

年份	事件
公元前 37 年	安东尼和帕提亚人及其盟友交战。
公元前 36 年	屋大维和李必达登陆西西里（7月）。 瑙洛库斯之战（9月3日）。 李必达被废除三头之一的地位。 屋大维的军队哗变。
公元前 35 年	塞克斯图斯·庞培之死。 安东尼在亚美尼亚作战。 屋大维在达尔马提亚作战。
公元前 34 年	亚历山大的封赏仪式。
公元前 33 年	屋大维第二次担任执政官。
公元前 32 年	格奈乌斯·多米提乌斯和盖乌斯·索西乌斯担任执政官，并且逃往安东尼处。 安东尼和屋大维交战。

续表

年份	事件
公元前 31 年	屋大维第三次担任执政官。 阿克提翁之战（9月2日）。
公元前 30 年	屋大维第四次担任执政官。 屋大维入侵埃及。 安东尼之死（8月1日）。 克莱奥帕特拉之死（8月12日）。 马尔库斯・李必达的阴谋。
公元前 29 年	屋大维第五次担任执政官。 屋大维回到罗马（夏）。
公元前 28 年	屋大维（第六次）和阿格里帕（第二次）担任执政官。 屋大维举办三次凯旋仪式（8月13—15日）。 屋大维和阿格里帕开始着手恢复正常的政治秩序。 罗马人民的法律和权利得到了恢复。

续表

年份	事件
公元前 27 年	屋大维（第七次）和阿格里帕（第三次）担任执政官。 屋大维放弃对地方省份的控制权（1月13日）。 屋大维得名奥古斯都（1月16日）。 奥古斯都离开罗马，前往高卢。
公元前 26 年	奥古斯都第八次担任执政官。 奥古斯都先到高卢，然后去了西班牙。 罗马人开始在阿尔卑斯山区作战。
公元前 25 年	奥古斯都第九次担任执政官。 奥古斯都在西班牙作战。 科涅利乌斯·伽卢斯之死。
公元前 24 年	奥古斯都第十次担任执政官。 奥古斯都返回罗马。

续表

年份	事件
公元前 23 年	奥古斯都第十一次担任执政官。 奥古斯都患病。 阿格里帕被派往东方。 马尔凯卢斯之死。 普里穆斯受审。 奥古斯都卸任执政官（7月1日）。 奥古斯都获得保民官权力。
公元前 22 年	凯皮奥和穆雷纳的阴谋。 罗马民众暴动，并且请求奥古斯都出任独裁官。 奥古斯都在西西里再次受人请求出任独裁官。
公元前 21 年	奥古斯都指定了一位执政官。 阿格里帕返回罗马。奥古斯都前往东方。 阿格里帕迎娶尤莉亚。

续表

年份	事件
公元前 20 年	奥古斯都和帕提亚人签订和平协议。罗马军旗回到罗马人手中。 盖乌斯出生。
公元前 19 年	萨图尔尼努斯担任执政官。 伊格纳提乌斯·鲁弗斯的“阴谋”。 奥古斯都返回罗马（10月12日）。 小尤莉亚出生。 阿格里帕在西班牙作战。
公元前 18 年	阿格里帕得到保民官权力。 奥古斯都和阿格里帕开启社会改革。
公元前 17 年	卢奇乌斯出生。 时代节。 潘诺尼亚爆发战事。
公元前 16 年	奥古斯都在高卢和日耳曼尼亚作战。 提比略和德鲁苏斯在雷蒂亚作战（至公元前14年）。

续表

年份	事件
公元前 15 年	德鲁苏斯之子日耳曼尼库斯出生。
公元前 14 年	阿格里皮娜出生。 阿格里帕在潘诺尼亚作战。
公元前 13 年	提比略初次担任执政官。 德鲁苏斯接手指挥日耳曼尼亚的战事。 提比略之子德鲁苏斯出生。
公元前 12 年	阿格里帕之死。 阿格里帕・波斯图穆斯出生。 尤莉亚和提比略结婚。
公元前 11 年	提比略在潘诺尼亚和达尔马提亚作战。
公元前 10 年	提比略和奥古斯都帮助德鲁苏斯在日耳曼尼亚作战。
公元前 9 年	德鲁苏斯担任执政官。 德鲁苏斯之死。

续表

年份	事件
公元前 7 年	提比略第二次担任执政官。
公元前 6 年	提比略获得保民官权力。 提比略退隐至罗德岛。 盖乌斯“当选”执政官。
公元前 5 年	奥古斯都第十二次担任执政官。 盖乌斯和卢奇乌斯被奉为“第一青年”。
公元前 2 年	奥古斯都第十三次担任执政官。 为庆祝奥古斯都广场开放，奥古斯都举办了运动赛事。 奥古斯都被奉为“国父”。 尤莉亚失势。 盖乌斯被派往多瑙河流域诸省。 卢奇乌斯来到高卢。

续表

年份	事件
公元1年	盖乌斯担任执政官，并且被派往东方。
公元2年	提比略获准返回罗马。 卢奇乌斯之死（8月20日）。
公元3年	罗马民众集会示威要求召回尤莉亚。
公元4年	格奈乌斯·科涅利乌斯的阴谋。 盖乌斯之死（4月23日）。 提比略重返政坛。 提比略收养日耳曼尼库斯。 提比略在日耳曼尼亚作战。
公元6年	潘诺尼亚叛乱。
公元8年	提比略在稳住潘诺尼亚和达尔马提亚局面以后返回罗马。 小尤莉亚遭到流放。

续表

年份	事件
公元 9 年	罗马城内出现集会示威反对现行的婚姻法。 日耳曼尼库斯宣布潘诺尼亚战事以胜利告终。 日耳曼尼亚叛乱，瓦卢斯战败。日耳曼尼库斯和提比略被派往日耳曼尼亚前线。 阿格里帕·波斯图穆斯遭到流放。
公元 11 年	日耳曼尼库斯和提比略攻入日耳曼尼亚。
公元 12 年	日耳曼尼库斯担任执政官。
公元 14 年	奥古斯都之死（8月19日）。

重要人物简介

本名单只列举了本书中出现的重要人物，按照这些人物最为人所知的名字的拉丁字母先后顺序而定。例如，提比略·克劳狄乌斯皇帝会以提比略的名字排序，虽然他的家族名是克劳狄乌斯。

马尔库斯·维普萨尼乌斯·阿格里帕（Marcus Vipsanius Agrippa）：奥古斯都的亲密战友。他后来成了奥古斯都的副手暨指定的继承人。

阿格里帕·波斯图穆斯（Agrippa Postumus）：奥古斯都的外孙，阿格里帕与尤莉亚之子。

阿格里皮娜（Agrippina）：奥古斯都的外孙女，阿格里帕与尤莉亚之女，日耳曼尼库斯的妻子。

卢奇乌斯·多米提乌斯·艾诺巴尔布斯（Lucius Domitius

Ahenobarbus）：曾经是塞克斯图斯·庞培麾下的舰队统帅，后来投靠了安东尼。

亚历山大·赫利俄斯（Alexander Helios）：克莱奥帕特拉与安东尼之子。

卢奇乌斯·安东尼乌斯（Lucius Antonius）：马克·安东尼的弟弟。他在佩鲁西亚战争中与屋大维交战。

马克·安东尼（Mark Antony）：三头之一。

巴托（Bato）：达尔马提亚人。他带领达尔马提亚军队发起了反抗罗马的叛乱。

巴托（Bato）：潘诺尼亚的部落酋长。他领导了一场反抗罗马的叛乱。

尤尼乌斯·布鲁图斯（Junius Brutus）：刺杀恺撒行动的领导人。

法尼乌斯·凯皮奥（Fannius Caepio）：公元前22年的谋逆者。

恺撒里昂（Caesarion）：克莱奥帕特拉与尤里乌斯·恺撒之子。

昆图斯·卡里努斯（Quintus Calenus）：安东尼的支持者及代表。

迪奇穆斯·卡尔弗里努斯（Decimus Carfulenus）：屋大维军中的著名军官。

盖乌斯·卡西乌斯（Gaius Cassius）：刺杀恺撒行动的

领导人。

卢奇乌斯·塞尔吉乌斯·喀提林（Lucius Sergius Catilina）：公元前63年的谋逆者，其谋逆被西塞罗成功镇压。

（小）加图（Cato）：著名元老及卫道士。在恺撒与庞培的内战中支持庞培，于乌提卡之战失败以后自裁。

昆图斯·卡图卢斯（Quintus Catulus）：公元前78年的执政官，苏拉时代以后的重要人物。

马尔库斯·图利乌斯·西塞罗（Marcus Tullius Cicero）：著名的政治家、演讲家。在尤里乌斯·恺撒遇刺以后成了元老们的领袖。

卢奇乌斯·秦纳（Lucius Cinna）：在马略和苏拉的争斗中支持马略的执政官。

克莱奥帕特拉七世（Cleopatra Ⅶ）：埃及女王，尤里乌斯·恺撒的情人，马克·安东尼之妻。

克莱奥帕特拉·塞勒涅（Cleopatra Selene）：克莱奥帕特拉与安东尼之女。

克洛狄娅（Clodia）：克洛狄乌斯与富尔维娅之女。她一度是屋大维的妻子。

普布利乌斯·克洛狄乌斯（Publius Clodius）：深受平民拥戴的政治人物。他与西塞罗、米洛不和，在公元前52年遇害。

科涅莉亚（Cornelia）：秦纳之女，恺撒的第一任妻子。

格奈乌斯·科涅利乌斯（Gnaeus Cornelius）：庞培的亲

戚，在公元 4 年谋逆。

科尔尼菲奇乌斯（Cornificius）：屋大维军中的将领，曾经参与西西里的战事。

李奇尼乌斯·克拉苏（Licinius Crassus）：著名政治人物。他曾与斯巴达克斯交战，后来与恺撒、庞培结盟。在公元前 53 年死于卡莱之战。

李奇尼乌斯·克拉苏（Licinius Crassus）：著名将领，在马其顿战事中功绩卓著。

迪奇穆斯·布鲁图斯（Decimus Brutus）：行刺恺撒者。后来领导共和派军队与安东尼作战，一度被围困于穆提纳。

普布利乌斯·科涅利乌斯·多拉贝拉（Publius Cornelius Dolabella）：公元前 44 年的执政官，马克·安东尼的盟友。

德鲁苏斯（Drusus）：莉薇娅之子，提比略的弟弟。

伊格纳提乌斯·鲁弗斯（Egnatius Rufus）：深受平民拥戴的政治家，据说密谋对奥古斯都不利。

富尔维娅（Fulvia）：克洛狄乌斯之妻，后改嫁于马克·安东尼。

伽比尼乌斯（Gabinius）：共和派叙利亚总督，曾出手干涉埃及的王室争端。

盖乌斯·恺撒（Gaius Caesar）：奥古斯都的外孙（后来被他收为养子），阿格里帕与尤莉亚之子。

科涅利乌斯·伽卢斯（Cornelius Gallus）：埃及的第一任总

督，著名诗人。在公元前 1 世纪 20 年代初与奥古斯都失和，后来自杀。

日耳曼尼库斯（Germanicus）：德鲁苏斯的长子，阿格里皮娜的丈夫，提比略的养子。曾在潘诺尼亚和日耳曼尼亚作战。

盖约·塞姆普罗尼乌斯·格拉古（Gaius Sempronius Gracchus）：提比略·格拉古的弟弟。在公元前 123 年和公元前 122 年担任保民官，着手展开改革。

提比略·塞姆普罗尼乌斯·格拉古（Tiberius Sempronius Gracchus）：改革家，保民官。在公元前 133 年遇害。

塞姆普罗尼乌斯·格拉古（Sempronius Gracchus）：据说为大尤莉亚的情人，提比略的敌人。

希律（Herod）：统治犹地亚的国王，其任命者为安东尼。后来，屋大维保留了他的王位。

奥卢斯·希尔提乌斯（Aulus Hirtius）：公元前 43 年的执政官。在穆提纳之战中领兵作战。

尤莉亚（Julia，1）：马略之妻，尤里乌斯·恺撒的姑母。

尤莉亚（Julia，2）：奥古斯都之女。

尤莉亚（Julia，3）：尤莉亚与阿格里帕之女，奥古斯都的外孙女。

盖乌斯·尤里乌斯·恺撒（Gaius Julius Caesar）：在内战中击败了庞培。独裁官。在公元前 44 年 3 月于罗马城内遇刺。

尤妮亚（Junia）：布鲁图斯的姐妹。大约在公元前 30 年涉嫌谋逆。

昆图斯·拉比恩努斯（Quintus Labienus）：布鲁图斯和卡西乌斯的支持者。后来逃亡至帕提亚，并且在帕提亚人的支持下与安东尼交战。

马尔库斯·埃米利乌斯·李必达（Marcus Aemilius Lepidus，1）：公元前 78 年的执政官。他发起了对抗苏拉派的叛乱，遭到了庞培的镇压。

马尔库斯·埃米利乌斯·李必达（Marcus Aemilius Lepidus，2）：三头之一。

马尔库斯·埃米利乌斯·李必达（Marcus Aemilius Lepidus，3）：三头之一的李必达的儿子。在公元前 30 年消失。

莉薇娅·德鲁西拉（Livia Drusilla）：奥古斯都之妻，提比略和德鲁苏斯之母。

李维乌斯·德鲁苏斯（Livius Drusus）：公元前 122 年的保民官，盖约·格拉古的竞争对手。

卢奇乌斯·恺撒（Lucius Caesar）：奥古斯都的外孙（后来被他收为养子），阿格里帕与尤莉亚之子。

麦奇纳斯（Maecenas）：屋大维的政治顾问，奥古斯都政权高层的一员。

克劳狄乌斯·马尔凯卢斯（Claudius Marcellus）：奥克塔维娅之子，奥古斯都的外甥，尤莉亚（奥古斯都之女）的丈夫。

由此成了著名的政治人物，但在公元前23年英年早逝。

盖乌斯·马略（Gaius Marius）：公元前2世纪末崛起的著名将领。他和科涅利乌斯·苏拉展开了内战。

米诺多洛斯（Menodoros）：塞克斯图斯·庞培麾下的舰队统帅，后来投靠了屋大维。

提图斯·阿尼乌斯·米洛（Titus Annius Milo）：与克洛狄乌斯作对的政治人物。他最终杀死了克洛狄乌斯。

莫奈西斯（Monaeses）：投靠了安东尼的帕提亚贵族。

卢奇乌斯·提兰提乌斯·瓦罗·穆雷纳（Lucius Terentius Varro Murena）：据说在公元前22年谋逆。他和奥古斯都政权的高层人物有着很近的关系。

安东尼乌斯·穆萨（Antonius Musa）：奥古斯都的医生。

奥克塔维娅（Octavia）：奥古斯都的姐姐，一度是安东尼的妻子，马尔凯卢斯之母。

马尔库斯·奥克塔维乌斯（Marcus Octavius）：保民官。曾经威胁要以否决权阻碍提比略·格拉古出台土地法，并且因此遭到了罢免。

卢奇乌斯·欧皮密乌斯（Lucius Opimius）：公元前122年的保民官。他带领着元老们一起和盖约·格拉古作对。

奥维德（Ovid）：奥古斯都时代后期的诗人，以其爱情诗著称于世。晚年遭到流放。

帕科鲁斯（Pacorus）：帕提亚王子。曾领军与安东尼作战。

维比乌斯·潘萨（Vibius Pansa）：公元前 43 年的执政官。在穆提纳之战中带领共和派部队参战。

昆图斯·裴迪乌斯（Quintus Pedius）：屋大维的朋友与亲戚。在公元前 43 年末当选执政官。

普拉提斯（Phraates）：帕提亚国王。

穆纳提乌斯·普朗库斯（Munatius Plancus）：恺撒旧部，但是在屋大维进军罗马之前一直支持着共和派。

格奈乌斯·庞培·玛格努斯（Gnaeus Pompeius Magnus，**伟大的庞培** Pompey）：晚期共和国的著名将领，在内战中被恺撒击败。

塞克斯图斯·庞培（Sextus Pompeius）：伟大的庞培之子。他以西西里为基地，和屋大维等人对抗。

阿西尼乌斯·波利奥（Asinius Pollio）：将军，安东尼的朋友。

马尔库斯·普里穆斯（Marcus Primus）：将军。在色雷斯建立了战功，但在回到罗马以后遭到了起诉。他引发了凯皮奥和穆雷纳的阴谋事件。

盖乌斯·普罗库莱乌斯（Gaius Proculeius）：屋大维的朋友。曾经和他一同前去亚历山大。在帝国时代早期地位显赫。提兰提娅（麦奇纳斯之妻）和卢奇乌斯·提兰提乌斯·瓦罗·穆雷纳的兄弟。

普罗佩提乌斯（Propertius）：诗人。著有四卷挽歌集，其中许多都与爱情有关。

萨卢斯提乌斯（Sallust）：共和国晚期的拉丁史家。

萨尔维迪伊努斯·鲁弗斯（Salvidienus Rufus）：支持三头同盟的将军，在佩鲁西亚战争后遭到处决。

萨图尔尼努斯（Saturninus）：公元前100年的保民官，遭到了马略的打压。

盖乌斯·森提乌斯·萨图尔尼努斯（Gaius Sentius Saturninus）：公元前19年的执政官。他与伊格纳提乌斯·鲁弗斯不和。

西庇阿·纳西卡（Scipio Nasica）：元老，最高祭司，提比略·格拉古的反对者的领导人。

斯克里波尼娅（Scribonia）：屋大维之妻，尤莉亚之母。

塞多留（Sertorius）：马略派将领。在公元前1世纪70年代于西班牙发起了一场叛乱。

斯巴达克斯（Spartacusius）：来自色雷斯的角斗士，领导了一场奴隶起义。

科涅利乌斯·苏拉·菲利克斯（Cornelius Sulla Felix）：将军，独裁官。在公元前88年发动了政变，打响了内战，并且取得胜利。

普布利乌斯·苏尔皮齐乌斯·鲁弗斯（Publius Sulpicius Rufus）：保民官。与苏拉相争，导致苏拉第一次进军罗马。

提兰提娅（Terentia）：麦奇纳斯之妻，奥古斯都的情人。

提比略（Tiberius）：第二任罗马皇帝，莉薇娅之子。

提里达提斯（Tiridates）：帕提亚王位的竞争者。

瓦列里乌斯·拉尔古斯（Valerius Largus）：奥古斯都时代早期的告密者。

昆克提里乌斯·瓦卢斯（Quinctilius Varus）：日耳曼尼亚总督。他遭遇了一场严重的叛乱，并且大败。

普布利乌斯·文提迪乌斯（Publius Ventidius）：安东尼之友。在公元前 43 年代表安东尼召集了部队，后来曾经在东方为安东尼作战。

马尔库斯·维尼奇乌斯（Marcus Vinicius）：公元前 19 年的执政官，奥古斯都的近友，著名将领。

维普萨尼娅（Vipsania）：阿格里帕之女，提比略之妻。

维吉尔（Virgil）：奥古斯都时代的诗人，《农事诗》（*Georgica*）、《牧歌集》、《埃涅阿斯纪》的作者。

注 释

第一章 历史学家的难题：奥古斯都时代的怪象

1 参见 Aloys Winterling, *Politics and Society in Imperial Rome* (Malden, MA: Blackwell, 2009)。

2 在 19 世纪，人们通常认为晚期罗马共和国政坛上存在两个具有明显的意识形态差异的政治派别：一个是平民派（populares），另一个是贵族派（optimates）。人们认为这两个派别反映了当时罗马社会内部的阶级差异。西塞罗在 *Pro Sestio* 中看起来已经断定平民派与贵族派有着根本不同的政治主张。相关的说法错综复杂。或许，我们最好直接将其理解为“民主派”与“贵族派”。不过，虽然这两个派别的观点有时会互相冲突，但毕竟罗马共和国的政权是公民支撑起来的，所以这两个派别归根结底都可以算是民主派。同时，按照罗马的社会等级制度，政坛上的领袖人物其实都是贵族派。也就是说，这两个政治派别终究都在共和国政治文化的传统框架内，所谓的平民派并非“来自外部的声音”。关于这个问题，读者也可参考 Magaret A. Robb, *Beyond Populares and Optimates: Political Language in the Late Republic* (Stuttgart: Franz Steiner Verlag, 2010)。我并不认为我们应该重新启用贵族派和平民派的划分方式（这是 19 世纪的做法）。我想强调的是，当时有许多的罗马公民很可能被主流的政治文化排除在外，或者说处于主流的边缘地区。因此，主流的政治文化对这些人的影响应当是较小的。

3 革命者运用的语言经常来自过去的历史。例如，印度起义者很看重印度的宗教传统以及英国殖民统治之前的印度，他们将其化为政治运动的旗帜。读者可以参考 Dipesh Chakrabarty, *Provincializing Europe: Postcolonial Thought and Historical Difference* (Princeton, NJ: Princeton University Press, 2008); Ranajit Guha, "The Prose of Counter-Insurgency", *Selected Subaltern Studies*, 45-84, edited by Gayatri Spivak (New York: Oxford University Press, 1988)。

4 许多优秀的历史学家都指出，罗马人几乎从不讨论自己面临的现实问题，也不曾就此展开意识形态方面的探讨。彼得·A. 布伦特（Peter A. Brunt）在 *The Fall of the Roman Republic and Related Essays* (Oxford: Oxford University Press, 1988) 的第 273-275 页做出了这样的结论："他们不认为自己应该团结农民，也没有做出相关的计划。罗马的领导者都无意……主动地设计社会改革的方案。"埃里克·格林（Erich Gruen）在 *The Last Generation of the Roman Republic* (Berkley: University of California Press, 1974) 当中认为，终结了罗马共和国的是偶然的事件，而非社会问题或者不同的意识形态。读者也可参考 Josiah Osgood, *Caesar's Legacy: Civil War and the Emergence of the Roman Empire* (Cambridge, UK: Cambridge University Press, 2006)。

5 参考李维（Livy，即 Titus Livius，古罗马史家）本人所作的"Preface"和 Sallustius, *Bellum Jugurhinum*。

6 Peter A. Brunt, "The Lex Valeria Cornelia", *Journal of Roman Studies*, 51 (1961):71-85; Peter A. Brunt, "Augustus" e la "Republica", *La Rivoluzione romana: Inchiesta tra gli antichisti*, (Naples: Jovene, 1982), 236-244. 布伦特直言奥古斯都时代与共和国时代在根本上是一致的，罗马并没有发生什么真正的变化。也可参考 Brunt, *The Fall of the Roman Republic*, 9。关于罗马共和国转变为帝国的历史，罗纳德·赛姆（Ronald Syme）在 20 世纪写下了一本伟大的著作 *The Roman Revolution* (Oxford: Oxford University Press, 1939)，他曾经做出过这样的评论："从古至今，无论是君主制、共和制还是民主制，所有政府的形式和名称都只是表象，掩盖着寡头统治的

本质。共和国也好，帝国也罢，罗马的历史都是统治阶级的历史。”（第7页）

7 如 Karl Galinsky, *Augustan Culture: An Interpretive Introduction* (Princeton: Princeton University Press, 1996), 8; Thomas Rice Holmes, *The Architect of the Roman Empire* (Oxford: The Clarendon Press, 1928)。

8 Pierre Renucci, *Auguste le révolutionnaire* (Paris: Boutique de l' histoire, 2003); Klaus Bringmann, *A History of the Roman Republic* (Cambridge, UK, and Malden, MA: Polity Press, 2007); Francisco Pina Polo, *La crisis de la República* (133–44a.c.) (Madrid: Editorial Síntesis, 2004)，他们都对奥古斯都表示赞扬。

9 Galinsky, *Augustan Cultur* 的第一章标题为 “The Augustan Evolution” 。读者也可参考 Thomas Habinek and Alessandro Schiesaro, “Introduction”, in *The Roman Cultural Revolution*, xv–xxi, edited by Thomas Habinek and Alessandro Schiesaro (Cambridge, UK: Cambridge University Press, 1997), p.xvi; Andrew Wallace–Hadril, “*Mutatio morum*: The Idea of a Cultural Revolution”, in *The Roman Cultural Revolution*, 3–22, edited by Thomas Habinek and Alessandro Schiesaro (Cambridge, UK: Cambridge University Press, 1997); Andrew Wallace–Hadrill, *Rome's Cultural Revolution* (Cambridge, UK: Cambridge University Press, 2008)。

10 关于和罗马相关的革命理论，请参考论文集 *La Rivoluzione romana: Inchiesta tra gli antichisti* (Naples: Jovene, 1982)。

11 曾经有人认为罗马共和国的政局上存在多个贵族关系网络，每一个关系网都是一个政治派别，贵族领袖们可以通过关系网来控制选票。然而，没有多少证据足以表明罗马人曾经以这种派别的形式活动。读者可以参考 Karl–Joachim Hölkeskamp, *Reconstructing the Roman Republic: An Ancient Political Culture and Modern Research* (Princeton, NJ, andOxford: Princeton University Press, 2010)。我并不是想要旧话重提。在我看来，巨大的关系网络是罗马帝国时代利益再分配的系统，有许多来自不同阶级的人都由此得到了好处。

12 Daniele Manacorda, “Le anfore di Pompeo Magno”, in *Studi di archeologia in memoria di Liliana Mercando*, 137–143, edited by Marina Sapelli Ragni (Turin: Soprintendenza per i beni archeologici del Piemonte e del Museo antichità egizie, 2005). Michael H. Crawford, “States Waiting in the Wings: Population Distribution

and the End of the Roman Republic", in *People, Land and Politics: Demographic Development and the Transformation of Italy 300 BC–AD 14*, pp. 631–643, edited by Luuk de Ligt and Simon Northwood (Leiden and Boston: Brill, 2008) 论证了晚期共和国大贵族的个人势力近似于一个独立的国家，他们有相应的组织机构以及独立的生产能力。

13 Tacitus, *Annales*, 1.2–3.

14 当代阿非利加国家也有这种分配权力和其他资源的"私人关系网络"。可以参考 Patrick Chabal and Jean-Pascal Daloz, eds., *Africa Works: Disorder as a Political Instrument* (Bloomington: Indiana University Press, 1999); Patrick Chabal and Nuno Vidal, *Angola: The Weight of History* (London: Hurst, 2007)。在三头同盟的关系网络掌控罗马以后，他们已经没有必要废除罗马的传统机构了。

15 Lucan, *Pharsalia*, 1.72–80.

第二章 独裁者之死

16 Appian of Alexandria, *Civil Wars*, 2.111.

17 Cicero, *Pro Milone*.

18 Suetoniu, *Divus Julius*, 30. 此处的观点据说引自恺撒本人之口。

19 恺撒本人反复强调了尊严问题，可以参考 *Caesar*, *Bellum Civile*, 1.7–9。

20 Suetonius, *Divus Julius*, 32; Plutarch, *Life of Julius Caesar*, 32 包含了这句习语，但没有记录这个与神灵相关的故事。

21 Suetonius, *Augustus*, 79.

22 Suetonius, *Divus Julius*, 78.

23 Suetonius, *Divus Julius*, 80.

24 Livy, 1.56–60.

25 Appian, *Civil Wars*, 2.115.

26 Suetonius, *Divus Julius*, 81.

第三章 共和国的危机

27 罗马人会传承父辈的名字，所以尤里乌斯·恺撒的儿子仍然叫作尤里乌斯·恺撒，女儿则会被称为尤莉亚（Julia）。如果有多个儿子，他们会分别得到不同的第一名（塞克斯图斯、盖乌斯、马尔库斯），但是多个姐妹经常有着完全相同的名字。

28 Plutarch, *Life of Tiberius Gracchus*, 5–7.

29 Plutarch, *Life of Gaius Gracchus* 2 和 5 描述了罗马士兵们贫穷的经济状况。至于农民的贫困生活，我们的判断主要基于考古证据。可以参考 Dominic W. Rathbon, “Poor Peasants and Silent Sherds”, *People, Land and Politics: Demographic Development and the Transformation of Italy 300 BC–AD14*, 305–332, edited by Luuk de Ligt and Simon Northwood (Leiden and Boston: Brill: 2008); William V. Harris, “Poverty and Destitution in the Roman Empire”, *Rome's Imperial Economy: Twelve Essays*, 27–54, by William V. Harris (Oxford: Oxford University Press, 2011)。

30 关于西庇阿·埃米利阿努斯，可以参考 Alan E. Astin, *Scipio Aemilianus*, (Oxford: Oxford University Press, 1967)。从血缘上来说，西庇阿·埃米利阿努斯属于埃米利乌斯家族（gens Aemilia，即 Aemilii，他们家族的第二名多为 Aemilius），这个家族与罗马对希腊的征服有关。而在被领养以后，西庇阿·埃米利阿努斯属于科涅利乌斯家族西庇阿分支（Cornelii Scipiones）。

31 在农业社会，土地是最宝贵的资源。罗马人向来注意土地兼并问题，警惕个别人手握大量土地的现象。Pliny, *Natural History*, 18.7 认为在最早的时候，罗马人规定一个人最多只能拥有两优格（iugera）的土地，也就是半公顷。Varro, *Res Rusticae*, 1.10 以及 Livy, 6.36 和 8.21 都曾经提及这个数字。也可参考 Emilio Gabba and Marinella Pasquinucci, *Strutture agrarie e allevamento transumante nell' Italia romana (Ⅲ–Ⅰ secolo a. C.)* (Pisa: Giardini, 1979), 55–63。两优格明显是不足以养家糊口的。

32 参考 Dionysius of Halicarnassus, *Roman Antiquities*, 4.13。

33 参考 Saskia T. Roselaar, *Public Land in the Roman Republic: A Social and Economic History of Ager Publicus in Italy, 396–89 BC* (Oxford: Oxford University Press, 2010)。公元前 393 年，托斯卡纳的维依人（Veii）的领土

被罗马人没收了，这是最早的史例之一。请参考 Livy, 5.30。

34 关于殖民地的土地分配，请参考 Gianfranco Tibiletti, "Richerche di storia agrarian romana", Athenaeum 28 (1950): 183–266; John K. Evans, "*Plebs Rustica*: The Peasantry of Classical Italy", American Journal of Ancient History, 5 (1980)：19–47, 134–173; Edward Togo Salmon, *Roman Colonization under the Republic* (London and Southampton: Thames and Hudson, 1969), 95–109。

35 参考 Fiona C. Tweedie, "The Case of the Missing Veterans: Roman Colonisation and Veteran Settlement in the Second Century B.C.", *Historia*, 60 (2011)：458–473。

36 对于提比略·格拉古的动机，人们众说纷纭。Plutarch, *Life of Tiberius Gracchus*, 8–9 引用了盖约·格拉古的宣传口径。根据他的说法，提比略·格拉古推行《土地法》的原因是他看到了托斯卡纳的人口明显减少，同时发现在田间劳作的是蛮族奴隶。普鲁塔克（Plutarch）还引用了提比略本人的一篇演说词。在这份文本当中，提比略强调了罗马士兵们困苦的经济状况。这两种说法是并行不悖的。

37 Appian, *Civil Wars*, 1.7.

38 Appian, *Civil Wars*, 1.8 声称提比略·格拉古规定每一个罗马人最多只能持有五百优格的公有土地，如果有儿子，则每一个儿子可使其多持有二百五十优格。我们可以从中看出，罗马权贵其实已经拥有了大量的公有土地。Appian, *Civil Wars*, 1.7 提到这些所谓的公有土地已经完全被视作私产了。

39 Plutarch, *Life of Tiberius Gracchus*, 10–12; Appian, *Civil Wars*, 1.12–13.

40 Plutarch, *Life of Tiberius Gracchus*, 18–20; Appian, *Civil Wars*, 1.16–17.

41 Plutarch, *Life of Tiberius Gracchus*, 19.

42 Appian, *Civil Wars*, 1.21, 1.23; Plutarch, *Life of Gaius Gracchus*, 5–7.

43 每一莫迪乌斯（modius，将近九升）的粮食大概通常定价为六又三分之一阿斯（as，一种小额铜币）。请参考 Livy, *Periochae*, 60; Cicero, *Pro Sestio*, 55。Livy, 30.26 还记录了公元前 3 世纪晚期罗马城中曾经有过每一莫迪乌斯卖四阿斯的价格。请参考 Fik Meijer, "Cicero and the Costs of the Republican Grain Laws", *De Agricultura: In Memoriam Pieter Willem De Neeve*, 153–163, edited by Helena Sancisi-Weerdenburg (Amsterdam: J. C. Gieben, 1993)。第一个数字看起来与同一时期希腊的粮价并没有很大的差距。

请参考 Kenneth W. Harl, *Coinage in the Roman Economy, 300 b.c.–a.d. 700* (Baltimore: John Hopkins University Press, 1996), 455, n.10。这种供粮计划的目的并不在于通过长期提供低价的粮食来救助贫民，而在于保证市场上一直都有合理价位的粮食供给，从而帮助贫民应对意外的粮价飞涨以及某些人有意哄抬粮价的情况。

44 Peter Garnsey, *Famine and Food Supply in the Graeco–Roman World: Responses to Crisis* (Cambridge, UK: Cambridge University Press, 1988).

45 Plutarch, *Life of Gaius Gracchus*, 7. 稳定的粮食供应首先显著地提高了城市人口的生活水平。其次，作为公共工程，盖约的供粮计划和军装免费供应计划为罗马的经济注入了资金。整体看来，他的做法与现代国家的扶贫政策很像。请参考 Jean Drèze, "Famine Prevention in India", *The Political Economy of Hunger II*, 13–122, edited by Jean Drèze and Amartya Sen (Oxford: Oxford University Press, 1990)。

46 Plutarch, *Life of Gaius Gracchus*, 9; Velleius Paterculus, 1.15; Salmon, *Roman Colonization*, 118–120. 位于罗马城南面的法布拉提里亚（Fabrateria）也有设立殖民地的痕迹，其占用的土地大概是罗马人在公元前 124 年的一场叛乱以后取得的。

47 Appian, *Civil Wars*, 1.24.

48 Plutarch, *Life of Gaius Gracchus*, 9.

49 Appian, *Civil Wars*, 1.24; Plutarch, *Life of Gaius Gracchus*, 11.

50 Appian, *Civil Wars*, 1.25.

51 Plutarch, *Life of Gaius Gracchus*, 13.

52 Plutarch, *Life of Gaius Gracchus*, 16–17; Appian, *Civil Wars*, 1.26.

53 Sallust, *Bellum Jugurthinum*, 5.

54 Sallust, *Bellum Jugurthinum*, 3.

55 Sallust, *Bellum Jugurthinum*, 26.

56 Plutarch, *Life of Gaius Marius*, 3.

57 Plutarch, *Life of Gaius Marius*, 4.

58 Plutarch, *Life of Gaius Marius*, 5.

59 Plutarch, *Life of Gaius Marius*, 7. 马略似乎还取得了罗马贸易据点乌提卡的支持。乌提卡是位于阿非利加的重要港口，当地的居民肯定很多，他们有可能都很同情之前在战争中被杀的商人。读者可以参考萨 Sallust, *Bellum Jugurthinum*, 63。

60 Livy, *Periochae*, 67.

61 Livy, *Periochae*, 67.

62 罗马人在进行人口普查的时候会根据财产多寡做出等级划分。请参考 Dominic W. Rathbone, "The Census Qualifications of the assidui and the prima classis", *De Agricultura*, 121–152, edited by Sancisi-Weerdenburg; Arthur Keaveney, *The Army in the Roman Revolution*, (Abingdon: Taylor and Francis, 2007)。

63 Plutarch, *Life of Gaius Marius*, 34–35; *Life of Sulla*, 7–9; Appian, *Civil Wars*, 1.55–56.

64 Appian, *Civil Wars*, 1.57.

65 Appian, *Civil Wars*, 1.58–60.

66 Plutarch, *Life of Gaius Marius*, 38–39.

67 Appian, *Civil Wars*, 1.62–64.

68 Appian, *Civil Wars*, 1.64–70; Plutarch, *Life of Gaius Marius*, 41–42.

69 Appian, *Civil Wars*, 1.71.

70 Appian, *Civil Wars*, 1.71–74; Plutarch, *Life of Gaius Marius*, 43–44.

71 Appian, *Civil Wars*, 1.79–80.

72 Appian, *Civil Wars*, 1.84–85.

73 Appian, *Civil Wars*, 1.84–85.

74 Appian, *Civil Wars*, 1.87–91.

75 Appian, *Civil Wars*, 1.92–94.

76 史料中记载的某些数字有可能只是猜测所得，某几场战斗的数据还是欠缺的，而且大部分数字只反映了马略派的伤亡。

第四章　恺撒与庞培

77 这些年来，人们对罗马政治的本质争论不休，开启这场讨论的是弗格斯·米勒（Fergus Millar）。他发表了一系列文章，认为罗马的宪法形式以及政治实践都属于民主制。请参考 Fergus Millar, "The Political Character

of the Classical Roman Republic", *Journal of Roman Studies*, 74 (1984): 1–19; "Politics, Persuasion and the People before the Social War (150–90 B.C.)", *Journal of Roman Studies*, 76 (1986): 1–11; "Political Power in Mid-Republican Rome: Curia or Comitium?", *Journal of Roman Studies*, 79 (1989): 138–150。米勒提出的许多观点都已经遭到了有力的反驳，例如 Henrik Mouritsen, *Plebs and Politics in the Late Roman Republic* (Cambridge, UK: Cambridge University Press, 2001); Karl-Joachim Hölkeskamp, *Reconstructing the Roman Republic: An Ancient Political Culture and Modern Research* (Princeton, NJ, and Oxford: Princeton University Press, 2010)。

78 例如 Christopher S. MacKay, *The Breakdown of the Roman Republic: From Oligarchy to Empire* (Cambridge, UK: Cambridge University Press, 2009), 8; Laurence Keppie, "The Changing Face of the Roman Legions (49 BC–AD 69)", *Papers of the British School at Rome*, 65 (1997): 89–102; Arnold Toynbee, *Hannibal's Legacy: The Hannibalic War's Effects on Roman Life* (Oxford: Oxford University Press, 1965)。此外，Peter A. Brunt, *The Fall of the Roman Republic and Related Essays* (Oxford: Oxford University Press, 1988) 对早期的各种理论进行了全面的批判，值得参考。

79 既然罗马社会里不存在现代的各种民间组织，那么私交网络大概就是罗马人表达诉求的一个重要渠道了，其地位很可能比现代的民间组织更高。关于通过私交网络治理国家的例子，请参考 Patrick Chaba and Jean-Pascal Daloz, eds., *Africa Works: Disorder as a Political Instrument* (Oxford and Bloomington: Indiana University Press, 1999); Patrick Chabal and Nuno Vidal, *Angola: The Weight of History* (London: Hurst, 2007)。关于当代阿非利加的私交网络，请参考 Salwa Ismai, *Political Life in Cairo's New Quarters: Encountering the Everyday State* (Minneapolis and London: University of Minnesota Press, 2006)。

80 关于等级和社会地位，请参考 Francis X. Ryan, *Rank and Participation in the Republican Senate* (Stuttgart: Steiner, 1998), 52–71。

81 我们或许可以设想罗马的中下层民众会借助于这种关系网来组成某些活动于特定社会经济群体内部的互助组织。

82 Plutarch, *Life of Julius Caesar*, 1.

83 Suetonius, *Divus Julius*, 1.

84 Plutarch, *Life of Julius Caesar*, 5. 达到一定年纪、拥有一定地位的罗马女性有时候有资格享有丧礼献词。

85 Plutarch, *Life of Julius Caesar*, 6.

86 Appian, *Civil Wars*, 1.105–106.

87 Sallust, *Historiae*, 1.77; Appian, *Civil Wars*, 1.108–115.

88 庞培的履历很独特。他不像其他人一样担任过较低级的官员，所以理论上没有参选执政官的资格。罗马的精英们灵活地应用了罗马宪法，省略了一般的法律要求，让明显不合要求的庞培得以当选执政官。

89 Plutarch, *Life of Julius Caesar*, 1–2.

90 关于古代的海盗，请参考 Philip De Souza, *Piracy in the Graeco-Roman World* (Cambridge, UK: Cambridge University Press, 1999)。

91 关于这些事件，我们所掌握的信息大多来自西塞罗为这条法律所做的演说 *De Imperio Cn. Pompei*。

92 Sallust, *Bellum Catilinae*, 31; Cicero, *In Catilinam*, 1.

93 Cicero, *In Catilinam*, 3.

94 Cicero, *In Catilinam*, 4.

95 这场争论是 Sallust, *Bellum Catilinae* 的核心内容。

96 请参考西塞罗《论格奈乌斯·庞培的军权》(*De Imperio Cn. Pompei*) 和《论土地法》(*De Lege Agraria*)。

97 Cicero, *Pro Archia*.

98 Cicero, *De Consulatu suo*.

99 关于克洛狄乌斯，请参考 W. Jeffrey Tatum, *The Patrician Tribune: Publius Clodius Pulcher* (Chapel Hill: University of North Carolina Press, 1999)。

100 Suetonius, *Caesar*, 9–10; Plutarch, *Life of Caesar*, 9; Plutarch, *Life of Cicero*, 28–29.

101 Cicero, *De domo suo*. 西塞罗还对克洛狄乌斯的姐妹展开了异常猛烈的人身攻击，*Pro Caelio*。

102 Cicero, *De domo suo* 对此有详细的描述。

103 Cicero, *Pro Milone*.

104 例如 James A. Froude, *Caesar: A Sketch* (London: Harper and Brothers, 1890)。

105 Georg W. F. Hegel, *The Philosophy of History* (New York: Cosimo, 2007 [German ed., 1899]), 19–20.

106 Christian Meier, *Caesar* (New York: HarperCollins, 1995), 18–20.

107 关于恺撒的抱负，请参考 Montaigne, Essays Ⅱ 36, Michael Andrew Screech, ed. and trans., *Michel de Montaigne: The Complete Essays* (London: Penguin Books, 1987), 855。

108 Suetonius, *Caesar*, 40–44. 也可参考 Martin Jehne, *Der Staat des Dictators Caesar* (Cologne: Böhlau, 1987)。

109 *Caesar*, *Bellum Civile*, 1.7–9. Meier, *Caesar*, 18–20.

110 *Caesar*, *De Bello Gallico*, 1.1 的开头就是一句特别著名的拉丁语"Gallia est omnis divisa in partes tres"（高卢人被分为三部分）。这句话的内容很明确，语气很果断，但其实说明了罗马人对高卢人的地理分布一知半解。

第五章　穆提纳：共和国的最后一战

111 Appian, *Civil Wars*, 3.7; 25.

112 Cicero, *Ad Atticum*, 15.4.

113 *Philippic*, 1.11.

114 屋大维在出生时得名盖乌斯·奥克塔维乌斯（Gaius Octavius），被收养时按照罗马习俗改名为盖乌斯·尤里乌斯·恺撒·奥克塔维阿努斯（Gaius Julius Caesar Octavianus）。现代人往往用他名字里面最后的这一部分来称呼他，以免混淆。

115 Appian, *Civil Wars*, 3.9–39.

116 Cicero, *Ad Atticum*, 15.12.

117 Appian, *Civil Wars*, 3.43.

118 Appian, *Civil Wars*, 3.43–44.

119 Appian, *Civil Wars*, 3.29–39.

120 除了 *Philippics* 4 和 5 以外，Cassius Dio, 46.1–28 以及 Appian, *Civil Wars*, 3.50–60 也都是值得参考的文献。

121 Cicero, *Philippic*, 4.15.

122 Cicero, *Philippic*, 5.22; 34.

123 元老的人数不是固定的，恺撒无疑让许多追随他的人都成了元老。到了公元前 30 年，元老的总人数也许已经达到了九百。在这之前，元老院有可能又难得地招募了一次新人。不过，史料中的数字其实还是比较模糊的。

124 Cicero, *Philippic*, 2.30–62. 此处引用的说法出自 61 部分。西塞罗的拉丁语原文为“in sinum quidem et in complexum tuae mimulae”。“complexum”是相当露骨的词。

125 关于事件的结果，我们参考的两份主要史料有着细微的差异。一般说来，大多数人更认可阿庇安的说法，因为他的描述更加详细、通顺，同时看起来更加关注后续事件的发生时间。

126 Appian, *Civil Wars*, 3.61. 在人们总结元老院会议结果的时候，西塞罗发表了第六篇《反腓力辞》（*Philippics* 6），指出这份最后通牒实质上等于宣战。

127 Appian, *Civil Wars*, 3.63. Dio, 46.30 提及安东尼曾经表示希望让刺杀恺撒的尤尼乌斯·布鲁图斯和卡西乌斯·朗基努斯（Longinus）担任执政官（这肯定是在讽刺他们），同时要求给自己麾下的士兵提供与屋大维类似的奖励。阿庇安和狄奥的叙述都让人感到有些困惑。

128 Dio, 46.36，安东尼的间谍大概在普通市民面前装作军人，又在军人面前装作平民。因此，当城内的军人和平民分成两部分以后，这些间谍的身份就暴露了。

129 Appian, *Civil Wars*, 3.63.

130 Cicero, *Philippic*, 5.38.

131 Appian, *Civil Wars*, 3.65; Dio, 46.36.

132 Dio, 46.32.

133 不过，元老们并不打算独自承受战争的全部代价，罗马城内的一部分劳工被拉进了军队。

134 Dio, 46.32.

135 Appian, *Civil Wars*, 3.68.

136 Appian, *Civil Wars*, 3.68–71.

137 Cicero, *Ad Familiares*, 10.30.

第六章 失去的胜利：元老院的失败

138 Cicero, *Ad Familiares*, 11.13.

139 Appian, *Civil Wars*, 3.73.

140 Cicero, *Ad Familiares*, 11.13; 11.10.

141 Cicero, *Ad Familiares*, 11.13.

142 Cicero, *Ad M. Brutum*, 1.3.

143 Appian, *Civil Wars*, 3.74.

144 Dio, 46.39.

145 Cicero, *Ad M. Brutum*, 1.4 (April 27).

146 Appian, *Civil Wars*, 3.73–76. 还可参考 Dio, 46.40。

147 厘清这段时间事情发生的先后顺序比较麻烦。罗马距离穆提纳有四百四十公里。如果两地之间消息传递所需的时间是五天，那么就算元老院在潘萨负伤的时候就已经开始考虑划分军权，迪奇穆斯·布鲁图斯和屋大维也不太可能在 4 月 26 日之前收到元老院发出的指示。假如元老院是在希尔提乌斯死后才做出决定的，那么元老院的指令大概要到 4 月 30 日前后才能抵达穆提纳。因此，潘萨所部的归属问题应该是布鲁图斯和屋大维自行决定的。

148 Cicero, *Ad Familiares*, 11.13b.

149 Cicero, *Ad Familiares*, 11.10.

150 Cicero, *Ad Familiares*, 10.30.

151 Cicero, *Ad Familiares*, 11.9.

152 Cicero, *Ad Familiares*, 11.10.

153 Cicero, *Ad M. Brutum*, 1.10. 西赛罗似乎在责怪迪奇穆斯·布鲁图斯搞砸了穆提纳之战的收尾工作。

154 Cicero, *Ad Familiares*, 11.13.

155 Cicero, *Ad Familiares*, 11.10.

156 Appian, *Civil Wars*, 3.81; Cicero, *Ad Familiares*, 10.24.

157 Cicero, *Ad Familiares*, 11.11.

158 Cicero, *Ad Familiares*, 11.13.

159 Cicero, *Ad Familiares*, 10.21.

160 Cicero, *Ad Familiares*, 10.34.
161 Cicero, *Ad Familiares*, 10.17.
162 Cicero, *Ad Familiares*, 11.12.
163 Cicero, *Ad Familiares*, 10.34.
164 Cicero, *Ad Familiares*, 10.34a.
165 Cicero, *Ad Familiares*, 10.34a.
166 Cicero, *Ad Familiares*, 10.35.
167 细心的读者或许已经察觉，普朗库斯在 *Ad Familiares*, 10.11 中声称他制止了自己麾下第十军团的叛乱。尽管罗马军团的编号是严格按照顺序制定的，两个同样死忠于安东尼的第十军团的存在似乎也未免有些可疑，但确实有可能同时存在两个第十军团。当然，最省事的解释是史料的记载出现了谬误。
168 Appian, *Civil Wars*, 3.84.
169 Cicero, *Ad Familiares*, 12.8.
170 Appian, *Civil Wars*, 3.85.
171 Cicero, *Ad Familiares*, 10.32.
172 Cicero, *Ad Familiares*, 11.13a.
173 Cicero, *Ad Familiares*, 10.24.
174 Cicero, *Ad Familiares*, 11.10; Appian, *Civil Wars*, 3.80.
175 Cicero, *Ad Familiares*, 11.20.
176 Cicero, *Ad Familiares*, 11.21.
177 Appian, *Civil Wars*, 3.88. Cassius Dio, 46.39–43 把各个事件糅合在了一起，并且认为早在 5 月 29 日李必达与安东尼联合之前，屋大维就与安东尼和解了。但从 7 月末之前西塞罗收到的信件来看，我们看不出他们和解的迹象。如果和解属实，西塞罗不太可能得不到这种消息。而且，假如屋大维和安东尼之间的矛盾早就化解了，那么春末夏初之际的屋大维为什么无所作为呢?
178 Appian, *Civil Wars*, 3.86. 阿庇安声称有两批使者，其中第一批为钱而来，第二批为屋大维的政治地位而来，但狄奥声称只有一批。
179 本书在这里的叙述结合了 Appian, *Civil Wars*, 3.88 以及 Dio, 46.43 的内容。虽然他们的具体说法有差异，但大体上看来，他们二人讲述的是同一件事情，其描述的方式也是类似的。
180 Appian, *Civil Wars*, 3.92.

第七章　革命开始

181 如果想了解现代学者对塞克斯图斯·庞培的评价，请参考 Anton Powell and Kathryn Welch, eds, *Sextus Pompeius* (London: Duckworth, 2002); Kathryn Welch, *Magnus Pius: Sextus Pompeius and the Transformation of the Roman Republic; Roman Culture in an Age of Civil War* (Swansea: Classical Press of Wales, 2012)。
182 Appian, *Civil Wars*, 3.94.
183 Appian, *Civil Wars*, 3.9–20; 32–39.
184 Velleius Paterculus, 2.69.5："此时，执政官裴迪乌斯（恺撒的同僚）出台了《裴迪乌斯法》，禁止人们为那些刺杀了老恺撒之人提供水和火。"所谓的"禁止提供水和火"是罗马人的说法，其含义等同于把人流放到意大利以外的土地上去。
185 Appian, *Civil Wars*, 3.95; 4.27; Dio, 46.49.5.
186 Appian, *Civil Wars*, 3.96. Dio, 46.50–55 看起来非常困惑于这些事件发生的顺序。
187 Appian, *Civil Wars*, 3.97–98; Dio, 46.52–53.
188 Appian, *Civil Wars*, 3.95–96; Dio, 46.47–48.
189 Appian, *Civil Wars*, 4.2; Dio, 46.54–55.
190 Appian, *Civil Wars*, 4.3; Dio, 46.55–56.
191 Appian, *Civil Wars*, 4.6.
192 Appian, *Civil Wars*, 4.7.
193 我们对于罗马法的认识基本上要归功于编纂法典的后人，他们为我们保存了早期罗马法的内容。但是，《提提乌斯法》并没有被沿用下来。所以，后来的法典没有收录其内容。
194 苏拉的头衔见于残缺的铭文 *CIL* VI 40951 = VI 31609，其内容为"[L. Cornelius L. f. Sulla] Felix d [ict r(ei publicae] co [nstituendae]"。虽然方括号里的内容都是后世学者推测的结果，但这个推测是很合理的。较长的那

个头衔见于 Appian, *Civil Wars*, 1.98，不过不太可信。

195 Carsten H. Lange, *Res Publica Constituta: Actium, Apollo and the Accomplishment of the Triumviral Assignment* (Leiden and Boston: Brill, 2009), 23 认为《提提乌斯法》应该明确提出了三头同盟的目的：惩处刺杀恺撒者、结束内战、恢复国家的秩序。无论如何，三头官职的名称里只提及了最后的这一点。

196 例如，Joyce Reynolds, *Aphrodisias and Rome* (London: Society for the Promotion of Roman Studies, 1982), 8 提及的法令。

197 Appian, *Civil Wars*, 4.8–10.

198 *Res Gestae*, 1–2.

199 请参考 Peter Garnsey, "The Lex Iulia and Appeal under the Empire", *Journal of Roman Studies* 56 (1966): 167–189。

第八章 血洗罗马

200 Appian, *Civil Wars*, 4.8–11. 有人怀疑这条法令的真实性。不过，就算阿庇安（他写的是希腊语文献，并且还少见地说明了这是他翻译拉丁语原文的产物）采信了伪造的拉丁语史料，我们也仍然可以由此看出三头同盟的想法。

201 Dio, 47.3. Livy, *Periochae*, 120 只记录了前面的一百三十个名字。也许，他只有第一份名单。

202 Appian, *Civil Wars*, 4.17. 除了下文引述的事例，还可以参考 Valerius Maximus, *Memorable Deeds and Sayings*，尤其是 5.7.3; 6.7.5–7; 7.3.8。

203 显然，三头颁布的法令里信誓旦旦的言论和后来发生的事情迥然不同。或许，我们可以由此怀疑这条法令的真实性。然而，时至今日，我们已经熟知政客们会以人民的名义对人民施暴。这是人类历史上多次出现的景象。

204 Appian, *Civil Wars*, 4.12.

205 Appian, *Civil Wars*, 4.17. 保民官是神圣不可侵犯的。所以，杀害保民官既是政治罪行也是宗教罪行。

206 这些故事同样被收录于 Valerius Maximus, *Memorable Deeds and Sayings*, 9.11.6–8。

207 Appian, *Civil Wars*, 4.12–30.

208 Appian, *Civil Wars*, 4.36–45.

209 ILS 8393. 读者也可参考 Valerius Maximus, *Memorable Deeds and Sayings*, 6.7.2; Josiah Osgood, *Turia: A Roman Woman's Civil War* (Oxford and New York: Oxford University Press, 2014)。

210 Appian, *Civil Wars*, 4.19; Dio, 47.11; Livy, Fr. 60; Plutarch, *Life of Cicero*, 48; Valerius Maximus, *Memorable Deeds and Sayings*, 5.3.4.

211 Dio, 47.13.

212 Appian, *Civil Wars*, 4.5. 也许，他的这个“三百名元老”只是把名单上的两百八十人和之前遇刺的那十七或十二个人相加以后所得的结果。

213 重要的元老或许只有一百人。奥古斯都时代以前的元老总数据说为三百，奥古斯都时代之初“多于一千”，后来被削减到六百。

214 Suetonius, *Augustus*, 27.2.

215 Dio, 47.14.

216 Appian, *Civil Wars*, 4.31.

217 阿庇安对这个现象的解释主要从道德角度展开。他认为这是一小撮人引发大家的厌恶与恐惧之情，进而导致的结果。我们不必拘泥于他的看法。

218 Livy, *Periochae*, 89.

219 读者还可以阅读 Israel Shatzman, *Senatorial Wealth and Roman Politics* (Brussels: Latomus, 1975)。

220 Appian, *Civil Wars*, 4.32–34. Dio, 47.14 记录了更为复杂的一种税，但和阿庇安描述的不矛盾。

221 Dio, 47.16. 此外，三头同盟把某些奴隶征入了海军。

222 关于罗马人的征兵活动以及人力资源状况，请读者参考 Peter A. Brunt, *Italian Manpower 225 b.c.–a.d. 14* (Oxford: Oxford University Press, 1971); Elio Lo Cascio, "Recruitment and the Size of the Roman Population from the Third to the First Century B.C.E.", *Debating Roman Demography*, 111–137, edited by Walter Scheidel (Leiden and Boston: Brill, 2001)。

223 屋大维的这个承诺见于 Appian, *Civil Wars*, 3.43–44; 3.48; 3.90. Appian,

Civil Wars, 4.3 更提及屋大维还表示过要把十八个意大利城镇里的一部分土地划拨给这些军人。我们尚不知晓这些土地是否会被折算为两万赛奖金的一部分。

224 Appian, *Civil Wars*, 4.3. 一个军团四千五百人，四十三个军团为十九万三千五百人。每人两万赛，总额自然就达到了三十八亿七千万赛。

225 请参考 Luciano Canfora, "Proscrizioni e dissento sociale nella repubblica Romana", *Klio* 62 (1980): 425–437。

226 读者可以参照 Shatzman, *Senatorial Wealth and Roman Politics* 中收录的数据。

227 这个数字基于公元前 28 年人口普查的结果。四百万自由的罗马公民当中，大致应该有一百万成年男子和三百万妇孺。

228 Appian, *Civil Wars*, 4.16. Dio, 47.7–8 试图替屋大维开脱，但他的说法令人难以苟同。

第九章　三头同盟的胜利

229 Appian, *Civil Wars*, 4.53–56; 4.83–86.

230 Appian, *Civil Wars*, 4.82.

231 Appian, *Civil Wars*, 4.106.

232 Appian, *Civil Wars*, 4.107–108.

233 Appian, *Civil Wars*, 4.111–113.

234 阿庇安或者阿庇安所参考的史料看起来有可能在替布鲁图斯洗脱责任。除了这一战以外，据说当年庞培的部下也不顾他的想法，执意求战，以致酿成了法萨卢斯之战的失败。

235 Appian, *Civil Wars*, 4.128–130.

236 Appian, *Civil Wars*, 4.131.

237 Appian, *Civil Wars*, 4.138.

第十章 属于军人的和平时代

238 Plutarch, *Life of Antony*, 26–27 (trans. Robin Waterfield).

239 Cicero, *De Lege Agraria*, 2.27.

240 Appian, *Civil Wars*, 4.3 只列举了卡普阿（Capua）、雷吉翁（Rhegium）、维努西亚（Venusia）、贝内文图姆（Beneventum）、努奇里亚（Nuceria）、阿里米努姆（Ariminum）、维博（Vibo）。除了阿庇安以外，还有一些史料提到了设立这些殖民地的事情。更为详细的是《土地调查汇纂》(*Corpus Agrimensorum*) 中《殖民地篇》(*Liber Coloniarum*) 收录的一份名单。这应该是后人梳理出来的奥古斯都所设殖民地。读者还可参考 Pliny, *Natural History*, 3.46–63。

241 Appian, *Civil Wars*, 5.12.

242 Dio, 48.4 记录了卢奇乌斯·安东尼乌斯在公元前 41 年 1 月 1 日，也就是他担任执政官的这一天给自己举办了凯旋仪式。这种双重成就少有先例，他本人似乎援引了马略将军的例子。狄奥对此嘲笑不已，因为卢奇乌斯·安东尼乌斯根本就不足以和马略相提并论。

243 Appian, *Civil Wars*, 5.19.

244 Dio, 48.5.3.

245 Dio, 48.5. 罗马人的名字分为三大部分：前名（praenomen，比如卢奇乌斯）、族名（nomen gentilicium，比如安东尼乌斯）和缀名（cognomen）。缀名既可以由他人授予，也可以由自己选取。“Pietas”的含义有“对家族尽责”“忠于国家”“可靠”“敬重神明”。关于卢奇乌斯对共和国的支持，请参考 Appian, *Civil Wars*, 5.19，5.39 and 5.43。

246 Dio, 48.10–13. 狄奥记录的内容更加通顺。看起来，他所参考的是偏向于屋大维的资料。

247 Appian, *Civil Wars*, 5.19.

248 Appian, *Civil Wars*, 5.19.

249 Appian, *Civil Wars*, 5.14.

250 Appian, *Civil Wars*, 5.22.

251 Appian, *Civil Wars*, 5.14.

252 Appian, *Civil Wars*, 5.20.

253 Appian, *Civil Wars*, 5.39.

254 Appian, *Civil Wars*, 5.43–44; 45. 阿庇安表示他的这些描述翻译自拉丁语版本的纪要（hypomnemata）。这种文档用于总结官员的行为。也许，阿庇安真的准确地记录了卢奇乌斯当时强调的理由。

255 Appian, *Civil Wars*, 5.15–16.

256 Appian, *Civil Wars*, 5.18.

257 Dio, 48.8–9；狄奥声称整个意大利都发生了这种暴力冲突。

258 Appian, *Civil Wars*, 5.18.

259 Suetonius, *Augustus*, 1.

260 Suetonius, *Augustus*, 13.

261 对于战功卓著的将领，士兵们会欢呼“大将军”（imperator）。之后，元老院会确认（或否认）这个头衔的授予。

262 Dio, 48.13.

263 Appian, *Civil Wars*, 5.34.

264 Appian, *Civil Wars*, 5.35.

265 Appian, *Civil Wars*, 5.36–37.

266 Appian, *Civil Wars*, 5.46–47.

267 Appian, *Civil Wars*, 5.48–49.

268 Dio, 48.14.4，罗马人很少用人牲。所谓“三百”，看起来很像是估计的结果。不过，所有的史料都认为屋大维对这些人发起了复仇。

269 Suetonius, *Augustus*, 15.

270 Appian, *Civil Wars*, 5.52.

271 Dio, 48.16.2.

272 Appian, *Civil Wars*, 5.52.

273 Appian, *Civil Wars*, 5.56–57.

274 Appian, *Civil Wars*, 5.59–63.

275 Dio, 48.28–30; Appian, *Civil Wars*, 5.65.

276 Virgil, *Eclogue*, 1.70–73.

277 Virgil, *Eclogue*, 1.6; 18.

278 Propertius, 1.1.1–6.

279 Propertius, 1.21–22.

第十一章 三头同盟时代的战争

280 Appian, *Civil Wars*, 5.71–75.

281 Appian, *Civil Wars*, 5.78–92; Dio, 48.46–47.

282 Appian, *Civil Wars*, 5.96–100; Dio, 49.1.

283 Appian, *Civil Wars*, 5.98–110; Dio, 49.3–5.

284 Appian, *Civil Wars*, 5.111–112.

285 Appian, *Civil Wars*, 5.113–114; Dio, 49.6–7.

286 关于罗马人的战船，读者可以参考 Michael Pitassi, *Roman Warships* (Woodbridge: Boydell and Brewer, 2011)。

287 Appian, *Civil Wars*, 5.117–121; Dio, 49.9–10.

288 Appian, *Civil Wars*, 5.133–144; Dio, 49.11; 49.18.

289 Appian, *Civil Wars*, 5.123–126; Dio, 49.12.

290 Appian, *Civil Wars*, 5.128; Dio, 49.13–14.

291 后来，奥古斯都以非保民官之身取得了保民官的权力，对罗马宪法做出了创新，发展出元首制。此时的这两项特权或许可以被视作元首制的先声。

292 Dio, 49.14–15.

293 Dio, 49.18.6–7.

294 Dio, 48.24.

295 Dio, 48.25–26.

296 Dio, 48.39–40.

297 Dio, 48.40.

298 Dio, 48.41.

299 Dio, 39.22.

300 Dio, 49.19–21.

301 Dio, 49.23.

302 Dio, 49.27–30.

303 Dio, 49.33.

304 Dio, 49.39–40.

305 Dio, 49.34.

306 Dio, 49.35.
307 Dio, 49.37.
308 Dio, 49.38.

第十二章　安东尼和克莱奥帕特拉：爱情和与爱为敌之人

309 请参考 Sally-Ann Ashton, *Cleopatra and Egypt* (Malden, MA: Blackwell, 2008), xi，她直言自己未能成功地找到“真正的”克莱奥帕特拉。彻底剥除相关文本中的虚构成分既是不可能的，也没有特别大的意义。不过，还是有很多人勇敢地朝着这个方向做出了努力，比如，Michel Chauveau, *Cleopatra: Beyond the Myth, Ithaca* (NY and London: Cornell University Press, 2002); Joann Fletcher, *Cleopatra the Great: The Woman Behind the Legend* (London: HarperCollins, 2009); Stacy Schiff, *Cleopatra: A Life* (New York: Little, Brown, 2010)，他在作品的第 7 页写下了这样的话：“在探寻克莱奥帕特拉的本来面目之时，我们需要一边排除那些许多人信以为真的假象和老生常谈的宣传话语，一边抢救那些所剩不多的真相。”相比之下更为实在一些的作品是 Stanley M. Burstein, *The Reign of Cleopatra* (Westport, CT: Greenwood, 2004)。关于这些谣言和奥古斯都之间的关系，请参考 Robert A. Gurval, *Actium and Augustus: The Politics and Emotions of Civil War* (Ann Arbor: University of Michigan Press, 1995)。Diana E. E. Kleiner,*Cleopatra and Rome* (Cambridge, MA: Belknap Press of Harvard University Press, 2005)，她认为克莱奥帕特拉就好像是罗马世界的“明星”，同时代的人会对其生活产生无限的遐想。关于克莱奥帕特拉的形象，请参考 Peter Higgs and Susan Walker, *Cleopatra of Egypt: From History to Myth* (London: British Museum, 2001)。
310 Dio, 49.34.1.
311 Suetonius, *Divus Augustus*, 69，他只引用了一部分。
312 请参考 Riet van Bremen, *The Limits of Participation: Women and Civic Life in the Greek East in the Hellenistic and Roman Periods* (Amsterdam: Gieben, 1996)，此书指出，男性和女性都会以家庭为单位参与公共生活。

313 Dio, 49.40.

314 Dio, 49.41; Plutarch, *Life of Antony*, 54.

315 Plutarch, *Life of Antony*, 24 和 54 提及克莱奥帕特拉被宣传为伊西丝。

316 请参考 Rolf Strootman, "Queen of Kings: Cleopatra Ⅶ and the Donations of Alexandria", *Kingdoms and Principalities in the Near East* , 139-157, edited by Ted Kaizer and Maria Facella (Stuttgart: Steiner, 2010)。他对封赏仪式有着相似的解读。

317 Dio, 50.1.

318 Dio, 50.2.

319 Dio, 50.4.

320 *Res Gestae*, 25.

321 Dio, 50.11.

322 Dio, 50.12-13.

323 Dio, 50.13.

324 Dio, 50.15.

325 John C. Carter, The Battle of Actium: *The Rise and Triumph of Augustus Caesar* (London: Hamish Hamilton, 1970), 213-214，他得出了同样的结论。

326 Dio, 50.31.

327 Plutarch, *Life of Antony*, 66; Dio, 50.31-33.

328 Carter, *The Battle of Actium*, 217-223 对于这场战斗中风况所起的作用展开了推测。

329 Dio, 50.34.

330 Dio, 51.1.

331 Plutarch, *Life of Antony*, 71.

332 Dio, 51.9.

333 Dio, 51.10; Plutarch, *Life of Antony*, 76.

334 Dio, 51.10; Plutarch, *Life of Antony*, 76-77.

335 Dio, 51.11; Plutarch, *Life of Antony*, 78-79.

336 Dio, 51.12.

337 Dio, 51.14; Plutarch, *Life of Antony*, 86.

338 关于这些故事，请参考 Lucy Hughes-Hallett, *Cleopatra: Queen, Lover,*

Legend (London: Bloomsbury, 1990)。

第十三章　奥古斯都的诞生

339 Josephus, *Antiquitates*, 15.6. 约瑟夫斯的记录很详细，但某些内容有可能是他编造的。

340 Suetonius, *Caesar*, 7; Plutarch, *Life of Caesar*, 11.

341 Dio, 51.16; Suetonius, *Augustus*, 18.

342 *P. Oxy*. 1453.

343 Dio, 51.20–21.

344 Dio, 51.19. 狄奥的文字看起来像是在引用罗马的官方布告。

345 Dio, 51.20.

346 Dio, 51.21.

347 Dio, 55.9. *Res Gestae*, 14; *Res Gestae*, 7. *Res Gestae*, 13 有奥古斯都本人运用“元首”（princeps）这个词的实例。

348 Dio, 51.21.

349 Fasti Triumphales Barberini 记载了古典时代举办的历次凯旋仪式，其中有公元前 29 年 8 月 13 日和 8 月 15 日纪念达尔马提亚和埃及战事的凯旋仪式，却未曾提及有关阿克提翁的凯旋仪式。

350 Dio, 51.22.

351 Dio, 53.1; Propertius, 2.31.

352 Dio, 53.22; 53.27.

353 *Res Gestae*, 10; Dio, 54.27；也可参考 54.15。

354 Velleius Paterculus, 2.88.

355 Livy, 4.20; Dio, 51.23–37.

356 Dio, 53.2.

357 *Res Gestae*, 34.

358 罗马人之前所做的普查只统计男性人口。而屋大维和阿格里帕的这次很可能有一些调整，其具体情况尚无定论。不过，综合各方意见以后，我们大概可以说他们这次普查统计了女性人口，同时或许把儿童人数也计算在内。

359 Dio, 52.42; Suetonius, *Augustus*, 35.

360 Dio, 53.2–11; *Res Gestae*, 34; Ovid, *Fasti*, 1.589–90; *Fasti Praenestini* (January 13).

361 “奥古斯都”的含义大概是“尊敬的”，但这个词也有“增长”“壮大”的意思，暗示着奥古斯都会让罗马发展壮大。

362 Dio, 53.17.

第十四章　奥古斯都的共和国

363 *Res Gestae*, 34.

364 Dio, 53.11.

365 Dio, 53.22.

366 Dio, 53.28; *Res Gestae*, 12.

367 Dio, 53.23; 27.

368 Friedhelm Hoffmann, Martina Minas–Nerpel and Stefan Pfeiffer (ed.), *Die dreisprachige Stele des C. Cornelius Gallus: Übersetzung und Kommentar* (Berlin and New York: Walter de Gruyter, 2009).

369 Suetonius, *Augustus*, 66.2; Dio, 53.23–24.

370 *Res Gestae*, 12; Dio, 53.28.

371 Dio, 53.21.

372 Dio, 53.22.

373 *Aeneid* 6, 752–885.

374 Dio, 54.3. Velleius Paterculus, 2.91.

375 Suetonius, *Tiberius*, 8.

376 穆雷纳的兄弟瓦罗（Varro）的故事比较复杂，有一些文本没有把瓦罗包括在执政官的名单当中。不过，Fasti Capitolini 把瓦罗·穆雷纳视作公元前 23 年 1 月的执政官。但是，他接下来遇到了某些事情（铭文残缺，不得而知）。

377 Suetonius, *Augustus*, 66.3.

第十五章 罗马的混乱与奥古斯都的权力

378 Dio, 54.1; *Res Gestae*, 5; Suetonius, *Augustus*, 52.

379 一份配给相当于养活一个成年男性的食物量，十二份粮食配给的价值大约为八十赛。

380 *Res Gestae*, 15.

381 虽然奴隶很可能被雇来建造建筑，但奴隶是比较昂贵的资产。自由民更适合这种不定期出现的临时工作。

382 Janet DeLaine, “Bricks and Mortar: Exploring the Economics of Building Techniques at Rome and Ostia”, *Economies beyond Agriculture in the Classical World*, 271–296, edited by David J. Mattingly and John Salmon (London: Routledge, 2000). 读者也可参考 Janet DeLaine, *The Baths of Caracalla: A Study in the Design, Construction, and Economics of Large-Scale Building Projects in Imperial Rome*, Portsmouth (RI: Journal of Roman Archaeology, 1997), 201。

383 Romilda Catalano, *Acqua e acquedotti romani: Fontis Augustei aquaeductus* (Naples: Arte Tipografica, 2003), 60.

384 请参考 Peter Garnsey, *Famine and Food Supply in the Greco-Roman World: Responses to Crisis* (Cambridge, UK: Cambridge University Press, 1988); Tom W. Gallant, *Risk and Survival in Ancient Greece: Reconstructing the Rural Domestic Economy* (Oxford and Stanford: Stanford University Press, 1991)。

385 *Res Gestae*, 5.

386 这是狄奥在 54.1 当中对此事的解读，虽然他不是很明白奥古斯都为什么要作这样的政治秀，因为狄奥认为奥古斯都从公元前 31 年开始就已经是一位专制君主了。

387 关于各个事件发生的日期，我们主要依靠于卡西乌斯・狄奥的文本，但在某种因素的影响下，狄奥不是很确定公元前 22 年至公元前 19 年各事件的发生日期，我们只能用各种资料拼凑起这几年的时间线。

388 Dio, 54.6.

389 Dio, 54.6.

390 Dio, 54.11.

391 Dio, 54.10.

392 Dio, 53.24.

393 Dio, 53.24.

394 Velleius Paterculus, 2.91–92.

395 *Res Gestae*, 12 记载了罗马城中要员和执政官卢克里提乌斯曾经前往坎帕尼亚迎接奥古斯都归来。*Res Gestae*, 11 提及在维尼奇乌斯和卢克里提乌斯担任执政官的 10 月 12 日举办了献祭仪式。奥古斯都在 *Res Gestae*, 6 中声称他在此二人担任执政官期间得到了风纪官（Cura Morum）的职责。看起来，当奥古斯都返回意大利之时，萨图尔尼努斯已经不是执政官了。而维尼奇乌斯在 10 月 12 日或者稍晚一些的时候已经受任为执政官。

396 Dio, 53.26.

397 Suetonius, *Augustus*,72.

398 Dio, 53.33.

399 Dio, 54.7; Plutarch, *Moralia* 207 F（罗马谚语）。

400 Dio, 54.8; *Res Gestae*, 29.

401 *Res Gestae*, 11.

第十六章　奥古斯都的秩序

402 Suetonius, *Tiberius*, 8–9.

403 Dio, 54.10.

404 此前举办凯旋仪式者为公元前 28 年的卡尔维西乌斯·萨比努斯（Calvisius Sabinus）、盖乌斯·卡里纳斯（C. Carrinas）、卢奇乌斯·奥特隆尼乌斯·派图斯（L. Autronius Paetus），公元前 27 年的李奇尼乌斯·克拉苏，公元前 26 年的塞克斯图斯·阿普莱乌斯（Sextus Appuleius），公元前 21 年的塞姆普罗尼乌斯·阿特拉提努斯（Sempronius Atratinus）以及公元前 19 年的科涅利乌斯·巴尔布斯（Cornelius Balbus）。

405 奥古斯都甚至都没有在 *Res Gestae* 里提及此事。

406 Tacitus, *Annales*, 1.2–4（节选）。

407 *Res Gestae*, 28.

408 Dio, 53.25–26.

409 请参考 Nicola K. Mackie, "Augustan Colonies in Mauretania", *Historia: Zeitschrift für alte Geschichte*, 32 (1983): 332–358，他认为这些殖民地是用来安置在西班牙的战争之后退役的老兵的；Barbara Levick, *Roman Colonies in Southern Asia Minor* (Oxford: Oxford University Press, 1967); Dio, 54.7, 54.23; Andrew Burnett, Michel Amandry, and Pere Pau Ripollès Roman Provincial Coinage (London: British Museum Press, 1992), Vol.1, *From the Death of Caesar to the Death of Vitellius (44 b.c.–a.d.69)* (London:British Museum Press, 1992), 1650; Harikleia Papageorgiadou-Ban, *The Numismatic Iconography of the Roman Colonies in Greece: Local Spirit and the Expression of Imperial Policy* (Athens: Research Centre for Greek and Roman Antiquity, 2004); Suetonius, *Augustus*, 25。

410 *Res Gestae*, 16.

411 *Res Gestae*, 15.

412 Velleius Paterculus, 2.113，这些比例的计算基础是认为当时的罗马成年男性人口有一百三十万。不过，关于罗马人口总数，学界有着不小的争论。这里的一百三十万基于对意大利人口的保守估计，比较大胆的估算会认为罗马人口大概有四百万（意大利人口也会相应地提升两倍）。这两种说法的支持者人数是差不多的。我个人采用保守的数字是因为我在参考了埃及的人口比例以后，认为意大利的奴隶人口应该占了意大利总人口的两成以上，那么如果高值估算是正确的，公元前 28 年的意大利自由公民（除西西里以外）就有一千三百万到一千四百万，意大利半岛的总人口相应地就达到了一千七百万。考虑到人口的增长，奥古斯都统治末期的意大利人口就要超过两千万了，而 19 世纪中叶的意大利也只拥有两千万人口。因此，我认为奥古斯都时代的意大利人口没有这么多。

413 Dio, 54.25.

414 Dio, 55.25; 28.

415 *Res Gestae*, 15.

416 Peter A. Brunt, "The Lex Valeria Cornelia", *Journal of Roman Studies*, 51

(1961): 71–83.

417 Suetonius, *Augustus*, 53–57.

418 Dio, 54.14.

419 Dio, 54.26.

420 Dio, 55.13.

421 其证据之一就是元老们越来越热衷于在铭文中列出自己的官职。请参考 *Inscriptiones Latinae Selectae*, 914; 928; 932。

422 Propertius, 2.7.1–8.

423 Suetonius, *Augustus*, 73.

424 Ulpian, *Rules*, 13–14.

425 Gaius, *Institutes*, 2.111; *Gnomon of the Idios Logos*, 24–32; FIRA I, 40.

426 Suetonius, *Augustus*, 46.

427 Dio, 56.1–10. 狄奥声称在公元 9 年有一次大型法律改革，但他有可能是把两次改革合为一次看待了。

428 Suetonius, *Augustus*, 34.

429 Dio, 56.1–10.

430 Livy, *Periochae*, 129; Suetonius, *Augustus*, 89.

431 Aulus Gellius, *Attic Nights*, 1.6.1.

432 Dio, 56.2–9.

433 Dio, 54.16–17.

434 和这项法律有关的文字分散在一些文献当中，不是很容易拼凑起来。请参考 Michael H. Crawford, *Roman Statutes*, II (London: Institute of Classical Studies, 1996), 781–786, n. 60。

435 Suetonius, *Augustus*, 69，值得一提的是，苏埃托尼乌斯把奥古斯都的通奸行为视作政治需要而不是欲望驱使下的产物。换言之，奥古斯都和这些罗马政界知名人物的妻子睡觉是为了了解她们的丈夫在想些什么、说些什么。我觉得所有的政客都不妨采用这个说辞。

436 Suetonius, *Augustus*, 71. 除了热衷于给处女开苞以外，苏埃托尼乌斯还描写了奥古斯都对骰子的喜爱。他对这两件事情的着墨力度是相同的，我们可以由此看出罗马人的道德观念和现代人之间有着多么巨大的差异。

437 Dio, 54.19.

438 Tacitus, *Annales*, 3.25.

439 Tacitus, *Annales*, 3.28.

440 Zosimus, 2.6. 其文本显然出自奥古斯都时代对当年的神谕的描述。

441 *Corpus Inscriptionum Latinarum*, 6.32323.

442 Catullus, 64; Virgil, *Eclogue*, 4.

443 *Res Gestae*, 8.

444 Ovid, *Ars Amatoria*, 2.275–279.

第十七章　帝国时代

445 Dio, 53.12.

446 *Res Gestae*, Preface.

447 Dio, 53.22–26; 53.29; 54.3–5; 54.11; 54.29; Strabo, 16.4; *Res Gestae*, 26.

448 Virgil, *Aeneid*, 1.261–296.

449 Dio, 54.22; 54.24.

450 L'Année épigraphique (1973), 323.

451 Dio, 54.19.

452 Dio, 54.21.

453 Dio, 54.25.

454 Dio, 54.33.

455 Dio, 54.20.

456 Dio, 54.24.

457 Dio, 54.28. 狄奥的意思是，阿格里帕正在返回罗马。但是，从巴尔干出发，途经坎帕尼亚返回罗马似乎绕得有点远。

458 关于这份吊唁词，读者可以参考 Michael Haslam, "Augustus' Funeral Oration for Agrippa", *Classical Journal*, 75, (1980): 193–199。

459 Dio, 54.29; 55.8.

460 Dio, 54.31.

461 Virgil, *Aeneid*, 2.97.

462 Dio, 54.36.

463 Dio, 55.1–2.

464 Dio, 55.6.

465 Dio, 55.8.

466 Dio, 54.31.

467 Dio, 54.33.

468 Dio, 54.34; 55.2; Virgil, *Aeneid*, 2.98，他提及色雷斯似乎有一场持续了三年的战争。

469 Dio, 55.2; 55.5.

470 Dio, 54.12; 54.15. Suetonius, *Augustus*, 19，他列举了很多参与密谋者的名字，其中既有像李必达、凯皮奥和穆雷纳那样的政界名人，也有其他地位较低的人物，比如据说犯过伪造罪的卢奇乌斯·奥达修斯（Audasius）、出身于伊利里亚的阿西尼乌斯·伊皮卡杜斯（Epicadus）、某个自认为即将当上皇帝的奴隶提里普斯（Telephus）。他还提到了某个不知名的士兵的一位不知名的仆人忽然带着一把大型匕首出现在奥古斯都的卧室里。这份名单的内容让人不敢恭维。

471 Dio, 55.5.

472 Dio, 55.14–22. Seneca, *De Clementia*, 1.9.

473 Dio, 56.1–10. 狄奥详细地记录了奥古斯都的言论。Suetonius, *Augustus*, 34 表示确有此事。显然，奥古斯都还把他的改革和古老的道德观念联系在了一起（请参考 Suetonius, *Augustus*, 89）。Dio, 54.19 还记载了之前不满者的行为。

474 Ovid, *Tristia*, 2.

475 Ovid, *Ars Amatoria*, 1.32–34.

476 Ovid, *Ars Amatoria*, 1.269–270.

477 Ovid, *Ars Amatoria*, 1.579–580.

478 Dio, 55.6; *Res Gestae*, 16，狄奥记载，奥古斯都是在公元前 8 年给士兵们颁发奖金的，而奥古斯都本人则在 *Res Gestae* 中称他在公元前 7 年给老兵们送出了礼物。

479 Suetonius, *Tiberius*, 10–11; Dio, 55.9.

480 Dio, 55.9.

481 *Res Gestae*, 14; Dio, 55.9.

482 Dio, 55.10; *Res Gestae*, 15.

483 请参考 Joseph Geiger, *The First Hall of Fame: A Study of the Statues in the Forum Augustum* (Boston: Brill, 2008); Paul Zanker, *Forum Romanum: Die Neugestaltung durch Augustus* (Tübingen: Wasmuth, 1972); Paul Zanker, *The Power of Images in the Age of Augustus* (Ann Arbor: University of Michigan Press, 1990), 194–195。关于这座广场和文学的具体信息，读者可以参考 Torrey James Luce, "Livy, Augustus and the Forum Augustum", *Between Republic and Empire,Interpretations of Augustus and his Principate*, 123–138, edited by Kurt Raaflaub and Mark Toher (Berkeley: University of California Press, 1990)。

484 Dio, 55.11.

485 *Res Gestae*, 35.

486 Suetonius, *Augustus*, 58.

487 我们不太确定他们具体是怎样举行这个仪式的。希腊城邦有专门的学校（gymnasium，γυμνάσιον，本义大致为赤裸地训练）来教育年轻人（ephebus，ἔφηβος），他们会举办毕业仪式，但罗马人并没有这样一套集中的教育系统。不过，也许奥古斯都想要采用希腊人的做法。

488 Dio, 55.10.

第十八章　皇帝之死

489 Velleius Paterculus, 2.100; Dio, 55.10.

490 Suetonius, *Augustus*, 65.

491 Dio, 55.13.

492 *Res Gestae*, 6.

493 请参考 Catharine Edwards, *The Politics of Immorality in Ancient Rome* (Cambridge, UK: Cambridge University Press, 1993)。

494 Dio, 55.10A.

495 Suetonius, *Tiberius*, 13.

496 Dio, 55.10A; Suetonius, *Tiberius*, 12.

497 请参考 *Fasti Antiates*。

498 Dio, 55.10A.

499 Suetonius, *Tiberius*, 15–16.

500 Dio, 55.29–30; Velleius Paterculus, 2.110.

501 Dio, 55.31.

502 Dio, 55.22.

503 Dio, 55.32.

504 Tacitus, *Annales*, 1.3; Dio, 55.32; Suetonius, *Augustus*, 64–65.

505 Suetonius, *Augustus*, 19. 据说和尤莉亚私通者中有一人为迪奇穆斯・尤尼乌斯・西拉努斯。他遭到了流放，但在提比略时代获准返回罗马。其条件是，他必须远离公众的视野。读者可参考 Tacitus, *Annales*, 3.24。

506 Suetonius, *Augustus*, 72，他以摧毁这幢房屋为例，表明奥古斯都在居住方面比较简朴。

507 Tacitus, *Annales*, 4.71.

508 Dio, 55.33–34; 56.1.

509 Dio, 56.16.

510 *Res Gestae*, 4.

511 Dio, 56.17.

512 Dio, 56.18; Velleius Paterculus, 2.117–118.

513 Dio, 56.19.

514 Tacitus, *Annales*, 1.60–62.

515 Velleius Paterculus, 2.117.

516 Suetonius, *Augustus*, 23.

517 Velleius Paterculus, 2.121.

518 Dio, 56.23.

519 Dio, 56.25.

520 Dio, 56.27.

521 Suetonius, *Augustus*, 100; Dio, 56.29–30; Tacitus, *Annales*, 1.5; Velleius Paterculus, 2.123.

522 Tacitus, *Annales*, 1.7.

523 Tacitus, *Annales*, 1.6.

524 Tacitus, *Annales*, 1.53.

525 Tacitus, *Annales*, 1.16–54.

526 在盖乌斯·卡里古拉遇刺以后，元老们似乎一度考虑恢复共和国，但他们无法掌控军队，所以，这个主意很快就被放弃了。

激发个人成长

多年以来，千千万万有经验的读者，都会定期查看熊猫君家的最新书目，挑选满足自己成长需求的新书。

读客图书以“激发个人成长”为使命，在以下三个方面为您精选优质图书：

1. 精神成长

熊猫君家精彩绝伦的小说文库和人文类图书，帮助你成为永远充满梦想、勇气和爱的人！

2. 知识结构成长

熊猫君家的历史类、社科类图书，帮助你了解从宇宙诞生、文明演变直至今日世界之形成的方方面面。

3. 工作技能成长

熊猫君家的经管类、家教类图书，指引你更好地工作、更有效率地生活，减少人生中的烦恼。

每一本读客图书都轻松好读，精彩绝伦，充满无穷阅读乐趣！